国家自然科学基金应急项目系列丛书

中国"三农"重要政策
执行情况及实施机制研究

宋洪远　主编

国家自然科学基金委员会应急项目(编号：71341017)

科学出版社
北京

内 容 简 介

党的十六大以来，中央对我国"三农"政策做出重大调整，连续下发 12 个指导"三农"工作的一号文件和一个三号文件，做出《中共中央关于推进农村改革发展若干重大问题的决定》，形成新时期"三农"工作的战略思想和指导方针，不断丰富完善强农惠农富农政策体系，推动农业稳定发展、农民持续增收、农村和谐稳定。本书分别从政策实施的背景、政策的形成过程和演进特点、政策框架及政策内容等四个方面对十六大以来的涉农政策进行梳理，全面系统地分析和总结了我国"三农"重要政策执行情况及实施机制。

本书供研究"三农"政策的学者及社会爱农人士参阅。

图书在版编目(CIP)数据

中国"三农"重要政策执行情况及实施机制研究 / 宋洪远主编. —北京：科学出版社，2016
（国家自然科学基金应急项目系列丛书）
ISBN 978-7-03-047369-1

Ⅰ.①中… Ⅱ.①宋… Ⅲ.①农业政策—研究—中国 ②农村经济政策—研究—中国 ③农民—问题—方针政策—研究—中国 Ⅳ.①F320②D422.7

中国版本图书馆 CIP 数据核字(2016)第 031037 号

责任编辑：马 跃 魏如萍 / 责任校对：王晴晴 景梦娇
责任印制：霍 兵 / 封面设计：蓝正设计

科学出版社 出版
北京东黄城根北街 16 号
邮政编码：100717
http://www.sciencep.com

北京通州皇家印刷厂 印刷
科学出版社发行 各地新华书店经销

*

2016 年 2 月第 一 版 开本：720×1000 1/16
2016 年 2 月第一次印刷 印张：21 1/2
字数：433 000

定价：126.00 元
（如有印装质量问题，我社负责调换）

本书课题组成员名单

课题总协调人：农业部农村经济研究中心主任　宋洪远　研究员

课题一：我国"三农"重要政策执行情况及实施机制研究
承担单位：农业部农村经济研究中心
主持人：宋洪远
课题组成员：仇焕广、彭超、赵海、谭智心、张红奎、张恒春、高强

课题二：十六大以来我国重要"三农"政策措施的演变
承担单位：农业部农村经济研究中心
主持人：习银生
课题组成员：张海阳、杨丽、姜楠、徐伟平、张红奎、杭静、郭树龙

课题三：我国"三农"重要政策的执行情况评估
承担单位：中南财经政法大学
主持人：陈池波
课题组成员：吴海涛、郎晓娟

课题四：我国现有"三农"政策执行情况评估
承担单位：农业部农村经济研究中心
主持人：王欧
课题组成员：武志刚、张照新、谭智心、吴比、张恒春、刘媛媛、
　　　　　　李婕、苏祯

课题五：完善我国"三农"政策框架体系和执行机制对策研究
承担单位：农业部农村经济研究中心
主持人：邓志喜
课题组成员：闫辉、刘景景、赵海、刘洋、李成贵、方松海

课题六：主要国家和地区农业政策制定和执行经验与启示
承担单位：农业部农村经济研究中心

主持人：徐雪

课题组成员：彭超、赵海、黄波、夏海龙

课题七：近十年来我国农村土地政策执行问题研究

承担单位：农业部农村经济研究中心

主持人：廖洪乐

课题组成员：马永良、刘守英、李剑、方华

课题八：影响我国农产品价格形成机制的政策评价

承担单位：华南农业大学

主持人：谭砚文

课题组成员：杨重玉、关建波、陈丁薇、汤慧、左两军、李丛希、肖艳、
　　　　　　张培君

课题九：我国重要"三农"财政、金融和组织扶持政策落实情况、实施机制
　　　　及提升对策研究

承担单位：华中农业大学

主持人：李长健

课题组成员：王乐君、李玲玲、李秋萍、刘磊、苗苗、刘文华、张伟、
　　　　　　刘姣华

总　序

　　为了对当前人们所关注的经济、科技和社会发展中出现的一些重大管理问题快速做出反应，为党和政府高层科学决策及时提供政策建议，国家自然科学基金委员会于 1997 年特别设立了管理科学部主任基金应急研究专款，主要资助开展关于国家宏观管理及发展战略中急需解决的重要的综合性问题的研究，以及与之相关的经济、科技和社会发展中的"热点"与"难点"问题的研究。

　　应急研究项目设立的目的是为党和政府高层科学决策及时提供政策建议，但并不是代替政府进行决策。根据学部对于应急项目的一贯指导思想，应急研究应该从"探讨理论基础、评介国外经验、完善总体框架、分析实施难点"四个主要方面为政府决策提供支持。每项研究的成果都要有针对性，且满足及时性和可行性要求，所提出的政策建议应当技术上可能、经济上合理、法律上允许、操作上可执行、进度上可实现和政治上能为有关各方所接受，以尽量减少实施过程中的阻力。在研究方法上要求尽量采用定性与定量相结合、案例研究与理论探讨相结合、系统科学与行为科学相结合的综合集成研究方法。应急项目的承担者应当是在相应领域中已经具有深厚的学术成果积累，能够在短时间内（通常是 9～12 个月）取得具有实际应用价值成果的专家。

　　作为国家自然科学基金的一个特殊专项，管理科学部的"应急项目"已经逐步成为一个为党和政府宏观决策提供科学、及时的政策建议的项目类型。与国家自然科学基金资助的绝大部分（占预算经费的 97％以上）专注于对管理活动中的基础科学问题进行自由探索式研究的项目不同，应急项目有些像"命题作文"，题目直接来源于实际需求并具有限定性，要求成果尽可能贴近实践应用。

　　应急研究项目要求承担课题的专家尽量采用定性与定量相结合的综合集成方法，为达到上述基本要求，保证能够在短时间内获得高水平的研究成果，项目的承担者在立项的研究领域应当具有较长期的学术积累。

　　自 1997 年以来，管理科学部对经济、科技和社会发展中出现的一些重大管理问题做出了快速反应，至今已启动 45 个项目，共 323 个课题，出版相关专著 16 部。其他 2005 年前立项、全部完成研究的课题，其相关专著亦已于近期出版发行。

从 2005 年起，国家自然科学基金委员会管理科学部采取了新的选题模式和管理方式。应急项目的选题由管理科学部根据国家社会经济发展的战略指导思想和方针，在广泛征询国家宏观管理部门实际需求和专家学者建议及讨论结果的基础上，形成课题指南，公开发布，面向全国管理科学家受理申请；通过评审会议的形式对项目申请进行遴选；组织中标研究者举行开题研讨会议，进一步明确项目的研究目的、内容、成果形式、进程、时间结点控制和管理要求，协调项目内各课题的研究内容；对每一个应急项目建立基于定期沟通、学术网站、中期检查、结题报告会等措施的协调机制以及总体学术协调人制度，强化对于各部分研究成果的整合凝练；逐步完善和建立多元的成果信息报送常规渠道，进一步提高决策支持的时效性；继续加强应急研究成果的管理工作，扩大公众对管理科学研究及其成果的社会认知，提高公众的管理科学素养。这种立项和研究的程序是与应急项目针对性和时效性强、理论积累要求高、立足发展改革应用的特点相称的。

为保证项目研究目标的实现，应急项目申报指南具有明显的针对性，从研究内容到研究方法，再到研究的成果形式，都具有明确的规定。管理科学部将应急研究项目的成果分为四种形式，即一本专著、一份政策建议、一部研究报告和一篇科普文章，本丛书即应急研究项目的成果之一。

为了及时宣传和交流应急研究项目的研究成果，管理科学部决定将 2005 年以来资助的应急项目研究成果结集出版，由每一项目的协调人担任书稿的主编，负责项目的统筹和书稿的编撰工作。

希望此套丛书的出版能够对我国管理科学政策研究起到促进作用，对政府有关决策部门发挥借鉴咨询作用，同时也能对广大民众有所启迪。

国家自然科学基金委员会管理科学部

前　言

党的十六大以来，我国"三农"政策框架结构和主要内容发生了重大变化，党中央、国务院对"三农"问题给予了前所未有的高度重视。自 2002 年以来，连续 13 年召开中央农村工作会议，连续下发了 12 个指导"三农"工作的一号文件和 1 个三号文件，做出了关于推进农村改革发展和加快林业发展的两个重要决定，出台和实施了一系列促进农业农村发展的重要政策和主要措施。2013 年中央一号文件明确提出，加强监督检查，实施绩效评价，开展强农惠农富农政策执行情况"回头看"，确保不折不扣落到实处。

从已有的研究情况看，无论是政策研究者还是决策部门，对党的十六大以来形成的"三农"政策框架体系和主要政策措施尚缺乏全面系统的归纳和梳理，对这些政策措施的执行情况和执行效果还没有进行综合深入的分析和评价；对导致有关政策措施执行偏差的原因和效果不同的机理也没有进行详细深入的分析和研究。对与我国农产品贸易、农业投资和农业产业政策关联程度较高的一些主要国家和地区近期农业政策的演变背景、基本框架、主要内容及其经验启示也缺乏连续追踪的分析和研究。

正是在上述背景下，2013 年 5 月，国家自然科学基金委员会管理科学部适时启动了 2013 年第 2 期应急研究项目"我国'三农'重要政策执行情况及实施机制研究"课题。管理科学部组织评审专家，在全国范围内择优评选具备长期研究积累的科研团队，成立了以农业部农村经济研究中心主任宋洪远研究员为课题总协调人的课题组，针对上述问题开展专项研究。该项课题研究的主要目标和任务如下：通过对已有的特别是十六大以来实施的"三农"政策框架和主要内容的系统梳理，为学术界和决策层深入开展"三农"政策理论研究和实证研究提供基础和条件；通过开展政策执行情况和执行效果的综合评价研究，为学术界和决策层深入开展政策执行情况和执行效果评估提供基础资料和研究平台；通过研究提出完善我国"三农"政策框架体系的基本思路和调整政策内容的对策建议，为中央和有关部门完善我国"三农"政策框架体系和调整主要政策措施提供参考和借鉴。

本书从系统梳理十六大以来我国"三农"政策的框架和内容入手，全面开展我国"三农"政策执行情况和执行效果分析评估，深入分析导致有关政策措施执行偏差的原因和效果不同的机理，总结借鉴主要国家和地区农业政策制定和执行的做法和经验，研究提出完善我国"三农"政策框架体系和调整政策措施的对策建议。在各课题组的共同努力下，形成了一批有价值的研究成果。

首先，课题组分析了我国现行的"三农"工作领导体制和工作机制、"三农"政策的决策体制和分工机制、"三农"政策法规文献形成的制度规范和工作程序，为更好地理解和把握"三农"政策提供了背景和依据，有助于破除制度迷思、增强制度自信。

其次，课题组系统搜集整理了十六大以来中央制定和实施的有关"三农"工作的政策法规文件、专家学者关于我国"三农"政策研究方面的有关文献、相关部门有关"三农"政策运行情况的调研报告和统计分析资料、世界主要国家和地区农业政策法规文献及专家学者有关这些国家和地区农业政策研究的文献，为深入开展"三农"政策理论研究和实证研究提供了基础和条件。

再次，课题组在研究过程中，开展了大规模的"三农"政策落实情况问卷调查，并对调查取得的翔实数据进行了深入分析。该项调查共涉及 21 个省（自治区、直辖市）、190 个县（市、区）、208 个村、4 885 个农（牧）户、222 个合作社、1 102 个农业产业化龙头企业。数据样本质量整体较好，代表性比较强，为深入开展"三农"政策执行情况和执行效果评估提供了基础资料和信息平台。

最后，课题组在总结借鉴"三农"政策制定和执行的国际经验及其启示、分析未来我国"三农"政策变化趋势和调整方向的基础上，提出了完善我国"三农"政策框架体系、调整"三农"政策实施机制、健全"三农"政策评价和反馈机制的对策和建议，为完善我国"三农"政策框架体系和调整主要政策措施提供了参考和借鉴。

根据国家自然科学基金委员会管理科学部的研究安排，由科学出版社出版发布本项研究的最终成果。根据本项研究的技术路线，本书形成了 11 章内容，在逻辑关系上呈现出"8＋3"的结构。前 8 个章节主要是对我国"三农"政策制定、执行情况及实施机制的综合分析，后 3 个章节主要是对几项重要政策措施的专题研究。第 1 章承担决策机制分析的功能，详尽地描述我国"三农"工作领导体制和政策决策机制。第 2 章承担政策措施回顾的功能，对十六大以来我国的"三农"重要政策措施进行系统的梳理和归纳。第 3 章承担指标体系设计的功能，研究提出我国"三农"政策执行情况和执行效果评价的指标体系。第 4 章承担执行情况评价的功能，对我国"三农"重要政策执行的满意度和参与度进行较为全面的评估。第 5 章承担实施机制分析的功能，对我国"三农"政策执行机制的现状和问题进行深入的分析。第 6 章承担国际经验梳理的功能，对 21 世纪以来 4 个国家和地区"三农"政策的演变及其启示进行深入的研究。第 7 章承担政策趋势展望的功能，对我国"三农"政策的变化趋势和未来调整的方向进行分析和预测。第 8 章承担对策建议的功能，提出完善我国"三农"政策框架体系和实施机制的对策建议。第 9 章是对农村土地政策的专题研究，对我国农村土地政策的内容、执行情况和实施机制进行全面的分析和研究。第 10 章是对主要农产品价格和市场调控政策的专题研究，主要对我国粮棉糖及猪肉储备调控政策实施效果进行分析和评价。第 11 章是对农村金融和农业保险政策的专题研究，主要对我国农村金融和农业保险政策的执行情况进行分析和评价。

在本项课题研究过程中，国家自然科学基金委员会管理科学部组织召开了三次研讨会，分别是在北京召开的开题报告会、在广州召开的中期汇报会以及在武汉召开的结题验收会。课题组编发了 5 期简报，各课题组召开了若干次专题研讨会，分别形成了各自的专题研究报告。国家自然科学基金委员会管理科学部李一军常务副主任、高自友副主任、杨列勋处长、吴刚项目主任、方德斌项目主任等多次参加课题组的研讨会，对本项课题的研究给予了悉心的指导和帮助，提出了很多建设性的意见和建议。华南农业大学温思美副校长、中国人民大学唐忠教授、中国农业科学院张陆彪研究员、南京农业大学周应恒教授、湖北省农业厅王红玲副厅长、北京理工大学胡瑞法教授等专家学者，对本项课题的研究给予了指导和帮助，对课题组的工作和研究成果给予了充分的肯定，提出了建设性的修改意见和建议。科学出版社的马跃编辑为本项研究成果的出版提供了有力的支持和帮助，付出了辛勤的劳动和汗水。在此，向他们表示诚挚的感谢和敬意！

本项课题的顺利完成，得益于全体课题组成员的共同努力。农业部农村经济研究中心主任宋洪远研究员作为课题总协调人，与各课题组多方联系、沟通，协助解决各课题组研究中遇到的问题，对最终研究成果进行了审阅、修改，为书稿的顺利出版做了重要贡献。邓志喜副主任、习银生研究员、陈池波教授、王欧副研究员、徐雪副研究员、廖洪乐研究员、谭砚文教授、李长健教授等各课题组主持人，负责组织各课题组成员认真开展研究工作，出色地完成了各课题组承担的研究任务。农业部农村经济研究中心科研管理处在承担课题研究工作的同时，为各课题组之间的联系、组织、协调工作做出了很大的贡献。农业部农村经济研究中心彭超副研究员作为课题组联络员，在书稿统稿的过程中做了很多意见征求和文字修改的工作。

由于本书成稿时间仓促，衔接沟通资源有限，难免有一些未尽人意之处，请各位学界同仁给予批评指正。

宋洪远

2015 年 2 月 15 日于西四砖塔胡同

目　录

第 1 章

中国"三农"工作领导体制和政策决策机制①

■ 1.1 "三农"工作领导体制演变脉络

改革开放以来，经过积极探索，我国逐步形成了党委统一领导，党政齐抓共管，农村工作综合部门组织协调，有关部门各负其责的农村工作领导体制和工作机制(十七届三中全会，2008)。

1.1.1 1978～1993 年

(1)1978～1993 年，先后有三位在党和政府担任领导职务的负责同志分管农业农村工作。1979～1980 年，王任重分管农业农村工作。1980～1988 年，万里分管农业农村工作。1988～1993 年，田纪云分管农业农村工作。

(2)先后设置过两个农村工作综合部门，负责组织协调农村工作。1979～1982 年，根据十一届三中全会决议成立国家农业委员会，王任重和万里先后兼任主任。1982～1989 年，中央决定撤销国家农业委员会，成立中共中央书记处农村政策研究室，后改为中共中央农村政策研究室，并加挂国务院农村发展研究中心牌子，杜润生任主任。

(3)国务院设置国家农业部(或国家农牧渔业部)、国家林业部(或国家林业局)、国家水利部三个主要涉农部门，分别承担农业、林业、水利等方面的行政管理职能。

---

① 本章执笔人：宋洪远、张红奎、高强。

1.1.2   1993～2003 年

(1)1993～2003 年，先后有三位在党和政府担任领导职务的负责同志分管农业农村工作。1993～1995 年，中共中央政治局常委、国务院副总理朱镕基分管农业农村工作。1995～1998 年，中共中央政治局委员、国务院副总理姜春云分管农业农村工作。1998～2003 年，中共中央政治局委员、国务院副总理温家宝分管农业农村工作。

(2)中央农村工作领导小组建立后，下设办公室，作为农村工作综合部门，负责组织协调农村工作，段应碧任主任。

(3)国务院设置国家农业部(或国家农牧渔业部)、国家林业部(或国家林业局)、国家水利部三个主要涉农部门，分别承担农业、林业、水利等方面的行政管理职能。

1.1.3   2003 年至今

(1)2003 年至今，先后有两位在党和政府担任领导职务的负责同志分管农业农村工作。2003～2013 年，中共中央政治局委员、国务院副总理回良玉分管农业农村工作。2013 年至今，中共中央政治局委员、国务院副总理汪洋分管农业农村工作。

(2)中央农村工作领导小组办公室作为农村工作综合部门，负责组织协调农村工作，陈锡文任主任。

(3)国务院设置国家农业部、国家林业局、国家水利部三个主要涉农部门，分别承担农业、林业、水利等方面的行政管理职能。

农业农村工作历任分管领导名录见表 1-1。

表 1-1   农业农村工作历任分管领导名录

姓名	时间	职务
王任重	1979～1980 年	国务院副总理、中共中央书记处书记
万 里	1980～1988 年	国务院副总理、中共中央书记处书记
田纪云	1988～1993 年	中共中央政治局委员、国务院副总理
朱镕基	1993～1995 年	中共中央政治局常委、国务院副总理
姜春云	1995～1998 年	中共中央政治局委员、国务院副总理
温家宝	1998～2003 年	中共中央政治局委员、国务院副总理
回良玉	2003～2013 年	中共中央政治局委员、国务院副总理
汪 洋	2013 年至今	中共中央政治局委员、国务院副总理

■1.2 "三农"政策决策体制和分工机制

改革开放以来，经过探索与实践，我国基本确立了在党中央、国务院领导下，分管领导主持，综合部门牵头，有关部门参加的农村政策决策体制和分工机制。

1.2.1 中央农村工作领导小组

(1)中央农村工作领导小组是中央领导农村工作的议事协调机构。自 1993 年 3 月成立以来，先后有 5 位在党和政府担任领导职务的负责同志任组长。1993～1998 年，朱镕基和姜春云先后任组长。1998～2003 年，温家宝任组长。2003～2013 年，回良玉任组长。2013 年后，汪洋任组长。

(2)中央农村工作领导小组成员单位由中央和国家有关部门组成。1998 年，由中央财经领导小组办公室、国家发展计划委员会、科技部、财政部、水利部、农业部、中国人民银行、全国供销合作总社、国家林业局 9 个单位组成。2003 年，除国家发展计划委员会调整更名为国家发展和改革委员会(简称国家发改委)之外，其他成员单位没有变化。2006 年，在原有成员单位的基础上，增加中共中央组织部、中央宣传部、中央机构编制委员会办公室、中央农村工作领导小组办公室(简称中央农办)、教育部、民政部、劳动和社会保障部、国土资源部、交通部、卫生部 10 个单位。2007 年，在原有成员单位的基础上，增加建设部为成员单位。2008 年，除劳动和社会保障部调整更名为人力资源和社会保障部(简称人社部)、交通部调整更名为交通运输部、建设部调整更名为住房和城乡建设部(简称住建部)之外，其他成员单位没有变化。2010 年，在已有成员单位的基础上，增加商务部为成员单位。2013 年，除卫生部与计划生育委员会调整合并更名为国家卫生和计划生育委员会(简称国家卫生计生委)之外，其他成员单位没有变化。目前，中央农村工作领导小组成员由 21 个单位组成。

(3)中央农村工作领导小组下设办公室。主要职责是组织开展农村重大问题调查研究；研究起草"三农"工作重要文件；组织协调国家有关部门之间的涉农工作事宜；承担完成中央交办的"三农"工作重要任务；等等。

我国"三农"工作领导机构概览见图 1-1。

1.2.2 中央农村工作会议文件起草组

文件起草组在中央分管农业农村工作负责同志主持下开展工作，由中央农办主任具体负责，下设三个小组。

(1)领导小组由中央农办、国务院办公厅、国家发改委、财政部、农业部、中央政策研究室、国务院研究室等单位的分管领导组成。

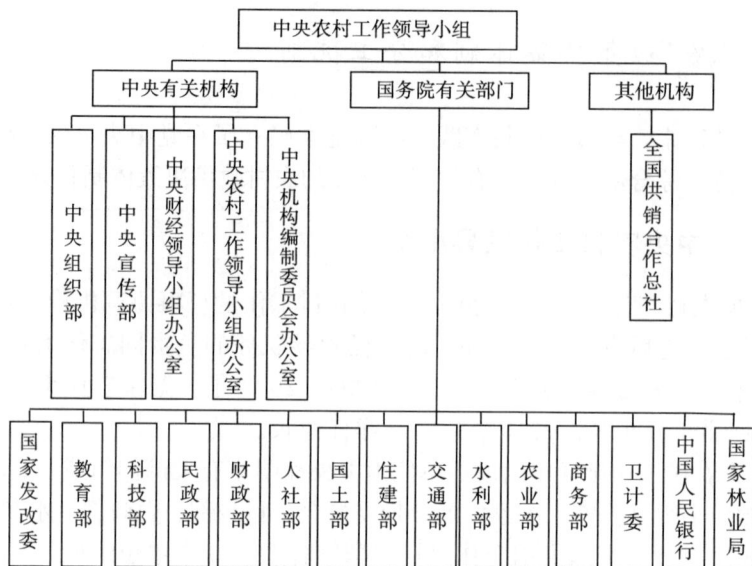

图 1-1 我国"三农"工作领导机构概览

(2)调研小组由中央农村工作领导小组部分成员单位分管司局负责人、其他有关单位分管司局负责人和长期从事"三农"问题研究的有关专家学者组成。

(3)工作小组由调研小组的部分成员、中央农村工作领导小组部分成员单位分管司局和其他有关单位分管司局的有关人员组成。

1.2.3　中央农村政策措施落实部门分工

(1)根据有关部门职能,落实有关政策措施部门分工,明确牵头单位和参与单位,牵头部门对分工任务负总责,其他部门根据各自职能分工配合,建立工作机制,抓好落实工作。

(2)对各部门承担的分工任务,属于制度建设的,抓紧研究提出设计方案;属于项目实施的,抓紧制订实施工作方案;属于原则性要求的,研究提出推进工作意见和措施。

(3)国务院负责督促检查各项任务的落实情况,各牵头部门在当年 10 月底前将牵头负责分工任务的落实情况报送国务院办公厅。国务院办公厅负责与有关部门的协调与沟通,在当年 11 月底前将各项分工任务的落实情况汇总报送国务院。

1.3　"三农"政策法律制定过程案例分析

党的十四大以来,我国"三农"重要政策法律文献的形成过程表明,从主题确定到调查研究，从文本起草到审议通过，已经形成了一套比较完整的制度规范和工作程序。

1.3.1 2008 年十七届三中全会决定制定过程

1. 确定主题

2008 年 10 月 12 日，经过充分讨论、认真审议，党的十七届三中全会一致通过《中共中央关于推进农村改革发展若干重大问题的决定》。中央之所以决定党的十七届三中全会专题研究新形势下推进农村改革发展问题，据文件起草组负责人介绍，主要是基于以下四点考虑：一是纪念改革开放 30 周年，认真总结农村改革的历史经验；二是贯彻落实党的十七大精神，从战略上谋划"三农"发展；三是顺应农村发生的深刻变化，研究破解"三农"难题的根本举措；四是实现经济社会又好又快发展，从全局出发强化农业基础。

2. 调查研究

2008 年 9 月 8 日～10 日，中共中央总书记胡锦涛同志先后来到河南省的焦作、郑州等地，深入田间地头、农科院所、龙头企业和农户家中，就推进农村改革发展问题进行调研。9 月 30 日，胡锦涛同志又专程前往安徽省小岗村，同基层干部群众共商新形势下推进农村改革发展大计。在调研过程中，胡锦涛同志强调，推进农村改革发展，关键是要在以下三个方面取得重大突破：一是要大力加强制度建设，稳定和完善农村基本经营制度，推进农业经营方式转变，不断完善有利于农业农村发展的体制机制；二是要大力发展现代农业，加快转变农业发展方式，提高土地产出率、资源利用率、农业劳动生产率，增强农业抗风险能力、国际竞争能力、可持续发展能力，不断提高农业综合生产能力；三是要大力发展农村公共事业，统筹城乡公共资源分配，扩大公共财政覆盖农村范围，不断促进农村社会全面进步。2008 年 4 月上旬，文件起草组分成 7 个调研组，分赴内蒙古、黑龙江、安徽、湖北、四川等 12 个省区开展调查研究，共召开 51 次座谈会，听取了 860 多名领导干部、专家学者和基层群众的意见和建议，形成了 7 份调研报告。与此同时，文件起草组还就推进农村改革发展若干重大问题，委托中央和国家机关 18 个部门开展专题调研，共收到 25 份专题调研报告。在 3 月下旬起草工作启动之初，中央在党内外一定范围就推进农村改革发展问题广泛征求意见。截至 4 月底，各地区各部门共向中央反馈意见 121 份，为决定稿起草提供了丰富素材。

3. 文件起草

中央政治局常务委员会决定：成立党的十七届三中全会文件起草组，在中央政治局常务委员会直接领导下开展文件起草工作。2008 年 3 月 25 日，文件起草组正式成立。起草组由时任中共中央政治局委员、国务院副总理回良玉同志，时任中共中央书记处书记、中央政策研究室主任王沪宁同志负责。来自党中央国务院有关部门、安徽和吉林两个农业大省的负责同志,以及长期研究"三农"问题的专家学者,共49人齐聚北京,承担决定稿的起草重任。2008年3月25日,在起草组第一次全体会议上,胡锦涛同志发表重要讲话,深刻阐述了推进农村改革发展的指导思想,提出了决定稿起草需要深入研究的7个重大问题,对文件起草工作提出了明确要求。6个多月时间里,胡锦涛同志先后5次主持中央政治局常委会议、3次中央政治局会议,听取起草工作汇报,讨论审议决定稿,提出了许多指导性意见。中央政治局其他常委也十分关心决定稿的起草工作,并多次做出重要指示。文件起草组认真学习党的十一届三中全会以来党中央、国务院一系列重要文献和文件,特别是深入研读党的十七大报告和认真学习领会胡锦涛同志的讲话和指示精神,并围绕具体议题进行深入讨论。5月初,起草组形成决定稿框架方案。报经中央审定后,文件起草组着手决定稿起草工作。6个多月时间里,文件起草组反复讨论主题,认真推敲框架,精心修改初稿,共召开9次全体会议、30次工作班子会议,正式修改41稿。2008年6月17日,历经30多次修改,起草组拿出决定初稿。

4. 审议通过

2008年6月26日和7月24日,胡锦涛总书记先后两次主持召开中央政治局常委会议,对决定初稿进行讨论和审议,多次做出重要指示。7月25日,胡锦涛总书记又主持召开中央政治局会议,对决定初稿进行讨论和审议。根据中央政治局常委会议和中央政治局会议精神,起草组又对决定初稿反复修改,形成决定征求意见稿。8月7日,党中央印发决定征求意见稿,向各地区各部门和军队负责同志、党的十七大代表、部分老同志等广泛征求意见。中央统一战线部还向各民主党派中央、全国工商联领导人和无党派人士征求了意见。这次征求意见,共有3 000多人参加讨论,起草组共收到各方面的意见、建议2 193条,扣除重复性意见后共1 862条。8月21日,胡锦涛总书记主持召开党外人士座谈会,就决定征求意见稿当面听取各民主党派中央、全国工商联领导人和无党派人士的意见和建议。起草组据此对决定征求意见稿做出487处修改。9月18日,胡锦涛总书记再次主持召开中央政治局常委会议,对修改后的决定稿进行讨论和审议。9月28日,胡锦涛总书记主持召开中央政治局会议,再次审议决定稿,听取决定稿在党内外一定范围征求意见的情况报告,决定根据这次会议讨论的意见进行修改后将决定稿提请党的十七届三中全会审议。2008年10月9日,党的十七届三中全会召开,回良玉副总理就决定稿向全会做了说明。其间,安排5个半天时间对决定稿进行认真审议。期间,起草组共收到150条意见和建议,在反复研究和讨论后做了认真吸收。10月11日晚,胡锦涛总书记主持召开中央政治局常委会议,听取全会分组审议情况汇报,对决定稿修改做出重要指示。根据中央政治局常委会议精神，起草组连夜对决定稿做了 24 处修改。12 日上午，全会继续进行分组会议，对修改后的决定稿再次进行讨论，又提出了 26 条修改意见。起草组对这些意见逐条进行研究，报请中央政治局，吸收了其中 6 条意见，对决定稿做了最后一次修改。12 日下午，党的十七届三中全会举行全体会议，《中共中央关于推进农村改革发展若干重大问题的决定》获得全会一致通过。据起草组负责人介绍，《中共中央关于推进农村改革发展若干重大问题的决定》共分三大板块、六个部分：第 1 板块是总论，包括第 1、2 部分，阐述新形势下推进农村改革发展的重大意义、指导思想、目标任务、重大原则；第 2 板块是政策措施，包括第 3~5 部分，阐述推进农村改革发展的重大举措和工作部署；第 3 板块是政治保证，即第 6 部分，阐述加强和改善党对农村工作的领导。

1.3.2　2010 年中央一号文件制定过程

1. 确定主题

2010 年新年伊始，新华社受权发布了《中共中央国务院关于加大统筹城乡发展力度进一步夯实农业农村发展基础的若干意见》。这是 21 世纪以来党中央、国务院下发的第七个中央一号文件，与前六个中央一号文件既一脉相承，又突出创新。从 2004 年到 2009 年，党中央、国务院连续发出六个指导"三农"工作的中央一号文件，粮食连续六年实现增产，农民收入连续六年较快增长，农村体制机制创新取得新的突破，农村民生改善与农村社会和谐稳定。但是，农业和农村发展还面临着不少矛盾和问题：一方面，长期制约农业和农村发展的因素尚未根本消除，农业基础不牢，农业设施装备落后，农业劳动生产率低，城乡经济社会发展失衡，收入差距仍在拉大；另一方面，新的矛盾和问题不断显现，全球经济复苏进程缓慢曲折，农产品价格影响因素日益复杂，极端天气事件明显增多，农业和农村经济发展的不确定性显著增强。面对国际金融危机的严重冲击及"三农"工作出现的新形势，既要继续贯彻落实前六个中央一号文件的强农惠农政策措施，又要及早谋划 2010 年的中央一号文件及其需要出台的政策措施。在这种背景下，加大统筹城乡发展力度，进一步夯实农业农村发展基础，越来越成为大家的共识，并将其确定为 2010 年中央一号文件的主题。

2. 调查研究

早在 2009 年 1 月 23 日，中央政治局举行第 11 次集体学习时，胡锦涛总书记就再次明确强调：必须坚持把解决好农业、农村、农民问题作为全党工作重中之重，坚定不移走中国特色农业现代化道路，加快推进社会主义新农村建设，更加扎实地做好农业、农村、农民工作。5 月 22 日举行的中央政治局集体学习，胡锦涛总书记又专门强调：要适应统筹城乡发展新形势的要求，抓住社会保障制度薄弱环节加以推进,开展新型农村社会养老保险(简称新农保)试点,制定实施适合农民工收入低、流动性强特点的参加养老保险办法。胡锦涛同志高度重视"三农"形势的发展变化,分别到江西、北京、黑龙江、云南、新疆、山东、河北等地考察,深入基层农户、农业产业化龙头企业、农业院校、少数民族地区进行调研,讨论研究解决"三农"问题。时任中共中央政治局常委、国务院总理温家宝同志也多次强调:要站在战略和全局的高度,下更大决心、花更大气力、采取更有力的措施,着重解决好"三农"问题。2009 年 9~10 月,回良玉副总理分别在杭州、哈尔滨、北京召开三次座谈会,与全国有关省区党委和政府分管负责同志、中央国家机关有关部门负责人、部分全国人大代表和政协委员、长期从事农村工作的老同志、专家学者和大型涉农企业负责人交流讨论,进一步听取大家的意见和建议。2009 年 8 月到 9 月初,中央农村工作领导小组办公室分别召集近 20 个省区党委农村工作综合部门的负责人,在湖北和江苏一起开展调查研究,边调查边座谈。

3. 文件起草

2009 年 7 月,中央就提出要求,及早筹备年底的中央农村工作会议,考虑起草 2010 年的中央一号文件。2009 年 10 月 13 日,党的十七届四中全会一结束,中央就批准成立文件起草组。时任中共中央政治局委员、国务院副总理、中央农村工作领导小组组长回良玉同志主持起草工作。来自中央和国家机关 23 个部门的 50 多人集中办公,开始了近 3 个月的文件起草工作。文件起草组人员认真学习领会胡锦涛同志和温家宝同志关于"三农"工作的重要指示精神,分析研判"三农"形势,初步拟定文件主题,讨论研究写作大纲。胡锦涛同志和温家宝同志在听取文件起草组汇报后,对 2010 年中央一号文件的主题、框架和内容给予明确指示。文件起草组在深入学习领会胡锦涛同志和温家宝同志指示精神的基础上,对文件内容进行了讨论、修改,再讨论、再修改,经过反复推敲、仔细打磨,文件起草组提交了文件送审稿。

4. 审议通过

2009 年 10 月 26 日,中央农村工作领导小组召开会议,对文件送审稿进行了审议,根据审议意见,文件起草组再次进行了修改。12 月 9 日,国务院常务会议对修改后的送审稿进行审议,提出了修改意见,根据审议意见,文件起草组连夜对送审稿进行了再次修改。12 月 10 日,中央政治局常委会议对送审稿进行审议,提出了修改意见,胡锦涛总书记明确要求,必须确保粮食生产不滑坡,农民收入不徘徊,农村发展好势头不逆转。12 月 27 日~28 日,中央召开农村工作会议,讨论《中共中央　国务院关于加大统筹城乡发展力度进一步夯实农业农村发展基础的若干意见(讨论稿)》。12 月 29 日,根据会议代表提出的意见,文件起草组做了第 4 次修改,并将修改后的文件送审稿再次上报,经党中央、国务院审定同意后，于 12 月 31 日晚付印，2010 年元旦发出。据文件起草组负责人介绍，2010 年中央一号文件紧紧围绕统筹城乡发展和夯实农业基础这个主题，提出了 5 个方面 27 条政策措施，对当前农业和农村发展中的重大问题做出了鲜明的回答，对在新的历史起点上推进农村改革发展工作做出了全面部署。

改革开放以来重要"三农"政策文件见表 1-2。

表 1-2　改革开放以来重要"三农"政策文件

年份	文件名称	备注
1978	中国共产党第十一届中央委员会第三次全体会议公报	十一届三中全会
1991	中共中央关于进一步加强农业和农村工作的决定	十三届八中全会
1998	中共中央关于农业和农村工作若干重大问题的决定	十五届三中全会
2008	中共中央关于推进农村改革发展若干重大问题的决定	十七届三中全会
1982	全国农村工作会议纪要	中发〔1982〕1 号
1983	当前农村经济政策的若干问题	中发〔1983〕1 号
1984	中共中央关于一九八四年农村工作的通知	中发〔1984〕1 号
1985	中共中央、国务院关于进一步活跃农村经济的十项政策	中发〔1985〕1 号
1986	中共中央、国务院关于一九八六年农村工作的部署	中发〔1986〕1 号
1987	把农村改革引向深入	中发〔1987〕5 号
2004	中共中央、国务院关于促进农民增加收入若干政策的意见	中发〔2004〕1 号
2005	中共中央、国务院关于进一步加强农村工作 提高农业综合生产能力若干政策的意见	中发〔2005〕1 号
2006	中共中央 国务院关于推进社会主义新农村建设的若干意见	中发〔2006〕1 号
2007	中共中央 国务院关于积极发展现代农业扎实推进 社会主义新农村建设的若干意见	中发〔2007〕1 号
2008	中共中央 国务院关于切实加强农业基础建设 进一步促进农业发展农民增收的若干意见	中发〔2008〕1 号
2009	中共中央 国务院关于 2009 年促进农业稳定发展 农民持续增收的若干意见	中发〔2009〕1 号
2010	中共中央 国务院关于加大统筹城乡发展力度 进一步夯实农业农村发展基础的若干意见	中发〔2010〕1 号
2011	中共中央 国务院关于加快水利改革发展的决定	中发〔2011〕1 号
2012	中共中央 国务院关于加快推进农业科技创新 持续增强农产品供给保障能力的若干意见	中发〔2012〕1 号
2013	中共中央 国务院关于加快发展现代农业 进一步增强农村发展活力的若干意见	中发〔2013〕1 号
2014	中共中央 国务院关于全面深化农村改革加快推进农业 现代化的若干意见	中发〔2014〕1 号
2015	中共中央、国务院关于加大改革创新力度 加快农业现代化建设的若干意见	中发〔2015〕1 号

1.3.3　1998 年《土地管理法》修订过程

1. 确定主题

以 1986 年《中华人民共和国土地管理法》(简称《土地管理法》)的颁布为标志,中国开始了土地法制建设的历程。经过十年的努力,到 1996 年,一共颁布了 2 部法律、9 部行政法规、31 部部门规章、200 多部地方性法规和行政规章。土地执法体系从无到有,并不断完善。然而,与正在进行的经济体制和经济增长方式的根本性转变对土地法制的要求相比,中国土地法制建设的现状又显现出了种种不适应的问题。随着土地市场化进程的推进,市场化配置的方式有了更深更精的要求。在土地经济多元化的条件下,如何管好土地、用好土地,需要开始新的探索。自 1995 年以来,党的第三代领导集体对土地管理特别是耕地保护工作十分重视。1997 年,中央财经领导小组布置了一个耕地保护的调研题目,国家土地管理局进行了一年的研究。时任中共中央总书记江泽民同志和中央政治局常务委员会听取了三次汇报,最后确定了两条:一是中国必须建立世界上最严格的土地管理制度;二是冻结土地审批占用耕地一年,运用一年时间修改《土地管理法》,完善土地管理体制。因此,耕地保护成为 1998 年《土地管理法》修订的主题和指导思想。

2. 调查研究

《土地管理法》的修订过程是一个十分细致的调查研究过程,始终按照中央的指示精神,经过反复研究形成了条文、原则和指导思想。在法律修订过程中,立法部门既总结了国内正反两方面的经验,又大胆借鉴了国外经验,是国外经验与国内经验的有机结合。例如,用途管制制度于 1995 年提出,1997 年就开始立法,没有太多的实践经验,主要是借鉴国外的做法。大胆借鉴国外经验,是成功修订《土地管理法》的重要原因。总结国内经验与教训,经验有珠海的"五统一"(即土地统一规划、土地统一征用、土地统一开发、土地使用权统一出让、土地统一管理),教训有闲置土地大量存在、房地产市场失控等。《土地管理法(修订草案)》报送到全国人民代表大会常务委员会(简称全国人大常委会)以后,进行了一次立法制度的改革,即将《土地管理法(修订草案)》公布,进行全民讨论,征求人民群众的意见,特别是农民群众的意见。这样,全国各地都进行了大讨论。时任中共中央政治局常委、全国人大常委会委员长李鹏同志、中共中央政治局委员、国务院副总理姜春云同志还专门到一些地方进行了调查研究,一些人民群众直接写信提出意见和建议。截至 1998 年 8 月 21 日,写给全国人民代表大会常务委员会法制工作委员会的信有 650 多封。写信人有的是土地管理战线的工作人员，有的是小学老师，有的还是农民。大部分人都赞成《土地管理法(修订草案)》的指导思想，但认为草案规定对基层政府的刚性约束不够，建议加大约束力度。

3. 法律修订

在保护耕地的指导思想下，相关部门着手进行法律修订工作。这次修订《土地管理法》的基本原则主要有以下几点：一是用途管制原则；二是合理划分各级人民政府土地管理职权的原则；三是强化土地执法监察的原则。中国的立法程序一般来说都比较严格，但 1998 年修订《土地管理法》的程序与其他法律相比，更为严格。在立法学中，法律修改有两种形式：一种是法律修正，这种形式往往只是修改几条；另一种是法律修订，这种形式一般是全面修改。《土地管理法》的修改就是采取后一种形式，即法律修订，也就是全面修改。新旧《土地管理法》相比，可以发现只有两条保留了原法律的规定：第一条是原《土地管理法》总则第 4 条关于政府鼓励科学研究的规定；第二条是原《土地管理法》第 23 条关于大中型水利、水电工程征用土地补偿和移民安置办法由国务院另行规定的规定，其他所有条文都进行了修改。从改动的幅度来看，这是中国历次法律修改幅度最大的，比《宪法》《刑法》修改的幅度还要大。新《土地管理法》修订的主要内容有以下几个方面：一是切实保护耕地成为核心内容；二是改变了分级限额审批制度，建立了用途管制制度；三是对各级政府的土地管理职责进行了明确划分；四是强化了对土地的执法监察；五是注重了对公民特别是农民土地财产权利的保护；六是强化了国家土地所有权的权益；七是明确了土地管理的基本国策。在各方的共同努力下，在中国的立法史上，新《土地管理法》是改动最大、立法速度最快、时间最短、反映最好的一部法律。

4. 审议通过

1997 年 12 月国务院召开常务会议，第一次审议了《土地管理法》。在中国的立法中，提交国务院审议的法律或者法规，一般都能原则通过。但后来一讨论，国务院领导认为草案不行，须重新修改，没有通过。这样，有关部门又反复进行了协调研究。1998 年 1 月，国务院召开常务会议，第二次进行了审议。在中国的立法中，国务院召开间隔时间不长的两次会议审议同一部法律草案是不多见的，这说明土地管理问题确实是事关全局的大事，也说明国务院领导对土地问题非常重视。全国人大常委会以前审议法律草案都实行两审制，第一次初审，第二次通过。从 1998 年《土地管理法》开始，进行了立法制度的改革，以后凡属于关系到人民群众切身利益的法律或者重要法律，都要进行三次审议。《土地管理法》修改搭上了立法制度改革的第一班车。最后 8 月 29 日表决，9：00 开会，9：05 表决结果出来，出席会议的代表有 141 人，赞成票 139 人，没有反对票，只有两张弃权票。从 1997 年 5 月 16 日开始修改《土地管理法》，到 1998 年 8 月 29 日新

《土地管理法》通过，历时一年零三个多月。法律变革的实现需要众多条件的保障。《土地管理法》修订的速度之快、内容之丰富、意义之深远，具有开创性。这虽然与立法工作者的辛勤工作密不可分，但更为重要的是，依法治国的政治背景、改革开放的社会环境、民主科学的立法体制，为这部法律的顺利修订提供了保障、奠定了基础。

改革开放以来重要农业农村法律法规见表 1-3。

表 1-3   改革开放以来重要农业农村法律法规

制定及修改时间	法律名称	发布机构
1979 年制定，1982 年第一次修正；1986 年第二次修正；1995 年第三次修正；2004 年第四次修正	中华人民共和国地方各级人民代表大会和地方各级人民政府组织法	全国人大
1984 年制定，1998 年第一次修正	中华人民共和国森林法	全国人大常委会
1985 年制定，2002 年第一次修订	中华人民共和国草原法	全国人大常委会
1986 年制定，2000 年第一次修正；2004 年第二次修正	中华人民共和国渔业法	全国人大常委会
1986 年制定，1988 年第一次修正；1998 年修订；2004 年第二次修正	中华人民共和国土地管理法	全国人大常委会
1988 年制定，2002 年第一次修订	中华人民共和国水法	全国人大常委会
1988 年制定，2004 年第一次修订	中华人民共和国野生动物保护法	全国人大常委会
1991 年制定，2010 年第一次修订	中华人民共和国水土保持法	全国人大常委会
1991 年制定，2009 年第一次修正	中华人民共和国进出境动植物检疫法	全国人大常委会
1991 年制定	农民承担费用和劳务管理条例	国务院
1993 年制定，2002 年第一次修订	中华人民共和国农业法	全国人大常委会
1993 年制定，2012 年第一次修正	中华人民共和国农业技术推广法	全国人大常委会
1998 年制定，2010 年修订	中华人民共和国村民委员会自治法	全国人大常委会
1998 年制定	基本农田保护条例	国务院
2000 年制定，2004 年修正	中华人民共和国种子法	全国人大常委会
2002 年制定	中华人民共和国农村土地承包法	全国人大常委会
2004 年制定	粮食流通管理条例	国务院
2004 年制定	中华人民共和国农业机械化促进法	全国人大常委会
2005 年制定	中华人民共和国畜牧法	全国人大常委会
2006 年制定	中华人民共和国农产品质量安全法	全国人大常委会
2006 年制定	中华人民共和国农民专业合作社法	全国人大常委会
2009 年制定	中华人民共和国食品安全法	全国人大常委会

第 2 章

21 世纪以来的中国"三农"重要政策措施[①]

党的十六大以来，中央对中国"三农"政策做出了重大调整，连续下发了十个指导"三农"工作的中央一号文件和一个三号文件，做出了《中共中央关于推进农村改革发展若干重大问题的决定》，形成了新时期指导"三农"工作的战略思想、指导方针和强农惠农富农的政策体系，为农业农村提供了历史性的发展机遇，不仅推动了农业稳定发展、农民持续增收、农村和谐稳定，而且积累了解决"三农"问题的宝贵经验，拓宽了适合中国国情的农业农村发展道路。

目前，国内外对中国"三农"政策的梳理和研究已有较为丰硕的成果，但多数研究只针对 2010 年以前的政策，所选取的时间跨度不能完整覆盖十六大以来的政策，多数研究将"三农"政策分解为不同的方面进行梳理总结，缺乏对十六大以来的"三农"政策的全面系统梳理和分析。本章以 2002 年十六大以来中央制定的中国有关农业农村的政策及法律文件为研究对象，运用文献调查、对比分析等方法，系统回顾和总结十六大以来中国"三农"政策的演变历程，分析政策形成的背景和依据，归纳总结当前中国已有涉农政策的基本框架，并对主要涉农政策和措施进行梳理分析，旨在为深入了解和研究中国"三农"政策提供参考和依据，为不断丰富和完善"三农"政策体系、推动农业农村持续健康发展提供借鉴。

■ 2.1 "三农"政策调整的背景

2.1.1 "三农"政策调整是农业农村发展形势的客观要求

20 世纪 90 年代中后期以来，中国农产品实现了向供求基本平衡、丰年有余

---

① 本章执笔人：习银生、杨丽、姜楠、徐伟平、张红奎、杭静、郭树龙。

的历史性转变，农业发展面临的市场约束越来越强，农产品的结构性矛盾也日益突出，标志着中国农业进入了战略性结构调整阶段。另外，工业化、城镇化快速发展，凸显了农业现代化与农村发展的相对滞后，工农关系失衡、城乡差距扩大成为制约中国经济社会持续健康发展的突出问题和矛盾。这主要表现在以下方面：一是农产品需求显著增加，消费结构升级加快，农产品保供给任务艰巨、供求结构性矛盾突出。二是农业发展面临的资源环境约束日趋明显，耕地、劳动力、资金等生产要素外流现象日益突出，农业比较效益降低，农业兼业化、人口老龄化、农村空心化趋势明显，农村社会矛盾突出。三是农民收入增长缓慢，城乡居民收入差距不断拉大。1996～2003 年，农民人均纯收入年均实际增长率只有 4.0%，城乡居民收入差距由 2.51：1 迅速扩大到 3.23：1。四是财政支农支出比重降低，生产要素不断从农村流出。2001 年，国家财政用于农业的支出占财政总支出的比例仅为 7.7%，2003 年进一步降到 7.1%，比 1990 年下降了 2.9 百分点。同时，农村资金通过财政渠道不断流出，2001 年净流出高达 1 078 亿元[①]。五是城镇化严重滞后于工业化，农村劳动力转移滞缓。2001 年，中国工业化率为 45.1%，而城镇化率仅为 37.7%，滞后 7.4 百分点，大批农民工在城市务工却不能融入城市生活，阻碍了农村劳动力转移进程。六是农民负担较重，农村社会事业发展和基础设施建设明显滞后。农村乱收费、乱摊派、乱罚款现象较为普遍，农村上学难、看病贵、社会保障水平低等问题突出。2004 年，全国仍有 46% 的村不通自来水，4% 的村不通汽车，7% 的村不通电话。中国农业进入战略性结构调整阶段，工农城乡关系出现的变化及农业农村发展面临的新问题，表明中国长期以来实行的城乡二元体制已经严重阻碍农业农村发展，对农业农村政策做出重大调整的要求十分迫切。

农业农村经济相关指标变化情况见表 2-1。

表 2-1 农业农村经济相关指标变化情况

年份	粮食产量/万吨	农民人均纯收入/元	城镇居民人均可支配收入/元	城乡居民收入之比	财政用于农业支出占财政支出的比重/%	城镇化率/%	工业化率/%
1978	30 477	133.6	343.4	2.57	13.4	17.9	47.9
1990	44 624	686.3	1 510.2	2.20	10.0	26.4	41.3
1995	46 662	1 577.7	4 283.0	2.71	8.4	29.0	47.2
2000	46 218	2 253.4	6 280.0	2.79	7.8	36.2	45.9

---

① 中华人民共和国农业部国民经济结构变革与农村产业结构调整——农业和农村经济结构调整与国民经济结构调整关系研究. 中国农村发展报告 2002. 北京：中国农业出版社，2002.

续表

年份	粮食产量/万吨	农民人均纯收入/元	城镇居民人均可支配收入/元	城乡居民收入之比	财政用于农业支出占财政支出的比重/%	城镇化率/%	工业化率/%
2001	45 264	2 366.4	6 859.6	2.90	7.7	37.7	45.1
2002	45 706	2 475.6	7 702.8	3.11	7.2	39.1	44.8
2003	43 069	2 622.2	8 472.2	3.23	7.1	40.5	46.0
2004	46 947	2 936.4	9 421.6	3.21	9.7	41.8	46.2
2005	48 402	3 254.9	10 493.0	3.22	7.2	43.0	47.4
2006	49 748	3 587.0	11 759.5	3.28	7.9	44.3	47.9
2007	50 160	4 140.4	13 785.8	3.33	8.7	45.9	47.3
2008	52 871	4 760.6	15 780.8	3.31	9.5	47.0	47.4
2009	53 082	5 153.2	17 174.7	3.33	9.5	48.34	46.3
2010	54 648	5 919.0	19 109.4	3.23	9.5	49.95	46.7
2011	57 121	6 977.3	21 809.8	3.13	9.6	51.27	39.9
2012	58 958	7 917.0	24 565.0	3.10	9.8	52.57	38.5

资料来源:《中国统计年鉴》(历年)

2.1.2　我国"三农"政策调整具有充分的理论依据

统筹城乡经济社会发展,实行以工促农、以城带乡、城乡互动、协调发展,既是经济社会发展规律的客观要求,也有充分的理论依据。

一是马克思主义理论对统筹城乡发展进行了科学论述。马克思曾指出,从城乡对立走向城乡融合是人类社会的根本趋势。恩格斯也指出,城市和乡村终将融合,即"要使乡村和城市逐步演化成为既有城市特点,又有乡村特点的新的社会发展格局"。

二是二元经济结构理论提出了统筹城乡发展的理论模式。美国经济学家刘易斯在《劳动力无限供给下的经济发展》中提出了二元经济模型。其核心内容是由于农业和工业劳动生产率的差异,传统部门劳动力供给具有二元特征,即在某一阶段农业部门劳动力生产率为零,劳动力呈现无限供给状况;当全部转移至工业部门后,才逐步提高,并引发产业结构改变,最终从二元结构转变为一元结构。

三是系统论和协同论阐述了城乡协调发展的必要性。奥地利的贝塔朗菲认为系统中的各个要素通过相互作用促进或阻碍系统的发展。系统论强调追求系统的整体性和开放性,追求系统结构优化和利益最大化。统筹城乡蕴涵着系统论的精髓,要求把城市和乡村看做一个系统,通过协调城和乡这两个要素之间的关系,促进二者结构的优化和协调发展。德国物理学家赫尔曼·哈肯提出的协同论认为，系统中的各要素存在相互协调和相互制约的关系，整个系统在各要素的协同行为下产生出超越各要素自身的单独力量，从而实现"1+1＞2"的效果。在"统筹城乡"这个系统内部，充分发挥城市和乡村两个要素各自的优势，城市发挥工商资本和金融资本的优势，乡村发挥土地和劳动力的优势，通过二者优势资源的流动和互补，推动实现城市和乡村共同繁荣及社会的协调发展。

四是地理二元结构理论提出政府引导公共资源均衡配置是统筹城乡发展的根本。缪尔达尔指出，为避免两极分化，政府必须制定相应的政策，刺激和帮助落后地区加快发展。这一理论肯定了政府在促进区域协调发展中的重要作用，为中国确立"工业反哺农业、城市支持农村"的方针，实行统筹城乡战略提供了重要的理论依据。

2.1.3 中国经济社会发展所处阶段为"三农"政策的调整创造了条件

在 21 世纪前后，中国成功应对了亚洲金融危机冲击的严峻挑战，克服了世界经济波动的不利影响，通过扩大内需，实施积极的财政政策和稳健的货币政策，保持了经济较快增长。2001 年，国内生产总值（GDP）首次超过 10 万亿元，达到 109 655 亿元，经济总量迈上了一个新台阶。同年，中国成功加入世界贸易组织（World Trade Organization，WTO），经济国际化程度迈入了一个新的阶段，国际贸易快速增长，外贸进出口总额首次突破 5 000 亿美元，达到 5 097 亿美元；国家外汇储备达到 2 122 亿美元。

从经济结构来看，第一产业比重迅速下降，第二产业比重快速上升，第三产业比重稳步提高。2001 年，第一产业比重占 GDP 的比重下降到 14.4％，第二产业比重上升到 45.1％，第三产业比重上升到 40.5％。从就业结构看，2001 年，第一产业从业人员占全部从业人员的比重下降到 50％，第二产业上升到 22.3％，第三产业上升到 27.7％（表 2-2）。

表 2-2   改革开放以来中国国民经济主要指标变化情况

年份	GDP 总量/ 亿元	人均 GDP/ 美元	第一产业 比重/%	第二产业 比重/%	第三产业 比重/%	外贸 总额/ 亿美元	外汇 储备/ 亿美元	第一产业 从业 人员 比重/%	第二产业 从业 人员 比重/%	第三产业 从业 人员 比重/%
1978	3 645.2	242	28.2	47.9	23.9	206.4	1.67	70.5	17.3	12.2
2000	99 214.6	949	15.1	45.9	39.0	4 742.9	1 655.74	50.0	22.5	27.5
2001	109 655.2	1 042	14.4	45.1	40.5	5 096.5	2 121.65	50.0	22.3	27.7
2002	120 332.7	1 135	13.7	44.8	41.5	6 207.7	2 864.07	50.0	21.4	28.6

续表

年份	GDP 总量/亿元	人均 GDP/美元	第一产业比重/%	第二产业比重/%	第三产业比重/%	外贸总额/亿美元	外汇储备/亿美元	第一产业从业人员比重/%	第二产业从业人员比重/%	第三产业从业人员比重/%
2003	135 822.8	1 274	12.8	46.0	41.2	8 509.9	4 032.51	49.1	21.6	29.3
2004	159 878.3	1 490	13.4	46.2	40.4	11 545.5	6 099.32	46.9	22.5	30.6
2005	184 937.4	1 732	12.1	47.4	40.5	14 219.1	8 188.72	44.8	23.8	31.4
2006	216 314.4	2 070	11.1	48.0	40.9	17 604.0	10 663.40	42.6	25.2	32.2
2007	265 810.3	2 652	10.8	47.3	41.9	21 737.3	15 282.49	40.8	26.8	32.4
2008	314 045.4	3 413	10.7	47.5	41.8	25 632.6	19 460.30	39.6	27.2	33.2
2009	340 506.9	3 744	10.3	46.3	43.4	22 075.4	23 991.52	38.1	27.8	34.1
2010	401 512.8	4 434	10.1	46.7	43.2	29 740.0	28 473.38	36.7	28.7	34.6
2011	473 104.0	5 450	10.2	46.8	43.1	36 418.6	31 811.48	34.8	29.5	35.7
2012	518 942.1	6 084	10.1	45.3	44.6	38 671.2	33 115.89	33.6	30.3	36.1

资料来源:《中国统计年鉴》(历年)

　　国际经验表明,人均 GDP 超过 1 000 美元,第一产业比重降到 15% 以下,农业就业份额降到 55% 以下,城镇人口比重上升到 35% 以上,是经济发展进入工业化中期阶段的标志[①],这之后经济增长主要依靠二三产业带动,工农关系的基本特征转变为"以工促农、以城带乡"。2001 年,我国人均 GDP 首次突破 1 000 美元,达到 1 042 美元;国家财政收入达到 16 386 亿元,并保持快速增长态势,人均财政收入为 1 284 元;农业占国民经济的份额首次低于 15%;第一产业从业人员比重下降到 50.0%,二、三产业开始成为吸纳劳动力就业的主要来源;城镇化水平达到 37.7%,城镇化对农业和农村经济发展的带动作用开始逐步显现。这些特征表明,我国经济发展进入了工业化中期阶段,基本具备了工业反哺农业、城市支持农村的条件,对工农、城乡关系进行重新调整的时机和条件已基本成熟。

2.2　"三农"政策的形成过程及其演进特点

　　党的十六大后,中央对新时期指导"三农"工作的战略思想做出了重大调整,

① 宋洪远,等."十一五"时期农业和农村政策回顾与评价. 北京:中国农业出版社,2010:1.

连续出台了 10 个中央一号文件，明确了新时期农业农村工作的基本政策，"三农"政策的目标发生了重要变化，执行"三农"政策的措施手段也发生了明显转变。

2.2.1　新时期"三农"工作指导思想的形成

党的十六大以来，中央对我国"三农"问题进行了深刻分析，对国际发展经验进行了认真总结，并在此基础上对指导农业农村工作方面做出了一系列具有里程碑和划时代意义的重大战略决策，推动了"三农"理论创新，形成了以"重中之重"、"两个趋向"、"统筹城乡"和"多予、少取、放活"等为主要内容的新时期指导"三农"发展的重大战略思想。这一系列重大战略思想的形成，不仅是我国"三农"政策的重要组成部分，也为"三农"政策措施的重大调整提供了强大的理论基础。

一是把解决好"三农"问题作为全党工作的重中之重。2003 年年初召开的中央农村工作会议首次明确提出，要把解决好"三农"问题作为全党工作的重中之重，放在更加突出的位置。"重中之重"思想的确立，标志着中央在指导"三农"发展的思想认识上得到了升华。

二是以"两个趋向"的重要论断对我国发展阶段做出了判断。党的十六届四中全会做出了"两个趋向"的重要论断，即"纵观一些工业化国家发展的历程，在工业化初始阶段，农业支持工业、为工业提供积累是带有普遍性的趋向；但在工业化达到相当程度以后，工业反哺农业、城市支持农村，实现工业与农业、城市与农村协调发展，也是带有普遍性的趋向"。随后的中央经济工作会议又做出我国现在总体上已到了"以工促农、以城带乡"发展阶段的重要论断。"两个趋向"的重要论断为中央开始大幅调整国民收入分配格局、促进公共资源均衡配置、改善工农城乡关系提供了重要的理论依据。

三是以"统筹城乡"的发展战略作为解决"三农"问题的根本途径。针对我国长期以来城乡发展不协调矛盾凸现、二元结构严重制约经济社会发展全局的突出问题，党的十六大首次提出将统筹城乡经济社会发展作为科学发展观的重要组成部分。十六届三中全会又提出要按照"五个统筹"的要求全面建设小康社会。即统筹城乡发展、统筹区域发展、统筹经济社会发展、统筹人与自然和谐发展、统筹国内发展与对外开放，并把"统筹城乡发展"放在"五个统筹"之首，提出建立有利于逐步改变城乡二元经济结构的体制。"统筹城乡"发展战略的提出，是中央对我国经济社会的发展方式的一个重大理论创新。

四是以"多予、少取、放活"作为制定"三农"政策的指导方针。针对农民增收困难和农村经济社会发展明显滞后的局面，2003 年年初召开的中央农村工作会议明确提出对"三农"实行"多予、少取、放活"的方针，并将这一方针写入了 2004 年的中央一号文件。"多予、少取、放活"方针的确立，为"三农"政策措施的重大调整,特别是大幅度增加投入、取消农业税费等方面做出了方向性选择。

2.2.2 十六大以来十个中央一号文件的主题及其演变

2004~2013 年,十个中央一号文件分别以促进农民增收、提高农业综合生产能力、推进社会主义新农村建设、积极发展现代农业、加强农业基础建设、促进农业稳定发展农民持续增收、加大统筹城乡发展力度、加快水利改革发展、加快农业科技创新、构建新型农业经营体系为主题,涵盖了我国"三农"发展的核心问题。

从主题的变化来看,2004~2007 年,分别以农民收入、农业综合生产能力和新农村建设为主题,针对当时我国"三农"主要面临的突出问题做出了相应部署,但主要从总体和宏观的角度做出安排。例如,2004 年以促进农民增收为主题,主要是针对长期以来农民增收难成为制约农业农村乃至国民经济发展的突出问题而做出的宏观决策部署。2008 年以后,全球金融危机爆发,国内经济增长方式加快转变,农业生产方式需要适应由此带来的资源约束趋紧、成本上升、劳动力外流、对外依存度加大等方面的变化,农村社会结构加速变动等,使我国"三农"发展面临的内外部环境发生了重要变化。加快发展现代农业、推进"四化"同步的要求越来越高,促进农民收入持续较快增长、缩小城乡居民收入差距的难度越来越大,统筹城乡发展、推进城乡发展一体化的任务越来越重。在此背景下,中央进一步解放思想,与时俱进,不仅全面加大了对"三农"的扶持和投入力度,而且从战略高度把握"三农"发展的新趋势、新动向,从关键制约环节谋划"三农"发展。例如,加强农业基础建设、加快水利改革发展、加快农业科技创新、构建新型农业经营体系,都抓住了制约我国现代农业发展的薄弱环节,主题更为具体细化,重点更加突出。而加快统筹城乡发展,则抓住了我国城乡二元结构的主要矛盾,提出了把统筹城乡发展作为全面建设小康社会的根本要求,把改善农村民生作为调整国民收入分配格局的重要内容的基本思路,全面推进城乡发展一体化。因此,十个中央一号文件主题的演变既体现了新时期"三农"政策的连续性和稳定性,又体现了时代性和创新性,是中央在明确不断强化强农惠农富农政策的前提下,为适应农业农村形势变化而采取的有针对性的政策安排。

2.2.3 新时期"三农"政策目标的变化

十六大以前,我国虽然基本实现了总体小康,但农村发展长期处于相对较低的水平,"三农"政策的主要目标以发展农业,保障农产品供给为主。十六大以后,随着城乡经济发展和人民生活水平的提高,农村劳动力大规模向城市流动并引发农村社会结构变动,"三农"政策的目标发生了重要变化,逐步由原来相对单一的目标向多元化目标转变。

1. 由侧重农业发展向注重农业农村全面发展转变

长期以来我国农产品供给的基本特征是短缺，满足农产品供给是农业农村政策的主要目标。十六大以后，我国"三农"政策的基本目标逐渐由原来相对单一的农产品供给目标向保障农产品有效供给、促进农民增收、保持农村经济社会全面发展的多元化目标转变。

一是更加注重保障粮食安全和重要农产品有效供给目标。进入 21 世纪后，我国粮食安全形势发生了新的变化，一方面，粮食价格持续低迷导致粮食生产持续滑坡；另一方面，农产品消费结构升级加快，粮食消费呈刚性增长态势，粮食供给面临的总量平衡和结构平衡的压力日益凸显，粮食安全形势异常严峻。针对这一问题，中央把粮食安全放在更加突出的位置，2004 年以来的十个中央一号文件对粮食安全问题都予以强调并做出了重点部署。党的十七届三中全会明确提出把"国家粮食安全和主要农产品供给得到有效保障"作为到 2020 年农村改革发展的基本目标任务，要"始终把解决好十几亿人口吃饭问题作为治国安邦的头等大事，坚持立足国内实现粮食基本自给方针"。十八大提出"加快发展现代农业，增强农业综合生产能力，确保国家粮食安全和重要农产品有效供给"，充分体现了中央在新形势下对我国保障粮食安全和重要农产品有效供给目标的重视程度。

二是更加重视增加农民收入目标。农民收入问题是我国"三农"问题的核心。十六大以来，中央对农民收入问题给予了前所未有的高度重视，历年的中央一号文件都对促进农民增收做出了具体安排。2004 年，中共中央、国务院下发了《中共中央、国务院关于促进农民增加收入若干政策的意见》，提出"促进农民增收必须有新思路，采取综合性措施，在发展战略、经济体制、政策措施和工作机制上有一个大的转变"。2008 年和 2009 年，中央又连续两年把促进农民增收作为中央一号文件的主题之一。党的十七届三中全会提出，到 2020 年"农民人均纯收入比 2008 年翻一番"。十八大进一步提出了农民收入的倍增目标，指出到 2020 年"城乡居民人均收入比 2010 年翻一番"。

三是更加注重促进农村经济社会发展目标。十六大提出了全面建设小康社会的目标，开始对农村民生及全面发展给予更多关注。2006 年中央一号文件把推进社会主义新农村建设作为我国现代化进程中的重大历史任务，并把对社会主义新农村建设的要求概括为"生产发展、生活宽裕、乡风文明、村容整洁、管理民主"五个方面。党的十七届三中全会把农村全面发展作为农村改革发展的重要目标，并对加快发展农村公共事业，促进农村社会全面进步做出了全面部署。2010 年中央明确要求"把统筹城乡发展作为全面建设小康社会的根本要求，把改善农村民生作为调整国民收入分配格局的重要内容"。十八大提出到 2020 年实现全面建成小康社会的目标，明确提出"要推动城乡发展一体化"，"加大统筹城乡发展力度，促进城乡共同繁荣"，"让广大农民平等参与现代化进程、共同分享现代化成果"。

2. 由注重农产品数量安全向数量安全与质量安全并重转变

随着收入提高、生活不断改善，人们对农产品质量安全的关注程度迅速提高。十六大以来，中央对农产品和食品质量安全问题给予了高度关注，重视程度不断提高。十六大明确提出要"健全农产品质量安全体系"，2004 年，《国务院关于进一步加强食品安全工作的决定》中确立了分段监管为主、品种监管为辅的食品安全监管体系。2006 年，《中华人民共和国农产品质量安全法》（简称《农产品质量安全法》）正式颁布，农产品质量安全依法监管进入了一个新阶段。2009 年，《中华人民共和国食品安全法》（简称《食品安全法》）开始实施，标志着我国农产品质量安全与食品安全管理已经形成比较完善的法律法规体系，保障农产品质量安全和食品安全已成为我国农业政策乃至整个社会发展的重要目标。

3. 更加注重农业农村的可持续发展

资源环境是人类赖以生存和发展的基本条件。随着经济发展，我国农业生态与环境压力越来越大，农业面源污染加重，农业可持续发展面临严峻形势。十六大以来，中央提出了以人为本，全面、协调、可持续的科学发展观，历年的中央一号文件都对农业可持续发展做出了专门部署。十七大首次提出了生态文明的概念，十七届三中全会将农业可持续发展列入农村改革发展的基本目标任务，明确要求"按照建设生态文明的要求，发展节约型农业、循环农业、生态农业，加强生态环境保护"。十八大提出"大力推进生态文明建设"，要求"把生态文明建设放在突出地位，融入经济建设、政治建设、文化建设、社会建设各方面和全过程，努力建设美丽中国，实现中华民族永续发展"。

2.2.4　新时期"三农"政策手段的转变

随着我国市场经济体制和"三农"政策体系的不断完善，我国执行"三农"政策措施的手段和方式也发生了很大变化，主要表现在以下几个方面。

（1）由注重行政手段向注重市场手段方向转变。以 2001 年我国加入世界贸易组织和 2004 年全面放开粮食市场购销为主要标志，我国农业和农村经济已基本实现市场化，计划手段和行政色彩大幅减少，绝大多数农产品的生产、价格、流通、贸易和加工等各环节都已放开。目前仍保留的行政手段主要包括"米袋子"省长负责制和"菜篮子"市长负责制等，但功能明显弱化，对市场的干预主要通过宏观调控措施来实现，包括财政、税收、金融政策，国家收购和储备调节等。

（2）由从农业农村"抽血"向"输血"方向转变。长期以来，我国农业和农村一直处于负保护状态。21 世纪以来，我国全面改革农村税费体制，大幅减轻农民负担，全面取消了农业税，同时全面加大了农业支持保护力度，调整国民收入分配结构和财政支出结构，实行强农惠农富农政策，着力构建"三农"投入稳定增长的长效机制，历年的中央一号文件都对此做出了重点部署和明确要求，使近年来我国"三农"投入有了大幅度增长，在财政支出中的比重有了明显上升。

（3）对不同地区实行分类指导。我国地域辽阔，各地政策运行环境差别较大，因地制宜对不同地区实行有差别的"三农"政策十分必要。十六大以来，中央针对我国农业生产形势、经济发展和国家财力的变化，对不同地区出台了不同的农业农村政策，由以往要求全国各地重农抓粮逐步向扶持主产区农业和粮食发展转变，强化了对不同区域的分类指导，旨在增强政策的针对性、可操作性和实效性。例如，在粮食政策方面将各地区分为主产区、主销区和产销平衡区，在粮食生产、收购、储备、流通和市场供应等方面分别制定了不同政策，在投入方面重点向 13 个主产区和其他区域的产粮大县倾斜，并对产粮大县实行奖补。棉花政策则对新疆棉区单独给予指导，对其他许多农产品也出台了类似的政策。中央还根据区域经济发展和地方财力差异制定了不同的财政政策，逐步减少和取消主产区和中西部地区的配套比例，加大了对中西部地区和贫困地区的转移支付力度，扶持当地农业农村基础设施、公共服务和社会事业发展。

■ 2.3 "三农"政策的基本框架

十六大以来，中央按照统筹城乡发展的总体思路，坚持"多予、少取、放活"的方针，积极调整国民收入分配格局和城乡利益关系，在政策安排上做出了一系列重大调整，对农业的支持保护力度空前加大，大幅度增加了"三农"投入，促进公共资源在城乡之间合理配置，推动城乡基本公共服务均等化，初步形成了一整套适应新时期农业农村发展的强农惠农富农政策体系。概括起来，我国的"三农"政策框架主要以加快现代农业发展、推进社会主义新农村建设和统筹城乡发展一体化为三个基本构架，具体包括六个方面的政策内容，即以加快现代农业发展为核心的农业生产政策、以稳定市场为目标的农产品市场调控政策、以促进农民增收为目标的收入政策、以促进城乡发展一体化为目标的农村基本公共服务与福利政策、以促进农业农村可持续发展为目标的生态环境政策，以及以激发农村发展活力为目标的农村改革政策。

2.3.1 农业生产政策

1. 改善农业生产物质条件

一是提高耕地质量。为进一步改善耕地质量，提高农业综合生产能力，国家相继实施了沃土工程、保护性耕作、深松整地、测土配方施肥、土壤有机质提升、土地整治复垦、高标准农田建设等项目工程。二是加强农田水利建设。其主要包括大中型灌区续建配套和节水改造、病险水库除险加固、大型排涝泵站更新改造建设、小型农田水利建设、节水灌溉等项目。2011 年，中央以中央一号文件的形式下发《中共中央　国务院关于加快水利改革发展的决定》，是新中国成立以来中央首个关于水利的综合性政策文件。三是促进农业机械化与信息化。2004年启动实施了农机购置补贴政策，颁布实施《中华人民共和国农业机械化促进法》，首次以法律形式规范指导促进农业机械化。2010 年，国务院发布《国务院关于促进农业机械化和农机工业又好又快发展的意见》。目前我国已初步构建起了农业机械研发、生产和推广使用三位一体的农机综合体系。为进一步加强农业信息化平台建设，国家继续推进"金农工程"，相继实施了"三电合一"项目、农业物联网应用示范项目等。2012 年，国务院发布《国务院关于大力推进信息化发展和切实保障信息安全的若干意见》。

2. 发展现代农业科技

一是加快发展现代种业。2002 年以来，国家继续实施种子工程，加大种业基础设施建设投入，并开始实行农作物良种补贴，2007 年开始实行畜牧良种补贴，2011 年国务院发布《国务院关于加快推进现代农作物种业发展的意见》，2012 年国务院办公厅发布《全国现代农作物种业发展规划（2012—2020 年）》，农作物种业被提升到国家战略性、基础性核心产业的高度。二是加强农业科技研发与推广应用。2011 年，中央以中央一号文件的形式下发《中共中央国务院关于加快推进农业科技创新持续增强农产品供给保障能力的若干意见》，2012 年修订了《中华人民共和国农业技术推广法》。我国先后启动实施了转基因重大专项、公益性行业（农业）科研专项、948 计划等重大项目，旨在提高农业自主创新能力。为加强农业科技推广应用，2005 年国家启动了农业科技入户工程，2009 年中央财政安排粮棉油高产创建补助资金，推广良种、普及高产技术。农业部开展国家现代农业示范区建设，示范推广现代农业技术，实行产学研结合，加速农业科技成果转化。

3. 完善农业社会化服务体系

一是加强农技服务体系建设。2003 年，国家开始进行基层农技推广体系改革试点。2006 年，国务院发布《国务院关于深化改革加强基层农业技术推广体系建设的意见》，2011 年全面启动实施乡镇农技推广服务体系建设项目，基本覆盖全国农业县（区、场）。2012 年起，启动实施农业技术推广服务特岗计划试点。二是加强动植物病虫害防疫体系建设。2004 年，《全国动物防疫体系建设规划（2004—2008 年）》发布实施。2006 年开始，中央财政安排病虫害防治补助资金，推进农作物病虫害专业化统防统治。国家还组织实施植保工程，强化病虫害监测网络体系建设。2012 年，国务院办公厅发布了《国家中长期动物疫病防治规划

（2012～2020 年）》。

4. 构建农产品质量安全体系

一是推进标准化生产。进一步加强农业标准制定、修订，实施农业标准化示范推进，2006 年启动实施了农业标准化实施示范县专项，2010 年起，全面开展标准果园、标准茶园、蔬菜标准园、畜禽标准化规模化养殖场、水产健康养殖示范场等"三园两场"建设。二是加强农产品质量安全监管体系建设。国家先后颁布实施了《农产品质量安全法》、《食品安全法》和与之相配套的《中华人民共和国食品安全法实施条例》、《乳品质量安全监督管理条例》等法律法规。2008 年，农业部组建了农产品质量安全监管局。国家还建立了农产品质量安全例行监测、农产品质量安全普查和农产品质量安全监督抽查制度，启动实施了农药及农药残留、兽药及兽药残留、饲料及饲料添加剂和水产品药残监控等监控计划。开展了农产品质量安全专项整治，启动了农产品质量追溯系统建设项目。

5. 提高农村劳动力素质

为培养新型农民和促进农村劳动力转移，国家继续加强农业科技教育培训，提高农村劳动者素质。目前，国家扶持农业农村劳动力培训的项目主要有"阳光工程"、新型职业农民培育试点、现代农业人才支撑计划、农村实用人才带头人培训、大学生村干部示范培训、在贫困地区启动实施的"雨露计划"等。

6. 强化农业抗风险体系建设

一是建立农业防灾减灾工作机制。农业、气象、水利等部门成立了防灾减灾专家指导组，建立了信息共享机制，加强监测预警，中央财政对农业防灾减灾实行专项补助，包括东北水稻大棚育秧、南方早稻集中育秧、冬麦区小麦"一喷三防"、东北玉米抗旱"坐水种"、西南覆膜种植、油菜"一促四防"、东北地区增施肥促早熟等关键技术补助。二是完善农业保险政策。2003 年，十六届三中全会首次提出建立政策性农业保险体系，2007 年开始，财政部选择部分地区开展中央财政农业保险保费补贴试点工作。2013 年起，农业政策性保险险种从原来的 3个品种，增加到 11 个品种，中央财政分别给予不同比例的保费补贴。

2.3.2 农产品市场与宏观调控政策

1. 农产品加工政策

近年来，国家大力培育发展农业龙头企业，扶持农产品加工业，通过财税等手段支持企业采用新技术，开发新产品，建立原料基地，发展精深加工，开拓国内外市场，陆续开展了农产品产地初加工补助、技术研发和标准化体系建设等项目，启动主食加工业提升行动。

2. 农产品流通政策

我国已全面放开粮食、棉花等几乎所有农产品的购销市场和价格，同时大幅度增加投入，扶持农产品市场和物流设施升级改造。实施并完善农产品运输绿色通道政策，2010 年，绿色通道扩大到全国所有收费公路，减免品种进一步增加。2013 年，国家继续对鲜活农产品实施从生产到消费的全环节低税收政策，将免征蔬菜流通环节增值税政策扩大到部分鲜活肉蛋产品。国家还建立了储备体系，对粮、棉、油、糖、生猪等部分重要农产品实行中央储备和地方储备制度及调控机制，通过收储或抛售农产品来调节市场供求关系。

3. 农产品收购与价格支持政策

国家在充分发挥市场机制的基础上，运用经济、行政、法律等手段加强了对市场的宏观调控，对重点农产品市场采取收购与价格支持政策，逐步构建粮、棉、油、糖等大宗农产品价格支持与市场调控政策体系。一是实行粮食最低收购价。2005 年开始实施小麦、稻谷粮食最低收购价政策，并逐年提高最低收购价格。二是实行临时收储。2009 年开始陆续对玉米、大豆、油菜子、棉花实施临时收储政策，价格逐年提高。三是实行预案调控。对生猪等波动幅度大、生产周期长的鲜活农产品，通过锁定市场波动的上下限来避免价格大起大落。此外，对蔬菜等季节性强的农产品，探索通过保险、补贴等价格调节方式来稳定市场。2014 年开始进行大豆、棉花目标价格试点。

4. 农产品贸易政策

加入 WTO 后，我国农产品贸易政策发生了重大调整。为履行在农业方面的入世承诺，2002 年以来，按照减让表规定，对农产品进口关税进行了大幅削减，我国农产品进口关税平均水平明显低于世界平均水平。从 2006 年开始，国家取消了豆油、菜籽油、棕榈油进口配额和国营贸易管理。在 WTO 规则允许范围内，继续对小麦、玉米、大米、棉花、食糖、羊毛等大宗农产品实施进口关税配额管理。此外，我国取消了农产品出口补贴和单一许可证等非关税措施。出口促进方面，实行农产品出口退税及出口信用保险政策等。

2.3.3　农民收入政策

1. 稳步提高农产品收购价格

2004 年国务院决定实行最低收购价政策，2008～2014 年，国家连续 7 年提高稻谷和小麦最低收购价。2014 年，早籼稻、中晚籼稻和粳稻最低收购价格比2008 年分别提高 75.3%、74.7%、89.0%；白小麦最低收购价提高 53.2%，红小麦和混合麦均提高 63.9%（表 2-3）。此外，国家还通过实行部分农产品临时收储，并逐步提高临时收储价格，增加农民农业收入，如 2013 年玉米临时收储价格比 2008 年提高 60%。

表 2-3 2004～2014 年稻谷、小麦最低收购价 单位：元/50 千克

年份	早籼稻	中籼稻	粳稻	晚籼稻	白小麦	红小麦	混合麦
2004	70	72	75	72	—	—	—
2005	70	72	75	72	—	—	—
2006	70	72	75	72	72	69	69
2007	70	72	75	72	72	69	69
2008	77	79	82	79	77	72	72
2009	90	92	95	92	87	83	83
2010	93	97	105	97	90	86	86
2011	102	107	128	107	95	93	93
2012	120	125	140	125	102	102	102
2013	132	135	150	135	112	112	112
2014	135	138	155	138	118	118	118

资料来源：根据国家发改委网站公布数据整理

2. 促进农村劳动力转移就业

工资性收入已成为农民增收的主要渠道。国家对促进农村劳动力转移就业的政策经历了从内到外、由紧到松、从无序到规范、由歧视到公平的过程，农民工就业的政策和制度环境不断改善，合法权益越来越有保障。2002 年，中央提出了针对农民进城务工的"公平对待，合理引导，完善管理，搞好服务"的十六字方针。2003 年国务院办公厅《国务院关于做好农民进城务工就业管理和服务工作的通知》中强调做好农民工培训工作，主要的培训项目包括阳光工程、"雨露计划"、农村劳动力技能就业计划、农村劳动力转移培训计划、星火科技培训等。2006 年，国务院发布《国务院关于解决农民工问题的若干意见》，分别就农民工工资、就业、技能培训、劳动保护、社会保障、公共管理和服务、户籍管理制度改革、土地承包权益等各个方面明确了相关政策保障措施。2008 年开始实施的《中华人民共和国就业促进法》明确提出，建立健全城乡劳动力平等就业的制度，引导农业富余劳动力有序转移就业，从法律上为农村劳动力转移就业提供了制度保障。

3. 大幅增加对农民的转移支付

十六大以来，中央不断调整和完善再分配政策，出台并逐年增加对农民的直接补贴，逐步建立完善农村社会保障制度。一是实行农业补贴。形成了以对种粮农民的直接补贴(简称粮食直补)、良种补贴、农机具购置补贴(简称农机补贴)和

农业生产资料综合直接补贴(简称农资综合补贴)的"四补贴"为主的农业补贴政策体系。2012 年,农业"四补贴"资金规模已达到 1 653 亿元,较 2004 年增长了 10 倍,对促进农民增收发挥了重要作用。二是建立健全农村社会保障制度。十六大以后,我国逐步建立起了以新农保、新型农村合作医疗(简称新农合)、农村最低生活保障为核心内容的农村社会保障体系,国家对农村社会保障体系的转移支付也成为农民收入的来源之一。2005~2011 年,农村最低生活保障平均保障标准由月人均 74.83 元提高到 140.29 元;2008 年新农合基本实现了对农村居民的全覆盖;2011 年年底,全国共计有 3.58 亿人参加新农保。

4. 开展农村扶贫开发

农村扶贫开发是解决好低收入人口问题,实现共同富裕的重要手段。2001 年,中央颁布了《中国农村扶贫开发纲要(2001—2010 年)》,确定了 592 个扶贫工作重点县、14.8 万个贫困村。2011 年,国家制定了《中国农村扶贫开发纲要(2011—2020 年)》,提出"到 2020 年,稳定实现扶贫对象不愁吃、不愁穿,保障其义务教育、基本医疗和住房。贫困地区农民人均纯收入增长幅度高于全国平均水平,基本公共服务主要领域指标接近全国平均水平,扭转发展差距扩大趋势"的总体目标,明确了扶贫开发的主要任务、对象范围和具体方式,并将贫困线标准提高到 2 300 元/人。

2.3.4　农村基本公共服务与社会事业政策

十六大以来,中央把全面加强农村基本公共服务和发展社会事业作为改善民生、解决"三农"问题的重点,出台了一系列政策措施,农村公共服务和社会事业发展迈入了一个新阶段。

1. 加强农村基础设施建设

农村基础设施是农业和农村发展的基础。2004 年以来每年的中央一号文件都强调加强农村基础设施建设和投入,主要包括:加快农村公路建设,实施"村村通"工程,建立农村客运政策性补贴制度;加强农村水利建设,实施农村安全饮水工程;加大农村电网建设,实施农村电网改造升级工程;推进"一事一议"财政奖补试点,建设美丽乡村;实施农村危房改造和农垦危房改造试点,中央财政进行补贴。

2. 促进城乡教育资源配置均等化

十六大以来,国家从政策、投入和制度建设上着力促进农村教育改革和发展,促进城乡教育资源配置均等化。2006 年国家启动了农村义务教育经费保障机制改革,将农村义务教育全部纳入公共财政保障范围;实行农村义务教育"两免一补",对农村义务教育阶段学生免除学杂费,免费提供教科书,对贫困家庭学生提供寄宿生生活费补助；提高农村中小学公用经费和校舍维修经费补助标准，加大农村薄弱学校改造力度；实施师范生免费教育政策，启动实施"中小学教师国家级培训计划"，实施鼓励高校毕业生到农村任教的"特岗计划"，加强农村教师队伍建设；实施农村义务教育学生营养改善计划，中央财政专项资金重点用于国家试点地区农村学校食堂建设。

3. 加强农村公共卫生服务体系建设

十六大以来，国家不断加大投入力度，提高公共卫生服务经费标准，对县、乡、村三级卫生机构进行建设和改造，启动了全国乡村医生的系统培训规划，实施免费为农村定向培养全科医生和招聘执业医师计划，实施结核病、艾滋病等重大疾病防控和国家免疫规划，实施农村妇女住院分娩等重大公共卫生项目，推进农村卫生服务体系建设。

4. 完善农村社会保障体系

一是建立新农保制度。2009 年我国开始推行新农保试点，并明确到 2020 年基本实现对农村适龄居民全覆盖的目标。截至 2013 年年底，全国新农保、城镇居民社会养老保险参保人数已达 4.98 亿人。二是建立新农合制度。2003 年，我国启动了新农合试点，并逐步扩大试点范围，提高财政补助标准。到 2011 年，参合人口数达 8.32 亿人，参合率为 97.5%，基本实现了全覆盖。三是建立农村最低生活保障制度。2007 年国家开始在全国建立农村最低生活保障制度，将符合条件的农村贫困人口全部纳入保障范围，稳定、持久、有效地解决全国农村贫困人口的温饱问题。2013 年年底，农村最低生活保障制度覆盖人数达到 5 308 多万人。四是完善农村社会救助制度。其主要包括五保供养、最低生活保障、自然灾害救助及医疗救助等，农村社会救助的资金投入和标准也不断提高。五是建立完善特殊群体社会保障制度。其主要包括探索建立适合农民工特点的养老保险办法，解决养老保险关系跨社保统筹地区转移接续问题，依法将务工农民全部纳入工伤保险范围，建立适合被征地农民特点与需求的社会保障制度，确保被征地农民生活水准不因征地而降低、长远生计有保障等。

5. 促进农村文化体育事业发展

2005 年，中共中央办公厅、国务院办公厅出台了《中共中央办公厅　国务院办公厅关于进一步加强农村文化建设的意见》，2011 年十七届六中全会通过了《中共中央关于深化文化体制改革推动社会主义文化大发展大繁荣若干重大问题的决定》，提出深入实施文化惠民工程，缩小城乡文化发展差距。以农村和中西部地区为重点，加强县级文化馆、图书馆、乡镇综合文化站、村文化室建设，深入实施广播电视村村通、文化信息资源共享、农村电影放映室和农家书屋等文化惠民工程。

2.3.5　农业农村可持续发展政策

1. 农业自然资源保护

一是加强耕地保护。十六大以来，国家进一步采取了有力措施，实行最严格的耕地保护制度，提出划定基本农田，守住 18 亿亩（1 亩≈666.67 平方米）耕地红线。实行最严格的节约用地制度，从严控制城乡建设用地总规模。二是加强水资源保护。大力推进节水农业发展。强化农田节水基础设施建设，建成了一批节水高标准基础设施；强化节水农业技术示范推广，节水节肥，提高农业效益；推行适宜性种植结构和品种，主动避旱防灾。三是加强野生动植物资源保护。近十年来我国颁布、实施、修订了《中华人民共和国野生动物保护法》等一批行政法规，对珍贵濒危野生动物实施重点保护。在野生植物资源保护方面，《中华人民共和国环境保护法》《中华人民共和国森林法》《中华人民共和国草原法》等做了相应的规定，内容包括建立野生植物保护监督管理体制和制度、保护野生植物的生长环境、控制野生植物经营利用等。四是加强渔业资源保护。近年来我国实施了全面推进增殖放流、休渔禁渔、生物多样性保护与生态修复等一系列水生生物资源和水域生态环境的养护制度和管理措施，并实行渔业资源保护补助政策。2013年国务院下发《国务院关于促进海洋渔业持续健康发展的若干意见》。目前，我国已在长江和珠江流域实行禁渔期制度，在南海、东海、黄海和渤海四个海区实行伏季休渔，有效保护了渔业资源。

2. 生态环境保护与建设

一是水土保持。2010 年，国家发布了修订后的《中华人民共和国水土保持法》，通过封山禁牧、小流域治理、坡耕地改梯田和淤地坝等水土保持重点工程建设，加大了生态修复力度。二是草原建设与保护。2002 年国务院下发了《国务院关于加强草原保护与建设的若干意见》，2003 年颁布实施修订后的《中华人民共和国草原法》，2010 年，国务院决定在内蒙古、新疆、西藏、青海、四川、甘肃、宁夏和云南 8 个主要草原牧区省（区）及新疆生产建设兵团实施草原生态保护补助奖励机制。2011 年起，中央财政每年安排专项资金用于禁牧补助、草畜平衡奖励、牧民生产性补贴和绩效考核奖励等。三是林业生态建设。2003 年，《中共中央国务院关于加快林业发展的决定》确定了以生态建设为主的林业发展方向，林业发展由以木材生产为主向以生态建设为主转变。全面推进天然林保护、退耕还林、"三北"和长江中下游地区等重点防护林体系建设、京津风沙源治理、野生动植物保护及自然保护区建设、重点地区速生丰产用材林基地建设等林业重点工程，加快发展森林资源，进一步促进林业生态建设。

3. 农业污染防治

一是加强农业面源污染防治。规范化肥、农药等化学投入品的合理使用及生产废弃物的回收或综合利用,将"防治农药、化肥和农膜等面源污染,加强规模化养殖场污染治理"作为加强农村环境保护的重要目标。开展了全国污染源普查工作,建立了全国农业面源污染监测网络,建成了一批农业面源污染防治示范区。二是鼓励农业清洁生产。2012年,启动了农业清洁生产示范项目,在部分省区开展地膜回收利用、生猪清洁养殖和蔬菜清洁生产试点示范。三是促进农村可再生能源利用。大力普及农村沼气,提高农村户用沼气普及率,建设大中型畜禽养殖场沼气工程,发展非粮食能源作物,积极推广农作物秸秆燃料化、肥料化、饲料化利用等技术。

2.3.6　农村改革政策

1. 全面取消农业税

十届全国人大常委会第十九次会议决定,自2006年1月1日起废止《中华人民共和国农业税条例》。2006年,在全国范围内全面取消了包括农业税、牧业税、屠宰税、农业特产税和乡村办学、乡村道路建设、拥军优抚、计划生育、民兵训练及公积金、公益金、管理费三类十二种向农民征收的税费,大幅减轻了农民负担。

2. 稳定和完善农村基本经营制度

一是深化农村土地制度改革。明确土地承包关系要保持稳定并长久不变,赋予农民充分而有保障的土地承包经营权。推进农村土地承包经营权确权登记颁证、草原确权承包和基本草原划定工作。赋予农民对承包地占有、使用、收益、流转及承包经营权抵押、担保权能,允许农民以承包经营权入股发展农业产业化经营。允许农村集体经营性建设用地出让、租赁、入股,缩小征地范围,规范征地程序,逐步建立城乡统一的建设用地市场。二是培育新型农业经营主体。鼓励发展专业大户、家庭农场、农民专业合作社、农业产业化龙头企业和社会化服务组织等新型农业经营主体,在土地流转、信贷、技术服务与培训、财政项目等方面实行倾斜政策,明确新增农业补贴向新型经营主体倾斜。三是全面推进集体林权制度改革。明晰产权,放活经营权,落实处置权,保障收益权,建立"产权归属清晰、经营主体到位、责权划分明确、利益保障严格、流转规范有序、服务监管有效"的现代林业产权制度。

3. 全面推进农村综合改革

一是推进乡镇机构改革。建立行为规范、运转协调、公正透明、廉洁高效的基层行政管理体制和运行机制。二是推进农村义务教育管理体制改革。建立和完善政府投入办学、各级责任明确、财政分级负担、经费稳定增长的农村义务教育经费保障机制。三是推进县乡财政管理体制改革。界定县乡政府支出责任,合理调整政府间收入划分,加大对县乡政府的转移支付力度,完善财政奖补政策,提高基层政府经费保障能力。此外,国家还出台了农村"一事一议"公益事业财政奖补政策。

4. 推进农村金融改革

一是强化金融机构支农的责任和义务。明确县域内银行业金融机构要将一定比例的新增存款投放当地,支持农业农村经济发展。二是推进主要涉农金融机构改革。推动农村信用社改革和中国农业银行股份制改革,调整农业发展银行职能定位,成立中国邮政储蓄银行,调整放宽农村地区银行业金融机构准入政策,加快发展以服务农村为主的地区性中小银行和村镇银行、贷款公司、农村资金互助社等多种形式的新型农村金融组织和小额贷款组织。三是推进农村金融产品和服务方式创新。扩大贷款抵押担保品范围,全面推进林权抵押贷款业务,探索推出农村土地承包经营权和宅基地使用权抵押贷款,探索开展涉农贷款保证保险,探索发行涉农中小企业集合票据和涉农贷款资产支持证券,拓展农产品期货交易品种等;推进农业保险保费补贴试点。四是加大对农村金融的政策支持。实施农村金融机构定向费用补贴和县域金融机构涉农贷款增量奖励政策,开展小额贷款公司涉农贷款增量奖励试点;实施涉农不良贷款呆账核销和重组减免,加大农村金融税收优惠力度,减免监管费用;对主要涉农金融机构执行差别化存款准备金率政策,加大支农再贷款支持力度。

5. 深化农产品流通体制改革

一是深化粮食流通体制改革。2004 年,国务院发布《国务院关于进一步深化粮食流通体制改革的意见》,全面放开粮食收购和销售市场,加快推进国有粮食购销企业改革,建立最低收购价制度和直接补贴机制,健全中央储备粮垂直管理制度,加强和改善粮食宏观调控,完善粮食省长负责制。二是深化棉花流通体制改革。2001 年,国务院发布《国务院关于进一步深化棉花流通体制改革的意见》,放开棉花收购,组建国家储备棉管理公司,实现储备与经营彻底分开,政策性贷款逐步退出商品棉经营活动。

6. 加快户籍制度改革

户籍制度改革是我国深化改革的重要任务。2011 年 2 月,《国务院办公厅关于积极稳妥推进户籍管理制度改革的通知》,提出对不同类型的城镇分类明确户口迁移政策;放开地级市户籍,清理限制户籍的有关政策措施;明确今后出台有关就业、义务教育、技能培训等政策措施,不要与户口性质挂钩。探索建立城乡统一的户口登记制度,逐步实行暂住人口居住证制度。十八届三中全会提出创新人口管理，加快户籍制度改革：一是全面放开建制镇和小城市落户限制，有序放开中等城市落户限制，合理确定大城市落户条件，严格控制特大城市人口规模。二是稳步推进城镇基本公共服务常住人口全覆盖，把进城落户农民完全纳入城镇住房和社会保障体系，在农村参加的养老保险和医疗保险规范接入城镇社会保障体系。

■ 2.4 "三农"政策的主要内容

十六大以来，中央出台的"三农"政策涉及许多方面，本节主要对十六大以来我国有关分析农业生产补贴政策、农业农村资金投入政策、农业产业化经营龙头企业扶持政策、支持农业基础设施建设政策、农业生态补偿和转移支付政策、农民合作社扶持政策农村基础设施建设政策、农村扶贫政策和农村社会保障政策九个方面的政策内容进行系统的梳理和分析。

2.4.1 农业生产补贴政策

2002 年以来，为增加农民收入，调动农民种粮积极性，中央出台了包括粮食直补、良种补贴、农机补贴、农资综合补贴的"四补贴"政策。2012 年农业"四补贴"资金规模已达到 1 653 亿元，较 2004 年的 145.2 亿元增长了 11.4 倍（表 2-4）。此外，国家还对农业保险进行保费补贴。农业生产补贴政策的全面实施，对促进粮食生产、提高农民收入、增强农产品竞争力起到了重要作用。

表 2-4　我国农业"四补贴"资金规模及其结构　　　单位：亿元

年份	"四补贴"合计	农资综合补贴	良种补贴	粮食直补	农机补贴
2012	1 653	1 078	224	151	200
2011	1 406	860	220	151	175
2010	1 345	835	204	151	155
2009	1 275	756	199	190	130
2008	1 030	716	123	151	40
2007	514	276	67	151	20
2006	310	120	42	142	6
2005	173	—	38	132	3
2004	145.2	—	28.5	116	0.7

资料来源：《中国农业发展报告》（历年）

1. 粮食直补

粮食直补政策于 2004 年开始实施。国家从粮食风险基金中拿出部分资金，用于对粮食直补。一是补贴规模扩大。补贴规模从最初的 116 亿元增加到 2007 年的 151 亿元，此后每年基本上稳定在这个水平。二是补贴机制不断完善。既可采用现金兑付，也可采用"一卡通"或"一折通"方式支付，并在播种后 3 个月内一次性全部兑付到户。三是实行专户管理、封闭运行，不得以任何方式抵扣任何税费。四是加强监督。要求直接补贴的计算依据、补贴标准、补贴金额逐级落实到户，并张榜公布，接受农民监督。

2. 良种补贴

良种补贴于 2002 年开始试点，是为推广农作物良种而实行的一项补贴政策。一是补贴品种不断增加。2002 年最初补贴对象只有大豆，2012 年扩大到小麦、水稻、玉米、棉花、油菜、青稞、马铃薯、花生、天然橡胶、生猪、肉牛、绵羊等品种，涵盖了我国主要的粮食作物、经济作物和畜牧品种。二是补贴范围不断扩大。目前，水稻、小麦、玉米和棉花等大宗粮棉作物良种补贴已实现全覆盖，油菜、花生、马铃薯、天然橡胶等经济作物和肉牛、绵羊覆盖主要产区，青稞对藏区全覆盖。三是补贴资金不断增加。由 2002 年的 1 亿元增加到 2012 年的 224 亿元。四是补贴方式不断完善。水稻、玉米和油菜等以杂交种为主的品种，实行良种推介、自愿购种，采取现金补贴的方式直接发放给农民；小麦、大豆和棉花良种补贴可以采取售价折扣补贴的方式补贴农民，也可以采取现金直接补贴的方式。

3. 农机补贴

2004 年，国家开始实行农机补贴，此后不断规范完善。一是补贴规模不断扩大。2004 年中央财政投资 0.7 亿元，到 2012 年补贴金额已达 200 亿元。二是补贴农机具种类不断增加。2012 年补贴的机具包括 12 大类 46 个小类 180 个品目机具。各地可在 12 大类内自行增加不超过 30 个品目的其他机具，将其列入中央资金补贴范围。三是划分补贴标准。非通用类农机产品定额补贴不超过近 3 年市场平均售价的 30%。单机补贴额分为不超过 5 万元、12 万元、20 万元和 30 万元等层次。四是合理确定补贴对象。其包括农牧渔民、农场（林场）职工、直接从事农机作业的农业生产经营组织。申请补贴人数超过计划指标时，采取公开摇号等方式确定补贴对象。五是农民可自主选择补贴机具经销商。六是开展重点环节农机作业补贴试点。2009 年开始在主产区开展深松整地、秸秆机械化还田、机械化插秧等作业补贴试点。

4. 农资综合补贴

2006 年，中央开始实施农资综合补贴，以弥补农业生产资料价格上涨带来的农民种粮成本增加。当年补贴资金 120 亿元，之后逐年增加，2012 年达到

1 078亿元。2009年开始，农资综合补贴实行动态调整机制，按照"价补统筹、动态调整、只增不减"的原则进行。其操作办法如下：一是设定基期。初始基期参考2008年农资价格水平，以后年份若高于初始基期水平，则以该年为新的基期年，滚动调整。二是确定每年种粮农资增支。根据粮食播种面积和每亩化肥增支额确定化肥增支总额，柴油增支额依据全国种粮柴油使用总量及成品油价格调整情况测算。三是确定农资综合补贴规模。综合考虑当年农资价格和粮价变化及国家财力情况，确定次年农资综合补贴规模。农资综合补贴向粮食主产区倾斜，并采取"一卡通"及专户管理、公开公示等方式确保补贴资金及时足额发放到种粮农民手中。

5. 农业保险保费补贴

2007年，我国开始由中央财政对农业保险实行保费补贴。几年来这一政策的变化出现以下特征：一是保险保费补贴对象范围不断扩大。补贴对象除农户外，还包括龙头企业、专业合作经济组织。二是保险补贴品种不断丰富。保险补贴品种包括玉米、水稻、大豆、小麦、棉花、花生、油菜、马铃薯、青稞，以及能繁母猪、奶牛、牦牛和藏系羊。三是补贴地区范围逐步扩大。种植业保险补贴由原有6个省区增加到23个省区，以及中国储备粮管理总公司北方公司。养殖业补贴地区包括中西部22个省（自治区、直辖市），以及新疆生产建设兵团和中央直属垦区。四川、青海、云南、甘肃和西藏对牦牛和藏系羊进行补贴。四是保险险种逐步增加。种植业补贴险种的保险责任增加了病虫草鼠害，养殖业补贴险种的保险责任增加了奶牛的10种病害。五是中央财政补贴比例不断提高。2008年，种植业保费补贴在省级财政部门补贴25％的保费后，财政部再补贴保费比例由试点时期的25％增加至35％；2009年、2010年中央财政针对地方省区的补贴在部分省上调至40％，针对新疆生产建设兵团、黑龙江农垦总局及中国储备粮管理总公司北方公司的补贴比例达到65％。

2.4.2　农业农村资金投入政策

十六大以来，国家出台了一系列强农惠农富农政策，农业农村资金投入持续增加，有效地调动了农民生产积极性，带动了农业增产、农民增收，农村各项社会事业蓬勃发展，开创了农业农村发展的新局面。

1. 建立财政支农资金稳定增长机制

近年来，中央坚持"多予、少取、放活"的方针，不断调整国民收入分配格局，增加国家财政和预算内固定资产投资对农业农村的投入，逐步建立了财政支农资金稳定增长机制。2006年中央提出"三个高于"的要求，即"国家财政支农资金增量要高于上年，国债和预算内资金用于农村建设的比重要高于上年，其中直接用于改善农村生产生活条件的资金要高于上年"。2008 年提出了"三个明显高于"的原则，即"财政支农投入的增量要明显高于上年，国家固定资产投资用于农村的增量要明显高于上年，政府土地出让收入用于农村建设的增量要明显高于上年"。2010 年中央要求按照总量持续增加、比例稳步提高，不断增加"三农"投入。各级财政对农业的投入增长幅度都要高于财政经常性收入增长幅度。

2003～2012 年，中央财政用于"三农"的支出大幅增加，累计支农资金达到 6 万亿元，占中央财政支出的 16.9%。"三农"支出占财政支出的比重由 2003 年的 13.5% 上升至 2012 年的 19.3%（表 2-5）。

表 2-5　中央财政用于"三农"支出情况

年份	"三农"支出/亿元	年增长率/%	中央财政支出/亿元	年增长率/%	"三农"支出占财政支出的比重/%
2003	2 184	—	16 128.51	—	13.5
2004	2 626	20.2	18 274.39	13.3	14.4
2005	2 975	13.3	20 249.41	10.8	14.7
2006	3 397	14.2	23 482	16.0	14.5
2007	4 318	27.1	29 557	25.9	14.6
五年合计	15 500	—	107 691.31	—	14.4
2008	5 955	37.9	36 320	22.9	16.4
2009	7 253	21.8	43 901	20.9	16.5
2010	8 579.7	18.3	48 322.52	18.3	17.8
2011	10 497.7	22.4	56 414.15	16.7	18.6
2012	12 387.6	18.0	64 148.27	13.7	19.3
五年合计	44 673	23.6	249 105.94	18.2	18.0

注：2003 年"三农"支出数为五年合计数减去 2004～2007 年累计数

资料来源：2004～2012 年全国人大《关于中央和地方预算执行情况与中央和地方预算草案的报告》

2. 优化财政支农结构

国家在增强财政支农力度的同时，进一步优化财政支农结构，突出支农重点，向现代农业发展和新农村建设倾斜，向涉农民生倾斜。一是农业农村基础设施建设。重点加强农田水利、农业综合开发，以及路、电、水、气、房等农村基础设施建设。二是农业支持保护体系。主要用于增加对农民的补贴，实行粮食最低收购价和主要农产品临时收储。三是农业科技创新。主要用于公共性、基础性的农业科技研发和推广体系建设投入。四是农村社会事业。主要用于支持农村义务教育、农村五保供养和最低生活保障、农村公共卫生、新农合、新农保等公共服务和社会事业发展。五是中西部地区农村公益性建设项目。主要用于扶贫开发，以及病险水库除险加固、生态建设等公益性强的基本建设项目。

3. 整合财政支农资金

为提高财政支农资金使用效益，2006 年开始，中央要求整合各项财政支农投资，并在县域范围内开展财政支农资金整合试点。基本要求是对属于同一事项、相同建设内容、不同资金来源的项目，允许试点县(市)在不改变资金管理渠道和使用方向的前提下作必要的整合。重点整合支持农业生产类资金，对支持农村社会事业发展类的涉农资金具备条件的，也要在内部适当进行整合和统筹安排。整合方式坚持以县级为平台的涉农资金整合模式，打造主导产业、优势区域、重点项目等整合平台，引导投向相近、目标相似、来源不同的各项涉农资金集中投入。同时，稳步推进审批权限下放，采取"切块下达""捆绑使用"等分配办法，将具体项目的立项权、审批权下放到省，并进一步下放到县，增强县级统筹使用涉农资金的能力。

2.4.3　农业产业化经营龙头企业扶持政策

党的十六大提出"积极推进农业产业化经营，提高农民进入市场的组织化程度和农业综合效益"，明确了 21 世纪农业产业化经营发展的方向和基本要求。中央出台了一系列政策措施，加大对产业化龙头企业的扶持力度，促进资金、技术、土地、原料资源等生产要素向龙头企业集中。2012 年，国务院出台了《国务院关于支持农业产业化龙头企业发展的意见》，这是我国农业产业化发展二十多年来由国务院下发的第一个政策指导性文件。目前，我国扶持龙头企业的政策主要包括以下几个方面。

1. 财税政策

一是减轻龙头企业的增值税负担。龙头企业研发经费实行税前扣除政策，引进国内无法进行生产的先进加工生产设备，可按有关规定免征进口关税和进口环节增值税。二是减免所得税。对龙头企业从事农林产品初加工所得，免征企业所得税。三是减免农产品经销和加工的增值税。购进农产品可抵扣进项税，进项税额扣除率由 10% 提高到 13%。四是加大农业综合开发资金对农业产业化经营的扶持力度。五是对符合条件的龙头企业贷款给予适当贴息。

2. 金融政策

一是保证重点龙头企业的资金需求。为符合条件的大型粮棉油加工和营销企业所需收购资金提供资金供给，并对龙头企业科技成果转化给予贷款支持。创新信贷担保手段和担保办法，采取动产质押、仓单质押等多种形式，帮助龙头企业解决抵押困难。二是降低重点龙头企业的融资成本。中国农业发展银行(简称农发行)对农业产业化部门推荐的龙头企业项目,在同等条件下优先受理、优先调查评估、优先安排资金规模,简化办贷程序,提高办贷效率。三是探索和完善政府与银行联手扶持龙头企业发展的区域合作模式。

3. 科技政策

一是允许龙头企业申请使用国家有关农业科技的研发、引进和推广等资金。二是鼓励龙头企业建立农业科技研发中心,发展农业科技创新风险投资。三是建立农业科技创新基金,重点支持关键领域、重要产品、核心技术的科学研究。支持龙头企业承担国家科技计划项目。

4. 贸易政策

一是对重点龙头企业参与国际竞争给予支持。外贸发展基金向促进农产品出口倾斜,主要用于支持企业研发新产品、新技术、开拓国际市场、参与国际认证等,扶持出口生产基地;对符合中央外贸发展基金使用方向和使用条件的农产品及其加工品出口项目融资予以贴息,加大对重点龙头企业出口创汇的支持。二是简化行政审批手续,放宽审批条件。适当降低重点龙头企业成立进出口公司的资格,并适当放宽其经营范围。三是及时办理农产品出口退税。出口产品的农业产业化龙头企业可享受出口退税优惠政策。对农产品初加工和深加工,可以享受所得税出口退税。四是对进出口设备提供税收优惠。五是健全出口信用保险制度。建立支持农产品出口工作机制、鼓励企业投保出口信用保险并给予保费支持、为农产品企业提供与信用险相关的增值服务、为中小型农产品出口企业提供便捷服务。

2.4.4　支持农业基础设施建设政策

十六大以来,国家切实加大投入力度,制定了一系列政策措施,启动实施了一大批项目工程,加强以农田水利为重点的农业基础设施建设,旨在尽快改变农业基础设施长期薄弱的局面,提高农业综合生产能力。

1. 切实提高耕地质量

一是严格保护耕地。实行最严格的耕地保护制度,明确了 18 亿亩耕地"红线"不可逾越。确保基本农田总量不减少,质量不降低。开展基本农田划定工作,落实到地块和农户。实行耕地占补平衡,防止占多补少、占优补劣。建立和完善土地违法违规案件查处协调机制,切实控制建设占用耕地和林地。建立全国耕地质量动态监测和预警系统,建立地方政府耕地保护责任目标的考核制度,加强对耕地保护的考核。二是加强耕地质量建设与管理。2004 年起,中央明确要求国有土地出让金要有一定比例用于支持农业土地开发,建设高标准基本农田,提高粮食综合生产能力。实施秸秆还田,扩大沃土工程实施规模,发展保护性耕作,推广测土配方施肥,开展土壤有机质提升补贴试点,扩大项目试点规模和范围。

2. 大力抓好农田水利

农田水利是农业基础设施建设的重点，国家出台了一系列政策措施，大规模开展农田水利建设。2011 年，中共中央、国务院做出《中共中央　国务院关于加快水利改革发展的决定》，首次以中央一号文件的形式对水利工作做出部署，也是新中国成立以来中央首个关于水利的综合性政策文件，是我国农田水利政策的重大转折。一是加大公共财政对农田水利建设的支持力度。中央要求国家农业基本建设投资和财政支农资金，要不断加大对小型农田水利基础设施建设的投入力度，中央和省级财政设立小型农田水利设施建设补助专项资金，市、县两级政府也要切实增加对小型农田水利建设的投入。二是加强对农田水利基本建设的金融扶持。金融机构对已经落实财政资金的公益性农田水利等农村基础设施建设项目，要加强信贷资金配套支持。鼓励金融机构发放项目收益权或收费权抵押贷款。鼓励地方政府设立农田水利基础设施投资公司等助贷平台、增加财政贴息资金、增加担保公司和再担保公司资本金注资或设立风险补偿基金等。三是加快大中型灌区续建配套和节水改造。开展续建配套灌区的末级渠系建设试点，推进节水灌溉示范。发展节水旱作农业，建设旱作农业示范区，开展对农民购买节水设备实行补助的试点。四是加强小型农田水利建设与管理。重点建设田间灌排工程、小型灌区、非灌区抗旱水源工程。逐步建立小型农田水利设施建设多元化投入机制，设立小农水专项资金。五是加强病险水库除险加固。确保工程建设质量，对国家扶贫开发工作重点县安排新的病险水库除险加固，逐步减少或取消县及县以下配套。六是推进农田水利建设管理制度改革。按照"谁投资、谁受益、谁所有"的原则，推进小型农田水利设施产权制度改革，明确小型农田水利设施的所有权，落实管护责任主体。允许小型农田水利设施以承包、租赁、拍卖等形式进行产权流转，吸引社会资金投入。

3. 增强农业物质装备

一是加快发展现代农作物种业。设立专项资金，扶持良种选育和推广。2011年，国务院下发《国务院关于加快推进现代农作物种业发展的意见》，要求加大对企业育种投入，促进"育繁推一体化"种子企业发展壮大，实施新一轮种子工程，创新成果评价和转化机制，鼓励科技资源向企业流动，实施种子企业税收优惠政策，完善种子生产收储政策。二是加快肥料结构调整和技术进步。加大技术改造力度，完善行业准入制度，鼓励科技创新，完善化肥市场调控。三是促进农机行业技术创新和结构调整。2004 年，《中华人民共和国农业机械化促进法 》（简称《农业机械化促进法》）颁布实施。2010 年，国务院发布《国务院关于促进农业机械化和农机工业又好又快发展的意见》，明确对农机行业加大财政支持力度，完善农机购置补贴制度，加强和改进金融服务，落实税费优惠政策，支持基础设施建设等。

2.4.5　农业生态补偿和转移支付政策

十六大以来,国家一方面加大农业生态保护工程建设力度,陆续启动天然林保护、退耕还林、环北京地区防沙治沙、"三北"和长江中下游地区等重点防护林体系建设、野生动植物保护及自然保护区建设、重点地区以速生丰产用材林为主的基地建设六大重点林业工程,积极实施石漠化地区和东北黑土区等水土流失综合防治工程、沿海防护林工程、京津风沙源治理等一大批工程建设。另一方面开始建立和完善农业生态补偿和转移支付机制,推进实施退耕还林、退牧还草、草原生态保护补助奖励等生态补偿和转移支付项目。

1. 退耕还林工程

2000 年,我国启动退耕还林(草)试点,并对退耕还林的农民进行补助。为保持退耕还林政策的连续性和稳定性,2002 年 12 月,国务院颁布实施《退耕还林条例》,使退耕还林工程走上依法管理、依法实施的轨道。2004 年,国务院决定将向退耕户补助的粮食改为现金补助。2007 年,国务院决定继续对退耕农户给予适当补助。补助标准为:长江流域及南方地区每亩退耕地每年补助现金 105元;黄河流域及北方地区每亩退耕地每年补助现金 70 元。原每亩退耕地每年 20元生活补助费,继续直接补助给退耕农户,并与管护任务挂钩。补助期为:还生态林补助 8 年,还经济林补助 5 年,还草补助 2 年。

2. 退牧还草工程

2002 年,国务院决定开始在西部 11 个省区实行退牧还草工程,以使退化的草原得到基本恢复,天然草场得到休养生息,达到草畜平衡。工程实施后,草原草场实行禁牧、半禁牧或季节性禁牧,为此国家向退牧还草的农牧民提供粮食、现金、草种费补助。对蒙甘宁西部荒漠草原、内蒙古东部退化草原、新疆北部退化草原按全年禁牧每亩每年补助饲料粮 5.5 千克,季节性休牧按休牧 3 个月计算,每亩每年补助饲料粮 1.38 千克;青藏高原东部江河源草原按全年禁牧每亩每年补助饲料粮 2.75 千克,季节性休牧按休牧 3 个月计算,每亩每年补助饲料粮 0.69 千克。饲料粮补助期限为 5 年。2004 年国家将饲料粮补助改为现金补助,饲料粮每千克 0.9 元。此外,开展草原围栏建设,按 16.5 元/亩计算,中央补助 70%,地方和个人承担 30%,2005 年全面启动。

3. 草原生态保护补助奖励机制

为保障牧民减畜不减收,充分调动牧民保护草原的积极性,2011 年,国务院下发《国务院关于促进牧区又好又快发展的若干意见》,决定从 2011 年起,在内蒙古、新疆(含新疆生产建设兵团)、西藏、青海、四川、甘肃、宁夏和云南 8

个主要草原牧区省(区),全面建立草原生态保护补助奖励机制。对生存环境恶劣、草场严重退化、不宜放牧的草原,实行禁牧封育,中央财政按照每亩每年6元的测算标准对牧民给予禁牧补助,5年为一个补助周期;对禁牧区域以外的可利用草原,根据草原载畜能力,确定草畜平衡点,核定合理的载畜量,中央财政对未超载的牧民按照每亩每年1.5元的测算标准给予草畜平衡奖励。2011年中央安排专项资金136亿元,实施禁牧补助和草畜平衡奖励。

此外,国家还启动了湿地、水土保持生态效益补偿试点,建立公益林补偿标准动态调整机制,开展沙化土地封禁保护补助试点,扩大林木良种和造林补贴规模,完善森林抚育补贴政策,探索国家级公益林赎买机制,启动低毒低残留农药和高效缓释肥料使用试点补助等。

2.4.6　农民合作社扶持政策

为促进农民专业合作社加快发展,2007年我国颁布实施了《中华人民共和国农民专业合作社法》,从财政、税收、金融、产业等方面出台了一系列政策,对农民专业合作社进行扶持。2013年,中央一号文件将农民专业合作社的提法改为农民合作社,明确提出要按照积极发展、逐步规范、强化扶持、提升素质的要求,加大力度、加快步伐发展农民合作社。

1. 财政政策

一是不断加大扶持资金。2003～2010年,中央财政累计安排农民专业合作社扶持专项资金达到18.75亿元。2009年,地方财政投入专项资金达到5.4亿元,比2004年增长了近6倍。二是示范带动。通过实施农民专业合作组织示范项目,实行"以奖代补",引导农民专业合作社健全民主管理制度,完善盈余分配机制,提高经营管理水平,推进标准化生产、专业化服务、产业化经营,增强农民专业合作社服务功能和自我发展能力,提高农产品质量安全水平和农户成员收入水平。三是明确重点扶持领域。主要包括:发展改善生产基础设施,如建设仓储、冷藏、冷链运输、加工等设施及购置相关加工设备等;组织实施农业标准化生产和农产品质量安全建设,如制定和实施生产标准与技术规程,建立生产档案、农产品质量可追溯信息系统、鲜活农产品快速检测系统;市场营销和农产品品牌建设。

2. 税收政策

一是对农民专业合作社销售本社成员生产的农业产品,视同农业生产者销售自产农业产品免征增值税;二是增值税一般纳税人从农民专业合作社购进的免税农业产品,可按13%的扣除率计算抵扣增值税进项税额;三是对农民专业合作社向本社成员销售的农膜、种子、种苗、化肥、农药、农机,免征增值税;四是对农民专业合作社与本社成员签订的农业产品和农业生产资料购销合同，免征印花税。

3. 金融政策

一是把农民专业合作社全部纳入农村信用评定范围。对信用等级较高的农民专业合作社，同等条件下实行贷款优先、利率优惠、额度放宽、手续简化的正向激励机制。二是加大对农民专业合作社的信贷支持力度。探索实施信贷管理批量化操作的有效形式，促进农户贷款管理模式从"零售型"向"批发型"转变。三是创新适合农民专业合作社需要的金融产品。探索扩大农民专业合作社申请贷款可用于担保的财产范围，创新农（副）产品订单、保单、仓单等权利及农用生产设备、机械、林权、水域滩涂使用权等财产抵（质）押贷款品种。四是从授信方式、支持额度、服务价格、办理时限等方面入手，改进对农民专业合作社的金融服务方式。五是发展信用合作。开展组建农村资金互助社试点。支持农民专业合作社采取共同持股基金或持股会等形式，集合和保护成员投资入股农村合作金融机构的股东（社员）权利。鼓励发展具有担保功能的农民专业合作社。

4. 国家涉农建设项目支持政策

一是明确把农民专业合作社作为承担涉农项目的主体。只要适合农民专业合作社承担的涉农项目，都应将农民专业合作社纳入申报范围。二是明确支持农民专业合作社承担的涉农项目范围。包括支持农业生产、农业基础设施建设、农业装备保障能力建设和农村社会事业发展等。

5. 市场营销促进政策

推动农民专业合作社鲜活农产品直供连锁超市，给予合作社财政支持，促进"农超对接"。一是确定"农超对接"试点企业；二是明确农产品"农超对接"试点的主要建设内容，包括加大鲜活农产品现代流通设施投入、增强鲜活农产品加工配送能力、提高鲜活农产品经营信息化水平、培育农民专业合作社自有品牌、调整连锁超市商品经营结构、建立"农超对接"渠道等。

2.4.7　农村基础设施建设政策

为改善农民生产生活条件，发展农村经济，推进城乡统筹发展，十六大以来，中央制定实施了一系列政策措施以加快农村水电路气房等基础设施建设。

1. 实施农村安全饮水工程

由于全国尚有 3 亿多农村人口饮水未达到安全标准，2005 年，国家启动了农村安全饮水工程，重点解决农村居民饮用高氟水、高砷水、苦咸水、污染水及微生物病害等严重影响身体健康的水质问题，以及局部地区的严重缺水问题。其中，"十一五"期间规划解决 1.6 亿人的农村饮水安全问题，"十二五"期间农村安全饮水问题全面解决。主要措施包括：一是加强供水工程管理的行业指导和监督。二是制定农村饮用水安全卫生评价指标体系。其分为安全和基本安全两个档次,由水质、水量、方便程度和保证率四项指标组成。三是加强饮水安全工程建设管理。中央补助资金重点向中西部地区倾斜,东部地区以自筹资金为主。"十一五"期间,开展了100个农村饮水安全工程示范县(市、区)评比,并将农村饮水安全工程纳入土地利用总体规划,明确了一系列惠及农村饮用水安全工程建设的税收优惠政策。

2. 加快农村电气化建设

一是加快农村电网改造。2011年,启动实施了新一轮农村电网改造升级工程,对未改造地区的农村电网进行全面改造,对已进行改造但仍存在供电能力不足、供电可靠性较低问题的农村电网,实施升级改造,对粮食主产区农田灌溉、农村经济作物和农副产品加工、畜禽水产养殖等供电设施进行改造,实现城乡各类用电同网同价。二是规范农村水电建设项目管理。发布了《水电农村电气化标准》,要求建立科学有序的农村水电开发建设秩序,加强农村水电建设项目环境保护管理,明确小水电安全监管主体和各有关部门的责任,理顺农村水电安全监管体制。三是扩大小水电代燃料建设规模。2009~2015年规划投资141.3亿元,在我国24个省(自治区、直辖市)和新疆生产建设兵团的543个县(市)实施小水电代燃料项目1 022个。规划完成后,可长期稳定解决170.8万户、677.7万个农村居民的生活燃料和农村能源问题,保护林地面积达2 390万亩。

3. 加强农村公路建设

根据《农村公路建设规划》,21世纪前20年全国具备条件的乡(镇)和建制村都要通沥青(水泥)路,基本形成较高服务水平的农村公路网络。具体措施包括:一是推进农村公路建设工程。2003年,国家实施县际及农村公路改造工程,集中支持东部地区乡到村、中部地区县到乡、西部地区县际间公路改造为等级沥青(水泥)公路。"十一五"期间全面实施并基本完成农村公路"通达工程"(指乡镇、建制村通公路)建设任务,同时加快推进"通畅工程"(指乡镇、建制村通沥青或水泥路)建设。"十二五"期间的建设重点包括:在西部地区重点实施乡(镇)、建制村通沥青(水泥)路的通达、通畅工程;在东中部地区重点实施县道、乡道改造和县、乡、村连通工程;实施危桥改造和渡改桥工程;完善安全保障等附属设施。二是加大建设资金支持力度。2010年起,国家对农村公路建设投资全部实行财政转移支付。三是建立农村公路日常养护制度。2005年,国务院批准了《农村公路管理养护体制改革方案》,要求明确各级政府对农村公路管理养护的责任,强化交通主管部门的管理养护职能,建立健全以政府投入为主的稳定的养护资金渠道,加快农村公路养护市场化进程。2011年,交通运输部启动农村公路养护年活动,将纳入公路统计范围的县道、乡道和村道及所属的桥涵、隧道、沿线附属设施等纳入养护范围。

4. 加快农村沼气建设

农村沼气建设把可再生能源技术和高效生态农业技术结合起来,对解决农户炊事用能、改善农民生产生活条件、促进农业结构调整和农民增收节支、巩固生态环境建设成果具有重要意义。2003 年开始,中央把农村沼气列入生态家园富民工程,并作为国债项目进行扶持。《全国农村沼气工程建设规划(2006—2010年)》提出,到 2010 年年底,全国户用沼气总数达到 4 000 万户左右,占适宜农户的 30%左右。建设内容包括户用沼气、禽畜养殖场大中型沼气池和乡村沼气服务网点。从 2003 年起,中央财政对户用沼气每户补助 800 元,2009 年提高到1 200 元/户,2011 年提高到 1 600 元/户。对禽畜养殖场大中型沼气工程单个项目补助 80 万元到 140 万元不等,对乡村沼气服务网点每个站点补助 3.5 万元。到 2012 年年底,全国农村沼气用户已达 4 200 多万户,受益 1.5 亿多人。

5. 加大农村危房改造力度

为解决农村困难群众住房安全问题,2009 年我国启动了农村危房改造试点,此后试点实施范围不断扩大,受益农户逐年增加,2009～2012 年,分别达到 80万户、120 万户、265 万户和 400 万户。2012 年实施范围涵盖中西部地区全部县(市、区、旗)和辽宁、江苏、浙江、福建、山东、广东等省全部县(市、区)。中央财政对农村危房改造进行补助,补助标准逐年增加。2009 年每户补助标准平均为 5 000 元。对东北、西北和华北试点范围内农村危房改造每户再增加 2 000元补助。2012 年补助标准增加到每户平均 7 500 元,对陆地边境县边境一线贫困农户和建筑节能示范户每户增加补助 2 500 元。

2.4.8　农村扶贫政策

实施扶贫开发,是消除贫困,实现共同富裕,全面建成小康社会的要求。党的十六大以来,我国坚持开发式扶贫方针,不断加大扶贫力度,采取多种形式支持贫困地区发展。2011 年,国家制定了《中国农村扶贫开发纲要(2011—2020年)》,明确了扶贫开发的阶段性目标和重要任务。近年来,我国扶贫开发的政策内容主要包括以下方面。

1. 提高贫困标准

国家制定的低收入标准贫困线从 2001 年的 872 元/人提高到 2010 年的1 274元/人,贫困人口从 9 030 万人减少到 2 688 万人,贫困发生率从 9.8%降低到 2.8%。2011 年贫困线提高到 2 300(2010 年不变价)元/人,贫困人口增加到 1.28 亿人(表 2-6)。

表 2-6　2001～2011 年贫困人口规模及贫困发生率

年份	贫困标准/(元/人)	贫困人口/万人	贫困发生率/%
2001	872	9 030	9.8
2002	869	8 645	9.2
2003	882	8 517	9.1
2004	924	7 587	8.1
2005	944	6 432	6.8
2006	958	5 698	6.0
2007	1 067	4 320	4.6
2008	1 196	4 007	4.2
2009	1 196	3 597	3.8
2010	1 274	2 688	2.8
2011	2 300(2010 年不变价)	12 800	—

　　资料来源：2011 年数据来自政府网站；其他年份来自：国家统计局农村社会经济调查司.2011 年中国农村贫困监测报告.北京：中国统计出版社，2012

2. 加大扶贫开发投入力度

中央政府对扶贫开发进行重点扶持，投入力度不断加大，设立了专项扶贫资金，包括中央扶贫贴息贷款、中央财政扶贫资金和以工代赈资金等。中央财政扶贫资金又包括支援不发达地区发展资金、新增财政扶贫资金等。据 592 个国家扶贫重点县统计，2010 年扶贫重点县得到的与扶贫有关的资金达 606.1 亿元，与2002 年相比，扶贫资金总额年均递增为 11.7%。2010 年平均每个扶贫重点县得到的扶贫资金为 1 亿元，比 2002 年增加 6 010.0 万元(表 2-7)。

表 2-7　国家扶贫重点县扶贫投资总额

指标名称	2002 年	2010 年	2010 年比 2002 年	
			绝对值	平均递增/%
一、扶贫资金总额/亿元	250.3	606.1	355.8	11.7
1. 中央扶贫贴息贷款累计发放额/亿元	102.5	116.1	13.6	1.6
2. 中央财政扶贫资金/亿元	35.8	119.9	84.1	16.3
3. 以工代赈资金/亿元	39.9	40.4	0.5	0.2
4. 中央专项退耕还林还草工程补助/亿元	22.6	52.1	29.5	11.0
5. 中央拨付的低保资金/亿元	0.0	91.1	91.1	—

续表

指标名称	2002 年	2010 年	2010 年比 2002 年	
			绝对值	平均递增/%
6. 省级财政安排的扶贫资金/亿元	9.9	25.4	15.5	12.5
7. 利用外资/亿元	17.6	20.1	2.5	1.7
8. 其他资金/亿元	22.0	141.0	119.0	26.1
二、平均每个县得到的扶贫资金/万元	4 228	10 238	6 010.0	11.7

资料来源：国家统计局农村社会经济调查司.2011 年中国农村贫困监测报告.北京：中国统计出版社，2012

3. 加快实施整村推进

2001 年以来，我国确定了 14.8 万个贫困村，开展整村推进扶贫。2007 年，在中西部地区开展"县为单位、整合资金、整村推进、连片开发"的试点，在重点县内选择贫困乡村集中连片的区域，以发展优势特色产业为重点，整村推进、连片开发，中央对每个试点县安排 950 万元或 1 000 万元的试点补助资金，用于支持当地优势特色产业的发展和改善基本生产生活条件方面的建设。

4. 加强劳动力转移培训

2004 年，国务院扶贫开发领导小组办公室（简称国务院扶贫办）在 11 个省率先建立了贫困地区劳动力转移培训示范基地。2006 年，我国在贫困地区启动实施了"雨露计划"，对贫困地区青壮年等开展职业教育和以创业、农业实用技术为主的培训。

5. 推进产业化扶贫

产业化扶贫包括确立主导产业，建立生产基地；提供优惠政策，扶持龙头企业；探讨运行机制，实现农户企业双赢等。扶持政策：一是认定扶贫龙头企业。2004 年，我国明确提出在贫困地区要加大产业化扶贫力度，并筛选出 261 个国家重点扶贫龙头企业。发展"公司＋农户"和订单农业，引导和鼓励大中型农产品加工企业到贫困地区建立原料生产基地，为贫困农户提供产前、产中、产后系列化服务。力争"十一五"期间 592 个国定贫困县每个县有 1～2 个有带动力的龙头企业。二是进行贴息贷款。将到户贷款贴息资金全部下放到 592 个国家扶贫开发工作重点县，由县选择金融机构发放并与其直接结算贴息。将产业化扶贫龙头企业和基础设施等项目贷款的贴息资金下放到省，由省选择金融机构发放并与其直接结算贴息。在贴息期内，中央财政对到户贷款按年利率 5%、项目贷款按年利率 3% 的标准，给予贴息。

6. 稳步推进自愿移民扶贫开发

国家鼓励和支持生存条件极其恶劣地区的贫困农户通过移民搬迁、异地开发的方式，开辟解决温饱的新途径。到 2010 年，通过多种方式和途径迁移安置了 260 万个贫困人口，使全国需要移民搬迁的贫困人口由 750 万个减少到 500 万个左右。

7. 动员社会各界参与扶贫开发

一是大力开展东西扶贫协作。协作项目重点向集中连片特殊贫困地区倾斜。建立规范的扶贫协作项目遴选机制，加强对扶贫协作工作的组织协调。积极探索建立对口帮扶调整机制，优先把西部集中连片特殊贫困地区纳入对口帮扶范围。二是继续实施党政机关定点扶贫。三是实施"村企共建扶贫工程"。选择符合条件的贫困村，由省扶贫开发办公室（简称省扶贫办）、各级工商界联合会落实与贫困村结对帮扶的企业和项目，引导民营企业参与扶贫工作。

8. 重视特殊地区和特定群体的扶贫工作

一是将残疾人扶贫作为重要内容列入国家扶贫计划。2001 年《农村残疾人扶贫开发计划（2001—2010 年）》发布实施，在人力、财力、物力等方面支持残疾人扶贫攻坚。二是重视农村妇女脱困。继续实施"巾帼扶贫行动"，加大对农村妇女的培训，实施"千万农家女·百项新技术"推广培训计划，在资金政策等方面对农村妇女培训给予适当倾斜。

2.4.9 农村社会保障政策

党的十六大以来，农村社会保障制度建设坚持"广覆盖、保基本、多层次、可持续"的方针，以社会保险、社会救助和社会福利为基础，以基本养老、基本医疗和最低生活保障制度为重点，建立健全农村社会保障体系，提高农村社会保障水平。

1. 农村养老保险制度

2009 年，国务院出台《国务院关于开展新型农村社会养老保险试点的指导意见》，决定从 2009 年起开展新农保试点，目标是探索建立个人缴费、集体补助、政府补贴相结合的新农保制度，实行社会统筹与个人账户相结合，保障农村居民老年基本生活。新农保基金由个人缴费、集体补助、政府补贴构成。个人缴费标准目前设为每年 100 元、200 元、300 元、400 元、500 元 5 个档次。参保人自主选择档次缴费，多缴多得。政府对符合领取条件的参保人全额支付新农保基础养老金，其中中央财政对中西部地区按中央确定的基础养老金标准给予全额补助，对东部地区给予 50% 的补助。地方政府应当对参保人缴费给予补贴，补贴标准不低于每人每年 30 元。

养老金待遇由基础养老金和个人账户养老金组成，支付终身。中央确定的基础养老金标准为每人每月 55 元，地方政府可以根据实际情况提高基础养老金标准。

个人账户养老金的月计发标准为个人账户全部储存额除以 139。年满 60 周岁、未享受城镇职工基本养老保险待遇的农村有户籍的老年人,可以按月领取养老金。

新农保制度实施以来,覆盖面越来越广。到 2011 年年底,我国 27 个省区的 1 914 个县(市、区、旗)和 4 个直辖市部分区县纳入国家新农保试点,总覆盖面约为 60%。新农保试点参保人数达到 3.26 亿人。此外,还有 17 个省份的 339 个县(市、区、旗)自行开展了新农保试点,全国共计 3.58 亿人参加新农保。

中央财政对新农保的补助金额由 2009 年的 10.76 亿元增加到 2011 年的 352.06 亿元,增长 31.72 倍。截至 2011 年年底,全国试点地区共有 8 922 万人领取新农保养老金。

2. 新农合制度

为保障农民的基本医疗需求,减轻农民因病带来的经济负担,缓解因病致贫、因病返贫问题,我国于 2002 年开始建立以大病统筹为主的新农合,即由政府组织、引导、支持,农民自愿参加,个人、集体和政府多方筹资,以大病统筹为主的农民医疗互助共济制度。

中央财政对新农合实行补助,补助标准逐步提高。2012 年起,各级财政对新农合的补助标准从每人每年 200 元提高到每人每年 240 元,农民个人缴费提高到每人每年 60 元。国家对新农合的补助金额由 2005 年的 5.42 亿元增加到 2011 年的 801.77 亿元,增长 146.93 倍。

新农合制度实施以来,覆盖面不断扩大。截至 2011 年年底,全国有 2 637 个县(区、市)开展了新农合,参合人口数达 8.32 亿人,参合率为 97.5%(表 2-8)。新农合在国家基本医疗保险政策范围内的报销比例逐年提高,到 2011 年达到 70%。实际报销比例由 2005 年的 24.8% 提高到 2011 年的 49.2%。截至 2011 年年底,新农合基金累计结余 824.42 亿元。

表 2-8　新农合情况

年份	开展新农合县 (市、区)/个	参加新农合 人数/亿人	参合率 /%	人均筹资 /元	当年基金 支出/亿元	补偿受益 人次/亿人次
2005	678	1.79	75.7	42.10	61.75	1.22
2006	1 451	4.10	80.7	52.10	155.81	2.72
2007	2 451	7.26	86.2	58.90	346.63	4.53
2008	2 729	8.15	91.5	96.30	662.31	5.85
2009	2 716	8.33	94.2	113.36	922.92	7.59
2010	2 678	8.36	96.0	156.57	1 187.84	10.87
2011	2 637	8.32	97.5	246.20	1 710.20	13.15

资料来源:《2012 年中国卫生统计提要》

3. 农村最低生活保障制度

农村最低生活保障制度是对家庭年人均纯收入低于当地最低生活保障标准的农村居民,由国家按最低生活保障标准发放保障金,进行差额补助,以保证他们基本生活的救助制度。2007 年,国务院出台了《国务院关于在全国建立农村最低生活保障制度的通知》,明确要在全国范围建立农村最低生活保障制度,将符合条件的农村贫困人口全部纳入保障范围,稳定、持久、有效地解决全国农村贫困人口的温饱问题,从此农村最低生活保障制度开始在全国范围建立起来。

农村最低生活保障制度实施以来,最低生活保障标准明显提高。农村最低生活保障平均保障标准由 2005 年的月人均 74.83 元,提高到 2011 年的月人均 140.29元;月人均补助水平由 2005 年的 28.37 元,提高到 2011 年的 100.07 元。2006～2011 年,农村最低生活保障标准平均增长率为 11.4%。农村最低生活保障的覆盖面不断扩大,保障人数不断增加。2011 年年底,全国有农村最低生活保障对象2 672.8万户、5 305.7 万人,比上年同期增加 91.7 万人(表 2-9)。全年各级财政共支出农村最低生活保障资金达 667.7 亿元,比上年增长 50.0%,其中中央补助资金为 502.6 亿元,占总支出的 75.3%。

表 2-9   全国农村最低生活保障人数变化情况

年份	2005	2006	2007	2008	2009	2010	2011
农村低保/万人	825	1 593.1	3 566.3	4 305.5	4 760	5 214	5 305.7
年增长率/%	69.1	93.1	123.9	20.7	10.6	9.5	1.8

资料来源:《2011 年社会服务发展统计公报》

4. 特殊群体社会保障制度

一是建立完善农民工社会保障体系。2006 年国务院出台了《国务院关于解决农民工问题的若干意见》,提出探索适合农民工特点的养老保险办法,制定完善农民工养老保险关系异地转移与接续的办法。按照《城镇企业职工养老保险办法》的规定,农民工个人按照本人缴费工资的 8%缴纳基本养老保险费,计入个人账户;企业按照工资额的 20%缴纳养老保险费,计入统筹账户。2009 年,出台了《城镇企业职工基本养老保险关系转移接续暂行办法》,对农民工养老保险转移接续做出了相关规定。对于农民工参加工伤保险,中央要求所有用人单位必须及时为农民工办理参加工伤保险手续,并按时足额缴纳工伤保险费。二是建立完善被征地农民社会保障制度。2006 年,国务院办公厅转发了《劳动保障部关于做好被征地农民就业培训和社会保障工作指导意见的通知》,就保障对象、保障标准、保障资金等做出了具体规定,明确要求尽快建立适合被征地农民特点与需求的社会保障制度，确保被征地农民生活水准不因征地而降低，长远生计有保障。截至 2009 年 9 月末，我国 29 个省（自治区、直辖市）出台了被征地农民社会保障实施办法，1 200 多个县（市、区）开展了被征地农民社会保障工作，1 300 多万个被征地农民纳入了养老保障或基本生活保障制度。

第 3 章

中国"三农"政策执行情况评价指标体系①

■3.1 "三农"政策执行情况评价的整体框架

3.1.1 整体框架构建原则

本书对十六大以来出台的重要"三农"政策进行评估,重点研究各项"三农"政策目标和实施效果的一致性。在政策整体评价框架的构建过程中,将遵循以下原则。

(1)全面性。在政策评价之前,对十六大以来中央一号文件、党的全国代表大会(简称党代会)报告、国家"十一五"和"十二五"发展规划及各专项规划、2003年以来出台的各个中央一号文件、其他"三农"相关的政策文件、法律法规等进行全面梳理,凝练政策目标和具体的实施方案。根据政策的内容、目标及政策措施的手段和特点,将其进行分类梳理,可归纳为农业补贴、农业投入、农业产业化(龙头企业扶持)、农业基础设施建设、农村基础设施建设、农业生态补贴、农民专业合作社扶持、农村扶贫、农村社会保障、农业金融和农业保险政策、农村土地政策十一项具体政策,从而得以全面、系统地分别对这些政策构建指标体系进行评价。

(2)科学性。对指标体系所涉及的各类评价指标所需要的数据,采取二手宏观数据和一手实地调研的微观数据相结合的原则。其中,宏观数据主要用于对政策的投入力度、实施效果进行评价分析;而实地调研的微观数据则主要反映农户对"三农"政策实施情况的满意度,分析"三农"政策如何具体影响微观农户的效用

① 本章执笔人:吴海涛、陈池波、郎晓娟。

和福利。数据来源包括世界银行数据库、联合国粮食及农业组织(Food and Agriculture Organization of the United Nations，FAO)数据库、国家统计局数据库、中国农业发展报告、各种年鉴(含《中国统计年鉴》《中国统计摘要》《中国农业年鉴》《中国农村统计年鉴》《中国财政年鉴》《中国林业统计年鉴》《中国海关年鉴》《全国农产品成本收益资料汇编》等年鉴)，以及农业部网站、种植业信息网、财政部网站等网站数据，利用不同数据来源对同一指标进行综合对比分析，以避免因统计数据的误差而造成指标评价的偏差。

(3)一致性。在综合评价指标体系构建过程中，注意"目标一致性"，这是整个评价指标体系的构建基础。评价指标体系构建的核心，是讨论现行各项"三农"政策在执行过程中是否在预计的时间内实现了预期目标、对预期目标的实现程度和未来的发展趋势；同时，也将关注不同类型、不同阶段的政策目标是否具有一致性。

首先，将关注"中央与地方目标的一致性"，即从激励相容理论出发，认为只有通过适当的机制设计(如考核机制、财政机制、奖惩机制等)，使中央政府的"三农"政策相关目标与地方政府，尤其是具体的基层政策执行部门的目标相一致，才能保证各项政策的顺利实施。

其次，将讨论"总目标和分目标的一致性"，在评价指标体系构建过程中，总结国家"三农"政策的整体目标，并对各项政策进行分类后，分别归纳每类政策的具体目标，分析各个分类目标与整体目标是否具有一致性。

再次，将分析"政策目标和实施方案的一致性"，在总结归纳各类不同政策的投入力度、实施方案和具体措施的基础上，讨论这些投入和政策措施是否有利于分类和整体目标的实现。

最后，将总结"政策目标和实施效果的一致性"，即讨论各类政策的实施效果是否与政策制定时提出的目标一致，并在此基础上进一步分析影响政策实施效果的主要原因，预测未来的发展趋势，讨论可行的政策改进方案。

3.1.2　整体框架构成

1. 政策制定中的激励相容度评价

激励相容度评价主要是分析在政策制定和实施过程中，是否构建起相应的激励相容机制，促使中央政府、地方政府和具体的基层政策执行部门之间目标一致，从而能够更有效地保障"三农"相关政策的顺利实施。

具体来说，本书将从以下几个方面来对政策的激励相容度进行分析：第一，针对不同类别的"三农"政策，分别描述其出台背景、出台机构、出台时间，重点关注党代会报告、国家发展规划及专项规划、中央一号文件等，分析这些党和国家重要文件对各类不同"三农"政策的强调程度，从而在一定程度上能够反映出政府对相应"三农"政策的重视程度;第二,针对已经出台的各类"三农"政策,分析其具体的制度和机制设计,包含中央与地方之间的权责分工、实施步骤、财政安排、奖惩措施、监督手段、考核制度等,讨论这些制度安排能否实现中央和地方政府间的激励相容,从而反映出政策执行的制度保障;第三,对各类"三农"政策的目标进行总结,对政策的目标可行性、目标一致性、目标层次性和目标具体性进行分析,总结中央与地方政府在不同"三农"政策目标上的契合度。

2. 政策投入水平评价

财政投入是反映"三农"政策支持力度的重要指标。本书将财政投入相关指标分为三类来加以分别讨论。

一是"三农"相关政策的整体投入水平,包括国家财政总投入、中央财政资金投入和地方配套资金投入,用不同时间段的财政投入与 GDP 比值及弹性变化来反映投入力度的变化。

二是针对各类不同的"三农"政策,分别选择适当的指标,分析其整体投入和分项投入资金大小及比重,同时也将讨论不同来源投入所占的比重,分析投入来源结构对各类政策的实施过程及其效果可能产生的影响。

三是农业支持水平相关指标,即讨论财政转移支付对生产者价格带来的支持效果,即生产者支持(producer support estimate,PSE)、一般服务支持(general service support estimate,GSSE)和总支持水平(total support estimate,TSE)等。

3. 政策实施效果评价

政策实施效果是"三农"政策评价体系构建的重点与核心内容。本书将从经济效应、社会效应、生态效应三个方面对"三农"政策的实施效果进行评价和总结。

根据"目标一致性"原则,本书具体的评价指标选择,将参考国家"十二五"规划、《全国现代农业发展规划(2011—2015)年》中已经给出的"三农"相关指标,在此基础上增加一些与农业发展、农村进步和农民生活等密切相关的重要指标,并充分考虑指标数据的可获得性,从而选择适当的指标,分别反映"三农"政策实施的经济效果、社会效果和生态效果。

除了对"三农"政策进行整体评价之外,针对各类不同的政策,也将在提炼其政策目标的基础上,选择适当的指标来反映政策实施效果,并利用"目标一致性"原则来分析各类"三农"政策所提出目标的实现程度,以及按期实现的目标占该类政策总目标的比重等。

以下将分别从激励相容度、政策投入水平和政策实施效果三个方面设计具体的评价指标,并分别对每个指标进行说明。

■ 3.2　"三农"政策执行情况评价的指标体系

3.2.1　激励相容度评价指标

由于信息不对称和"委托—代理"问题的存在，"三农"政策是否能够得到顺利实施，与激励相容机制的构建密切相关。

要评价各类"三农"政策的激励相容度，需要考虑三方面的问题：一是国家层面上的重视程度；二是政策的具体实施机制是否能使地方政府，尤其是基层的政策实施部门与中央政府目标一致；三是政策目标本身的设计是否科学合理，并具有可行性。因此，对"三农"政策相关的激励相容度评价将包括三个项目层，即国家重视程度、政策实施机制和目标契合度。

具体来说，"三农"政策的激励相容度评价指标如表 3-1 所示。

表 3-1　"三农"政策的激励相容度评价指标

目标层	项目层	指标层	
激励相容机制	国家重视程度(0.4)	相关重要文件(0.25)	党代会报告(0.25)
			国家规划(0.25)
			专项规划(0.25)
			中央一号文件(0.25)
		法律法规(0.25)	
		投入机制(0.25)	
		约束指标(0.25)	
	政策实施机制(0.4)	权责分工(0.25)	
		奖惩措施(0.25)	
		监督手段(0.25)	
		考核制度(0.25)	
	目标契合度(0.2)	目标可行性(0.25)	
		目标一致性(0.25)	
		目标层次性(0.25)	
		目标具体性(0.25)	

1. 国家重视程度

国家对"三农"政策的重视程度直接关系到相关政策的投入力度和执行力度。中央政府越重视的"三农"相关政策，地方及基层政府越有积极性去加以贯彻和落实。在激励相容度评价中，对"国家重视程度"相关指标的取值权重为 0.4。

　　本书使用以下指标来反映国家对"三农"政策的重视程度。

　　第一个指标是"相关重要文件"。从党代会报告、国家规划、专项规划和中央一号文件四个方面加以衡量。其中，党代会报告主要是指党的十六大、十七大和十八大报告中是否提及待评估的某一类"三农"政策；国家规划主要包括国家"十一五""十二五"规划中是否对该类"三农"政策提出规划目标或方案；专项规划包括各类农业专项规划；此外，还会对历年的中央一号文件进行梳理。如果对相关"三农"政策有所提及则取值为1，否则为0。权重为0.25。

　　第二个指标是"法律法规"。将"三农"政策相关法律法规的制定情况分为三种类型：①国家针对相关政策制定专门的法律，或在相关法律中对该类"三农"政策的实施和管理进行了专门说明，取值为1；②虽然没有专门立法，但中央部门出台了专门的行政法规来约束该类政策的实施，取值为0.5；③无立法，也无专门的国家行政法规，只出台了一些指导意见的，取值为0。权重为0.25。

　　第三个指标是"投入机制"。每一类"三农"政策是否以中央财政投入为主，同样在一定程度上体现了国家重视程度。本书采取二元指标，将国家投入为主取值为1，非国家投入为主取值为0。权重为0.25。

　　第四个指标是"约束指标"。在国家规划中是否有专门针对某类政策的投入力度或实施效果、时间等提出的明确的约束指标，也是国家重视程度的突出体现。本书分析国家"十二五"规划、农业专项规划和《全国现代农业发展规划(2011—2015)年》中是否提出了相关政策的约束指标，有则取值为1，无则取值为0。权重为0.25。

　　2. 政策实施机制

　　好的政策实施机制能够让中央政府和地方政府的权责界定更加清晰，并通过相应的奖惩制度、监督手段和考核机制，约束地方政府和基层部门的政策实施行为，从而实现激励相容，有利于"三农"政策目标的实现。本类指标权重取值为0.4。

　　一是"权责分工"。权责界定的明晰程度是保障"三农"相关政策得以顺利推行和实施的关键。关注在各类"三农"政策中是否对各级政府部门做出了明确的权责界定和分工，有助于了解中央和地方各级不同政府部门在该政策的具体实施方案中的权力和责任，明确政策制定主体和实施主体在政策运行过程中所扮演的角色，并有助于判断该政策是否能够得到顺利执行和实施。权重为0.25。

　　二是"奖惩措施"。"奖惩措施"是中央为保证"三农"政策的实施而对地方政府的激励手段，包含两个方面：①鼓励性政策。其是一种带有奖励手段，以调动人们的积极性、促进某项事业发展为目的，从而鼓励人们朝着某方面努力的政策。②限制性政策。其在于限制人们行为选择的范围，以制止政策制定者所不希望的行为发生。这类政策往往带有"不准""严禁""限制""杜绝"等字眼，如"不准拖欠农民贷款""不得任意向农民进行摊派"等。奖惩措施指标可以反映出在"三农"政策实施过程中地方政府的行政压力和积极性。权重为0.25。

三是"监督手段"。"监督手段"包括"三农"政策执行过程中的审计监督、行政监督、法律监督和社会监督，对农业财政投资资金的分配、管理、使用及效益评估进行全过程监督，以保障农业财政投资资金的足额重点投入，提高财政资金的使用效益。监督手段可以反映出"三农"政策执行的保障措施。权重为 0.25。

四是"考核制度"。"考核制度"是为了保障"三农"政策的顺利执行所制定的考核办法、细则等，在"三农"政策实施过程中可以起到监督作用，同时可以对整个"三农"政策完成情况进行评估。"考核制度"包括"三农"政策的财政考核、目标考核、绩效考核、项目验收等方面。考核制度指标可以反映出中央对地方的具体"三农"政策要求。权重为 0.25。

3. 目标契合度

目标契合度反映"三农"相关各类政策分目标是否有利于整个"三农"政策的目标实现，好的政策目标设计也能提升激励相容度。权重取值为 0.2。

一是"目标可行性"指标。"三农"政策目标可行性是指"三农"政策在具体情况下是否可以执行并且达到预期的政策目标，包括政治可行性、经济可行性、社会因素可行性三个方面，三个方面相互联系、相互影响。"三农"政策制定时往往会全面考虑各方面的可行性，寻求最佳组合。目标可行性是"三农"政策能否顺利实施的前提，对目标可行性的分析可以反映出"三农"政策的被接受和贯彻程度。权重为 0.25。

二是"目标一致性"指标。"三农"政策目标往往不是单一的，而是多个目标的有机结合。在这种情况下，为实现其中的一个特定政策目标所采取的任何政策手段，会对其他政策目标产生三种可能结果：①"三农"政策目标互相独立，即"三农"政策目标之间完全没有影响，或者其影响小到可以忽略的地步；②"三农"政策目标互相补充，即一项"三农"政策目标的实现可能促成其他政策目标的实现；③"三农"政策目标互相对立，即一项"三农"政策目标的实现会阻碍其他政策目标的实现。对多项"三农"政策目标之间的关系，必须进行充分的考虑，尽量避免出现互相对立的局面，以使整个"三农"政策体系更有效率。"目标一致性"指标通过衡量"三农"政策中中央政府的制定目标和地方基层政府的执行目标是否一致，来反映出中央和地方在"三农"政策中各自目标的结合、协调情况。权重为 0.25。

三是"目标层次性"指标。"三农"政策目标是由一系列的主要目标和次要目标、中间目标和最终目标所构成的一个目标体系，具有明显的层次性。"三农"政策目标的层次性把各个等级的目标联系在一起。主要目标一般比较抽象，必须经过逐层分解，形成容易操作、便于考核的子目标和措施。目标的层次化使"三农"政策的稳定性和连续性得以实现。具体来说，中央制定的"三农"政策目标往往是从全局性、整体性的角度考虑，而地方基层的目标更为细化、具体，通过对目标层次性分析，可以得出"三农"政策目标在制定和执行中的契合程度。权重为 0.25。

四是"目标具体性"指标。没有明确而具体的"三农"政策目标，"三农"政策方案的拟订就缺乏根据。因此,"三农"政策的语言表达必须明确、具体、清晰,内涵不能有歧义,外延要清楚明了。对实现"三农"政策目标的时间必须做出明确规定。任何一种政策都具有时效性,超过了有效作用的时间,再好的"三农"政策也达不到应有的效果。实现"三农"政策的目标是有条件限制的,只有符合特定条件的"三农"政策目标才能算是可以实现的政策目标。目标具体性指标能够衡量各项"三农"政策是否将目标进行了细分,是否对"三农"政策目标设定了约束性指标,并明确了各个细分目标的责任主体,可以反映出"三农"政策目标的细分目标的完成情况。权重为 0.25。

3.2.2　政策投入水平评价指标

"三农"政策投入水平相关指标如表 3-2 所示。

表 3-2　"三农"政策投入水平相关指标

目标层	项目层	指标层	具体计算方法
政策投入指标	支农投入力度	财政支持力度	国家财政中的农林水事务支出占当年财政总支出比重
		农业补贴投入力度	农业补贴投入占 GDP 比重
		农业产业化、农业企业扶持政策投入力度	
		农业基础设施建设投入力度	农业基础设施建设投资占 GDP 比重(农业科技投入也一并计算在内)
		农村基础设施建设投入力度	包括农村教育、卫生等社会事业在内的农村基础设施建设投入占 GDP 比重
		农村生态保护投入力度	减灾防灾、天然林保护、退耕、退牧还林还草等农村生态保护投入占 GDP 比重
		农民专业合作社扶持政策投入力度	
		农村扶贫投入力度	农村扶贫投入占 GDP 比重
		农村社会保障投入力度	
		农村金融和保险政策投入力度	
		农村土地政策投入力度	
	农业支持水平	生产者支持(PSE)	市场价格支持(MPS) 其他对生产者的财政转移支付
		消费者支持(CSE)	农产品消费者承担的隐形税负或获得的转移支付补贴
		一般服务支持(GSSE)	与农业发展相关的一般性服务投入水平
		总支持水平(TSE)	PSE+CSE+GSSE

注:CSE, consumer support estimate;MPS, market price support

在这一指标体系中,对支农投入力度的衡量,除了计算总的农林水事务支出占 GDP 比重之外,也会分别讨论农业综合开发投入,基础设施建设投入,农业补贴投入,农村社会事业,扶贫和减灾防灾投入,以及与农村居民相关的生态保护投入和科技投入等。

此外,借鉴经济合作与发展组织(Organization for Economic Co-operation and Development,OECD)的评估方法,也能够计算农业支持水平,分别包括对生产者支持、消费者支持和一般服务支持,以及在此基础上的总支持水平。

对各个指标的具体解释和计算方法如下所示。

1. 财政支持力度指标

农业是国民经济中最重要的基础产业,是不可替代的产业,是社会安定、国家繁荣的保证。同时,农业作为一个受自然风险和市场风险双重约束的特殊产业部门,又具有先天的弱质性。农业的重要性及其特殊性决定了政府必须对它予以支持和保护。政府通过财政对农业进行投入,已是世界各国采取的普遍做法,也是我国的主要措施之一。政府积极有效地实施农业支持保护措施,促进农业健康发展,已成为我国宏观经济调控的重要内容。

农业财政支持政策是公共财政政策的重要组成部分,也是政府支持和保护农业的有效手段(苏明,2002)。财政农业投入主体包括中央政府和地方各级政府。财政农业投入发挥着其他投入主体所无法替代的功能。通过对农业基础设施等外部性较强的领域投资,财政农业投入能够有效地降低市场失灵和信息不对称所带来的生产成本和交易成本,并通过积极的示范效应和乘数效应,吸引其他主体进行农业投资,从而更加有力地推动农村经济增长。

财政农业投入即财政对农业的投入,是公共财政支出的一个重要组成部分,是财政用于支持农业和农村发展的一种资金投放方式,是政府通过财政杠杆实施的,以支持农业和农村发展为目的的各种直接与间接的经济行为的总和。本章用国家财政中的农林水事务支出占当年全国财政总支出比重来反映农业的财政支持力度。

$$财政支持力度 = \frac{农林水事务支出资金}{当年全国财政总支出} \times 100\%$$

2. 农业补贴投入力度指标

农业作为基础产业,具有天生的弱质性和不可或缺性,因而对其施行保护与支持政策是一种必然,是一种普遍的趋向;加之,其还具有战略性商品的性质,世界各国以保障自身供给和安全为前提,以提高农业国际竞争力为更深远的考虑,不同程度地制定农业补贴政策,对农业进行支持和保护,是国际形势发展的客观要求，也是一种普遍的趋向。

一般意义上的补贴，是指政府通过财政手段向某种产品的生产、流通、贸易活动或某些居民提供的转移支付，农业补贴主要是对农业生产、流通和贸易进行的转移支付。从农业补贴政策目标关联性来看，根据农业补贴政策的不同目标，农业补贴方式基本上可分为投入补贴、产出补贴和直接补贴三种。

具体来说，本书所评估的农业补贴包括农业补贴总额、良种补贴、粮食直补、农机补贴、农资综合补贴、农业保险保费补贴六个方面的内容。对农业补贴投入力度的分析包括两个方面：一方面，分别计算农业补贴总额及各项细分农业补贴占当年 GDP 的比重；另一方面，分别计算各项农业补贴的投入弹性。通过这两种分析来反映我国农业补贴力度的变化情况。

3. 农业产业化、农业企业扶持政策投入指标

农业产业化龙头企业的形成和发展是由当前我国农业发展的内外形势和生产力不断提高所决定的。改革开放以来，特别是加入 WTO 后，一方面，发达国家加速农业科技进步，不断加快科技创新，使生物技术不断取得重大突破并迅速产业化；另一方面，我国农业生产力取得较大提升，农产品由过去供给不足转向了相对过剩，市场开始要求高质农产品、加工农产品、安全农产品。同时，农民需要进一步增收，农村需要可持续发展。在这样的国内外形式下，我国传统的一家一户小农经济面临三大问题，即市场竞争主体问题、农产品质量问题和国际市场对接问题，其中最为薄弱也是最重要的环节便是市场竞争主体问题。一些原本与农业生产相关的科研、加工、经营企业按照上述要求开始寻求扩张，通过改制、创新、整合，以现代企业制度为核心建立产加销为一体的现代农业企业，逐步成为某一地区带动某一主导产业的骨干企业，并带动与之协作的农民增收增效，产生良好社会效益。最后被各级政府命名为农业产业化龙头企业并给予各类政策和资金扶持，目的是增强我国农业入世后的竞争力和促进其带动农民增收致富。

我国政府也制定并实施了一系列农业支持和保护政策，如出口退税和补贴、所得税减免或返还、公益性补贴、价格补贴等，这些优惠政策对我国农业发展发挥着重要作用。对于农业产业化的排头兵——农业产业化龙头企业，政府给予了更多的扶持。WTO 各成员农业政策都要受到 WTO 理念、规则及其协议的约束。加入 WTO 之后，我国政府给予龙头企业的扶持政策也受到了一定程度的限制。按照《农业协议》，我国农业财税扶持政策面临着将流通领域的价格补贴转向生产领域的生产补贴、将对流通企业的补贴转向对生产实体补贴的结构性调整，这种调整将直接影响到龙头企业的补贴收入，进而对龙头企业经营绩效产生深刻的影响。本书以产业化经营项目国家投入资金额、龙头企业从银行获得贷款额和税收减免额等具体指标来分析农业产业化、农业企业扶持政策投入的变化所产生的影响。

4. 农业基础设施建设投入力度指标

农业基础设施建设是指在自然再生产与经济再生产交织进行的农业生产过程中所必须投入的物质与社会条件有机整体的总和。它由两方面组成,一是农产品生产过程中所必需的但是不直接参与物质产品生产的一些物质条件。这些物质条件包括灌溉和公共水利、道路、运输、储藏、销售设施等。二是为保证农业生产过程正常进行而为其提供服务的非物质条件及社会条件,包括农业研究和试验机构、土壤保持机构等。前者是保证农业发展的物质条件,后者是保证农业发展的社会条件。这两方面建设的好坏直接关系着我国农业现代化道路的实现。因此,新中国成立以来,不断加强农业基础设施建设,改善农业发展的条件。进入 21世纪后,党中央每年以中央一号文件的形式进一步强调农业基础设施建设的重要性,并采取了一系列措施加强和完善农业基础设施建设。

农业基础设施建设投入指标包含农田水利建设投入指标、农业生产用地相关基础设施投入指标、农产品流通与市场调控相关基础设施指标、农村交通基础设施投入指标、农村通信基础设施投入指标等具体指标。各类基础设施投入力度的计算方法为农业基础设施建设投资占 GDP 比重;各类基础设施投入弹性为每两年具体指标的投入差值与相应两年 GDP 差值的比值。

5. 农村基础设施建设投入力度指标

农村基础设施建设是保障农村生产生活的根本需要,也是满足农村居民精神文明与健康的需要,对中国农村居民生活空间扩展、资源共享和生存环境的优化等方面也有重大意义(李志军等,2010),是为发展农村生产和保证农民生活而提供的公共服务设施的总称。农村基础设施是加快转变农业发展方式不可或缺的首要条件,是发展农村经济、改善农民生活不可替代的基础支撑,具有很强的基础性和战略性。农村基础设施包括交通邮电、农田水利、供水供电、商业服务、园林绿化、教育、文化、卫生事业等生产和生活服务设施。它们是农村各项事业发展的基础,也是农村经济系统的一个重要组成部分,应该与农村经济的发展相互协调。农村基础设施建设投入力度可以反映出国家财政对农业基础设施的资金投入情况。

农村基础设施建设投入指标包括农村基础设施建设投资总额、农村教育卫生等社会事业发展支出、农村水电建设本年完成投资额、农村公路支出等具体指标。

6. 农业生态保护投入力度指标

农业生态系统是人类利用农业生物与非生物环境之间,以及生物种群之间的相互作用建立起来的,并按人类社会需求进行物质生产的有机整体,是一种被人类驯化、较大程度上受人为控制的自然生态系统。我国农业生态受到了工农业现代化转型过程中持续增加的各种污染物排放导致的不断加剧的环境污染的影响。面对日趋严峻的农业生态问题,需要建立起能够促使农业生态资源自我恢复和再生的农业生态补偿机制。农业生态补偿机制主要体现在农业生态政策投入方面,农业生态保护政策的目标是促进农业持续高效、协调、稳定地发展,实现社会、生态、经济三大效益的统一,在保护农业生态环境的前提下,使农业生产及农村经济持续高效地增长。

7. 农民专业合作社扶持政策投入力度指标

农业合作经济组织,又称农业合作社,是指农民,尤其是以家庭经营为主的农业小生产者为了维护和改善各自的生产及生活条件,在自愿互助和平等互利的基础上,遵守关于农民专业合作社的法律和规章制度,联合从事特定经济活动所组成的企业组织形式。根据一些市场经济国家的经验和我国的实际,在不改变农户作为基本生产单位的前提下,分散的农户组织起来建立农业合作经济组织,在一定程度上能够降低单个农户与市场的交易成本,从而有效地改善农业的微观经济基础,进而促进我国农业的健康发展。

《中华人民共和国农民专业合作社法》在 2007 年 7 月 1 日正式施行,标志着我国农民专业合作社进入规范化运作的时代。该法对农民专业合作社进行了定义,包括两个方面的内容:一方面,从概念上规定合作社的定义,即农民专业合作社是农村家庭承包经营基础上,同类农产品的生产经营者或同类农业生产经营服务的提供者、利用者,自愿联合、民主管理的互助性经济组织;另一方面,从服务对象上规定了农民专业合作社的定义,即农民专业合作社以其成员为主要对象,提供农业生产资料的购买,农产品的销售、加工、运输、储藏及与农业生产经营有关的技术、信息等服务。

农民专业合作社作为发展农村经济的一种有效方式,受到了党和政府的重视和鼓励,十六大、十七大都提出了要提高农民进入市场的组织化程度。特别是《中华人民共和国农民专业合作社法》制定和实施后,国家继续推进农村产业结构的调整,并给予农民专业合作社很多的政策和财税支持,使农民专业合作社如雨后春笋般地快速发展起来,这都为农村经济状况的改善、统筹城乡发展做出了巨大的贡献。另外,从农民专业合作社自身来看,经过了初期的摸索和发展,农民专业合作社进入了快速、稳健的发展时期。从开始单纯地组建了形式上的农民专业合作社,到现在重视制度、机制方面的建设,逐步完善农民专业合作社的各项规章制度以及运行机制,真正领悟了农民专业合作社的本质,发挥了农民专业合作社的作用,这些都为政府的介入和扶持提供了良好的内部动力。

农民专业合作社投入指标用历年国家对农民专业合作社的投入力度来衡量,反映出国家财政资金对农业合作经济组织的支持力度和重视程度。

8. 农村扶贫投入力度指标

政府农村扶贫资金对贫困的影响主要通过两个渠道：一是扶贫资金的直接减贫效果。扶贫资金中的扶贫贷款可以向贫困人口提供金融服务，不断满足其融资需求，通过提高其生产能力和预期收入的方式来直接减少贫困；以工代赈项目通过利用劳动力资源修建基础设施来增加贫困人口的就业，也可以直接减少贫困；财政发展资金，通过科技推广、培训、学校和教育等途径提高贫困人口的人力资本和技术水平，从而直接减少贫困。二是扶贫资金的间接减贫效果。即使在扶贫资金发生瞄准失误的情况下，扶贫资金还可以对农村经济增长起到极大的推动作用，而经济增长的好处可以使财富自发地从富裕人口流向贫困人口，即所谓的"涓流效应"（trickle-down effect），从而贫困人口也可以间接地从扶贫项目中受益。

中央财政扶贫资金是国家为解决少数贫困人口温饱问题，进一步改善贫困地区生产生活条件，巩固温饱成果，提高贫困人口生活质量和综合素质，加强贫困乡村基础设施建设，改善生态环境，逐步改变贫困地区经济社会文化的落后状况，为达到小康水平创造条件而设立的专项扶贫资金（李小云等，2007）。国家农村扶贫政策投入指标包括中央财政扶贫资金、中央以工代赈资金、中央扶贫贴息贷款发放额等具体指标。

9. 农村社会保障投入力度指标

随着我国城市化进程的加快、农村经济结构的优化、人口政策的影响，以及农村人口结构的逐步老龄化，农村传统家庭保障、土地保障功能必然受到越来越大的冲击，农民生产与生活风险加大，这些都迫切需要政府通过建立和完善农村的社会保障制度从根本上加以解决。同时，我国农村社会保障资金制度的日趋完善，在促进农村居民消费、促进"三农"问题的解决、降低农村社会风险、落实计划生育政策等方面发挥着积极作用，在让农民受惠、国家减压的同时，也促进了农村经济社会又好又快地发展。

目前我国城镇已经基本建立了包括社会保险、社会救济和社会福利为主要内容的社会保障体系；农村社会保障体系虽然也是由这三部分组成，但目前还不完善。发展农村社会保障事业需要大量的资金，政府固然可通过适当的政策实现农村集体和农民个人能够按一定比例缴费，但就我国农村现实情况而言，大部分地区农村集体和农民个人的缴费能力比较有限，因此，由政府出面，兑现国家对农村社会保障的财政责任就变得非常关键。

农村社会保障投入指标由医疗保险投入资金、养老保险投入资金、最低生活保障资金、五保供养资金、医疗救助投入资金等具体指标构成。

10. 农村金融和保险政策投入力度指标

一般说来，在农村经济不甚发达时，由于农民收入不高，商业性金融机构不愿为农民提供金融服务。在这种情况下，应该选择"供给领先型金融模式"，通过增加金融供给来拉动经济增长。因为"供给领先型金融模式"隐含的前提条件就是金融资源缺乏，并且商业化经营的金融机构不愿意为农民提供更多的金融服务。在这种情况下，要想让金融机构将金融资源投向农村地区，只有通过行政干预或政策性金融机构投入资金才能实现，也就是说，应该加强国家财政投入和金融监管，使其为农村经济发展服务。

政策性农业保险的出现源于农业保险的"准公共物品属性"。农业保险具有"准公共物品属性"是被理论界所达成的共识。农业保险的"准公共物品属性"所表达的含义是政府必须给农业保险提供支持，政府应该在法律法规及政策的框架内，以财政手段、行政监管手段等行使调控职能，规范农业保险经营主体的行为，积极发挥修正市场失灵，弥补市场缺陷的作用，切实保障我国政策性农业保险发展目标的实现，并从根本上保护参保农民的合法权益。政策性农业保险的发展主要有以下两个特殊目的：一是促进农业发展，保障粮食安全；二是减少农民收入波动，增进农民福利。

农村金融和保险政策投入指标包含历年农村金融机构定向费用补贴变化、农业保险保费补贴投入变化两个具体指标。

11. 农村土地政策投入力度指标

农村土地政策的投入主要体现在土地治理方面，土地治理项目包括稳产高产基本农田建设、粮棉油等大宗优势农产品基地建设、良种繁育、土地复垦等中低产田改造项目，草场改良、小流域治理、土地沙化治理、生态林建设等生态综合治理项目，中型灌区节水配套改造项目。项目开发实行"国家引导、配套投入、民办公助、滚动开发"的投入机制，由此可见，各级财政投入在项目创建与实施中占据着核心作用。

目前各地在"三农"问题上存在着农业耕地较少、农业生产整体水平不高、与农业发展有关的基础设施不完善、农民人均纯收入不高等突出问题。在各级财政部门的大力支持下，逐年实施国家立项的土地综合治理项目取得了较好的社会效益、经济效益和生态效益。农村土地政策投入指标主要用历年土地治理项目投资指标来反映。

12. 农业支持水平

农业支持水平可以反映出一个国家的"三农"政策的发展走向（王忠和叶良均，2011），国内外研究采用许多方法对农业支持进行衡量，但是应用最广泛的有两种方法，即 OECD 和 WTO 所采用的方法。前者以生产者支持估计值作为主体分析指标，后者以综合支持量（aggregate measure of support，AMS）作为核心指标。由于 WTO 方法所定义的国内支持仅仅包括国内补贴，而排除了如关税和出口补贴之类的边境支持措施，测算目的主要是用于国际贸易谈判；而 OECD 的方法涵盖范围全面，包括了所有支持农业的政策措施(李先德和宗义湘，2005)，所以本书将以 OECD 指标评价方法为基础，构建农业支持水平评价指标体系。

生产者支持是消费者和纳税人每年给农业生产者提供转移支付的货币价值的一个指标。这些转移源于支持农业的政策措施，无论这些政策措施的性质、目标或者对农业生产及收入的影响如何。生产者支持是市场价格支持与对生产者的预算支付之和。市场价格支持衡量的是由于实施造成某种农产品国内市场价格与边境价格价差的那些政策措施，而引起的消费者和纳税人向农产品生产者转移的价值总量(宗义湘和李先德，2006)。对生产者的预算支付主要包括基于产出的转移支付、基于种植面积/牲畜数量的转移支付、对投入品的补贴和对农业总收入的转移支付等(宗义湘和李先德，2005)。

就本书而言，在实际计算过程中，可以根据搜集的各种农业主要农产品数据，计算历年每种农产品的单位生产成本，比较其与当年海关进出口价格间的差值，用这个差值乘以该农产品的商品量，得到该产品的市场价格支持水平，再加上当年给予生产者的补贴总量，就是生产者支持指标。

按照 OECD 定义，消费者支持主要反映在各种农业政策影响下，消费者所获得或承担的转移支付数量。消费者支持可以取正或取负，其中负值表示对消费者存在隐含征税，而正值则表示消费者得到了转移支付的补贴。消费者支持包括四个部分，即消费者对生产者的转移支付、消费者的其他转移支付、纳税人对消费者的转移支付及超额饲养成本。

一般服务支持衡量的是由于对农业实施一般性服务政策而引起的价值转移。它针对的是整个农业部门而不是具体生产者或消费者，主要包括研究与开发、农业学校、检验服务、营销与促销等政策支持(宗义湘等，2011)。本书的计算方法是将其他对农村地区的各种公共服务支出求和，得出一般服务支持指标。

总支持水平衡量的是由于支持"三农"政策的实施，每年从纳税人和消费者转移到农业的所有价值，不考虑这些政策的性质、目标和对农场生产和收入或农产品消费的影响。总支持水平包括生产者支持、一般服务支持和消费者支持当中纳税人予以农产品消费者的转移支付。总支持水平的百分值表示国家收入的那部分用来支持农业的份额。因此，总支持水平值可以分析对农业经济全部支持量负担(翟雪玲和何秀荣，2003)。总支持水平为生产者支持、消费者支持与一般服务支持的总和。

3.2.3　政策实施效果指标

结合国家"三农"政策的总体目标，本书将根据各类不同政策的目标，按照不同政策进行分类，对 2003 年以来的"三农"政策实施效果构建综合评价指标体系。

从农业、农村、农民三个方面，对十六大以来的"三农"政策进行整体评估，其评估指标包括与粮食安全密切相关的粮食总产量及其增长率、与农业发展水平相关的土地生产率、劳动生产率及农业中间消耗生产率水平,以及反映整个农业发展情况的农业总产值增长率水平。此外,也包括和农民增收相关的指标、城乡居民收入比重,以及和农村居民的健康、教育、社会保障、基础设施建设等相关的效果指标。

在此基础上,考虑到农业补贴的大幅度增加是我国十六大以来最重要的"三农"投入政策之一,也将从保障粮食安全、提高农民收入、推动现代农业发展等角度,对其效果进行综合评价。

而其他相关"三农"政策,如农业产业化经营、龙头企业扶持政策、农业基础设施建设、农村基础设施建设、农业生态补贴和转移支付、农民专业合作社扶持、农村扶贫、农村社会保障、农业金融和农业保险政策等,则各有其具体目标,也有着相应更为具体的效果评价指标体系。

总的来说,"三农"政策实施效果评价指标体系如表 3-3 所示。

表 3-3 "三农"政策实施效果评价指标体系

政策类别	政策目标	政策效果指标	次级指标
整体评价	农业发展	粮食总产量及其增长率	
		土地生产率	
		劳动生产率	
		农业中间消耗生产率	
		农业总产值增长率	
	农民增收	农民人均纯收入增长率	
		农村居民人均生活消费支出增长率	
		城乡居民收入比	
	农村进步	农村居民预期寿命	
		农村居民平均受教育年限	
		农村实用人才总量增长率	
		新农合覆盖率	
		农村养老保险覆盖率	
		农村贫困人口变化率	
		农村发电量比重	
		农村道路网密度	
		"三品一标"农产品所占比重	

政策类别	政策目标	政策效果指标		次级指标
农业补贴政策	稳定粮食生产,提高粮食产量,保障我国粮食安全	粮食播种面积及其增长率		
		粮食人均产量		
		粮食收购价格		
	促进农业发展,实现农民增收	肉类人均产量		
		油料人均产量		
		农产品出口水平		
		农民人均家庭经营收入		
	调整生产模式,发展现代农业	农机总动力增长率		
		耕种收综合机械化水平增长率		
		科技进步贡献率		
农业产业化经营、龙头企业扶持政策	促进农业产业化经营和龙头企业发展	农产品加工业产值占农业总产值比重增长率		
		牲畜产值占农业总产值比重		
	提升产业化经营带动能力	农业产业化组织总数		
		龙头企业总数		
		农业产业化组织带动农户数量		
		农户从事产业化经营户均增收额		
		农作物订单面积		
农业基础设施建设	提高农产品加工水平	农产品加工业产值与农业总产值比		
	提高农业防灾减灾能力	新增农田有效灌溉面积增长率		
		农业灌溉用水有效利用系数		
		农业成灾面积变化率		
		农业成灾面积占受灾面积比重		
	改善农民生产条件	农村信息化水平		农村电视人口覆盖率
				农村广播人口覆盖率
				农村电话覆盖率
	提高农产品质量	农产品质量		农产品质量安全例行监测总体合格率
				"三品一标"比重
	保障国家粮食稳产增产	耕地保有量变化率		
		中低产田改造率		

续表

政策类别	政策目标	政策效果指标	次级指标
农村基础设施建设	改善农村生活条件	农村饮用水合格率	
		农村发电量比重	
		农村道路网密度	
		农村义务教育辍学率	
		农村居民预期寿命	
	提高农民发展能力	农村居民平均受教育年限	
		新农合覆盖率	
		农村养老保险覆盖率	
		农村贫困人口变化率	
		转移劳动力占农村人口比重	
	丰富农村文化生活	农村电影放映工程覆盖率	
		农村书屋覆盖率	
农业生态补贴和转移支付	改善生态环境	森林覆盖率	
		森林蓄积量	
		草原覆盖率	
	减少生态破坏	林草植被综合盖度	
		土壤沙化率	
		石漠化面积	
		农村饮用水合格率	
		水土流失面积比例	
	促进循环经济与节能减排	适宜农户沼气普及率	
		农作物秸秆综合利用率	
		规模化畜禽养殖场粪便综合利用率	
农民专业合作社扶持	提高农民专业合作社数量和质量	农民专业合作社经营规模及其增长速度	合作社数量
			社员数量
			合作社总产值
		农民专业合作社经济效益	合作社年盈余额
			社员人均年纯收入
			社员人均年纯收入高于当地农户平均年纯收入的比率

政策类别	政策目标	政策效果指标	次级指标
农民专业合作社扶持	强化农民专业合作社组织带动能力	农民专业合作社社会化服务水平	平均每个合作社带动农户数量
农村扶贫	减少贫困人口数量	贫困标准	绝对贫困人口数量
		贫困规模	
		贫困发生率	
		贫困人口变化率	
农村社会保障	构建全面覆盖的农村社会保障体系	社会保障政策覆盖面	新农合覆盖率
			农村养老保险覆盖率
			农村低保覆盖率
	提高农民健康水平	新农合人均筹资	
		新农合补偿水平	门诊实际补偿比
			住院实际补偿比
			参合者年人均自付住院费用占农民人均消费的比例
	保障农村居民老年基本生活	养老保险保障水平	人均养老金
			养老金替代率
			农村养老生活保障系数
	保障农村困难群众的生存权益	农村最低生活保障水平	农村人均低保待遇水平
			农村低保替代率
		农村生活救助系数	
农业金融和农业保险政策	完善农村金融组织体系建设，增加金融服务供给	金融机构涉农贷款余额	
		涉农贷款余额占全部金融机构贷款总额比重	
		农村信用社存、贷款余额	
		农村信用社农业贷款余额	农村信用社农业贷款余额
			占农村信用社各项贷款余额比
			占全国金融机构农业贷款比重
		农村信用社发展能力	农村信用社净利润率

续表

政策类别	政策目标	政策效果指标	次级指标
农业金融和农业保险政策	完善农村金融组织体系建设，增加金融服务供给	农村信用社发展能力	农村信用社不良贷款比
			农村信用社资本充足率
			补贴依赖指数
		小额贷款发展	小额贷款公司数
			小额贷款余额
	促进农业保险发展	农业保险发展	农业保险覆盖农户
			农业保险保费收入及增长率
农村土地政策	严格保护耕地	耕地保有量及其变化率	
		耕地质量	
	遏制非法用地	对违法用地案件的查处情况	结案土地面积(万公顷)
			结案耕地面积(万公顷)
			结案件数(万件)
	保障农民土地权益	土地市场化程度	土地出让总面积
			土地招拍挂面积

1. "三农"政策整体效果评价指标

根据"三农"政策的总体目标，将从农业发展、农民增收、农村进步三个视角来对"三农"政策整体效果进行评价。

其中，与农业发展相关的指标，除了讨论粮食总产量及其增长率，以反映"三农"政策影响下我国粮食安全的保障水平之外，也会具体评估各种投入要素的生产率水平，以及我国农业总产值增长率。

与农民增收相关的指标，则主要从农民人均纯收入和人均生活消费支出两方面来衡量其增长率，同时计算城乡居民收入比，以反映"三农"政策影响下城乡居民收入差距的变化情况。

与农村进步相关的指标，则涉及农村地区的居民健康、教育、社会保障、扶贫、劳动力转移、基础设施建设等多个方面，此外，采取"三品一标"农产品所占比重，来作为反映农村地区生态环境整体情况的间接指标，该指标同时也能反映农村地区的食品安全保障情况。

1) 粮食总产量及其增长率

农业补贴政策的实施，还可以用粮食总产量来评价其效果。由于各种农业补贴的执行，农民的种粮积极性会提高，从而播种面积增加，粮食的产量也会随之增加。通过比较 2003 年以来历年粮食产量的增减情况，可以看出农民对于农业补贴政策的态度，以及农业补贴政策是否达到了提高粮食产量的目的。

计算公式：

粮食总产量增长率＝(本年粮食总产量－上年粮食总产量)/上年粮食总产量

2) 土地生产率

土地生产率主要用来衡量随着农业的发展土地利用效率的变化情况。农业增加值是指农林牧渔业的总产值减去其生产成本后的剩余价值，计算方法通常是将农林牧渔业产品及其副产品的产量分别乘以各自单位产品价格，然后用相加的总和减去生产过程中投入的生产成本的现金值得到农业增加值；少数生产周期较长，当年没有产品或产品产量不易统计的，则采用间接方法匡算其产值，然后将四业产品产值及农林牧渔服务业产值相加即为农林牧渔业总产值再减去生产过程中投入的生产成本的现金值。耕地面积是指经过开垦用以种植农作物并经常进行耕耘的土地面积，其包括种有作物的土地面积、休闲地、新开荒地和抛荒未满三年的土地面积。

计算公式：

$$土地生产率＝农业增加值/耕地面积$$

3) 劳动生产率

劳动生产率主要用来衡量农业劳动者的生产效率。农业增加值是指农林牧渔业的总产值减去其生产成本后的剩余价值，计算方法通常是将农林牧渔业产品及其副产品的产量分别乘以各自单位产品价格的总和然后减去生产过程中投入的生产成本的现金值所得农业增加值；少数生产周期较长，当年没有产品或产品产量不易统计的，则采用间接方法匡算其产值，然后将四业产品产值及农林牧渔服务业产值相加即为农林牧渔业总产值再减去生产过程中投入的生产成本的现金值。第一产业劳动力总人数主要是指参与农业、林业、畜牧业、渔业和农林牧渔服务业的劳动人数。

计算公式：

$$劳动生产率＝农业增加值/第一产业劳动力总人数$$

4) 农业中间消耗生产率

农业中间消耗生产率用以衡量农业生产投入与产出的效率。其中农业中间消耗包括农林牧渔业中间物质和生产服务支出消耗。农林牧渔业中间物质消耗费用具体包括用种量、饲料饲草消耗量、肥料、燃料、农药、用电量、农用塑料薄膜、其他物质消耗八类消耗的总货币值。

计算公式：

农业中间消耗生产率＝农业中间消耗费用/农业生产总值×100％

5）农业总产值增长率

农业总产值即农林牧渔业总产值，是指以货币表现的农林牧渔业全部产品的总量，它反映一定时期内农业生产总规模和总成果。农业总产值的计算方法通常是按农林牧渔业产品及其副产品的产量分别乘以各自单位产品价格求得；少数生产周期较长，当年没有产品或产品产量不易统计的，则采用间接方法匡算其产值，然后将四业产品产值相加即为农业总产值①。农业总产值增长率是指当年农业总产值与上年农业总产值的差值与上年农业总产值的比值。

计算公式：

$$农业总产值增长率＝\frac{当年农业总产值－上年农业总产值}{上年农业总产值}×100％$$

6）农民人均纯收入增长率

农民收入的变化可以直接反映"三农"政策对农民产生的经济效应，用农民人均纯收入的增长率来反映农民收入的变化情况。

计算公式：

$$农民人均纯收入增长率＝\frac{当年农民人均纯收入－上年农民人均纯收入}{上年农民人均纯收入}×100％$$

7）农村居民人均生活消费支出增长率

这一指标用来衡量农村居民对消费品市场的贡献程度。农村居民的消费支出主要是指家庭用于日常生活的开支，包括食品、衣着、居住、家庭设备用品及服务、医疗保健、交通和通信、娱乐教育文化服务、其他商品和服务八大类支出。

计算公式：

$$农村居民人均生活消费支出增长率＝\frac{当年农民人均消费水平－上年农民人均消费水平}{上年农民人均消费水平}$$
$$×100％$$

8）城乡居民收入比

缓解我国城乡发展不均衡的现状、缩小城乡居民的收入差距，是我国"三农"政策的重要目标。本书使用城乡居民收入比来反映"三农"政策在缩小城乡收入差距方面所发挥的作用。

计算公式：

城乡居民收入比＝城镇居民人均可支配收入/农村居民人均纯收入

9）农村居民预期寿命

根据联合国开发计划署（United Nations Development Programme，UNDP）

---

① 国家统计局，http://www.stats.gov.cn/tjsj/ndsj/yb2004-c/html/13i.htm。

《人类发展报告》所提供的"人类发展指数"(human development index，HDI)计算方法，使用农村居民预期寿命来分析农村居民的健康水平，计算不同阶段我国农村居民整体预期寿命的变化，从而分析农村居民健康水平是否有所提高。

10)农村居民平均受教育年限

农村居民平均受教育年限是指农村地区居民群体人均接受学历教育(包括成人学历教育，不包括各种非学历培训)的年数，衡量农村地区居民在校接受教育的程度，反映了相关"三农"政策实施后农村人力资源的积累情况。

按现行学制计算人均受教育年数，即大专以上文化程度按 16 年计算，高中文化程度为 12 年，初中文化程度为 9 年，小学文化程度为 6 年，文盲为 0 年。

11)农村实用人才总量增长率

农村实用人才，指的是具有一定知识和技能，为农村经济、科技、教育、文化、卫生等各项事业发展提供服务、做出贡献、起到示范和带头作用的农村劳动者，包括农村种植养殖能手、加工和捕捞能手、农村经纪人、各类能工巧匠和科技带头人等。农村实用人才总量增长率可以反映出国家"新型农民培育"等人力资源培养政策的效果。

12)新农合覆盖率

新农合是指由政府组织、引导、支持，农民自愿参加，个人、集体和政府多方筹资，以大病统筹为主的农民医疗互助共济制度，采取个人缴费、集体扶持和政府资助的方式筹集资金。新农合覆盖率指标可以反映出相关"三农"政策的实施如何解决农村居民"看病难、看病贵、因病致贫、因病返贫"等问题，使用新农合覆盖率来反映农村医疗保障体系的实施效果。

计算公式：

$$新农合覆盖率 = \frac{农村居民参保人数}{农村居民应参保人数总量} \times 100\%$$

13)农村养老保险覆盖率

在农村社会事业中，新农保是保障广大农民老有所养的重要措施，也是近年来中央不断强调的问题。为此，中央出台了很多相关的政策，农村养老保险覆盖率可以反映出相关政策的执行情况及其达到的效果。

计算公式：

$$农村养老保险覆盖率 = \frac{农村居民参保人数}{农村居民应参保人数总量} \times 100\%$$

14)农村贫困人口变化率

农村扶贫指标可以反映出国家"三农"政策的实施对农村脱贫减贫的效果，用农村贫困人口变化率来反映农村扶贫效果，所得结果为负则表明贫困减少；所得结果为正则表明贫困增长。

计算公式：

$$农村贫困人口变化率 = \frac{当年贫困人口数 - 上年贫困人口数}{上年贫困人口数} \times 100\%$$

15) 农村发电量比重

农村发电是指在农村就地开发利用能源形成的电能，包括把农作物秸秆、人畜禽粪便、薪柴、沼气等生物质能及小水电、小煤炭、太阳能、风能、潮汐能、地热能转化为电能。农村发电量比重是指农村发电量与全国发电量的比值，可以反映出农业政策对农村基础设施改善在农村能源利用方面的效果。

计算公式：

$$农村发电量比重 = 农村发电量 / 全国发电量 \times 100\%$$

16) 农村道路网密度

农村道路网密度是指农村公路里程数占农村土地面积的百分比。农村公路里程数反映出国家农村公路的密集情况。农村道路网密度是衡量路网构成特征的指标，是农村道路交通管理的基础条件，也是制定道路交通管理对策的重要参考指标，反映农村交通建设水平。

计算公式：

$$农村道路网密度 = \frac{农村公路里程数}{农村土地面积}$$

17) "三品一标"农产品所占比重

"三品一标"包括无公害农产品、绿色食品、有机农产品和农产品地理标志。"三品一标"是政府主导的安全优质农产品公共品牌，其比重增加，不仅反映了我国农产品质量安全的提高，同时也反映了农村生态环境的改善。

无公害农产品是指产地环境符合无公害农产品的生态环境质量，生产过程必须符合规定的农产品质量标准和规范，有毒有害物质残留量控制在安全质量允许范围内，安全质量指标符合《无公害农产品（食品）标准》的农、牧、渔产品（食用类，不包括深加工的食品）经专门机构认定，许可使用无公害农产品标志的产品。绿色食品是指无污染、优质、营养食品，经国家绿色食品发展中心认可，许可使用绿色食品商标的产品。有机农产品是指根据有机农业原则，生产过程绝对禁止使用人工合成的农药、化肥、色素等化学物质和采用对环境无害的方式生产、销售，且此过程受专业认证机构全程监控，通过独立认证机构认证并颁发证书，销售总量受控制的一类真正纯天然、高品位、高质量的食品。农产品地理标志是指标示农产品来源于特定地域，产品品质和相关特征主要取决于自然生态环境和历史人文因素，并以地域名称冠名的特有农产品标志。

计算公式：

"三品一标"农产品所占比重 = "三品一标"农产品产量 / 总农产品产量

2. 农业补贴政策效果指标

1）粮食播种面积及其增长率

农业补贴政策的实施，对于农民种粮积极性的提高有着显著的促进作用，农民的种粮积极性提高后，种粮的意愿加强，粮食的播种面积也会随之增加。用粮食播种面积指标可以反映出农业补贴政策对粮食播种面积的促进效果，主要通过每年的粮食播种实际面积来衡量。同时，粮食播种面积增长率的变化，可以反映出年度间粮食播种面积的变化情况，粮食播种面积增长率的增减变动，可以反映出随着时间的推移，政策实施效应的变化情况。

计算公式：

$$粮食播种面积增长率＝（本年粮食播种面积－上年粮食播种面积）/上年粮食播种面积$$

2）粮食人均产量

粮食生产是农业生产的重要组成部分，粮食产量直接关系到国家的粮食安全。将粮食人均产量纳入农业补贴政策的经济效应指标，可反映粮食生产满足社会需求的程度。粮食除包括稻谷、小麦、玉米、高粱、谷子及其他杂粮外，还包括薯类和豆类。其产量计算方法如下：豆类按去豆荚后的干豆计算；薯类（包括甘薯和马铃薯，不包括芋头和木薯）按 5 千克鲜薯折 1 千克粮食计算。城市郊区作为蔬菜的薯类（如马铃薯等）按鲜品计算，并且不作粮食统计。其他粮食一律按脱粒后的原粮计算。

计算公式：

$$粮食人均产量＝粮食产量/总人口数（单位：千克/人）$$

3）粮食收购价格

最低收购价政策可以促进农民种粮的积极性，稳定粮食生产，促进农民收入的提高；从国家粮食安全的角度考虑，最低收购价政策的实施可以有效地抵御国际粮价的大幅上涨对我国粮食市场的冲击；同时，最低收购价政策是规避粮食生产巨幅波动的重要措施之一，是国家非常时期对粮食市场进行宏观调控的重要手段。粮食收购价格指标可以反映出对农业增收、粮食稳产、粮价稳定的支持效果。

4）肉类人均产量

肉类人均产量主要用来衡量畜牧业和水产业生产满足社会肉类需求的程度。畜禽产量是指当年出栏并已屠宰、除去头蹄下水后带骨肉（即胴体重）的重量，水产产量是指当年水产品总产量。

计算公式：

$$肉类人均产量＝畜禽和水产品产量/总人口数（单位：千克/人）$$

5)油料人均产量

油料人均产量用来衡量农业生产满足社会油料需求的程度。油料产量是指全部油料作物的生产量，主要包括花生、油菜子、芝麻、向日葵籽、胡麻籽（亚麻籽）和其他油料作物产量，但不包括大豆、木本油料和野生油料产量。其中，花生以带壳干花生产量计算。

计算公式：

$$油料人均产量＝油料作物产量/总人口数（单位：千克/人）$$

6)农产品出口水平

从国际贸易视角来看，农业补贴的增加能够显著提高一个国家的农产品竞争力水平。农产品出口对促进农村就业、增加农民的收入、优化农业的经济结构、提高农产品的国际竞争力、提升国内相关产业的发展水平都发挥着重要的作用。农产品出口水平指标可以反映出一个国家的农业企业创汇能力及农产品出口企业的发展活力，用农产品出口总值占全社会出口总额的比重来衡量农产品出口水平。

计算公式：

$$农产品出口水平＝农产品出口总值/全社会出口总额×100％$$

7)农民人均家庭经营收入

农业补贴的直接作用是增加了农民收入，提高了农村居民的生产积极性。为衡量农业补贴的增收效果，主要使用农民人均家庭经营收入指标。家庭经营收入是指农村住户以家庭为生产经营单位进行生产筹划和管理而获得的收入。农村住户家庭经营活动按行业划分为农业、林业、牧业、渔业、工业、建筑业、交通运输业、邮电业、批发和零售贸易业、餐饮业、社会服务业、文教卫生业和其他家庭经营。

计算公式：

$$农民人均家庭经营收入＝家庭经营收入/农民总人口数（单位：元/人）$$

8)农机总动力增长率

由于农业补贴中包括了农机补贴，因此通过农机总动力增长率来衡量其对农业机械利用情况的整体效果。农机总动力是指主要用于农林牧渔业的各种动力机械的动力总和，包括耕作机械、排灌机械、收获机械、农用运输机械、植物保护机械、牧业机械、林业机械、渔业机械和其他农业机械[内燃机按引擎马力折成瓦(特)计算、电动机按功率折成瓦(特)计算]。

9)耕种收综合机械化水平增长率

农作物耕种收综合机械化水平是指农业生产中耕地、播种、收割环节使用机器设备作业的数量占总作业量的比重，是衡量一个地区农业机械化程度的主要指标。

10)科技进步贡献率

科技进步贡献率是指科技进步对经济增长的贡献份额，它是反映科技进步作用的一项综合指标，是衡量区域科技竞争实力和科技转化为现实生产力的综合性指标，表明产出增长中由科技进步形成的增长比例。这一指标对于分析区域经济增长与科技进步、劳动和资本的长期发展趋势及其相互关系具有重要参考意义，科技进步贡献率指标可以反映出农业政策对农业产出的增长促进效果。

计算方法：

$$E=1-(\alpha \times K)/Y-(\beta \times L)/Y$$

其中，E 为农业科技进步贡献率；Y 为农业产出的年均增长速度；K 为农业资本的年均增长速度；L 为农业劳动力的平均增长速度；α 为农业资本产出弹性；β 为农业劳动力产出弹性。通常假定农业生产在一定时期内 α、β 为一常数，并且 $\alpha+\beta=1$，即规模效应不变。

3. 农业产业化经营、 龙头企业扶持政策效果指标

1)农产品加工业产值占农业总产值比重增长率

由农产品加工业产值与农业总产值之比可以看出农业产业化所带来的效益在整个农业中所占的比重，农产品加工业产值占农业总产值比重增长率指标可以反映出农业政策的实施使农产品加工业产值占农业总产值比重变化的情况。

计算公式：

农产品加工业产值占农业总产值比重增长率＝(本年比重－上年比重)/上年比重

2)畜牧业产值占农业总产值比重增长率

畜牧业产值占农业总产值比重增长率可以反映出畜牧业效益在整个农业中所占比重的变化情况。

计算公式：

畜牧业产值占农业总产值比重增长率＝(畜牧业本年比重－畜牧业上年比重)
/上年比重

3)农业产业化组织总数

实施农业产业化经营政策，主要是为了推动农业产业化发展。农业产业化的发展情况可以通过农业产业化组织总数来反映，农业产业化组织总数的增减变化可以反映出农业产业化经营的发展态势。

4)龙头企业总数

龙头企业扶持政策是为了促进龙头企业的发展，形成一大批产业集中度高、关联度强、竞争优势明显的产业集群，带动土地、资金、劳动力等资源的横向聚合与纵向集中。龙头企业总数可以反映出在政策的扶持下龙头企业的发展态势，从数量上来反映政策的执行效果。

5）农业产业化组织带动农户数量

实施农业产业化经营政策是为了促进农民多渠道就业增收，提高农民组织化程度。衡量农民的组织化程度可以通过农业产业化组织带动农户数量这一指标来反映。通过其带动农户的数量可以从直观上看出提高农民组织化程度目标的实现情况。

6）农户从事产业化经营户均增收额

农业产业化经营政策的实施，会推动农业产业化组织和农业龙头企业的发展，带动更多的农户就业，从而增加农民的收入。农户从事产业化经营户均增收额可以反映出农业产业化经营政策的实施对农户收入增加的促进效果。

7）农作物订单面积

农业产业化经营，能够将小农生产和大市场联系起来，使分散的小农户能够在市场中获得更多的议价权。农作物订单面积能够反映出龙头企业在产业化经营中与农民的合作情况，农作物订单面积的多少，可以衡量农业产业化经营的带动能力。

8）农产品加工业产值与农业总产值比

为了实现农产品增值，促进农民增收，农产品加工业向产业化、规模化发展是必然趋势。农产品加工业的发展是农业产业化经营中不可或缺的组成部分。由农产品加工业产值与农业总产值比可以看出农业产业化所带来的效益在整个农业中所占的比重，反映出农业产业化经营所取得的成绩，从而衡量农业产业化经营和龙头企业扶持政策的效果。

计算公式：

　　农产品加工业产值与农业总产值比＝农产品加工业产值/农业总产值

9）牲畜规模化养殖比重

牲畜规模化养殖为农业产业化经营所需的农产品原料的供给提供了保障，为龙头企业的发展提供了物质基础。此处主要以奶牛规模化养殖（年存栏 100 头以上）比重和生猪规模化养殖（年出栏 500 头以上）比重为代表，说明牲畜规模化养殖的情况，从一定角度反映农业产业化经营情况。

计算公式：

　　牲畜规模化养殖比重＝牲畜规模化养殖数量/全国牲畜养殖数量

4．农业基础设施建设政策效果指标

1）农业灌溉用水有效利用系数

农业灌溉用水有效利用系数是指在一次灌水期间被农作物利用的净水量与水源渠首处总引进水量的比值。它是衡量灌区从水源引水到田间作用吸收利用水的过程中水利用程度的一个重要指标，也是集中反映灌溉工程质量、灌溉技术水平和灌溉用水管理的一项综合指标，是评价农业水资源利用、指导节水灌溉和大中型灌区续建配套及节水改造健康发展的重要参考。

　　2）农业成灾面积变化率

　　农业成灾面积是指在年内因遭受旱灾、水灾、风雹灾、霜冻、病虫害及其他自然灾害，使农作物较正常年景产量减产一成以上，农作物实际收获量较常年产量减少三成以上的播种面积。农业成灾面积变化率可以反映出一定时期内因农业政策改善农业基础设施而增加的自然灾害抵抗能力。

　　计算公式：

　　农业成灾面积变化率＝（本年成灾面积－上年成灾面积）/上年成灾面积

　　3）农业成灾面积占受灾面积比重

　　农业成灾面积是指在遭受旱灾、水灾、风雹灾、霜冻、病虫害及其他自然灾害的受灾面积中，农作物实际收获量较常年产量减少三成以上的播种面积；农业受灾面积是指在遭受上述自然灾害的受灾面积中，农作物实际收获量较常年产量减少一成以上的播种面积。两者的区别在于农作物遭受自然灾害后实际产量较常年产量减少的程度不同，农业成灾面积占受害面积的比重指标可以反映出农业基础设施的改善使农作物生产抵御自然灾害的能力。

　　计算公式：

　　　　农业成灾面积占受灾面积比重＝农业成灾面积/农业受灾面积

　　4）农村信息化水平

　　按照功能来分，可以将支撑信息发展的网络资源分为三类，即电信网、广电网和计算机网。其中，前两者是传统媒体的代表，后者为现代媒体的代表。三者综合起来构成现代农业信息传播的主要通道。传统媒体传播方式主要由电视、电信和广播组成。广播、电视节目综合人口覆盖率是指根据原国家广电总局制定的《广播电视人口覆盖率统计技术标准和方法》进行统计调查的，在对象区内能接收到由中央、省、地市或县通过无线、有线或卫星等各种技术方式转播的各级广播/电视节目的人口数占全国总人口数的百分比。农村电话覆盖率是指农村固定电话用户数占农村总户数的百分比，是反映农村电话情况的指标。农村信息化水平指标可以反映出农业政策对农业基础设施农村信息方面的促进效果。

　　计算公式：

　　农村电视人口覆盖率＝能接收电视节目农村人口数/农村总人口数

　　农村广播人口覆盖率＝能接收广播节目农村人口数/农村总人口数

　　　　农村电话覆盖率＝安装固定电话用户数/农村总户数

　　5）农产品质量

　　农产品质量安全指标可以反映出农业投入使农产品的质量安全的改善情况，用农产品质量安全例行监测总体合格率和"三品一标"农产品比重来反映农产品质量。

计算公式:

$$农产品质量安全例行监测总体合格率 = \frac{被检合格产品量}{被检产品总量} \times 100\%$$

"三品一标"农产品比重 = "三品一标"农产品产量/总农产品产量

6) 耕地保有量变化率

耕地保有量即耕地总量,是指在一定区域内的耕地总数量,等于上一年结转的耕地数量,扣除年内各项建设占用耕地的数量和农业结构调整占用及生态退耕的数量,加上年内土地开发、复垦和土地整理增加的耕地数量。耕地面积直接影响农业生产产量,为了反映"三农"政策的实施对耕地减少的遏制情况,用耕地保有量变化率来反映耕地保护情况。

计算公式:

$$耕地保有量变化率 = \frac{当年耕地保有量 - 上年耕地保有量}{上年耕地保有量} \times 100\%$$

7) 中低产田改造率

中国耕地中有 78.5% 的中低产田,其中中产田面积占 37.3%,低产田面积占 41.2%。中低产田是造成粮食产量低而不稳定的主要原因。加强农田的基本建设对于促进农业结构调整和保护农业生态环境具有重要作用,推广中低产田改造技术可以改善农业生产条件和生态环境,提高土地产出率,增加农民收入。中低产田改造率是指每年中国现有耕地中的中低产田改造数占中低产田总数的百分比。

计算公式:

中低产田改造率 = 中低产田改造数/中低产田总数

5. 农村基础设施建设效果指标

1) 农村饮用水合格率

水是生命之源,是人类赖以生存的物质基础,获得安全的饮用水是人类最基本的需求。近年来,国家高度重视饮用水安全问题,尤其是农村的饮用水安全。农村饮用水合格率可用来衡量农村家庭获得干净卫生饮用水的水平,可以反映出农村地区的污染治理能力和降低环境污染对农民生活的影响程度。

计算公式:

农村饮用水合格率 = 饮用达标自来水家庭/农村总家庭数

2) 农村义务教育辍学率

农村义务教育辍学率是相对于九年义务教育的适龄人群而言,按照农村适龄儿童及青少年辍学人口数占适龄人口总数的比率,来判断农村人口受教育情况的变化。

计算公式:

农村义务教育辍学率＝农村适龄儿童及青少年辍学人口数/适龄人口总数

3) 农村电影放映工程覆盖率

农村电影放映工程是指为满足农民的文化需求，按照"企业经营、市场运作、政府购买、农民受惠"的农村电影发展思路，逐步建立公共服务和市场运作相协调、固定放映和流动放映相结合的农村电影服务体系。农村电影放映工程覆盖率指标可以反映出农业政策对农业基础设施农村文化方面的促进效果。

计算公式：

农村电影放映工程覆盖率＝农村电影放映工程覆盖村数/全国行政村总数

4) 农村书屋覆盖率

农村书屋是指为满足农民文化需要，在行政村建立的、农民自己管理的、能提供农民实用的图书、报刊和音像电子产品阅读视听条件的公益性文化服务设施。每一个农村书屋原则上可供借阅的实用图书不少于 1 000 册，报刊不少于 30 种，音像电子产品不少于 100 种(张)，具备条件的地区，可增加一定比例的网络图书、网络报纸、网络期刊等出版物。农村书屋覆盖率也可以反映出农业政策对农业基础设施农村文化方面的促进效果。

计算公式：

农村书屋覆盖率＝具备农村书屋村数/全国行政村总数

6. 农业生态补贴和转移支付政策效果指标

1) 森林覆盖率

森林覆盖率通常是指森林面积占土地总面积之比，一般用百分数表示。但国家规定在计算森林覆盖率时，森林面积还包括灌木林面积、农田林网树占地面积及四旁树木的覆盖面积。森林覆盖率是反映森林资源和绿化水平的重要指标。

2) 森林蓄积量

森林蓄积量是指一定森林面积上存在着的林木树干部分的总材积。它是反映一个国家或地区森林资源总规模和水平的基本指标之一，也是反映森林资源的丰富程度、衡量森林生态环境优劣的重要依据。

3) 草原覆盖率

草原属于地球生态系统的一种，是世界上分布地区最广的植被类型，有重要碳汇功能。

草原覆盖率通常是指草原面积占土地总面积之比，草原覆盖率指标可以反映出农业生态补贴的实施对农业生态的促进效果。

4) 林草植被综合盖度

植被盖度是指植物群落总体或个体的地上部分的垂直投影面积与样方面积之比的百分数。它反映出植被的茂密程度和植物进行光合作用面积的大小。有时盖度也称为优势度。植被盖度分投影盖度(全株盖度)和植基盖度(基部盖度)，在监测中测定的植被盖度为投影盖度，植被盖度测定中不分种，采用盖度框法进行测定。该指标可以反映出农业生态补贴的实施对农业生态的促进效果。

5）土壤沙化率

土壤沙化泛指良好的土壤或可利用的土地变成含沙很多的土壤或土地甚至变成沙漠的过程。土壤沙化会使大面积土壤失去农、林、牧生产能力，使有限的土壤资源面临更为严重的挑战，同时也会使大气环境恶化。土壤沙化率指的是一定区域范围内，沙化土壤占总面积的百分比。土壤沙化率指标可以反映出农业生态补贴的实施对农业生态的促进效果。

计算公式：

$$土壤沙化率＝土壤沙化面积/全国农村土地总面积$$

6）石漠化面积

石漠化是指在热带、亚热带湿润、半湿润气候条件和岩溶及其发育的自然背景下，受人为活动干扰，地表植被遭受破坏，导致土壤严重流失，基岩大面积裸露或砾石堆积的土地退化现象，也是岩溶地区土地退化的极端形式。石漠化面积指标可以反映出农业生态补贴的实施对农业生态的促进效果。

7）水土流失面积比例

水土流失是指人类对土地的利用，特别是对水土资源不合理地开发和经营，使土壤的覆盖物遭受破坏，裸露的土壤受水力冲蚀，流失量大于母质层育化成土壤的量，土壤流失由表土流失、心土流失而至母质流失，最终使岩石暴露。水土流失可分为水力侵蚀、重力侵蚀和风力侵蚀三种类型。水土流失的危害主要有泥沙淤积威胁黄河防洪安全、影响水资源的有效利用、制约经济社会发展、恶化生态环境。水土流失面积比例是指发生水土流失的土地面积与农村土地总面积的比率，可以反映出农村地区土地受自然和人为因素的双重影响而产生的水土流失的情况。

计算公式：

$$水土流失面积比例＝发生水土流失的土地面积/农村土地总面积$$

8）农村沼气普及率

沼气利用是在我国农村地区推广时间较长、范围较广的新能源项目，得到了国家支农资金的大力支持和推广，能够较为合理地利用农村地区的生活及生产废弃物，具有改善农村居民生活环境、提高能源利用效率、推动生态农业和循环经济发展、促进节能减排等多方面作用。本书使用农村沼气普及率来衡量当前我国农村沼气产业的发展现状，可以反映出农村地区农业废弃物的循环利用情况。

计算公式：

$$农村沼气普及率＝沼气户数/农村总户数×100\%$$

9)农作物秸秆综合利用率

秸秆综合利用包括秸秆气化、饲料、秸秆还田、编织、燃料等。秸秆是成熟农作物茎叶(穗)部分的总称,通常是指小麦、水稻、玉米、薯类、油料、棉花、甘蔗和其他农作物在收获籽实后的剩余部分。我国农民对作物秸秆的利用有悠久的历史,只是由于从前农业生产水平低、产量低,秸秆数量少,秸秆除少量用于垫圈、喂养牲畜,部分用于堆沤肥外,大部分都作为了燃料。随着农业生产的发展,我国自 20 世纪 80 年代以来,粮食产量大幅提高,秸秆数量也在增加。加之省柴节煤技术的推广、烧煤和使用液化气的普及,使农村产生了大量富余秸秆。同时科学技术的进步、农业机械化水平的提高,使秸秆的利用由原来的堆沤肥转变为秸秆直接还田。农作物秸秆综合利用率可用来衡量农作物秸秆的综合利用情况,该指标能反映出农业生产过程中农作物秸秆的循环利用情况。

计算公式:

$$秸秆还田率＝秸秆还田数量/秸秆总数量×100\%$$

10)规模化畜禽养殖场粪便综合利用率

规模化畜禽养殖场粪便综合利用率是指集约化、规模化畜禽养殖场通过还田、沼气、堆肥、培养料等方式利用的畜禽粪便量与畜禽粪便产生总量的比例。有关标准按照《畜禽养殖业污染物排放标准》(GB18596—2001)和《畜禽养殖污染防治管理办法》执行。由于传统的畜禽养殖业对农村地区的环境影响比较大,排放的粪便是主要污染源,加强养殖场粪便综合利用可以有效缓解污染并变废为宝,因此规模化畜禽养殖场粪便综合利用率可以反映出农村地区的污染治理能力效果。

7. 农民专业合作社扶持政策效果指标

1)农民专业合作社经营规模及其增长速度

农民专业合作社经营规模及其增长速度可以采用合作社数量、社员数量、合作社总产值、社员出资总额、固定资产总额、合作社总收入、总支出等指标来考察。但是我国农民专业合作社正处于发展的初级阶段,合作社社员数量和专业经营规模普遍不大,很难产生规模效益,因此,本书评价其规模时主要采用社员数量、合作社总产值两个指标来考察。社员数量主要反映合作社的社会规模,可以注册登记的社员数量或当年合作社平均社员数(即年初社员数和年末社员数的平均数);合作社总产值(总收入)主要反映合作社年生产经营规模。

2)农民专业合作社经济效益

农民专业合作社的主要目的是解决生产经营、市场营销及技术信息服务中的突出困难,提高农业产业化水平,增加农民收入,改善农民的生活,更好地发展农业。因此,评价农民专业合作社的经济效益对于评价整个政策执行的效果尤为重要。而农民专业合作社是社员利益的联合体,包括入社农民的利益和合作社的利益。因此,本书主要以合作社年盈余额、社员人均年纯收入、社员人均年纯收入高于当地农户平均年纯收入的比率三个指标来评价农民专业合作社的经济效益。

计算公式:合作社年盈余额=总收入-总支出;社员人均年纯收入=合作社年总收入/合作社社员数;社员人均年纯收入高于当地农户平均年纯收入的比率=(社员人均年纯收入-当期当地农户平均年纯收入)/当期当地农户平均年纯收入。

3)农民专业合作社社会化服务水平

农民专业合作社作为一种特殊的经济组织,除经济功能外,还承担和发挥着农业社会化服务等社会功能。目前国内外相关研究表明,农业社会化服务模式等问题已成为研究的焦点和要解决的重要问题。按照农业产业链各环节的时间序列,农业社会化服务模式包括单一服务模式、延伸服务模式、统一服务模式等。鼓励和推动农民专业合作社开展各种模式的农业社会化服务,对于丰富和完善我国多元化的农业社会化服务体系是非常有益的。农业专业合作社社会化服务水平可以反映出农业产业化政策对农业专业合作社社会化服务的提升效果。

8. 农村扶贫政策效果指标

1)贫困标准

贫困标准即贫困线,是衡量个人、家庭或某一地区贫困与否的界定标准或测定体系。提高农村扶贫标准,使更多的低收入人群被纳入政府的扶贫范围之列,也促使各级财政拿出更多的资金用于农村扶贫开发,更有利于保障贫困群体的基本生活,缩小贫困地区农村居民之间的收入差距,促进农村地区间均衡发展。不断变化的农村贫困线标准适应了我国经济和社会的整体发展水平和变化发展趋势,反映了政府和社会对农村贫困的重视程度。

2)贫困规模

贫困规模,即一定时期内贫困人口的数量。从贫困的程度来划分,可以分为绝对贫困和相对贫困。绝对贫困也可以称为生存贫困,它指的是一种低于维持身体有效活动最低指标的状态。也就是说,在一定的社会生产方式和生活方式下,如果个人和家庭依靠其劳动所得和其他合法收入不能维持其基本的生存需要,那么他们就处于绝对贫困状态。相对贫困指的是在把某一个体或群体的生活水平与拥有较高收入的参照对象相比较后产生的贫困。因此,相对贫困是依赖于一定的价值判断而存在的,具有一定的主观性。本书的贫困规模采取的是绝对贫困规模,即一定时期内绝对贫困人口数。

3)贫困发生率

农村贫困发生率也称农村贫困人口比重,是指农村地区低于贫困线标准的农村人口数占总农村人口数的比重。农村贫困发生率反映农村贫困现象的社会存在的范围或发生率，通过农村贫困发生率指标，可以对农村贫困规模有初步的了解和对农村贫困的形势做出判断。

计算方法：

$$农村贫困发生率＝农村贫困人口数/农村总人口数$$

9. 农村社会保障政策效果指标

1）社会保障政策覆盖面

农村社会保障政策覆盖面是指农村地区的相关社会保障的普及情况，包括新农保、新农合及农村社会救助等方面。农村养老保险覆盖率指标；新农合覆盖率指标；农村对三种指标进行研究：居民最低生活保障，它的保障对象是家庭年人均纯收入低于当地最低生活保障标准的农村居民。通过社会保障政策覆盖面指标可以反映出农村社会保障政策的实施对以上三种指标覆盖的促进效果。

2）新农合人均筹资

目前新农合的筹资体系是农民筹资与政府补助相结合，其中政府筹资占主要部分，通过对农民筹资情况分析可以反映出政策对新农合的支持力度。

3）新农合补偿水平

新农合补偿机制是新农合制度中的重要组成部分，直接关系到新农合能否被广大参合农民认可与接受，以及该制度能否持续健康发展。补偿机制主要是指对参合农民的医疗费用补偿办法，衡量指标是农民参加新农合的受益情况。补偿水平反映了新农合对农民医疗费用的补偿状况，包括起付线、报销比例、封顶线等问题，补偿水平实质上就是对起付线、报销比例、封顶线三项指标的综合评估，反映的是农民的期望值与实际获得的补偿值之间的差距。本书将对补偿水平进行评价，包括门诊补偿水平和住院补偿水平，即新农合补偿比，其是指参合农民从新农合基金中实际获得补偿的部分占其医疗消费总支出的比例。

计算公式：

$$门诊实际补偿比＝参合者门诊费用实际补偿总额$$
$$/参合者实际发生门诊费用总额×100\%$$
$$住院实际补偿比＝参合者住院费用实际补偿总额$$
$$/参合者实际发生住院费用总额×100\%$$
$$参合者年人均自付住院费用占农民人均消费的比例＝参合者年人均自付住院费用$$
$$/农民人均消费×100\%$$

4）农村最低生活保障水平

农村最低生活保障水平是指由政府为家庭人均纯收入低于当地最低生活保障标准的农村贫困群众，按最低生活保障标准，提供维持其基本生活的物质帮助。该制度是在农村特困群众定期定量生活救济制度的基础上逐步发展和完善的一项规范化的社会救助制度。农村最低生活保障水平将从绝对数额和相对数额两个方面来衡量，该指标可以反映出政府在农村地区最低生活保障方面所起的效果。

计算公式：

$$农村人均最低生活保障待遇水平＝当期最低生活保障资金总支出/当期领取最低生活保障总人数$$

$$农村最低生活保障替代率＝农村最低生活保障金/农村居民人均纯收入×100\%$$

5）农村生活救助系数

农村生活救助系数即农村名义最低生活保障标准/农村居民家庭人均食品消费支出，若此比值大于 0 小于 1，说明如果农村最低生活保障人口将最低生活保障金全部用于购买食物仍达不到当地农村居民平均食品消费水平。食物是维持人类生存最必需的生活资料，几乎缺乏需求弹性，对于农村最低生活保障对象而言是最主要的消费支出，因此，该系数指标能很好地反映我国当前农村最低生活保障标准在解决农村贫困群体生存问题上的作用大小。

10. 农村金融和农业保险政策效果指标

1）金融机构涉农贷款余额及其占全部金融机构贷款总额比重

金融机构涉农贷款余额是衡量农村金融服务水平的一个重要指标。涉农贷款余额占全部金融机构贷款总额比重反映了国家对涉农信贷的投放力度和信贷规模，是我国农村金融保险各项政策措施实施效果的宏观体现。

计算公式：

$$涉农贷款余额占全部金融机构贷款总额比重＝涉农贷款余额/全部金融机构贷款总额比重$$

2）农村信用社存贷款余额

农村信用社存贷款余额指标包含农村信用社存款余额指标和贷款余额指标两个方面，这两个指标是评价农村信用社改革效果的重要参数，可以反映出我国农村信用社存贷款业务的发展速度和支农信贷投放的效果。

3）农村信用社农业贷款余额

农村信用社农业贷款余额反映了农村信用社对农业发展的支持力度。

4）农村信用社发展能力

农村信用社发展能力指标具体包括农村信用社净利润率、农村信用社不良贷款比、农村信用社资本充足率和补贴依赖指数等指标。这些指标不仅体现出农村信用社自身的运营效率，也关系到农村信用社的可持续发展能力，是衡量农村信用社改革效果的重要内容。

5）小额贷款发展

小额贷款发展包括小额贷款公司数和小额贷款余额两项指标。其中，小额贷款公司数反映了小额贷款公司的变化数量，小额贷款余额反映了国家对小额贷款的信贷投入力度。

6）农业保险发展

农业保险发展指标包含农业保险覆盖农户（单位：亿户次）和农业保险保费收入及增长率两个具体指标。农业保险覆盖农户是评价我国农业保险政策的一个重要指标，反映的是所享受农业保险的农户数量和次数。农业保险保费收入及增长率是评价我国农业保险政策的又一重要指标，直接反映了农业保险保费的投入效果，以及财政补贴资金的使用效益。

11. 农村土地政策效果指标

1）耕地保有量及其变化率

耕地是人类赖以生存和发展的基础。反映耕地情况的指标有很多，其中耕地保有量是反映耕地存量情况的重要指标。它是指一个国家或者地区的实际耕地总数量，等于上一年结转的耕地数量，扣除年内各项建设占用的耕地数量和农业结构调整占用及生态建设退耕的数量，加上年内土地开垦、土地整理增加的耕地数量。

计算公式：

耕地保有量变化率＝（本年耕地保有量－上年耕地保有量）/本年耕地保有量

2）耕地质量

耕地质量包括用于一定的农作物栽培时，耕地对农作物的适宜性、生物生产力的大小（耕地地力）、耕地利用后经济效益的多少和耕地环境是否被污染四个方面。我国全国耕地评定为 15 个质量等别，1 等耕地质量最好，15 等最差。将全国耕地按照 1～4 等、5～8 等、9～12 等、13～15 等划分为优等地、高等地、中等地和低等地。本书用优等地、高等地、中等地和低等地所占比重衡量我国耕地质量。

3）对违法用地案件的查处情况

农村违法用地包括改变土地原有用途、非法占有、违章乱建、私自买卖等方面，经济的快速发展、人口的增长、国家产业政策的调整、城镇化进程和新农村建设步伐的日益加速，以及农民生活水平的不断提高，对人们改善住房条件提出更高要求。近年来农村建设用地需求量不断增大，违法用地和违法交易的现象呈居高不下的态势。通过对违法用地案件的查处，进一步加大国家对土地保护的力度，包括结案土地面积、结案耕地面积、结案件数三个具体指标。

4）土地市场化程度

人多地少是我国的基本国情。合理利用土地资源、提高土地利用率、土地利用方式由粗放型向集约型转变是未来土地利用的必然趋势。土地市场是土地资源进行市场化配置的场所，其发育程度直接影响土地利用效率。因此，分析土地市场化发育程度及其主要影响因素，对于促进土地集约利用具有重要的现实意义。土地市场化程度用土地出让总面积、土地招拍挂面积这两个指标加以反映。

第 4 章

中国"三农"重要政策措施执行情况评价[①]

■4.1 研究的背景、调查方案与方法

4.1.1 国内外对"三农"政策的研究现状

1. 国内研究现状

国内对农业农村政策执行情况评估的研究主要集中在以下几个方面。

一是对政策总体执行情况的评估。宋洪远等(2006，2010)对"十五"和"十一五"时期我国农业农村政策执行情况进行了评估，认为21世纪以来我国政府支农惠农的政策框架已经建立，政策内容不断充实，政策落实力度明显加大。农业部农村经济研究中心持续开展了基于全国农村固定观察点调查系统的"百县万户"政策执行评估问卷调查，重点评估了我国财政投入、农业支持等多项政策措施的落实情况。罗万纯(2011)通过对 26 个省 135 个村干部的调查评估了我国农业税减免及补贴政策、新农合等六项政策的执行情况。

二是对不同地区或某项政策执行情况的评估。有学者通过对不同层级政府角色与行为的分析，指出地方政府在执行农业补贴政策时，存在修改政策、延缓政策执行及调整执行方法等现象。王欧等(2014)利用 2011 年和 2012 年农业部固定观察点农户数据对我国农业补贴对粮食生产的影响进行了实证分析。研究结果表

---

① 本章执笔人：王欧、吴比。

明：每亩农业补贴对粮食产量、播种面积和生产性投入量都有显著的正向影响。农业补贴的这种正向影响在贫困地区和非贫困地区表现出显著的差异，相对于非贫困地区而言，农业补贴对贫困地区正向影响更大，尤其是在生产投入量方面。王欧和宋洪远(2005)分析了我国现行生态补偿政策的实施情况及存在的问题，探讨建立健全农业生态建设补偿机制的途径，并提出了相应的政策建议。黄世贤(2003)指出江西省部分市县存在挤占挪用支农资金等问题，大部分县市因财力有限，均未按要求建立农业发展基金，且存在财政支农资金配套不足、平均分配资金和"人情资金"等问题。

三是关于农户对政策评价的研究。肖海峰等(2005)评估了农户对农业补贴政策的满意度；黄振华(2011)、尹建华等(2011)评估了农户对"三下乡"政策的满意度；等等。

四是针对政策执行中的问题进行的分析和研究。在《关于"三农"政策执行过程中存在问题的理性思考》中从"三农"政策在执行过程中存在的问题出发，分析了惠农政策执行中存在问题的深层原因，并借鉴新公共政策理论机制，就如何解决政策执行过程中的问题进行了理性思考，提出了相应的对策；程亿(2006)在其论文《论"三农"政策执行中的障碍及其克服的路径选择》中就现阶段我国惠农政策执行中的障碍做了深刻的分析，并提出精简机构、整合政策执行所需资源、完善执行机制等对策。

2. 国外研究现状

国外学者对农业政策进行研究和评价的文献和资料也比较多，早期对农业政策进行研究的著作主要探讨了发达国家对农业支持的动机和原因。美国学者鲍尔·费思在《农业政策与可持续性——印度智利菲律宾及美国的实例研究》一书中对印度、智利、菲律宾及美国地区的农业政策进行了深入的研究，其中涉及政策改革和政策执行的改进。OECD(2009)认为我国在农村基本公共服务和基础设施建设上取得了重大进展，但到 2005 年年末仍有 3 亿个以上的农村居民无法确保饮水安全，并指出了中央政策在执行中面临基层政府能力不足、低问责、法制薄弱及农民参与范围有限等多项挑战。更多的外文研究是从政策影响的角度对我国某类农业农村政策进行了评估。农业补贴政策方面，有研究者发现，尽管我国农业补贴平均到每个农户金额较低，但是，单位面积农户所获得的补贴金额较高。目前，补贴发放的依据是承包地的面积，因此补贴对农户粮食播种面积和生产投入量的刺激较小。在这个意义上，我国的补贴政策仍然具有"绿箱"的性质。农业生态补偿和转移支付政策落实情况的研究，主要聚焦于退耕还林政策。从转移支付的角度看，尽管金额较少，但是退耕还林等生态补偿政策的参与者有了更多的发展其他产业(如畜牧业)的机会，财产性收入也相应地增加，从而对贫困地区的居民增收有一定的作用。这说明，自上而下的投资方式很可能导致实际执行的投资项目与当地农民的需求背道而驰。可能由于相似的原因，我国农村扶贫政策落实也存在着一些标准机制方面的问题。

3. 对已有研究现状的评价

综上所述，当前国内外对农业政策执行评估的研究已涵盖多数政策领域，既有宏观视角的评估分析，也有微观个体的评估考察。但多数研究的视角较为单一、仅从某项政策的角度评估政策执行效果：一是未从多项"三农"政策的视角完整综合评价政策执行效果；二是评估对象单一，以往的研究较少从政策执行主体和政策执行对象的角度同步考虑政策执行效果，且调研样本量也很有限、关注点主要集中在政策执行结果上，对政策执行情况关注不多，特别是对十六大以来我国重要"三农"政策执行情况的系统性评估更为少见；三是没有分地区的"三农"政策执行评估研究成果，以往的研究都是针对传统农区某项政策进行评价，未对牧区和贫困地区等特定地区和特定人群进行评估。

4.1.2　调查方案

1. 基本思路

本书将依托全国农村固定观察点调查系统、全国农民专业合作社调查系统、农业产业化国家重点龙头企业调查系统，采用对象评定法与自我评定法相结合的政策评估办法对 21 个省(自治区、直辖市)开展调查，分为农区问卷、牧区问卷、扶贫地区问卷①，每种地区问卷从县级政府、村、农户三级分别设立了独立的问卷，所以共 9 种问卷。另加上农民专业合作社和农业产业化龙头企业问卷合计为 11 种问卷。该调查农区、牧区、扶贫地区县级样本量合计为 190 个、村级样本量合计为 208 个、农户样本量合计为 4 385 个，合作社样本量为 222 个，农业产业化龙头企业为 1 102 家。对近年来农牧区和国家重点扶贫地区农业补贴政策、农业投入政策、农业产业化经营龙头企业扶持政策、农业基础设施建设政策、农业生态补偿和转移支付政策、农民专业合作社扶持政策、农村基础设施建设政策、农村扶贫政策、农村社会保障政策、农村金融和农业保险等政策的执行情况和执行效果进行系统科学评估，并从政策执行对象的角度对三农政策执行满意度、参与度评价，为今后进一步完善政策内容和框架、改进政策执行手段、提高政策执行成效、不断提升政策制定的科学性与合理性提供借鉴。该数据样本质量整体较好，代表性较强，可以作为"三农"政策执行情况评估研究的支点。

---

① 农区问卷涉及省份：安徽、河南、湖北、湖南、江西、山西、福建、河北、江苏、山东、贵州、陕西、四川、吉林、辽宁 15 省；扶贫问卷涉及省份(国家重点扶贫县)：河北、安徽、江西、湖北、四川、山西、陕西、贵州、吉林、河南、甘肃 11 省；牧区问卷涉及省区：甘肃、青海、新疆、内蒙古 4 省区。

2. 样本选择

本书将以全国农村固定观察点调查系统、全国农民专业合作社调查系统、农业产业化国家重点龙头企业调查系统为基础，在全国范围内开展大规模的分层抽样调查，考虑到地域、发展水平、调查对象的差异性，在我国 21 个省(自治区、直辖市)的农村固定观察点中分区域、分人群随机抽取 100 个县(村)和近 5 000 个农户作为调查样本，并对全国 1 102 个龙头企业、222 余家合作社进行抽样调查。通过科学系统的大样本调查，全面评估"三农"政策在全国各地的执行情况和执行结果。

3. 问卷调查

利用分层抽样法，根据我国 21 个省(自治区、直辖市)分县的人均地区生产总值数据，在全国农村固定观察点调查系统中抽取样本县，平均每个省选取 3～4 个县，全国共选取 190 个县；在每个样本县分别抽取至少 1 个样本村，共选取 208 个村；然后在每个样本村根据不同收入组随机选取 50 个农户；全国共选取 208 个村、4 385 个农户，开展大规模的问卷调查。同时利用全国农民专业合作社调查系统、农业产业化国家重点龙头企业调查系统，对全国 1 253 个龙头企业、200 余家合作社进行抽样调查。结合全国固定观察点调查系统的大样本连续跟踪数据，对政策执行情况和执行结果进行全面评估。

4. 案例调查

在问卷调研的基础上，根据问卷分析结果，在全国农村固定观察点调查系统中，选择不同类型、有代表性的样本县(如东中西部、产粮大县、牧区县等)开展典型案例调查，与县级农业相关部门、基层干部、农户等进行详细的访谈。同时，依托全国农民专业合作社调查系统、农业产业化国家重点龙头企业调查系统，选择有代表性的地区，对农业产业化龙头企业和农民专业合作社进行个案调查研究。在大样本调查统计分析的基础上，进行案例研究，分析政策的执行过程、执行情况、执行结果，以及政策执行过程中出现的问题。

4.1.3　研究方法

本章首先利用简单统计描述方法分析农村政策执行情况，其次利用政策效果评价模型和李克特量表①计算政策执行效果的满意度，最后利用 Logit 模型分析政策参与度对满意度的影响因素。

---

① 李克特量表(Likert scale)，又称总加量表，由美国社会心理学家李克特(R. A. Likert)于 1932 年首先提出，并因此而得名。

1. 政策执行情况评价：描述性统计分析方法

在抽样调查数据的基础上，利用简单平均、相关分析、对比分析等统计描述方法考察不同类型"三农"政策的执行情况和执行结果。

2. 政策执行满意度评价：政策效果评价模型

根据政策执行主体和政策作用主体对不同类型"三农"政策执行效果的评价情况，计算政策效果的总体评价值，具体步骤如下。

1）确定权重 α_j

$$\alpha_j = \frac{1}{m}\sum_{i=1}^{m}\alpha_{ij}$$

$$\alpha_{ij} = \frac{\gamma_{ij}}{\sum_{j=1}^{n}\gamma_{ij}}$$

其中，α_j 表示第 j 项政策的重要性评价值占 n 项政策重要性评价值的比重；α_{ij} 表示第 i 个样本对第 j 项政策的重要性评价值占第 i 个样本对 n 项政策的重要性评价值的比重；m 表示总样本数；γ_{ij} 表示第 i 个样本对第 j 项政策的重要性评价值。

2）计算政策效果总体评价值 z_i

$$z_i = \sum_{j=1}^{n}\alpha_j\chi_{ij}$$

其中，z_i 表示第 i 个样本对 n 项政策效果的总体评价值；χ_{ij} 表示第 i 个样本对第 j 项政策效果的评价值。

本章在进行"三农"政策执行满意度评估时，采用李克特量表形式来测量农户满意度情况。李克特量表是社会调查和心理测验等领域中最常使用的一种态度量表形式。这种量表由一组与主题相关的问题或陈述组成，用来表明被调查者对某一事物的态度、看法、评价或意向。在本章中，采用 5 级量表形式对农户，即对量表中每一题目均给出表示态度积极程度等级的 5 种备选评语答案（如"很不满意""不满意""一般""满意""非常满意"等），并用 1～5 五个等级分别计分。李克特量表在应用过程中表现出众多优点，但这种做法未能直观地显示被调查群体对事物总体态度的归属等级及各等级评价所占的比例，而这些信息往往是研究者更希望了解的。为了解决这一问题，针对量表评语等级的模糊性，本章参考现有文献，采用经典统计学分析与模糊综合评判相结合的方法分析量表数据，计算"三农"政策执行满意度。

"三农"政策执行满意度评价指标见表 4-1，主要从农户角度对三农政策执行的四个方面进行测量，主要涉及农户日常生产生活，具体为农村基础设施、农村社会保障、农业补贴(方式、额度)和社会化服务。

表 4-1　"三农"政策执行满意度评价指标

一级指标	二级指标	三级指标
"三农"政策执行满意度	农村基础设施满意度	道路
		农村客运交通
		饮水
		用电稳定性
		电视收看信号
		校舍及设备
		文化体育设施
		卫生室及设施
		垃圾处理
	农村社会保障满意度	新农村合作医疗保险
		农村最低生活保障制度
		新农村社会养老保险
		五保供养
	农业补贴(方式、额度)满意度	粮食直补
		良种补贴
		农机补贴
		农资综合补贴
		农业保费补贴
		畜牧良种补贴
		能繁母猪补贴
		畜禽标准化规模养殖补贴
		渔业柴油补贴
		动物防疫补贴
		土壤有机质提升
		退耕还林补贴
	社会化服务满意度	农业技术培训
		农业技术指导
		农机耕种收服务
		农作物病虫害统防统治

续表

一级指标	二级指标	三级指标
"三农"政策执行满意度	社会化服务满意度	动物疫病防治
		化肥农药农膜购买
		种畜禽或饲料购买
		农产品产后包装储运
		农产品销售

　　在实际情况中，由于不是每一农户都涉及每项内容，故就农户而言，其满意度测量只能是针对其使用的基础设施或享受到的相关服务，对其没有涉及的内容进行舍弃。例如，有的农户未能安装电脑网络，我们不询问其对电脑网络的满意度。未能享受到的基础设施或服务的原因可能有很多，但如果本身是因为政策中已明确规定建设或落实的基础设施或服务，在实际中却缺失的，其本身就是政策执行不到位导致的，故没有必要再对其进行满意度测量。

　　在建立的"三农"政策执行满意度评价指标中，各项指标在日常生活生产中对农户的影响程度是有差别的，所以在计算其满意度时要具体使用权重进行调整。但是在实际评价过程中评价因素较多，综合评价中权重系数的确定往往采取直接取定法，从而使评价带有某种倾向，不具有客观性，使综合评价结果产生一定的偏差。而层次分析法（analytic hierarchy process，AHP）是对非定量事件做定量分析的一种有效方法，该方法保证了定性分析的科学性和定量分析的精确性，又保证了定性和定量两类指标综合评价的统一性。因此，本章具体设想用 AHP 法确定各因素的权重，代替传统的权重直接取定法，建立模糊综合评价的多级模型，从而使模糊综合评价更具有客观性。

　　建立模糊评价模型的步骤如下。

　　第一步：建立单因素评价并构建综合评判矩阵。对单因素 u_i 进行评价，得到 V 上的模糊子集（r_{i1}，r_{i2}，$\cdots$，r_{im}），它是从 U 到 V 的一个模糊值映射 $f: U \rightarrow F(v)$，$u_i \mid \rightarrow f(u_i) = (r_{i1}, r_{i2}, \cdots, r_{im})$，其中 $f(u_i)$ 为关于因素 u_i 的模糊评语向量；r_{ij} 表示关于 u_i 具有评语 v_j 的程度，即因素 u_i 对于评语 v_j 的隶属程度。然后将所有单因素评判集作为行，构成模糊评价矩阵。

$$\mathbf{R} = \begin{bmatrix} r_{11} & r_{12} & \cdots & r_{1m} \\ r_{21} & r_{22} & \cdots & r_{2m} \\ \vdots & \vdots & & \vdots \\ r_{n1} & r_{n2} & \cdots & r_{nm} \end{bmatrix}$$

即由模糊值映射 f 导出由 U 到 V 的模糊关系 $\mathbf{R}_f \in F(U \times V)$，使 $\mathbf{R} = \mathbf{R}_f = (r_{ij})_{n \times m}$。

　　这里的评价矩阵主要是利用前期对农户的问卷调查，得到的农户对"三农"政策满意度评价构成的评判矩阵。

　　第二步：确定因素重要程度模糊集。由于各因素 u_i 对被评价事物的影响程度不同，因此应确定各因素在总评价中的地位，即在因素论域 U 上给出一个模糊子集 $A = (a_1, a_2, \cdots, a_n)$，其中 a_i 为因素 u_i 在总评价中作用大小的度量，即 u_i 的重要程度系数；A 为 U 上的因素重要程度（权重）模糊子集。

　　这里的权重是利用 AHP 法确定的各因素的重要程度，并由其构成权重向量。

　　第三步：进行模糊综合评价。将模糊子集 A（即 AHP 法得到的各指标的权重）与综合评价矩阵（模糊关系）R（即农户对"三农"政策各指标的满意度评价）进行模糊合成运算，得出模糊综合评价集：$B = A \cdot R = (b_1, b_2, \cdots, b_m)$，其中，$b_j$ 为评语等级 v_j 对综合评判所得模糊评价集 B 的隶属度。根据最大隶属度原则，选择模糊综合评价集 $B = (b_1, b_2, \cdots, b_m)$ 中最大的 b_j 所对应的评语等级 v_j 作为综合评价的最终结果。

　　所以根据上文建立的评价模型与步骤，利用 stata 进行数据整理与计算，使用 yaahp 6.0 进行 AHP 权重计算，最后得到的"三农"政策执行满意度评价结果将在下文具体阐述。

　　3. 政策执行参与度评价：评价指标与分析方法

　　为反映农户参与政策执行过程的情况，我们建立了政策执行参与度评价指标体系（表 4-2）。

表 4-2　政策执行参与度评价指标体系

类型	指标
客观参与情况	农村民主管理（被动参与）
	政府组织的劳动技能培训（主动参与）
主观参与意愿	认为农村基础设施急需改造的农户比例
	农户对农村基础设施改造投入的意愿

　　表 4-2 中主要从"客观参与情况"和"主观参与意愿"两个方面度量参与度。其中，"客观参与情况"从参与的形式来看，可分为"主动参与"和"被动参与"，前者体现的是农户对政策执行具有选择权时的主动参与，在此选取的指标为"政府组织的劳动技能培训"，农户对此具有参加与否的自主选择权；后者则为政策执行时需要考虑农户意愿的被动参与，选取的指标为"农村民主管理"，衡量政策执行时对农户意愿的考虑情况。对"农村民主管理"的反映，则选取"土地整理涉及农户承包地和宅基地"、"村基础设施建设"（村内道路和饮水）和"村务公开"（集体资

产公开和村财务公开)三个层次,反映政策执行时对农户意愿考虑情况。"主观参与意愿"主要选取的指标有"认为农村基础设施急需改造的农户比例"和"农户对农村基础设施改造投入的意愿"两项指标作对比分析,反映农户主观参与政策执行的意愿程度。

■ 4.2 "三农"政策执行基本情况评价

本章的撰写,基于大规模的"三农"政策落实情况问卷调查所取得的基础而翔实的数据。该调查范围为 21 个省(自治区、直辖市),样本量的分配分为五类:第一类农区、牧区、扶贫地区县级样本量为 190 个;第二类村级样本量为 208 个;第三类农户样本量为 4 385 个,第四类合作社样本量为 222 个;第五类农业产业化龙头企业为 1 102 个。此次问卷设计分为农区问卷、牧区问卷、扶贫地区问卷,其中每种地区问卷针对县级政府、村、农户三级分别设立了独立问卷,以及加上专业合作社和农业产业化龙头企业问卷,共计 11 种问卷。

4.2.1 农业生产经营补贴政策

1. 粮食直接补贴政策执行情况

对"粮食直接补贴资金规模"执行较好,保持稳中有升。《关于进一步完善对种粮农民直接补贴政策的意见》提出,保持粮食直接补贴资金规模的相对稳定,有条件的省区,可以适当增加;加大对种粮农民的补贴力度,确保农民已得的实惠不减少。县级调查数据显示,2013 年对种粮农民粮食直接补贴金额稳中有升。有 30%调查县补贴金额比 2012 年增加,10%调查县比 2012 年减少,60%调查县与 2012 年持平。农户调查数据显示,2013 年对种粮农民粮食直接补贴金额平均比上一年增长 7.6%。

对"粮食直接补贴标准计算依据"执行不到位,粮食主产省区补贴计算依据未达政策要求。《关于进一步完善对种粮农民直接补贴政策的意见》中要求,粮食主产省、自治区(指河北、内蒙古、辽宁、吉林、黑龙江、江苏、安徽、江西、山东、河南、湖北、湖南、四川)原则上按种粮农户的实际种植面积补贴,如采取其他补贴方式,也要剔除不种粮的因素,尽可能做到与种植面积接近;其他省、自治区、直辖市要结合当地实际选择切实可行的补贴方式。县级调查数据如图 4-1 所示,有 53%的粮食主产省区的调查县以"按原耕地计税面积"为主要计算依据,未做到政策中要求粮食主产省区"按原种植面积"进行补贴。农户数据得出结论相同。另有少部分调查县是按照"第二轮承包时面积"为计算依据。

对"粮食直接补贴发放方式"执行较好,100%直接发放至农户手中。《关于进一步完善对种粮农民直接补贴政策的意见》提出,粮食直接补贴资金的兑付方式,

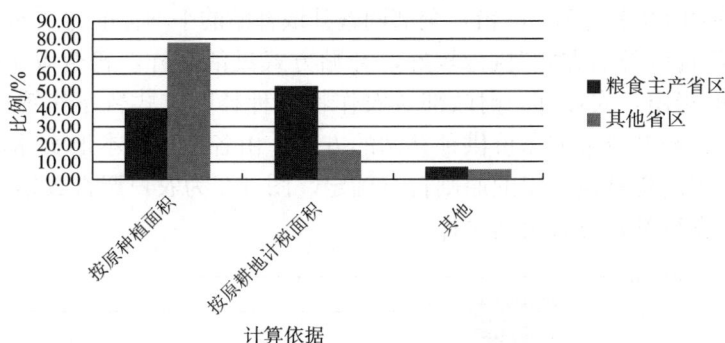

图 4-1 县级种粮农民直接补贴金额计算依据

可以采取直接发放现金的方式，也可以逐步采取"一卡通"或"一折通"的方式，向农户发放储蓄存折或储蓄卡。农户数据显示，各调查户均直接通过"汇入卡或存折"方式获得补贴，没有发现中间环节及抵扣其他税费情况。

2. 良种补贴政策执行情况

对"作物良种补贴覆盖范围"执行不到位，部分作物良种补贴覆盖区域没有达到政策要求。根据《农业部办公厅财政部办公厅关于做好 2013 年中央财政农作物良种补贴项目有关工作的通知》(简称《良种补贴通知》)要求，作物良种补贴区域见表 4-3。县级数据显示，有 17% 东北地区调查县[①]没有大豆良种补贴；17% 调查县没有小麦良种补贴；6% 调查县没有玉米良种补贴；水稻良种补贴在全部调查县实现覆盖。

表 4-3 良种补贴政策要点

品种	政策要点
大豆	补贴区域：在辽宁、吉林、黑龙江、内蒙古等省区实行全覆盖 补贴标准：10 元/亩
小麦	补贴区域：在 31 个省(自治区、直辖市)实行全覆盖 补贴标准：10 元/亩
水稻	补贴区域：在 31 个省(自治区、直辖市)实行全覆盖 补贴标准：早稻 10 元/亩，中稻、粳稻 15 元/亩，晚稻 15 元/亩
玉米	补贴区域：在 31 个省(自治区、直辖市)实行全覆盖 补贴标准：10 元/亩

对"作物良种补贴标准"执行较好，各调查县执行标准符合政策要求。《良种补贴通知》中规定的作物良种补贴标准见表 4-3。在县级调查样本中，水稻良种补贴标准平均为 15 元/亩、小麦为 11.66 元/亩、玉米为 10.41 元/亩。东北地区调查县，

① 东北地区调查县包括辽宁和吉林两省，共 29 个县。

大豆良种补贴标准平均 10 元/亩，全部调查县该补贴的平均标准为 7.87 元/亩。

对"作物良种补贴方式"执行较好，补贴方式灵活多样，符合政策要求。《良种补贴通知》指出，农业部、财政部对农作物良种补贴方式暂不作统一要求，可采取直接发放补贴资金或差价供种补贴的方式，由各地根据本地实际，按照让农民得实惠、提高良种覆盖率的原则自行确定。图 4-2 为农户调查数据显示的执行情况，作物良种补贴方式灵活多样。

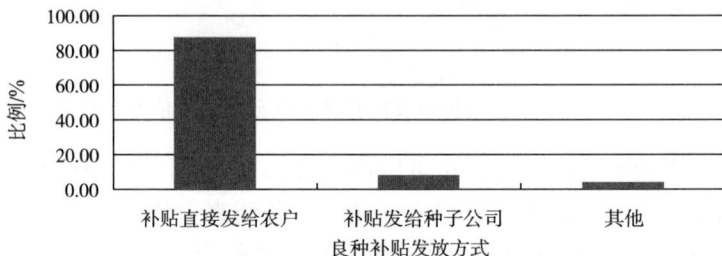

图 4-2   良种补贴发放方式

3. 农机具补贴政策执行情况

对"农机具补贴种类"执行较好，部分调查县农机具补贴种类扩大，总体保持稳定。根据《2013 年农业机械购置补贴实施指导意见》(简称《农机具补贴意见》)要求，县级农机化主管部门不得随意缩小补贴机具种类范围，省域内年度补贴品目数量保持一致。县级调查数据显示，有 57％的调查县进行补贴的农机种类比上年扩大，其余调查县补贴机具种类保持稳定。

对"农机具补贴标准"执行较好，补贴比例控制在销售价格 30％以内。《农机具补贴意见》要求，中央财政农机购置补贴资金实行定额补贴，即同一种类、同一档次农业机械在省域内实行统一的补贴标准。每档次农机产品补贴额按不超过此档产品在本省域近三年的平均销售价格的 30％测算。农户调查数据显示，获得农机具补贴的农户，购买农机获得补贴占购机成本份额平均为 22％，未超过销售价格 30％。

对"农机具补贴对象"执行不到位，部分购买农机具农户未申请该补贴，见图 4-3。

4. 农资综合补贴政策执行情况

对"农资综合补贴资金管理"执行较好，部分调查县对农资综合补贴向种粮大户等有所倾斜。《关于进一步完善农资综合补贴动态调整机制的实施意见》提出，有条件的省区应积极探索按实际粮食播种面积补贴等方式，使补贴与粮食生产直接挂钩。积极探索支持种粮大户的补贴制度，促进土地适度规模经营。县级调查数据显示，29％的调查县的农资综合补贴向种粮大户、家庭农场、农民专业合作

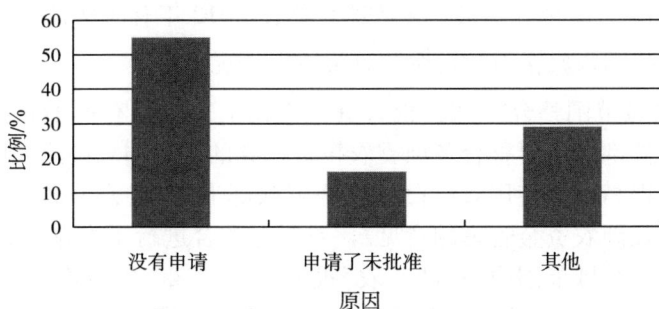

图 4-3　未获得农机具补贴的原因

社倾斜，积极促进土地适度规模经营。

4.2.2　农业农村资金投入政策

1. "提高土地出让收益""耕地占用税收入用于农业投入的比重"政策执行情况

2013 年县级土地出让收益、耕地占用税收入用于农业投入的比重均有所提高。2008 年中央一号文件提出，政府土地出让收入用于农村建设的增量要明显高于上年；《中共中央关于推进农村改革发展若干重大问题的决定》进一步要求，大幅度提高政府土地出让收益、耕地占用税新增收入用于农业的比例。由表 4-4 可得，土地出让收入的 77 个有效样本县中，有 45 个样本县土地出让收入用于农业的投入比重上升；耕地占用税收入的 56 个有效样本县中，有 21 个县 2013 年耕地占用税用于农业的投入比重上升。总体上可以得出，土地出让收益、耕地占用税收入用于农业投入的比重均有所提高。

表 4-4　土地出让收益和耕地占用税收入用于农业投入情况

项目	2013 年比 2012 年项目收入变化	2013 年比 2012 年项目收入用于农业投入额变化	2013 年比 2012 年项目收入用于农业投入比例变化
土地出让收益	基本持平	县均增长 14%	县均提高 1.2 百分点
耕地占用税收入	提高 6.4%	县均增长 9.9%	县均提高 3 百分点

2. 农业支持保护政策执行情况

2013 年县级国有部门水稻、小麦收购价格较上年普遍有所增长。十七届三中全会提出，要稳步提高粮食最低收购价，改善其他主要农产品价格保护办法，充实主要农产品储备，优化农产品进出口和吞吐调节机制，保持农产品价格处于合理水平。县级调查数据显示，2013 年 72 个有效样本县县级国有粮食部门水稻收购价格平均比 2012 年增长 4.7%，其中有 55 个样本县水稻收购价格比 2012 年有所增长；61 个有效样本县县级国有粮食部门小麦收购价格平均比 2012 年增长 7.5%，其中有 54 个样本县小麦收购价格比 2012 年有所增长。

3. "县域范围内整合财政资金"政策执行情况

2013 年县域范围整合"三农"投入资金额比上一年度有所增长。2004～2007 年中央一号文件都指出要整合各项支农投资；党的十七届三中全会明确提出要整合投资项目，提高资金使用效益；2010 年财政部出台的《关于推进涉农资金整合和统筹安排加强涉农资金管理的意见》，对资金整合进行了安排。2013 年县级调查数据显示，在县域范围内整合"三农"投入资金，120 个有效样本县比 2012 年平均增长 4.6%，其中 76 个样本县整合"三农"投入资金比上一年度有所增长，占 63%。

4. "保持财政支农稳定增长"政策执行情况

2013 年县级农林水事务预算支出占财政预算总支出比例整体有所下降。2008 年中央一号文件提出，财政支农投入的增量要明显高于上年；2010 年中央一号文件则进一步明确，按照总量持续增加、比例稳步提高的要求，不断增加"三农"投入，要确保财政支出优先支持农业农村发展。2013 年县级调查数据显示，99 个有效样本中，只有 15 个县的农林水事务预算支出占财政预算总支出的平均比重高于上年实际支出所占比重，占 15%；其他 84 个县的预算支出比重均低于 2012 年实际支出所占比重。县农林水事务预算支出占全县财政预算总支出的平均比重为 20.3%，比上年实际支出所占平均比重下降 14 百分点。

5. "基础设施建设投入优先农业农村"政策执行情况

2013 年县级预算内农业固定资产投资占预算内固定资产投资总额的比重有所下降。2004～2013 年连续 10 个中央一号文件均提出，要把基础设施建设的重点转向农村，并大幅增加基础设施建设投入，要求预算内固定资产投资优先投向农业基础设施和农村民生工程。县级调查数据显示，2013 年 32 个有效样本县中预算内农业固定资产投资占预算内固定资产投资总额的比重，由 2012 年的 25.6%下降到 20.4%，下降 5.2 百分点。32 个有效样本县中，有 22 个样本县(占 69%)预算内农业固定资产投资占预算内固定资产投资总额的比重较上年有所下降。

4.2.3　农村社会保障政策

1. 农村居民最低生活保障政策执行情况

对"低保覆盖范围"政策执行较好，实现了农村最低生活保障制度全覆盖。在县级样本数据中，所有调查县均实现了农村最低生活保障制度。对"农村低保补助标准、补助水平"政策执行较好，农村最低生活保障补助标准、补助水平均有提高。2013 年各调查县农村最低生活保障标准均值为 2 082 元/(人·年)，2012 年为 1 854 元/(人·年)，平均上涨 12.3%。同时，数据显示 2013 年调查县最低生活保障平均补助水平为 1 655.57 元/(人・年)，2012 年为 1 469.8 元/(人・年)，平均上涨 12.6%。对"农村最低生活保障资金"政策执行较好，各级财政预算均有提高。调查数据显示，2013 年各调查县农村最低生活保障支出总额平均为 2 655 万元，平均比上年增长 15%。中央和省级财政对农村最低生活保障补助金额，各调查县平均为 2 444 万元，平均比上年增加 30%。

2. 新农保政策执行情况

在县级样本数据中，有 93% 的调查县为新农保试点县，试点工作稳步推进中。从农户数据看，有 87.4% 的农户参加了新农保，对"个人缴费补助"政策执行较好，政府对个人缴费补贴较高。县级调查数据显示，政府对参加新农保个人缴费补贴额平均为每人每年 77 元。

3. 新农合保险政策执行情况

对"新农合覆盖范围"执行较好，各调查县已普遍覆盖。《国务院关于开展城镇居民基本医疗保险试点的指导意见》要求，新农合制度基本要实现对农村居民的全覆盖。县级数据显示，新农合对各调查县均已实现全覆盖，参合率平均为 98.19%。对"政府补助标准"政策执行较好，政府补助标准符合政策要求。《医药卫生体制五项重点改革 2011 年度主要工作安排》提出，2012 年起，各级财政对新农合的补助标准为每人每年 240 元，农民个人缴费原则上提高到每人每年 60 元。县级调查数据显示，新农合筹资水平平均为 335 元/人，农民自费筹资标准平均为 65 元，政府补助标准平均为 270 元。

4.2.4　农村基础设施建设政策

1. 农村饮用水政策执行情况

对"农村饮水安全人数"政策执行有待加强，各调查县农村饮水安全户数不到 70%。《全国农村饮水安全工程"十一五"规划》提出，"十一五"期间要使农村饮水不安全人数减少一半；《水利发展规划(2011—2015 年)》提出，增加农村饮水安全人口是约束性指标之一，要求"十二五"期间农村饮水安全人口要从 2.1 亿人提高到 2.98 亿。调查数据显示，各调查县农村饮用水安全户数平均为 9.41 万户，平均占全县农村户数比重为 67.89%，仍有待加强。对"集中式供水"政策执行较好，达到了"十一五"规划要求，"十二五"期间需进一步加强。《全国农村饮水安全工程"十一五"规划》提出，集中式供水受益人口比例提高到 55%，供水质量和水平有较大提高。《水利发展规划(2011—2015 年)》要求"十二五"期间，农村集中式供水受益人口比例提高到 80% 左右。从县级调查数据看，各调查县饮用水经过集中净化处理的村的比重平均为 56.41%，农村饮用水安全户数占全县农村户数比重为 68.85%。

2. 农村道路交通政策执行情况

对"建制村通公路率"政策执行不到位，部分地区建制村仍未通公路。《农村公路建设规划》提出，到"十一五"期末，基本实现全国所有具备条件的乡（镇）通沥青（水泥）路（西藏自治区视建设条件确定）；东、中部地区所有具备条件的建制村通沥青（水泥）路；西部地区基本实现具备条件的建制村通公路。从县级调查数据来看，调查县乡镇、建制村通公路率平均为 97.52%。地区道路交通情况见表 4-5。

表 4-5　地区道路交通情况

地区	本县镇村公路总里程/千米	建制村通公路率/%
东部	1 524	100.00
中部	1 637	97.00
西部	1 135	97.04
东北	1 630	96.64

注：表中数据为按地区分各调查县均值

对"农村公路管护体系"政策执行不到位，仍有 25% 的调查村的村路损坏后无修补。《农村公路管理养护体制改革方案》提出，基本建立农村公路管理养护体制和运行机制，保障农村公路的日常养护和正常使用，实现农村公路管理养护的正常化和规范化；《农村公路管理养护年活动总体方案》规定，积极鼓励引导乡级财政、村"一事一议"及社会资金等投入农村公路养护。

3. 农村用电政策执行情况

对"农村通电率"政策执行较好，各项指标符合规划要求。《2011～2020 年水电新农村电气化规划编制大纲》提出，乡村通电率达到 100%，户通电率不低于99.9%。从县级调查数据来看，截至 2013 年 8 月，各调查县乡村通电率平均为99.97%，户通电率平均为 99.88%。对"城乡居民同网同价"政策执行较好，但农村居民用电稳定性需要加强。《关于实施新一轮农村电网改造升级工程的意见》中强调实现城乡居民用电同网同价，进一步减轻农村用电负担。

4. 农村沼气利用政策执行情况

"沼气建设分地区实施"政策执行较好，西部地区多项指标较为突出（表 4-6）。《国务院办公厅关于落实中共中央、国务院做好农业和农村工作意见有关政策措施的通知》《农业部办公厅、国家发展和改革委员会办公厅关于 2003年农村沼气国债项目有关事项的通知》提出，农村沼气项目主要安排在中西部地区，重点在西部地区；农村沼气项目集中建设形成规模。从按地区分类数据看，西部地区调查县的沼气使用较为广泛，农村户用沼气数、集中供气工程用户数及大中型沼气工程数三项指标较其他地区突出，只有生物质集中供气工程数一项指标值较低。

表 4-6　农村沼气使用情况

地区	农村户用 沼气数/口	集中供气工程 用户数/户	大中型沼气 工程数/个	生物质集中 供气工程数/个
东部	18 667	8 721	9	217
中部	15 482	1 946	13	82
西部	26 697	20 713	22	70
东北	4 727	8 588	7	230

注：表中数据为按地区分各调查县均值

对"农村生物质清洁能源"政策执行较好，生物质能源集中供气项目持续推进中。党的十六届五中全会曾明确提出"大力普及农村沼气，发展适合农村特点的清洁能源"；《国务院办公厅关于加快推进农作物秸秆综合利用的意见》提出有序发展以秸秆为原料的生物质能。数据显示，44 个样本县中共有生物质集中供气工程 507 处，县均为 11.5 处，生物质能源集中供气项目持续推进中。

5. 农村危房改造政策执行情况

对"危房改造资金拨付"政策执行相对较好，危房改造项目资金到位率总体情况良好(表 4-7)。《中央农村危房改造补助资金管理暂行办法》规定，危房改造补助资金要及时拨付到位。数据显示，2013 年上级对样本中 57 个危房改造试点县共投入资金 7.4 亿元，县均为 1 303 万元，县均到位资金为 876 万元，资金到位率为 67%；县均改造危房为 1274 户，户均获得改造资金为 6 875 元。对"危房改造分地区实施"政策执行较好，东部危房改造试点县比例高于其他地区，但仍有不足。《村镇建设司 2010 年工作要点》提出，2010 年要在东部地区率先完成农村危房改造，基本解决中西部地区贫困农户居住安全问题。从地区上来看，东部地区农村危房改造试点县比例较高，近 71%，高于中西部和东北的农村危房改造试点县比例。但是东部地区调查县的资金到位率最低。

表 4-7　按地区分农村危房改造情况

地区	农村危房改造 试点县比例/%	2013 年计划平均 投入资金/万元	目前到位危房 改造资金/万元	2013 年计划改造 面积/万平方米
东部	70.8	1 029.6	284.2	11.7
中部	60.0	1 134.1	855.2	9.8
西部	37.5	864.6	790.8	10.8
东北	29.6	3 260.7	1 353.2	13.8

注："农村危房改造试点县比例"这一指标为地区均值；表中其他指标为按地区分各调查县均值

4.2.5　农村扶贫开发政策

1. 整村推进扶贫开发政策执行情况

对"整村推进"政策执行不到位，部分地区整村推进项目实施进度较慢。从村级数据来看，39 个调查村中，有 10 个村被列入整村推进的贫困试点村，其中，已经实施和正在实施的村共有 6 个，未实施的村有 4 个。数据显示，部分地区整村推进项目实施进度较慢，地区差异较大。例如，某调查村于 2013 年被确定为试点村，当年就开始实施，并且当年投入资金 200 万元；而另外某调查村于2011 年被确定为实施整村推进项目的贫困试点村，至今未开始实施。

2. 贫困地区劳动力转移培训政策执行情况

对"雨露计划"政策执行较好，目前进展顺利。2006 年我国在贫困地区启动实施了"雨露计划"，对贫困地区青壮年等开展了职业教育和以创业、农业实用技术为主的培训。根据县级数据显示，35 个调查贫困县开展的贫困地区劳动力转移培训("雨露计划")共培训农村劳动力 126 191 人，培养费共计 6 707.3 万元，较好地实现了"雨露计划"的实施目标。

3. 产业化扶贫政策执行情况

对"产业化扶贫"政策执行较好，农户对参与的产业化扶贫项目满意度高，多数农户认为该项目发挥了作用。《中国农村扶贫开发纲要(2011—2020 年)》提出，要通过扶贫龙头企业、农民专业合作社和互助资金组织，带动和帮助贫困农户发展生产。从农户调查数据来看，农业产业化扶贫项目均得到政府帮扶，政府通过发放生产要素(占 46.7%)及补助项目启动资金(占 53.3%)对项目参与户进行扶持。在参与农业产业化扶贫项目的农户中，对所获得的项目很满意的占 48.4%，比较满意和评价一般的各占 25.8%；项目参与户对产业化项目作用的评价见图 4-4，可以看出多数农户认为产业化项目对自身生活改善发挥了作用。

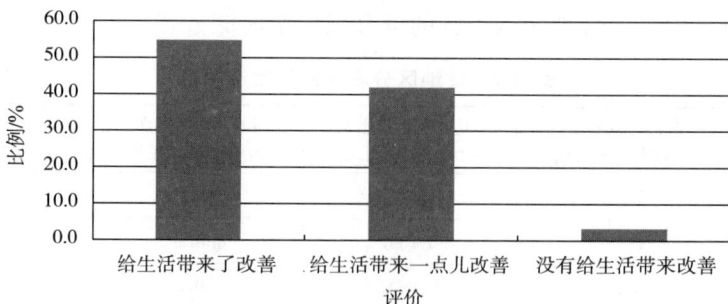

图 4-4　项目参与户对产业化项目作用的评价

4.2.6　农业基础设施建设政策

1. 农田水利建设政策执行情况

对"农田水利建设"执行较好，2013 年各调查县农田水利建设进展迅速。2004~2013 年的中央一号文件均不同程度提出加强农田水利建设，包括小型农田水利建设、病险水库水闸除险加固等，加大大中型灌区续建配套与节水改造，在水土资源条件具备的地方新建一批灌区，努力扩大有效灌溉面积。从县调查数据上来看，在 2013 年 108 个有效样本县中，县均水利基建完成建设面积为 12.6 万亩，县均田间灌溉渠系改造和排涝设施控制面积为 18.4 万亩，县均大型灌区续建配套与节水改造面积为 7.9 万亩，县均大中型重点小型病险水库水闸除险加固有 19 处。

2. 耕地质量提升政策执行情况

对"保护性耕作"政策执行较好，保护性耕作工程建设项目各项工作进展稳定。县级调查数据显示，49 个样本县有保护性耕作工程建设项目，占样本县总数的 35%。49 个样本县共有配置保护耕作专用机具 28.7 万台，县均为 5 862 台；示范样机为 10 792 台，县均为 234 台。保护性耕作区工程为 6 140 处，县均为 146 处。平整土地面积为 8 万亩，亩均为 2 374 亩。保护性耕作面积占项目县总耕地面积的比重为 19%。

对"测土配方施肥"政策执行较好，测土配方施肥技术普及工作稳步推进中。2005~2013 年中央一号文件多次提出，深入推进测土配方施肥；2013 年农业部印发的《全国测土配方施肥技术普及示范县（场）创建工作方案》提出，在全国范围内组织开展测土配方施肥普及行动，创建测土配方施肥技术普及示范县，并提出一系列目标。县级数据显示，92 个有效样本县共为 762.6 万个农户免费提供测土配方施肥技术服务，县均为 8.3 万户，县均推广测土配方施肥技术为 85.3 万亩，县均施用配方肥面积达 53.5 万亩。总体上，测土配方施肥技术普及工作在全国稳步推进中。

4.2.7　农业生态补偿和转移支付政策

1. 退耕还林政策执行情况

对"退耕还林补助"政策执行较好，各项补偿、补助标准执行稳定。《国务院关于完善退耕还林政策的通知》决定，完善退耕还林政策，继续对退耕农户给予适当补助。继续直接补助退耕农户，并与管护任务挂钩。县级数据显示，2013 年各调查县国家生态公益林补贴标准为 10.8 元/亩，与 2012 年基本持平；集体生态公益林补贴标准为 12.8 元/亩，与 2012 年（12.4 元/亩）基本一致。在农户调查样本中，有 12.2%的农户涉及退耕还林（均获得了退耕还林补助），补贴标准平均为 135 元/亩。

2. 草原生态保护补助奖励政策执行情况

对"草原生态保护补助奖励机制"执行较好，禁牧补贴标准、草畜平衡奖励标准与政策规定一致。《关于完善退牧还草政策的意见》提出，2011 年起，国家在内蒙古、新疆、西藏、青海、四川、甘肃、宁夏和云南 8 个主要草原牧区省（区）和新疆生产建设兵团投入中央财政资金 136 亿元，全面建立草原生态保护补助奖励机制。内容主要包括：实施禁牧补助，对生存环境非常恶劣、草场严重退化、不宜放牧的草原，实行禁牧封育，中央财政按照每亩每年 6 元的测算标准对牧民给予禁牧补助，初步确定 5 年为一个补助周期；实施草畜平衡奖励，对禁牧区域以外的可利用草原，在核定合理载畜量的基础上，中央财政对未超载的牧民按照每亩每年 1.5 元的测算标准给予草畜平衡奖励；给予牧民生产性补贴，包括畜牧良种补贴、牧草良种补贴（每年每亩 10 元）和每户牧民每年 500 元的生产资料综合补贴。2012 年，国家全面实施草原生态保护补助奖励政策，安排资金 150.58 亿元，把所有牧区半牧区县全部纳入实施范围。2013 年国家继续在 13 个省（区）牧区半牧区县实施草原生态保护补助奖励政策。

根据县级调研数据，2013 年平均每县补助奖励资金总额为 7 759.1 万元，较 2012 年增加 1.0%，2013 年每县累计受益牧户总数为 8 094.6 户。2013 年县平均草原生态奖补机制实施面积为 857.6 万亩，禁牧面积为 747.5 万亩，平均补助标准为 15.3 元/亩，补助总额为 5 442.1 万元。草畜平衡面积为 508.9 万亩，补助标准为 1.5 元/亩，补助总额为 1 892.6 万/亩。牧草良种补贴面积为 46.0 万亩，补贴品种主要有苜蓿，还有少数的燕麦、红豆草等。补贴标准根据不同品种分别为 10 元/亩、50 元/亩等，补贴总额为 263.5 万元。生产资料补贴户数为 8 557.3 户，补奖标准分别为 500 元/户和 800 元/户，补贴总额为 548.8 万元。补贴通过一卡通直接发放到户，从奖补资金来源来看，10 个县的途径为国家专项资金，1 个县为国家和自治区共同出资。

从农户层面来看，66.6%的农户获得了草原生态保护补助奖励，在获得奖励的农户中，平均禁牧面积为 3 910.0 亩，补贴总额为 1.6 万元；草畜平衡面积为 6 474.42 亩，补贴总额平均为 12 975.3 元/户；牧民生产资料综合补贴总额为 546.9 元/户；牧草良种补贴面积为 10.0 亩，补贴总额为 809.9 元。

4.2.8　农民专业合作社政策

1. 农民专业合作社财政扶持政策执行情况

财政涉农项目主要涉及农业基础设施及农业保障能力建设项、农业生产与技术服务，以及产后储藏、加工和流通三个方面。

（1）农业基础设施及农业保障能力建设项目落实情况。农业基础设施及农业保障能力建设项目主要包括农村沼气建设项目、农村饮水安全项目、小型农田水利建设项目、中低产田改造项目、高标准基本农田创建项目、土地整治项目、农村生态环境建设项目、农业信息化项目、农机补贴项目、渔用柴油补贴项目、农业扶贫项目、农产品初加工项目、农业综合开发林业项目、农业综合开发新型合作示范项目等方面。

从财政资金的扶持力度上看，上述项目的平均扶持资金额度为 71.2 万元。其中，获得财政扶持资金最少的为 0.8 万元（农机补贴），最多的为 890 万元（小型农田水利建设项目）。高标准基本农田创建项目、小型农田水利建设项目的平均资金额度最大，分别为 216.4 万元、104.1 万元。从项目申请的难易程度来看，农产品初加工、农业综合开发林业项目、农业综合开发新型合作示范项目、小型农田水利建设项目等的申请相对于其他项目而言，要困难一些。数据显示，上述四类样本中，选择申请"较难"的分别占样本总数的 25.0%、25.0%、23.5%、22.2%。农村饮水安全项目、中低产田改造、农村生态环境建设的申请相对容易，选择申请"容易"的样本比例分别占样本总数的 50.0%、50.0%、40.0%。从项目的支持方式来看，分批拨款占项目支持方式的多数，平均约有 35.9% 的项目通过此种方式进行支持，如农村饮水安全项目全部（100%）通过此种方式拨款。以奖代补、一次性拨款方式进行资金支持的方式也较为普遍，其比重分别占 26.5%、23.7%。直接现金补助的支持方式相对较少，大约占样本数的 13.9%。

（2）农业生产与技术服务项目落实情况。农业生产与技术服务项目主要包括生猪标准化规模养殖项目、肉牛标准化规模养殖项目、良种补贴项目、病虫害专业化统防统治补助项目、重大动物疾病疫苗经费补助项目、能繁母猪饲养补贴项目、"菜篮子"产品生产扶持项目、优势农产品重大技术推广项目、农业扶贫项目、粮棉油糖示范基地项目、园艺作物标准园项目、畜禽养殖标准化示范场项目、水产健康养殖示范场项目、水稻大棚育秧补助项目、小麦"一喷三防"补助项目、早稻集中育秧补助项目、全膜覆盖沟播种植和膜下滴灌补助项目、合作社示范社项目、"一村一品"特色产业项目、测土配方施肥补贴项目、农业科技成果转化资金项目等。

从财政资金的扶持力度上看，上述项目的平均扶持资金额度为 26.5 万元。其中，获得财政扶持资金最少的为 0.5 万元（生猪标准化规模养殖项目、能繁母猪饲养补贴项目），最多的为 300 万元（优势农产品重大技术推广项目、农业扶贫项目、"一村一品"特色产业项目）。从项目资金的平均额度来看，优势农产品重大技术推广项目、农业扶贫项目、"一村一品"特色产业项目的扶持额度较大，分别为 102.5 万元、91.6 万元、53.2 万元。从项目申请的难易程度来看，选择申请"容易"的合作社大约占样本总数的 31.1%，有 54.2% 的合作社选择了项目申请难易程度"一般"，14.7% 的合作社选择了申请"较难"，说明该类项目的申请对于合作社来说还存在一定的难度。其中，生猪标准化规模养殖、重大动物疾病疫苗经费补助、园艺作物标准园等项目的申请相对困难，申请这三类项目的合作社选择申请"较难"的比例分别为 57.1%、33.3%、33.3%。从项目的支持方式来看，财政扶持的方式灵活多样，主要有以奖代补、一次性拨款、分批拨款、实物补助、直接现金补助等多种形式。其中，以一次性拨款、实物补助的形式进行支持的方式较为常见，分别占样本总数的 30.8%、25.7%。从项目的落实情况看，该类项目总体落实情况较好，选择"较好落实"的合作社占样本总数的 88.2%。其中，肉牛标准化规模养殖、重大动物疾病疫苗经费补助、粮棉油糖示范基地、园艺作物标准园、水稻大棚育秧补助、小麦"一喷三防"补助、早稻集中育秧补助、全膜覆盖沟播种植和膜下滴灌补助、测土配方施肥补贴等项目都 100% 得到了较好落实。没有落实的项目主要有能繁母猪饲养补贴项目、"菜篮子"产品生产扶持项目、畜禽养殖标准化示范场项目、水产健康养殖示范场项目等。

(3)产后储藏、加工和流通项目落实情况。产后储藏、加工和流通项目主要包括产业化经营财政补助项目、农产品初加工扶持项目、农产品批发市场建设项目、农产品促销项目、农社对接项目、农超对接项目、农校对接项目、合作社示范社建设项目、合作社农产品品牌建设项目、农产品现代流通综合试点项目等。

从财政资金的扶持力度上看，上述项目的平均扶持资金额度为 127.0 万元。其中，获得财政扶持资金最少的为 1 万元，最多的为 300 万元(农产品初加工扶持项目)。从项目资金的平均额度来看，农产品初加工扶持项目、合作社农产品品牌建设项目、合作社示范社建设项目的扶持额度较大，分别为 101.7 万元、78.6 万元、76.2 万元。从项目申请的难易程度来看，选择申请"容易"的合作社大约占样本总数的 26.5%，有 38.5% 的合作社选择了项目申请难易程度"一般"，35% 的合作社选择了申请"较难"，说明该类项目的申请对于合作社来说存在一定的难度。其中，农产品批发市场建设项目、农产品初加工扶持项目、产业化经营财政补助项目、农产品促销项目等均有超过 50% 的合作社选择申请"较难"。从项目的支持方式来看，财政扶持的方式灵活多样，主要有以奖代补、一次性拨款、分批拨款、实物补助、直接现金补助等多种形式。其中，通过直接现金补助、分批拨款、以奖代补等形式进行支持的方式较为常见，分别占样本总数的 30.4%、27.2%、20.7%。从项目的落实情况看，该类项目总体落实情况不太理想，选择"部分落实"的合作社占样本总数的 22.0%，其中农社对接项目、农产品促销项目等都有超过半数的合作社认为得到了部分落实。没有落实的项目比例较大，占 32.2%，主要有农产品批发市场建设项目、农产品现代流通综合试点项目、农产品促销项目等。

2. 农民合作社人才扶持政策执行情况

人才是农民合作社持续健康发展的重要支撑。我国农民合作社的人才扶持政策主要以培训项目的形式对合作社的经营管理人员、技术人员等进行相关领域的培训。

经营管理人员的培训项目包括合作社理事长培训、合作社经营管理相关内容培训等。从调查的数据看，有 69.9％的合作社参加了合作社理事长培训的相关培训项目，16.5％的合作社参加了经营管理相关内容培训。从培训项目申请的难易程度看，61.1％的合作社选择了"容易"，34.1％的合作社选择了"一般"，4.8％的合作社选择了"较难"，可见该类型培训项目的申请相对来说较为容易。从参加培训的出资情况看，80.0％的合作社不用自己出资，20.0％的合作社自己出资参加该类型的培训项目，其出资额从 120 元至 3 000 元不等。从落实情况看，82.5％的合作社选择了"落实较好"，13.5％的合作社选择了"部分落实"，4.0％的合作社选择了"没有落实"，没有落实的原因主要有"食宿自理""以实物出资""培训内容为学习法律和制度，没有遵守培训承诺"等。

技术人员的培训主要包括合作社财务会计人员培训、相关涉农技术内容的培训等。从调查的数据看，有 16.7％的合作社参加了合作社财务会计人员培训的相关培训项目，53.7％的合作社参加了相关涉农技术内容的培训。从培训项目申请的难易程度看，56.4％的合作社选择了"容易"，40.6％的合作社选择了"一般"，3.0％的合作社选择了"较难"，可见该类型培训项目的申请相对来说较为容易。从参加培训的出资情况看，82.7％的合作社不用自己出资，17.3％的合作社自己出资参加该类型的培训项目，其出资额从 200 元至 2 000 元不等。从落实情况看，92.9％的合作社选择了"落实较好"，5.1％的合作社选择了"部分落实"，2.0％的合作社选择了"没有落实"，没有落实的原因主要有"以实物出资"等。

3. 农民专业合作社金融扶持政策执行情况

对农民专业合作社的金融扶持政策主要分为支持合作社内部开展资金互助和金融机构对合作社进行贷款支持两个方面。

从支持合作社内部开展资金互助看，开展资金互助的合作社占合作社总体的比例并不太高。调查数据显示，有 30.6％的合作社内部开展了资金互助，69.4％的合作社内部没有开展过资金互助，说明开展合作社内部资金互助需要的条件并不是所有合作社都能够具备。在开展内部资金互助的合作社中，有 44.5％的合作社内部参与资金互助的人数占社员总人数的 71％～100％，说明合作社内部开展资金互助时社员的参与程度还是较高的。合作社内部资金互助的利率主要集中在 20％以下的区间内，如 0～10％利率区间内的合作社比例为 48％，11％～20％利率区间内的合作社比例为 36％。从合作社开展内部资金互助的资本金来源情况看，有 19.1%的合作社接受过外来资金作为资本金，其资金数额从 500 元至 2 000 000 元不等。

从金融机构对合作社进行贷款支持看，调查数据显示，有 38.6%的合作社向银行申请过贷款。在这些申请过贷款的合作社中，60.8%的属于小额信用贷款，31.4%的属于抵押贷款，7.8%的属于其他类型的贷款，如农户联保贷款等。小额信用贷款的申请额度最大为 8 万元，平均额度为 3 547.7 元；抵押贷款的申请额度最大为 1 800 万元，平均额度为 286.7 万元。从实际贷款额占计划贷款额的比例来看，小额信用贷款基本上能满足合作社的需求，其比例约为 0.96；抵押贷款得到满足的程度较小，合作社实际贷款额只占到计划贷款额的 62%。从申请贷款程序的复杂程度来看，抵押贷款和小额信用贷款的申请程序均较为复杂，其中，92.3%的合作社认为申请抵押贷款程序复杂，65.5%的合作社认为申请小额信用贷款程序复杂。

4. 农民专业合作社税收扶持政策执行情况

从税收减免和优惠的情况看，调查数据显示，15.3%的合作社反映在生产经营过程中还存在着税收，税收类型主要有增值税、营业税、印花税等。从增值税的减免情况看，减免的平均比例为 86.7%，4.0%的合作社表示减免程序非常复杂。增值税减免的总体落实情况较好，但有 7.1%的合作社反映"没有落实"。从营业税的减免情况看，减免的平均比例为 74.3%，18.7%的合作社表示减免程序"有点复杂"。营业税减免的落实情况总体较好，但有 16.7%的合作社反映"没有落实"。从印花税的减免情况看，减免的平均比例为 80.4%，减免程序不复杂，90.0%的合作社反映落实总体情况"较好"。

5. 农民专业合作社工商登记政策执行情况

从调查情况来看，占样本总数 21.5%的合作社反映登记注册时被收取了费用，费用从 10 元至 2 000 元不等，平均为 332.5 元；占样本总数 50.4%的合作社反映收取了工本费，费用从 10 元至 300 元不等，平均为 115.3 元。从数据可知，合作社工商登记优惠政策的落实情况并不十分理想。

4.2.9　农业产业化龙头企业扶持政策

1. 财政扶持政策执行情况

2004～2010 年的中央一号文件均提出各级财政对龙头企业的扶持政策，可归纳为：①各级财政要安排支持农业产业化发展的专项资金，较大幅度地增加对龙头企业的投入。《国家农业综合开发资金和项目管理办法》（财政部令第 29 号）规定，用于产业化经营项目的中央财政资金实行有偿扶持和无偿扶持相结合，以有偿扶持为主，财政资金可以投资参股产业化经营项目。②农发行、国家农业综合开发办公室《关于落实农业产业化经营贴息贷款项目的实施意见》明确了农业产业化经营贴息贷款政策，根据项目建设期和企业还款能力确定贷款期限和贴息期限，贷款期限一般在 5 年(含)以内，贴息期限一般为 3 年，少数投资回收期长，但带动农民增收效果好的项目，贷款期限可在 10 年(含)以内，贴息期限可在 5 年(含)以内，财政贴息原则上限定在固定资产贷款范围内。③财政支持龙头企业开展技术引进和技术改造。④财政补助为农户提供培训、营销服务，以及开展基地建设和污染治理等的龙头企业。调查样本中，2012 年共计有 919 家农业产业化龙头企业获得了财政扶持政策，占比为 83.39%，农业产业化龙头企业共计获得的财政支持金额为 61.2 亿元，其中企业获得的最大值为 12 亿元，最小值为 1 万元，平均每个企业获得 710 万元。2012 年农业产业化龙头企业获得的财政扶持政策情况如表 4-8 所示。农业产业化龙头企业获得的财政扶持政策主要有农业产业化专项资金、贷款贴息、生产基地建设支持、农业综合开发资金、"菜篮子"工程资金、规模化养殖建设项目、沼气项目资金、良种补贴、技改项目、技术攻关项目等，其中获得财政扶持政策占比较高的分别为贷款贴息，占比为 47.6%，农业产业化专项资金，占比为 32.5%(详见表 4-8)。

表 4-8　2012 年农业产业化龙头企业获得的财政扶持政策情况　单位:%

主要政策类别	是否享受该政策	
	是	否
农业产业化专项资金	32.5	67.5
贷款贴息	47.6	52.5
生产基地建设支持	13.3	86.7
农业综合开发资金	18.8	81.2
菜篮子工程资金	4.6	95.4
规模化养殖建设项目	8.4	91.6
沼气项目资金	2.8	97.2
良种补贴	5.5	94.5
技改项目	19.2	80.8
技术攻关项目	10.4	89.6

2. 税收扶持政策执行情况

《中共中央　国务院关于积极发展现代农业扎实推进社会主义新农村建设的若干意见》(中发〔2007〕1 号)强调通过贴息补助、投资参股和税收优惠等政策，支持农产品加工业发展，减轻农产品加工企业税负;《财政部　国家税务总局关于国有农口企事业单位征收企业所得税问题的通知》[财税字(1997)49 号]规定，暂免征收从事种植业、养殖业和农林产品初加工重点龙头企业的企业所得税。2012 年上半年，有 806 家企业享受了税收减免政策，占调查样本的 73.13%，龙头企业获得的税收减免最大减免额为 1 988.25 万元，最小减免额为 0.01 万元，平均每家企业获得的减免额为 5.02 万元。如表 4-9 所示，2012 年企业获得的税收减免政策有减免企业所得税、抵扣增值税、减免进口关税和进口环节增值税、农产品出口退税等。其中享受政策占比最大的是减免企业所得税政策，占比为 55.5%。

表 4-9   2012 年农业产业化龙头企业获得的税收扶持政策情况   单位：%

主要政策类别	是否享受该政策的样本占比	
	是	否
减免企业所得税	55.5	44.5
抵扣增值税	25.1	74.9
减免进口关税和进口环节增值税	3.2	96.8
农产品出口退税	18.5	81.5

3. 金融扶持政策执行情况

《中共中央   国务院关于推进社会主义新农村建设的若干意见》（中发〔2006〕1号）和《中共中央   国务院关于积极发展现代农业扎实推进社会主义新农村建设的若干意见》（中发〔2007〕1 号）均提出金融机构要加大对龙头企业的信贷支持，重点解决农产品收购资金困难问题。2012 年上半年，由 882 家企业享受了金融支持政策，占调查样本的 80%，龙头企业贷款余额最大值为 852.4 亿元，最小值为 35 万元，平均每家企业贷款余额为 4.68 亿元。农业产业化龙头企业获得的金融扶持政策分别为贷款扶持、贷款担保、农业信贷担保费补助等。获得这几项政策的企业分别占 52.9%、40.4% 和 3.5%（表 4-10）。

表 4-10   2012 年农业产业化龙头企业获得的金融扶持政策情况   单位：%

主要政策类别	是否享受该政策的样本占比	
	是	否
贷款扶持	52.9	47.1
贷款担保	40.4	59.6
农业信贷担保费补助	3.5	96.6

4. 其他扶持政策执行情况

国家除了在财税、金融等方面对农业产业化龙头企业出台了相关扶持政策外，在科技、保险、贸易等方面也出台了相关的政策予以扶持。为了鼓励和支持龙头企业进行科技开发和创新,中央有关部门主要在技术创新资助等方面制定了相关的政策。从 2004 年的中央一号文件开始,就多次提出"引导和推动企业成为农业技术创新主体,允许各类农业企业和民营农业科技组织申请使用国家有关农业科技的研发、引进和推广等资金""鼓励企业建立农业科技研发中心,国家在财税、金融和技术改造等方面给予扶持""加快农业科技创新步伐。加大农业科技投入,多渠道筹集资金,建立农业科技创新基金,重点支持关键领域、重要产品、核心技术的科学研究"。在所调查的农业产业化龙头企业中,享受科技创新优惠政策的企业占比为 43.4%,除了科技政策外,有少量的企业还享受到了农业保险保费补助政策(9.3%),见表 4-11。

表 4-11　2012 年农业产业化龙头企业获得的其他扶持政策情况　　单位:%

主要政策类别	是否享受该政策的样本占比	
	是	否
科技创新优惠政策	43.4	56.6
农业保险保费补助	9.3	90.7

国家支持龙头企业优惠政策,一般给予企业税收减免等优惠措施。69.33% 的企业认为国家支持龙头企业的优惠政策得到了很好的落实,20.33% 的企业认为政策落实一般,10.34% 的企业认为优惠政策落实不好。

国家支持龙头企业发展政策,一般为推动企业发展的支持政策,如财政支持政策和金融支持政策等,调查样本中各企业对其评价情况如图 4-5 所示。65.15% 的企业认为国家支持龙头企业的各项发展政策很好,作用很大;33.58% 的企业认为国家支持龙头企业的各项发展政策一般,需要加强;1.27% 的企业认为这些政策不好,作用不大。

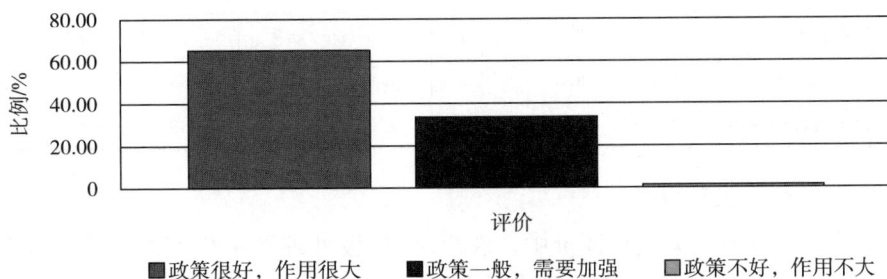

图 4-5　企业对支持政策的评价情况

■4.3　"三农"政策执行满意度评价

4.3.1　"三农"政策执行总体满意度评价

全国"三农"政策执行满意度计算结果可见下文所述,结果分别按照农村基础设施、农村社会保障、农业补贴和社会化服务进行陈列。本节中的权重项是按照AHP法计算得出的,也是模糊综合评价模型中的各指标重要程度模糊集。需要说明的是,农业补贴项在问卷设计中给出了各种补贴的额度和补贴方式的评价选项,故在这里需要单独进行满意度计算,但最后按照加权的方式合并为对农业补贴总满意度。

最后按照农村基础设施、农村社会保障、农业补贴和社会化服务这四项内容进行权重计算,得出全国"三农"政策满意度结论表。

1. "三农"政策总体满意度

从整体来看,农户对"三农"政策执行总体满意,其中对"农业补贴"政策满意度评分最高,为4.12分;其次为"社会保障"政策和"社会化服务"政策,得分为3.93分和3.83分。"农村基础设施"政策满意度评分最低,只有3.60分,应为今后"三农"政策执行所关注的重点(详见表4-12)。

表4-12　全国"三农"政策满意度评价结果

满意度 "三农"政策	非常满意/%	满意/%	一般/%	不满意/%	很不满意/%	得分均值/分	权重	结论
农村基础设施	14.8	45.3	28.2	9.2	2.4	3.60	0.236 4	满意
农村社会保障	15.9	55.1	21.7	4.4	3.0	3.93	0.397 6	满意
农业补贴	37.3	43.8	15.1	2.3	0.7	4.12	0.167 2	满意
社会化服务	13.4	58.6	26.2	1.4	0.5	3.83	0.198 8	满意
"三农"政策总体满意度	18.7	51.6	23.2	4.6	2.0	3.80	—	满意

2. 农村基础设施满意度

农村基础设施政策执行评价中,农户对"垃圾处理""卫生室及设施""文化体育设施"三项满意度评分最低,这应是今后农村基础设施建设的重点。根据AHP法与李克特量表计算出各项农村基础设施的满意度综合得分:农户对农村用电稳定性的满意度评分最高,为3.90分,其次是农村道路,为3.73分;对农村垃圾处理评分最低,为3.11分,其次是卫生室及设施,为3.28分(表4-13)。在本次调查中,仍有43%的调查户的垃圾处理方式为"自行掩埋"和"随意扔放",显示出部分农户的垃圾处理方式较为落后,应该将垃圾处理作为改善农村基础设施建设的重点。

表 4-13　农村基础设施满意度评价结果

	非常满意/%	满意/%	一般/%	不满意/%	很不满意/%	得分均值/分	权重
道路	22.5	43.2	22.2	9.2	3.0	3.73	0.149 5
农村客运交通	13.7	44.7	29.6	10.4	1.5	3.58	0.072 6
饮水	15.1	47.6	25.8	9.4	2.2	3.64	0.191 0
用电稳定性	18.5	58.2	19.4	3.6	0.4	3.90	0.207 2
电视收看信号	12.4	47.8	30.7	7.6	1.5	3.61	0.103 6
垃圾处理	8.6	30.4	32.5	20.4	8.1	3.11	0.080 3
校舍及设备	9.1	42.5	37.5	7.7	1.5	3.45	0.078 3
文化体育设施	10.3	29.7	41.5	15.4	3.0	3.29	0.039 2
卫生室及设施	7.7	32.8	43.6	11.7	4.1	3.28	0.078 3

3. 农村社会保障满意度

如表 4-14 所示,"农村最低生活保障制度"满意度得分低于其他几项政策,仅为 3.54 分。相比较来看,随着"新农合"与"新农保"政策的有力推进和受惠主体覆盖面的逐步扩大,农户对这两项政策执行为"满意""非常满意"的评价比重达到了调查样本的 75% 左右,二者满意度得分也较高,均在 3.8 分以上(详见表 4-14)。

表 4-14　全国农村社会保障满意度评价结果

满意度　　指标	非常满意/%	满意/%	一般/%	不满意/%	很不满意/%	得分均值/分	权重
新农合	17.9	59.0	17.7	4.0	1.5	3.88	0.444 4
农村最低生活保障制度	12.2	47.3	28.0	7.4	5.1	3.54	0.222 2
新村保	17.2	57.1	20.6	2.6	2.6	3.84	0.222 2
五保供养	13.1	51.1	27.1	3.7	5.1	3.63	0.111 1

4. 农业补贴满意度

如表 4-15、表 4-16 所示,农业补贴政策执行满意度得分整体较高,"粮食直补"、"良种补贴"、"农机补贴"、"农资综合补贴"和"退耕还林补贴"得分均值都超过了 4 分。从补贴方式角度看,实行直接补贴方式的"粮食直补"和"农资综合补贴"在各项补贴政策中得分最高,而补贴方式较为多样的"农业保费补贴"和"畜牧良种补贴"得分相对较低。应该适当调整二者补贴方式,增加补贴对象选取的准确性，提高农户满意度。

表 4-15　全国农业补贴方式满意度评价结果

满意度 指标	非常满意/%	满意/%	一般/%	不满意/%	很不满意/%	得分均值/分	权重
粮食直补	49.4	42.1	7.1	1.2	0.2	4.39	0.164 8
良种补贴	47.0	41.7	9.0	2.2	0.1	4.33	0.146 8
农机补贴	38.0	46.2	14.5	0.9	0.5	4.20	0.092 5
农资综合补贴	49.0	42.9	7.0	1.0	0.2	4.40	0.130 8
农业保费补贴	28.2	41.0	20.7	8.2	2.0	3.85	0.073 4
畜牧良种补贴	27.2	38.2	30.9	0	3.6	3.85	0.058 3
能繁母猪补贴	24.5	48.4	22.8	3.3	1.1	3.92	0.083 3
动物防疫补贴	22.5	57.1	16.3	2.0	2.0	3.96	0.166 7
退耕还林补贴	33.08	43.5	21.4	1.3	0.8	4.07	0.083 3

表 4-16　全国农业补贴额度满意度评价结果

满意度 指标	非常满意/%	满意/%	一般/%	不满意/%	很不满意/%	得分均值/分	权重
粮食直补	41.2	44.1	13.1	1.4	0.1	4.24	0.337 0
良种补贴	38.5	41.9	16.5	3.0	0.2	4.15	0.246 2
农机补贴	36.5	44.8	17.0	1.2	0.4	4.16	0.079 5
农资综合补贴	41.4	43.2	12.9	2.5	0.0	4.23	0.120 0
农业保费补贴	29.4	39.1	21.3	8.2	2.1	3.85	0.063 5
畜牧良种补贴	18.5	40.7	37.4	0	3.7	3.7	0.005 5
能繁母猪补贴	22.0	44.0	27.2	6.3	0.5	3.80	0.005 5
动物防疫补贴	20.2	51.5	23.2	3.0	2.0	3.85	0.005 4
退耕还林补贴	33.1	42.2	21.5	2.5	0.8	4.04	0.121 1

5. 社会化服务满意度

社会化服务相关政策中，满意度得分最低的是"种畜禽或饲料购买"等相关服务，为 3.69 分。"农产品销售"和"农产品产后包装储运"得分也分别只有 3.74 分和 3.73 分，说明农产品产后相关服务政策执行存在薄弱点；相比之下与农业技术服务相关的"农业技术培训"与"农业技术指导"等政策满意度得分较高，执行较好（详见表 4-17）。

表 4-17 全国社会化服务满意度评价结果

满意度 指标	非常满 意/%	满意/%	一般/%	不满 意/%	很不满 意/%	得分均 值/分	权重
农业技术培训	17.2	64.3	18.0	0.5	0.1	3.98	0.073 2
农业技术指导	16.0	63.2	20.0	0.6	0.3	3.94	0.073 2
农机耕种收服务	12.0	55.0	30.8	1.5	0.6	3.76	0.096 5
农作物病虫害统防统治	19.3	60.6	18.4	1.2	0.3	3.97	0.110 9
动物疫病防治	19.4	60.8	17.8	1.6	0.6	3.97	0.146 3
化肥农药农膜购买	10.5	58.9	28.0	2.2	0.5	3.77	0.145 5
种畜禽或饲料购买	9.7	51.9	36.6	1.4	0.5	3.69	0.145 5
农产品产后包装储运	12.7	52.1	32.4	1.4	1.4	3.73	0.086 5
农产品销售	6.5	62.7	29.3	1.3	0.2	3.74	0.122 4

4.3.2 满意度的地区差异

分地区来看,根据最大隶属度原则各地区得出结论,无论是单项政策,还是总政策的满意度都为"满意"。但是各地区的具体政策得分还是有差异的。

(1)全国与东、中、西部的"三农"政策执行满意度评分均为"满意",但地区间差异大,西部地区满意度最高,中部地区满意度最低。东部和西部地区的"三农"政策执行满意度得分均高于全国平均水平,而中部地区得分低于全国平均水平(详见表 4-18)。

表 4-18 分地区"三农"政策执行满意度评价结果

满意度 地区	非常满 意/%	满意/%	一般/%	不满 意/%	很不满 意/%	得分均 值/分	结论
全国	18.7	51.6	23.1	4.6	2.0	3.80	满意
东部	20.9	48.0	24.9	4.6	1.6	3.82	满意
中部	17.9	48.7	24.5	5.1	3.1	3.71	满意
西部	20.4	51.7	21.1	5.4	1.5	3.84	满意

(2)农村基础设施政策执行满意度"东高、中西低"特征明显。分地区农村基础设施政策执行满意度评价结果如表 4-19 所示,表现出与地区经济发展程度较强的相关性。具体来看,东部地区满意度评分最高,为 3.78 分。中部地区的农村基础设施政策满意度得分略高于西部地区,后者得分只有 3.59 分。

表 4-19　分地区农村基础设施政策执行满意度评价结果　　　单位：分

指标＼地区	东部	中部	西部
道路	3.84	3.72	3.66
农村客运交通	3.67	3.57	3.53
饮水	3.83	3.61	3.53
用电稳定性	4.03	3.89	3.81
电视收看信号	3.71	3.61	3.53
垃圾处理	3.41	3.00	3.12
校舍及设备	3.59	3.50	3.45
文化体育设施	3.29	3.31	3.14
卫生室及设施	3.40	3.27	3.18

　　东部地区各项农村基础设施政策执行满意度评分均高于全国的评分，其中用电稳定性满意度评分最高，为 4.03 分，而文化体育及设施与卫生室及设施满意度评分最低，分别为 3.29 分与 3.40 分。

　　中部地区各项农村基础设施政策执行满意度评分总体上与全国的评分一致，部分基础设施评分略低于全国的满意度评分，同东部地区一样，也是用电稳定性满意度评分最高，为 3.89 分，而垃圾处理与卫生室及设施满意度评分最低，分别为 3.00 分与 3.27 分。

　　西部地区各项农村基础设施政策执行满意度评分总体上低于全国的评分，同东中部地区一样，也是用电稳定性满意度评分最高，为 3.81 分，而垃圾处理、文化体育设施与卫生室及设施满意度评分最低，分别为 3.12 分、3.14 分和 3.18 分。

　　东中西部各项农村基础设施满意度评分总体上呈现东高、中次、西低的布局，其中用电稳定性满意度评分最高，而文化体育设施、卫生室及设施与垃圾处理满意度评分最低。

　　(3)中部地区农村社会保障政策执行满意度评分最低。

　　东中西部各项社会保障政策满意度的评分中，中部地区总体及各项社会保障政策的满意度评分均为最低，总体得分只有 3.54 分。分政策来看，农村最低生活保障制度满意度评分最低，东部和西部地区的满意度评分高于全国平均水平，而中部地区低于全国平均水平，农村最低生活保障制度的满意度评分只有 3.46 分(表 4-20)。因此今后应重点关注全国尤其是中部地区农村最低生活保障制度的政策执行机制，深入分析满意度得分过低的原因。

表 4-20 分地区农村社会保障政策执行满意度评价结果 单位：分

指标＼地区	东部	中部	西部
新农合	3.90	3.83	3.97
农村最低生活保障制度	3.68	3.46	3.70
新农保	4.02	3.72	3.99
五保供养	3.83	3.51	3.80

在所有的社会保障政策中，新农合和新农保的满意度评分较高，分地区来看，东部地区新农保的满意度评分最高，西部地区对新农合的满意度评分最高，其次是东部地区。

(4)西部地区农业补贴政策执行满意度得分最高。

不同地区农业补贴政策执行满意度得分与该区域经济发展水平高度相关。西部地区得分远高于其他地区，这是由于西部地区经济发展水平较低，贫困区域较为集中，比起其他区域农业补贴可以有效缓解贫困地区农户生产的资金约束，他们可以就此提升粮食生产条件以获得更高的生产效率。中部地区得分仍为各地区最低。

分别从东中西部不同补贴政策的补贴方式与补贴额度的满意度评分分析，东部地区农机补贴方式满意度评分最高，为 4.48 分。中部地区能繁母猪补贴方式满意度评分最低，为 3.53 分。从补贴额度的满意度评分来看，东部地区农资综合补贴额度满意度评分最高，为 4.39 分，东部地区退耕还林补助额度满意度评分最低，为 3.44 分。

(5)东部地区社会化服务政策执行满意度最低。

中部与西部地区的社会化服务政策执行满意度得分较高，尤其是中部地区的该项得分高于全国平均水平。在社会化服务各项政策的满意度评价中，东部地区农资购买及农产品产后相关服务满意度得分最低，是当今农村社会化服务的薄弱点，也是今后农村社会化服务应加强的重点。

4.4 "三农"政策执行参与度评价

4.4.1 农村民主管理参与

土地整理涉及农户承包地和宅基地时，农户对政策执行参与程度不高，即问询农户意愿程度有待加强，分别只有 77.9% 和 68.8%，但被询问过意愿的农户，其意愿均能有所体现。具体数据如下。

调查样本中，当地政府土地整理涉及承包地的农户比例为 11.31%(484 户)，在进行土地规划时，有77.9%（363户）的农户表示征询过他们意愿。图4-6显示征询过农户的意愿体现，97.24%的被询问过的农户意愿都能有所体现（包括完全体现、部分体现）。

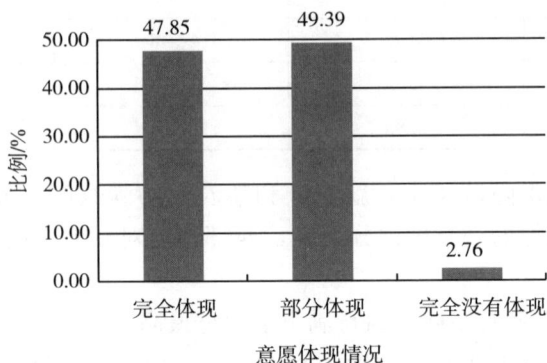

图4-6　土地整理涉及承包地农户的意愿体现

调查样本中，当地政府土地整理涉及宅基地的农户比例为5.14%（219户），在进行土地规划时，有68.84%（148户）的农户表示征询过他们意愿。图4-7显示征询过农户的意愿体现，97.86%的被询问过的农户意愿都能有所体现（包括完全体现、部分体现）。

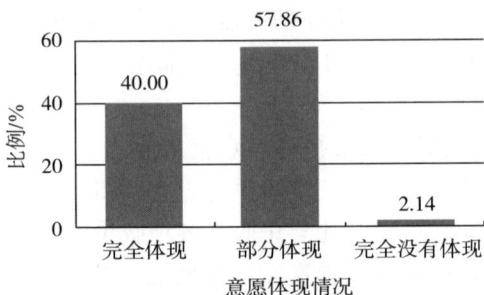

图4-7　土地整理涉及宅基地农户的意愿体现

村务公开是农村民主管理的重要内容，也是农户参与政策执行的主要影响因素。调查显示，村务公开政策执行情况较差，农户参与度低。

在调查样本中，仍有44.10%的农户完全不知道村集体资产情况（图4-8），有25.19%的农户完全不知道村财务状况（图4-9），总体反映出政策执行仍未能充分考虑农户意愿。

农户对村基础设施建设政策执行参与度有待加强，包括道路和饮水工程建设被问询过意愿的农户比例均不到70%。具体数据如下。

调查样本中，农户所在村近三年修建了村内道路的比例为67.12%（2 897户），在筹建过程中，有62.1%（1 699户）的农户表示征询过他们意愿。图4-10

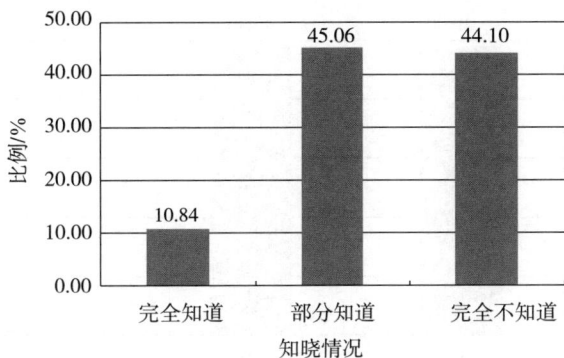

图 4-8　村民对村集体资产知晓的情况

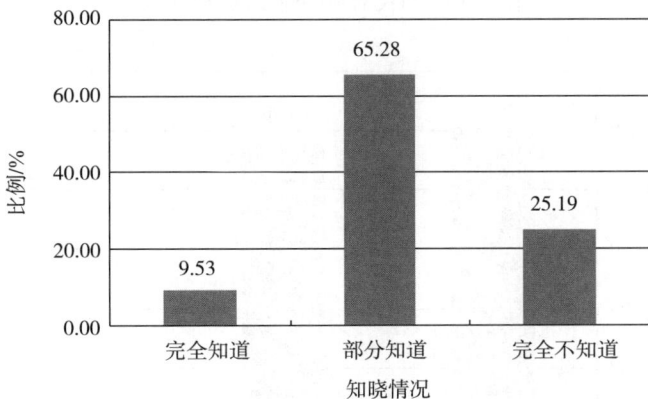

图 4-9　村民对村财务知晓的情况

显示了征询过农户的意愿体现，98.40％的被询问过的农户意愿都能有所体现（包括完全体现、部分体现）。

调查样本中，农户所在村近三年修建了村内道路的比例为 36.2％（1 551 户），在筹建过程中，有 65.81％（970 户）的农户表示征询过他们意愿。图 4-11 显示了征询过农户的意愿体现，98.28％的被询问过的农户意愿都能有所体现（包括完全体现、部分体现）。

4.4.2　政府组织劳动技能培训参与

农户对政策执行的主动参与程度较低，从参加过政府组织的劳动技能培训这一指标来看，主动参与比例只有三分之一。

原始数据中只有 16.9％的农户家中有人参加过政府组织的劳动技能培训，由于在部分地区政府没有组织过相关培训，故不能反映出农户参与意愿，需要根据没有参与培训的原因剔除掉这一部分样本，农户没有参加培训的原因见

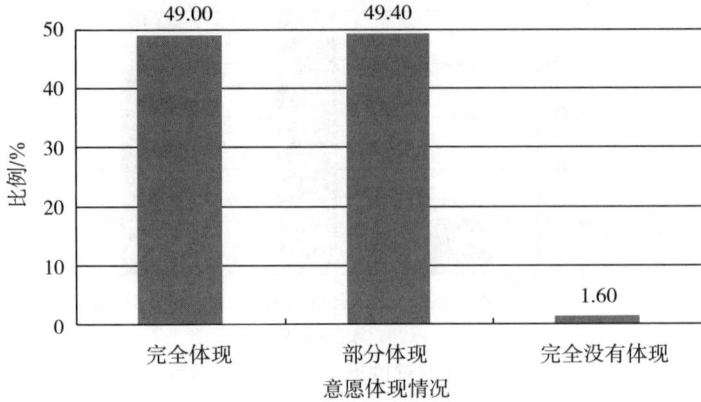

图 4-10 村民对道路建设的意愿体现

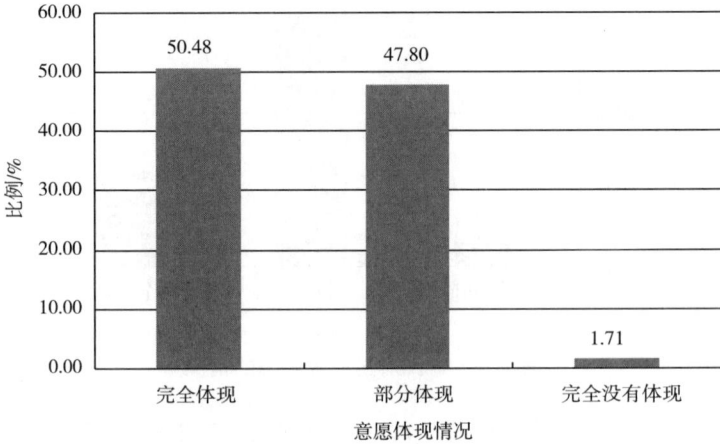

图 4-11   村民对饮水工程建设的意愿体现

图 4-12。调整后,农户家中有人参加过政府组织的劳动技能培训的比例上升为 28.45%,只占了不足三分之一,主动参与程度不高。

4.4.3 农户参与政策执行主观意愿

农户参与政策执行的主观意愿不强,对于其认为急需改造的基础设施建设的参与投入意愿,均以"既不出钱也不出工"方式为主。

农户参与政策执行主观意愿如图 4-13 所示,认为道路、农田灌溉设施和卫生室及设施急需改造的农户比例都达到较高水平,分别为 51.30%、61.60% 和 47.03%,已经影响到大部分农户日常生产生活。反观农户对这三项基础设施建设投入的意愿均以"既不出钱也不出工"为主(占主要比例)(表 4-21),反映出农户参与农村基础设施建设的主观意愿不强。

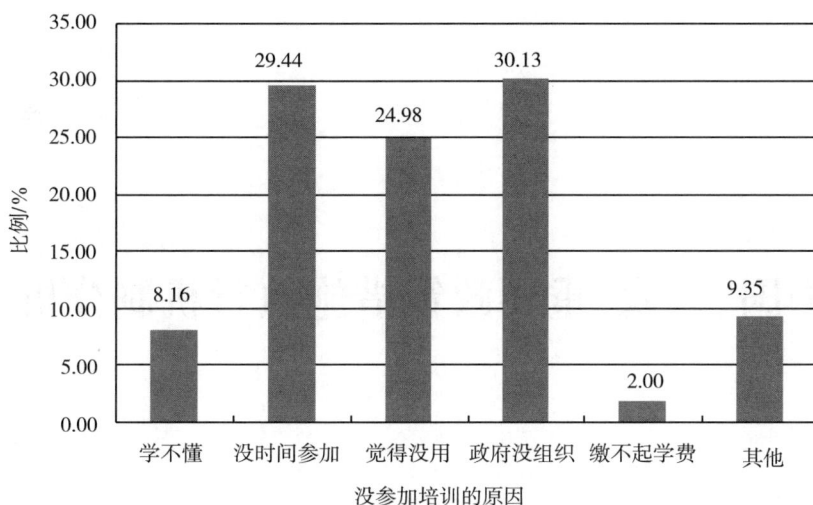

图 4-12　农户没参加培训的原因

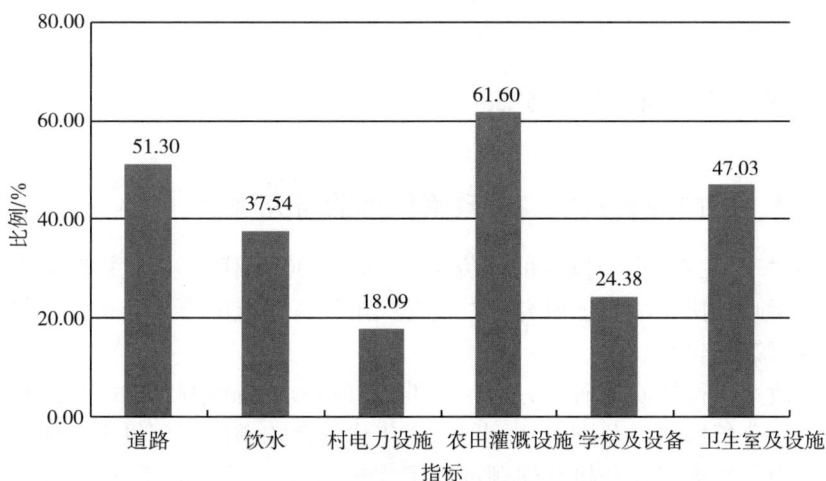

图 4-13　认为部分农村基础设施急需改造的农户比例

表 4-21　部分农村基础设施投入意愿　　　　　　单位:%

设施及公益服务	投入方式			
	只出钱	只出工	出钱出工	既不出钱也不出工
道路	10.5	32.5	15.2	41.9
饮水	19.4	25.3	16.0	39.3
村电力设施	9.0	19.5	4.9	66.5
农田灌溉设施	6.3	31.4	15.1	47.2
学校及设备	8.0	16.0	5.4	70.6
卫生室及设施	7.0	21.9	4.1	67.0

第 5 章

中国"三农"重要政策措施执行机制分析①

5.1 研究背景和研究方法

5.1.1 国内外有关"三农"政策执行的研究现状

我国关于"三农"政策执行的研究从 20 世纪 80 年代起步，主要涉及三个方面：一是对政策执行的实证研究；二是对政策执行偏差的原因分析；三是优化政策执行的对策与建议。

在对政策执行的实证研究方面，宋洪远(1998)沿着体制结构—部门行为—政策绩效这一分析框架，分别对 20 世纪 90 年代粮食购销体制、供销社体制和农村金融体制中的政策制定和执行问题进行了实证研究。刘伯龙等(2011)对 21 世纪以来我国"三农"政策的执行情况进行了比较全面的分析。一些学者对某些具体的农村政策和特定地区农村政策执行的影响因素进行了研究分析。

在对政策执行偏差的原因分析方面，宋洪远(1999)认为，农业政策推行过程中的一些主要问题根源于从计划体制继承下来的作为政策执行机构的涉农部门的行为。李成贵(1999)通过对投入政策、价格政策和购销政策三种主要政策的执行进行分析，从政府能力的限制、宏观经济环境的不利影响、政策缺乏可操作性、政策的易变性、政策执行体制机制不顺、政策制定一刀切、农村基层组织制度不健全等方面探讨了政策执行不力的具体原因。王杰敏(2005)分析总结了基层政府

---

① 本章执笔人：闫辉。

体制、政策执行机制、政策执行行为、政策执行资源、政策目标群体、政策的适当性六个方面的制约因素。王璐媛（2007）认为涉农政策在农村地区落实的障碍主要表现在三个方面：一是体制性因素。农村基层政府体制比较混乱，乡镇政府的部门条块分割严重、职能不清，削弱了乡镇政府的管理职能和权威；而且在干部任用上取决于上级领导，乡镇人大缺乏监督权，农民缺乏代言人，削弱了政策执行效果。二是资源因素。基层政府财力不足，物质基础薄弱。三是文化因素，如农村干部文化素质不高、农民法律意识淡薄、政策理解力低及农村意见领袖的无形控制等。谭秋成（2008）认为，政策执行走样是由于政策目标难以度量、公共部门激励不足、政策不完备等，给了执行者扭曲政策、谋取个人或集团利益的机会。在中央集权体制下，由于失去了投票选举和分权制衡两大强有力的监督工具，作为代理人的政策执行者及监管者更容易出现信息隐瞒、监督者榨取、政策套利、代理人之间合谋、委托人之间相互推诿和拆台等道德风险问题。罗莹等（2009）分析了农村政策执行过程中的十大问题和主要原因，表现为信息不对称致使政策执行力度衰减快、体制等方面原因导致政策执行进度慢、政策本身存在的问题使执行难度加大、财力分配不合理导致政策实现力度小、沟通渠道不完善致使政策执行偏离原定目标、监控机制不全导致政策纠偏难、政策执行中的利益冲突产生种种执行阻力、政策执行主体多消耗了政策效力、自发的农民意识一定程度上阻碍政策执行、农民组织化程度不高降低了政策效用。刘伯龙等（2011）总结了政策执行偏差的三个原因：首先，一个总体的政策不一定涉及方方面面或各个地区和层面的细节，因此在执行过程中既要根据自身的具体情况进行变通执行，又不能违背总体政策的基本意图、目标或突破总体政策的基本框架；其次，政策执行的主体往往会根据对自身的利益判断来执行，使一些政策最后走样；最后，制定的政策不切实际，以致在实践中无法执行。

在优化政策执行的对策与建议方面，李成贵（1999）提出：一是消除政策设计和制定的理论障碍，要通过强化经济学家在政策决策中的作用及推动理论本身的进步来逐步实现；二是强化农民的利益表达能力，要通过加强对农民的教育、提高农民组织化程度来实现；三是构建新的社会理念，降低制度变迁成本，特别要重视舆论引导的作用。王杰敏（2005）从深化农村基层体制改革、健全和完善政策执行的监督机制、加强和完善村民自治建设、提高政策执行人员的综合素质、建立科学的农村基层考核评估体系五个方面提出了增强农村政策执行效果的对策建议。刘伯龙等（2011）认为，资金来源的保障、系统的组织配合、地区差异的平衡及详细的执行措施，都是落实一项政策必不可少的有机构成条件。罗莹等（2009）提出了五个方面的政策建议：第一，必须从政策制定阶段规范相关程序，从政策制定角度优化决策组织结构，完善政策制定、监督机制，扩大农民利益代表比例；改革乡镇地方政府考核任用机制，使之工作重心下移，能为上级部门制定农村政策提供准确资料。第二，在农村广泛建立农民利益表达组织，确立农民利益代表，使各级政府在制定农村政策时能听到多数农民的声音。第三，在农村政策执行过程中，必须根据农村社会现实具体情况对阻碍政策执行的因素进行分析，继续加强农村政策执行机构体制改革，整合资源，精简机构，提高基层政府执行力。第四，建立合理的中央地方利益平衡机制，加大政府财政转移支付力度，合理协调工农利益。第五，改善政策执行环境，提高农民素质，健全政策沟通系统，严格执行地方利益约束机制。

5.1.2　研究方法

(1)文献研究。搜集整理有关专家学者关于我国"三农"政策执行机制方面的研究文献。

(2)问卷调查。选择部分县(市)，对县级在农业补贴、农业基础设施投入、农村基础设施投入、农村养老保险、农村合作医疗、农村金融等"三农"政策执行方面的情况进行问卷调查，对"三农"政策执行情况进行分类，分析影响"三农"政策执行的主要因素。

(3)实地调研。选择部分有代表性的地方进行典型调查，了解地方政府、农业产业化龙头企业、农民专业合作社、农户等对完善"三农"政策框架和政策措施的意见和建议，深入了解"三农"政策执行机制和存在的主要问题。

(4)专家咨询。组织召开有关专家学者参加的专题研讨会，对关于完善我国"三农"政策框架和政策执行方面的思路和意见进行讨论。

5.1.3　样本选择

县级问卷调查选择了 10 多个省的 150 多个县(市)，回收有效问卷 136 份。按照东中西兼顾的原则，课题组选择到四川省江安县、湖北省大冶市、山东省高青县、山西省定襄县进行调研。四个县(市)都是农业大县(市)，但地方财政状况差异很大。其中，湖北省大冶市本级财力雄厚，而四川省江安县、山东省高青县、山西省定襄县本级财政收入较低，财政支出对上级转移支付依赖较高。

5.1.4　调研过程

2013 年 7 月，课题组召开会议，落实分工。8 月初，搜集有关文献资料，撰写研究综述，并设计发放完善我国"三农"政策框架体系和执行机制调查问卷，对10 多个省的 150 多个县(市)进行了问卷调查。9 月下旬课题组赴四川省江安县试调查，撰写案例分析报告《江安县"三农"政策执行的特点与启示》。10 月下旬，对回收的调查问卷进行分析处理，撰写《农村政策执行机制调查问卷分析报告》。2014 年 1~2 月，课题组先后到湖北省大冶市、山东省高青县、山西省定襄县三县(市)进行调研,分别对县级有关部门及部分乡镇、村、农民专业合作社进行了访谈。3月,完成案例分析报告、研究分报告和总报告。4月,征求专家意见,修改研究报告,提交结题汇报材料。

5.2　中国"三农"重要政策执行机制的现状分析

5.2.1　地方政府对执行"三农"重要政策的基本评价

我国农业补贴政策、财政支农政策、农业产业化政策、农业基础设施建设政策、农业生态补偿政策、农民专业合作社政策、农村基础设施建设政策、农村扶贫政策、农村社会保障政策、农村金融和农业保险政策 10 项"三农"重要政策的执行,是典型的"自上而下"模式,即中央政府制定政策,省及以下各级政府逐级落实和执行政策。

课题组于 2013 年 8 月设计并下发了农村政策执行机制调查问卷,调查对象多为县级农口综合(农业)部门。共有 10 多个省的 150 多个县(市)参加了问卷调查,回收有效问卷 136 份。在问卷中,我们就农业补贴政策、财政支农政策、农业产业化政策、农业基础设施建设政策、农业生态补偿政策、农民专业合作社政策、农村基础设施建设政策、农村扶贫政策、农村社会保障政策、农村金融和农业保险政策 10 项政策的执行效果进行了调查,执行情况分为好、较好、一般、较差、差 5 个档次。

按照执行"好"和"较好"的样本总数,对上述 10 项政策的执行情况进行排序,结果如图 5-1 所示。

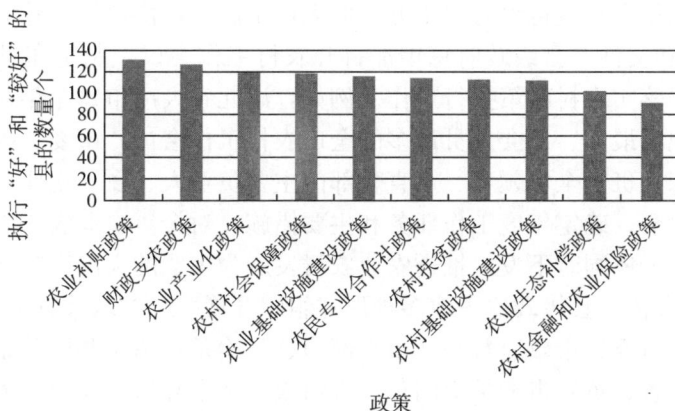

图 5-1　各项政策执行情况排序

从图 5-1 可以看出,10 项"三农"政策落实情况总体较好,县级农口综合(农业)部门对农业补贴政策和财政支农政策执行效果评价最高,而对农村金融和农业保险政策执行效果的总体评价较低。从调研的几个县(市)来看,也基本符合上述判断。这说明,随着中央对"三农"投入力度的加大,地方对"三农"政策执行也更加重视,但在具体政策方面,各项"三农"政策执行效果在不同地方存在差异。

5.2.2 地方政府执行"三农"重要政策的机制

从调研情况看,农业补贴政策、财政支农政策、农业产业化政策、农业基础设施建设政策、农业生态补偿政策、农民专业合作社政策、农村基础设施建设政策、农村扶贫政策、农村社会保障政策、农村金融和农业保险政策10项"三农"重要政策分别由县级不同的部门负责执行,已经形成了部门分工负责、层层分解任务、实行监督考核的"三农"政策执行机制。

目前,县级地方政府执行"三农"政策的工作体制如下。

(1)组织领导。从调查的4个县(市)看,县(市)委、县(市)政府各安排了一位县级领导分管"三农"工作,有的还是县(市)委常委。各乡镇也都安排1名副乡(镇)长分管农业。在县级农口综合协调机构设置上,地方在县(市)委设有农村工作办公室(农工办,即农民、农村、农业工作办公室),但在职能方面不同省份存在差异。湖北省大冶市在县级单独设置了农村工作办公室,为正科级单位,职能明确,负责农村政策研究,宣传贯彻落实中央、省、市相关"三农"政策,拟定全市农村改革发展和新农村建设的相关政策及规范性文件,并指导实施和督促落实。2013年,为加强新农村建设工作的领导,加挂市新农村建设工作领导小组办公室牌子,同时增加单位领导职数1名,增加事业编制3名,农村工作的组织领导机构得到进一步强化,队伍力量进一步增强,有较强的协调能力。而山东省、山西省虽然在县级也设有农工办,但人员编制少,协调能力较弱。

(2)会议和文件。县级政府每年都召开农村工作会议,制定印发全年农村工作文件,部署落实农村政策执行工作。例如,湖北省大冶市每年年初就组织召开层次最高、规模最大、参会人员最多的全市农村工作会议,市委、市政府、市政协、市人大四大班子全体领导、市直各部门主要负责人、乡镇主要负责人和所有行政村支书参会,确定年度工作任务和主要措施,对全年农业农村工作进行全面动员部署。会上还同时下发以推进农业农村发展为主题的大冶市"一号文件"。

(3)政策宣传。县级政府采取多种形式组织开展"三农"政策宣传工作。例如,湖北省大冶市市委、市政府每年从市直部门、驻冶条管单位和民营企业抽调近千名干部,连同省、黄石市相关部门负责人组成332个驻村工作组,覆盖到全市所有行政村,在开展新农村建设各项活动的同时,积极宣传中央、省、市农村会议精神。各乡镇、街道还通过印发资料、电视和宣传栏等多种形式,宣传当前农业和农村政策,努力使政策家喻户晓。

（4）部门分工。从调研情况看，县级涉农部门按照"三定"方案，分别负责"三农"重要政策的实施。各地涉农部门执行"三农"政策的责任分工不尽相同，大体上分别如下：粮食直补、农资综合补贴——财政局、农业局；良种补贴——农业局；农机补贴——农机局（有的单独设置，有的为农业局下属二级单位）；农田水利——水务局；农业产业化——产业化办公室（有的单独设置，有的为农业局下属二级单位）；农民专业合作社——农村经济管理局（科）（农业局下属二级单位），农业生态补偿——林业局；扶贫——扶贫办；农村饮水——水务局；电力——供电公司；公路——交通运输局；农村合作医疗——社会医疗保险管理局或新农合办公室（卫生局下属二级机构）；农村养老保险——社会保障局；农村金融保险——金融服务（工作）办公室或中国人民银行。上述分工基本与中央有关部门分工一致。

（5）乡村基层政权组织。在"三农"政策执行中，多数工作任务由县级部门分解到各个乡镇（街道），由乡镇政府具体实施。在机构设置上，除电力、金融外，乡镇政府一般设置有专门站所或岗位对应县级部门，协助政策具体落实到村、到户、到人，如农业补贴、新农合、新农保等政策的宣传，农业补贴面积审核和汇总上报，农业综合开发和农田水利建设项目的组织实施等。从调研情况看，镇政府一般还设有包村干部，指导、协助村级组织开展做好中心工作。在"三农"政策执行中，村级组织一般负责基础数据的填报、"一事一议"工作的组织实施，以及新农保、新农合农民个人缴费的收取等。乡镇政府的下设机构中，有的是县级部门派出机构，由县级部门管理，有的是乡镇政府管理，有的是县乡两级共同管理。

（6）目标考核制度。为保证政策的执行，"三农"政策的上级决策或执行组织都通过量化目标的方式，以指标和任务的形式将政策分派给各个下级行政组织，签订目标考核责任书，并以这些指标、任务的完成情况作为评价、考核的主要依据。例如，湖北省 2010 年即以省委办公厅、湖北省人民政府办公厅名义印发《湖北省县（市、区）"三农"发展综合考评办法（试行）》，建立了县（市、区）"三农"发展综合考评指标体系，分综合、耕地保护与粮食生产、农村经济发展、农村民生改善、生态建设与环境保护、农村和谐稳定 6 大类 31 项指标，规定了考评方法、组织实施、表彰奖励等事项。其中明确提出，已纳入统计指标目录的考评指标数据，由省统计局负责采集、审核、汇总；没有纳入统计指标目录的考评指标数据，由省直有关部门负责收集、整理，省委、省政府每年向社会发布县（市、区）"三农"发展综合考评排序结果；大冶市在"三农"政策执行过程中，也制定了乡镇的"三农"发展综合考评指标和办法，将相关任务分解为综合、耕地保护与农业生产、农村经济发展、农村民生改善、生态建设与环境保护 5 个大类 37 项指标，落实到乡镇，由县级各局、办作为考核责任单位(表5-1)。各乡镇则参照上级规定,进一步与村级组织签订目标考核责任书,对村级组织工作进行考核。

表5-1 2013年大冶市"三农"工作考核指标及计分方法

考核指标		计分方法 满分100分	考核责任单位
一、综合 (24分)	1. 农业增加值	总量和增长率各按50%计算得分,总量超过上年的计3分,减少的计0分;增长率达到6%以上的计3分,每增减1百分点加减0.5(该项分值为6分,加分不超过本项标准分值的50%,减分扣完为止)	市统计局
	2. 农业总产值	总量和增长率各按50%计算得分,总量超过上年的计3分,减少的计0分;增长率达到6%以上的计3分,每增减1百分点加减0.5(该项分值为6分,加分不超过本项标准分值的50%,减分扣完为止)	市统计局
	3. 惠农补贴到户率	惠农补贴到户率达100%的为满分,没有达到的不得分(满分2分)	市财政局
	4. "一事一议"项目	按争取项目资金增长率和工程任务完成比例计分(各1.5分,满分3分)	市农村经济经营管理局
	5. 政策性"三农"保险	按水稻和能繁母猪参保率计分(各1分,满分2分)	中国人民财产保险股份有限公司大冶市分公司
	6. "三农"服务满意度	按种养大户、农业企业对乡镇"三农"工作服务的满意度计分(各0.5分,满分1分)	市委农村工作办公室
	7. "三农"统计工作	按"三农"工作统计报表完成的及时性、准确性和真实性计分(满分1分)	市统计局
	8. "三农"信息工作	按"三农"信息工作完成情况计分(满分3分)	市委农村工作办公室
二、耕地保护与农业生产 (33分)	9. 粮食产量	按增长率比例计分。增幅达5%以上的,每超1百分点奖0.2分(满分4分)	市统计局
	10. 畜牧生产	生产总量、质量和增量各计1分。总量按年度目标完成比例计分,每降1百分点扣0.1分,扣完为止;质量按规模养殖场的标准化率计分;增量按增长率计分,增幅达10%以上的,每超1百分点奖0.1分(满分3分)	市统计局 市畜牧局
	11. 油料、蔬菜、水产品产量	按增长率比例计分(各1分,满分3分)	市农业局 市水产局
	12. 农业基地建设情况	新(扩)建500亩以上连片粮油基地、500亩以上连片蔬菜基地、100亩以上的水产基地、200亩以上的花卉苗木基地或500亩以上的速生丰产林基地,按每处基地得0.5分计分(粮油、蔬菜、水产、林业基地单项限分值1分,满分4分)	市农业局 市水产局 市林业局

续表

考核指标		计分方法	考核责任单位
		满分 100 分	
二、耕地保护与农业生产（33分）	13. 动植物疫病防控	辖区农作物连片超标 20 亩以上或重大动物疫情损失达 30 万元以上的，不得分；被通报批评的，每次扣 0.5 分；全年累计 3 次及以上，不得分；经费保障不足的扣 1 分（种植业和畜牧业各 2 分，满分 4 分）	市农业局市畜牧局
	14. 基本农田保护率	保护率低于 95％的不计分，超过 95％的按基本农田保护率比例计分（满分 2 分）	市国土资源局
	15. 水利普查	按水利普查单项目标考核分值比例计分（满分 1 分）	市水务局
	16. 防汛抗旱	按防汛抗旱工作单项目标考核分值比例计分（满分 3 分）	市水务局
	17. 抗旱泵站更新改造	按计划数完成比例计分（满分 3 分）	市农业机械管理局
	18. 有效灌溉面积增长率	按增长率比例计分（满分 2 分）	市水务局
	19. 农机综合作业率	耕、种、收农机综合作业率低于 56％的不计分，高于 56％的，每增加 1 百分点增加 0.2 分，最高分为 4 分	市农业机械管理局
三、农村经济发展（14分）	20. 农村劳动力转移	按农村劳动力非农就业比重及其增长率比例计分（满分 5 分）	市人力资源和社会保障局
	21. 特色农业产值比重	按特色农业占农业总产值的比例计分（满分 2 分）	市统计局
	22. 农用地流转面积	按农用地流转计划完成比例计分（满分 3 分）	市农村经济经营管理局
	23. 村级集体经济收入增长率	按村级集体年纯收入增长率和 5 万元以上村的比重计分（各 2 分，满分 4 分）	市农村经济经管理局
四、农村民生改善（12分）	24. 新农合覆盖率	按新农合覆盖率计分（满分 1 分）	市卫生局
	25. 城乡社会养老保险参保率	按城乡社会养老保险参保率计分（满分 1 分）	市人力资源和社会保障局
	26. 农村安全饮水	按目标完成比例计分（满分 3 分）	市水务局
	27. 村庄规划编制率	按村庄规划编制率计分（满分 2 分）	市规划建设局
	28. 农村气象灾害防御体系建设财政投资比重	按农村气象灾害防御体系建设财政投资占财政总支出的比重计分（满分 2 分）	市气象局
	29. 财政教育支出比重	按财政教育支出占财政总支出的比重计分（满分 1 分）	市教育局
	30. 农村低保配套资金到位率	按比例计分（满分 1 分）	市民政局

续表

考核指标		计分方法 满分 100 分	考核责任 单位
五、生态 建设与环 境保护 (17 分)	31. 乡级财政 乡、村道日常养 护资金到位率	按比例计分(满分 1 分)	市交通运输局
	32. 污水处理率	按污水处理率计分(满分 1 分)	市环境保护局
	33. 垃圾无害 化转运处理率	按垃圾无害化转运处理率计分(满分 3 分)	市城市管理局
	34. 森林蓄积 量增长率	按森林蓄积量增长率计分(满分 3 分)	市林业局
	35. 农村清洁能 源用户的比重	按农村清洁能源用户的比重计分(用户比重增幅达 5% 的奖励 0.5 分,满分 2 分)	市农业局
	36. 农产品质量 安全	动物产品按产地检疫率、屠宰检疫率、"瘦肉精"抽检 覆盖率综合平均值的比例计分;植物产品按农产品市 场准入制度执行率和农药残留量检测合格率平均值比 例计分(动物、植物各 2 分,满分 4 分)	市农业局 市畜牧局
	37. "三万"活动 完成情况	按"三万"活动完成情况计算得分(满分 4 分)	市委农村工作领 导小组办公室

资料来源:中共湖北省大冶市委农村工作领导小组办公室

(7)监督检查制度。目前各项"三农"政策落实过程中,各级、各部门都加大了监督检查力度,以保证政策执行不走样。例如,对农业补贴政策、新农合政策、新农保政策,有关上级部门在执行过程中都加强了监督检查,并实行了"一卡通""一折通"的方式。山东省高青县规定,粮食直补和农资综合补贴的统计和发放按照镇(街道办事处)政府为第一责任主体、包村干部为第一责任人、村主要干部(村支书、村民委员会主任、村会计)为直接责任人的原则,逐级签订责任书,把核实、公示等环节的责任落实到人,发现问题,直接追究相关责任人责任。发放工作由财政部门通过惠农"一卡通"发放到农户手中。每年农业局和财政局联合成立检查组对全县小麦直补和农资综合补贴情况进行督导和检查,保证补贴资金通过惠农"一卡通"及时足额发放到种粮农户手中。湖北省大冶市在农作物良种补贴政策执行中按照农户申报、村级公示、严格审核和逐级上报四个程序执行。在进行农作物良种补贴面积复核时,大冶市农业局组织农作物良种补贴面积复核工作组,对全市各乡镇上报的良种补贴面积进行认真复核,复核组联合各乡镇财经所、农业技术服务中心、镇农业办公室的有关人员,按照随机抽样的办法确定每个乡镇(街道办事处)抽查 2 个行政村,每个村随机抽查 10 个农户,共调查 20 户。抽查对象村确定后，复核组人员进村入户，首先查看该村《农作物良种补贴农户申请表》登记和公示情况、是否设立举报电话等，再访问农户，对各户身份证号码、"一折通"银行账号等基础信息和当年各项农作物良种补贴面积进行核实登记。同时了解乡镇（街道办事处）是否组织联合审核组进行核实，然后返回乡镇（街道办事处）财经所，核对《分户审核清册》中登记上报的被查农户的各项农作物良种补贴面积，并进行误差测算，以确定上报的面积是否得到认可。作物良种补贴面积误差在±5%以内，则对该乡镇（街道办事处）上报的该种作物良种补贴面积予以认可，否则不予认可。对农户面积填报、村组公示、设立公布举报电话、乡镇核实等程序中有一个程序不到位或所查农户户主姓名、"一折通"账号和身份证号码等基础信息与事实不符的，要求该乡镇（街道办事处）及时整改，并由乡镇（街道办事处）以书面形式向市农业局、财政局说明整改情况，市农业局、财政局再重新复核。

　　为加强对"三农"投入政策的监督，对农业综合开发、农田水利建设、乡村道路建设等，县级一般实行财政报账制，按照规定根据项目进展和验收结果由国库统一拨付项目建设资金。对新农合、新农保资金，县级政府都采取基金专户管理，由县财政局负责监管、封闭运行，在金融机构开设专户，实行专户储存、专账管理、专款专用，全部采取银行转账的方式对参合、参保农民及定点医疗机构进行补偿，确保基金安全。

　　（8）奖惩制度。在规定了考核办法、加强了监督检查的同时，各级对"三农"政策执行也都规定了奖励办法。从湖北、山东、山西等地的调研看，省级党委政府对县级政府的奖励多为名誉性的，也有一定的资金奖励。例如，湖北省对综合考评前 10 名的县（市、区）比照县域经济发展综合评价考核办法进行表彰奖励，授予该年度"湖北省'三农'发展先进县（市、区）"称号。而县级政府对乡镇的奖励在给予先进称号的同时，多给予物质奖励。受财力影响，不同地区在奖励标准方面有一定差异。例如，湖北省大冶市规定，乡镇（街道办事处）、经济开发区目标管理设立团体奖、单项奖。其中，团体排名奖依据各乡镇（街道办事处）、经济开发区目标管理综合考评得分情况，从高分到低分按 35%的比例产生 5 个目标管理优胜乡镇，各奖励 10 万元，奖给领导班子成员。其他如团体进位奖、保持第一名排位奖、单项排名奖等，对每项目标考核排名前 3 名的乡镇党政主职和分管负责人，也分别予以奖金奖励。实际上，对乡镇和县级部门的考核结果，与乡镇和县级部门负责人的职务升迁也有很大关系（因本书研究目的和时间所限，未进行深入研究）。县级在对乡镇考核中，一般也规定了惩罚办法，包括通报批评等方式。各地对乡镇在综合治理、计划生育、食品安全等方面的工作任务实行"一票否决"，取消有关责任人的评优资格，严重的还给予党纪政纪处分。

■ 5.3　行政管理体制对"三农"政策执行的影响

任何"三农"政策执行都是通过政府组织机构进行的，政策执行机构和执行人员是影响"三农"政策执行效果的重要因素。

5.3.1　行政纵向组织结构对"三农"政策执行的影响

一般而言，纵向结构体现了决策层与执行层的距离，层次越少，信息沟通就越顺畅和准确，执行效率也就越高。我国现行的政权层次为四级、五级并存。各级政府首长下设分管副职、委(办)、专业局，每一个部门之下又设业务机构，如司、处、科、股。实际上，尽管村级组织属于自治组织，但在农村税费改革后由于财政给予了经费保障，行政化倾向明显，也成为政策执行的重要一级，多数"三农"政策的落实都离不开村级组织的配合。因此，从纵向组织结构看，在县及以下就有县、乡、村三级行政组织。

纵向行政组织层级过多造成的影响有以下几个方面。

(1)机构臃肿，增加了行政成本。在农业管理机构的设置上，分中央、省、地、县、乡五级，管理环节多、链条长；在同一级政府内部，又分综合管理部门和专业管理部门；在农业管理部门内部，有的还设有众多二级机构，各级机构运转和人员经费支出庞大。据统计，1978～2005 年，我国行政管理支出呈大幅增长之势，年平均增长 19.4%，大大高于同期 GDP 年平均 9.9%的增长速度，行政管理支出占政府财政支出的比例由 4.8%提高到 17.9%，增加近 3 倍。2010 年我国一般公共服务支出达到 9 337.16 亿元。

(2)基层政府压力大。在压力型体制中，"三农"政策的上级决策或执行组织通过量化目标的方式，以指标和任务的形式将政策分派给各个下级行政组织，并以这些指标、任务的完成情况作为评价、考核的主要依据，下级行政机关官员的升迁、奖惩、工资福利同完成上级下达指标的情况挂钩。因此，组织层级越低，压力就越大。而且由于一项"三农"政策从制定到发布实施，经历中间环节过多，在对上负责的体制下，容易造成任务层层加码。

(3)信息沟通渠道不畅。一方面，要从上到下层层传达和学习政策，导致会议多、文件多、检查多、评比多。任何环节的理解偏差，都可能导致政策执行的偏差。另一方面，基层政府只能被动应付各种任务，由于上级对下级的了解主要源于下级的工作汇报，下级的职务升迁又取决于上级对其的考核，从而出现了基层官员倾向于隐瞒不良信息的现象，直接导致基层政府信息向上传达失真，政策调整完善的周期加长。

(4)纵向的政府间权力划分缺乏规范，部门权力和个人因素在政策执行中的影响过大。改革开放以后我国通过行政体制改革给地方政府下放了一系列权力，但中央与地方政府间权力划分缺乏规范，并没有解决适度分权体制的法律保障问题。不仅中央与地方政府之间的权力划分不规范，地方各级政府之间的权力划分也没有明确的界定，从而导致部门权力和个人因素对政策执行影响大，地方根据部门要求和领导意志执行政策，有的"三农"政策投入过度，有的"三农"政策投入不足。问卷调查结果也显示，地方领导是否重视是"三农"政策执行的最重要影响因素。在 136 个样本中有 118 个样本认为"地方领导重视"是"三农"政策执行好或较好的主要原因，占 86.8%；而同时有 13 个样本认为"领导不重视"是政策执行差或较差的重要原因。出现这一情况与我国的纵向行政管理体制是分不开的，地方主要领导拥有较强的资金支配权和人事决定权，因此，政策执行部门往往迎合上级领导的意图，推进一些政策落实也必须得到上级领导的认同和授权。

5.3.2　行政横向组织结构对"三农"政策执行的影响

宏观的横向结构是指一级政府内部的部门分工，如中央政府、省级政府、市县级政府根据职能划分为若干政府工作部门；微观的横向结构是指一个工作部门内部的各个机构和职能的划分。从中央来看，我国现行的农业行政管理体制以农业部为主，国家发改委、科学技术部、国土资源部、财政部、劳动和社会保障部、建设部、水利部、商务部、交通运输部等其他部门也不同程度地承担一定的农业农村行政管理的职能。县级在行政机构的设置上，基本沿用了中央模式。这种横向组织结构的好处是，各部门都安排项目和经费，增加了对"三农"的投入，但其弊端也显而易见。

(1)产业被人为分割，机构职能交叉重叠，导致重复管理、管理缺位及资源浪费。目前我国对农业采取的是一种分段式的管理，农业主管部门的工作主要是围绕农业生产来进行的，而与农业生产密切相关的农业资源及保护利用、农业生产的投入和扶持，以及农产品的储运加工和市场营销等环节却由其他的行政部门负责管理，产业被人为分割，影响了"三农"政策的执行效果。例如，农业部门采取措施增加了农产品产量，但相应的生产资料供应、农产品加工、销售等环节由其他部门负责，由于生产资料涨价和农产品加工销售的脱节，会抵消产量增加给农民带来的好处。

(2)各类涉农项目交叉重复问题突出。以农田基础设施建设为例，与此相关的类似项目就有 4 个，如农业部门有千亿斤粮食产能大县建设项目、土地部门有高标准基本农田建设项目、农业综合开发部门有稳产高产基本农田建设项目、水利部门有小农水重点县项目，这些项目分属不同部门管理，虽然项目有些差异，但实际上都属于农业基础设施建设。在项目执行过程中，各部门各自为政现象普遍。一方面，导致了资金的分散使用，影响了资金使用效果；另一方面，项目资金来源的多渠道，导致项目管理部门多、层次多，形成多部门对涉农项目都管又都管不到位的局面，执行部门利益纠葛还导致各部门信息难以共享，产生了大量重复性工作。

5.3.3 行政组织间的沟通和协调对"三农"政策执行的影响

从行政组织间的纵向关系和横向关系可以看出，我国行政管理是"条块结合"的双重管理体制。这种体制下，行政组织间纵向、横向的沟通和协调对"三农"政策执行影响很大。问卷调查结果显示，有 32 个县认为"相关部门的配合"对政策执行比较重要，12 个县认为"相关部门不能很好配合"影响了政策实施。这说明很多农村政策涉及部门比较多，在不同环节会涉及不同的部门，仅凭一个部门的孤军奋战是很难顺利执行农村政策的，必须有相关部门的积极配合和协同。

由于历史、体制的原因，我国的行政沟通协调中还存在着很多问题，对"三农"政策的执行产生了不利影响。

(1)沟通协调机构职责不清，权威性不高，协调能力不足。在县一级，"三农"工作总体上缺乏明确的牵头协调机构，缺乏综合统筹和协调平衡。县级大多数行政部门的主要职责是对"条"上的工作进行具体管理，而名义上作为协调机构的县委农工办(委)与县级其他部门是平级关系，在很多地方其职能弱化为决策咨询，通常难以开展协调。协调工作一般由分管县领导进行，但不同的部门又有不同的分管县领导，出于各自部门工作业绩的考虑，协调工作变得复杂。通常，国家部署的重大"三农"政策涉及部门执行时，必须由县长，甚至县委书记出面协调，而他们往往使沟通协调工作"越位"为具体管理。

(2)沟通协调方式单一，信息传递环节多、速度慢，影响政策执行效率。无论是传达上级指示、命令、征求群众意见，还是进行部门间沟通，通常都采取召开会议的形式。虽然这种沟通方式是一种有效的沟通方式，但频繁使用，必然导致政策执行部门各类会议增多，使不少上级行政组织没有时间和精力进行调查研究，造成对一些重要信息和需要及时解决的重大问题反应迟钝。

■5.4 财政体制对"三农"政策执行的影响

"三农"政策执行都需要相应的财力资源作为支撑。十六大以来，我国财政体制不断调整，中央支农惠农政策力度加大，公共财政用于"三农"事业的支出逐年增加，对地方政府执行"三农"政策也带来了一系列影响。总体来看，中央对"三农"投入的不断加大，带动和促进了地方各级对"三农"的投入，基本保障了"三农"重要政策的执行。

5.4.1 分税制对"三农"政策执行的影响

我国 1994 年 1 月 1 日起开始在全国推行分税制财政体制。分税制财政体制作为一种新的制度安排,在规范政府间财政分配关系、促进财政收入稳定增长、规范财政收入分配秩序、提高地方政府的征税努力程度、强化各地区对中央财政的依赖性方面发挥了积极作用。随着中央本级收入占总财政收入的比重提高,中央对地方财政转移支付力度逐步加大,转移支付结构渐趋合理,加强了中央对地方政府行为的控制与调节。问题是,我国的分税制只是对中央和省级财政的收入划分做了规定,而省以下的收入划分则由省政府决定,所以分税制造成的收入上收的效应就会在各级政府间层层传递,造成所谓的财权"层层上收"效应,基层财力减弱,继而影响到地方政府对"三农"政策的执行。为解决这一问题,中央财政一是针对县级财政困难问题,加大对地方的一般性转移支付;二是针对农业大县、财政穷县问题,实施种粮大县、生猪养殖大县奖励政策。

当前我国各级政府事权与财权划分仍存在很多问题,还未达到两者相匹配的要求,影响各级政府职能的实现和"三农"政策的顺利执行的,主要有以下几个方面。

(1)各级政府事权与财权划分未实现制度化、法制化。我国目前从中央到地方有五级政府,但各级政府事权与财权划分不够明确。调研中基层反映,现行《中华人民共和国宪法》、《中华人民共和国国务院组织法》、《中华人民共和国地方各级人民代表大会和地方各级人民政府组织法》,以及《中华人民共和国预算法》、《中华人民共和国义务教育法》等法律、法规中规定比较原则、笼统,不够具体,可操作性差,还达不到按照教育、科学技术、文化、卫生、社会保障、环境保护等专业类别明确界定、列举各级政府职责、划分财政支出范围,并配之相应财力的要求。目前各级政府事权和财权划分的主要依据,是 1994 年实行分税制财政体制改革时国务院下发的行政法规,事权和政府财政支出范围的划分,实际上是采取了承认既成事实的做法,即当是由哪一级政府管理的事务,支出范围划归哪一级政府。并没有论证和解决哪些事务应该由哪一级政府负责的问题。现行分税制也没有形成各级政府拥有主体税种的问题。县级财力不足,直接影响到"三农"政策的执行效果。136 个县的问卷调查中,分别有 60 个、42 个、39 个县认为"安排工作经费""工作队伍完善""项目经费充足"等因素对政策执行比较重要。这表明在政策实际执行过程中,政策执行部门必须配备相应的工作条件,有比较健全的工作队伍和比较充足的工作经费,从而提高政府部门的政策执行能力和工作积极性。

(2)政府间转移支付制度不规范。为了保证各级政府事权与财权相适应,调节各地区财力差异,实现政府公共服务均等化,上级政府需要对下级政府进行财政转移支付。但 1994 年我国开始建立转移支付制度以来,其一直处于不规范的状态，转移支付种类繁多，不规范，不透明。目前的政府间财政转移支付主要包括财力性转移支付和专项转移支付。财力性转移支付包括一般性转移支付、民族地区转移支付、农村税费改革转移支付、调整工资转移支付、县乡奖补转移支付、农村义务教育转移支付、城市义务教育转移支付、资源枯竭型城市财力性转移支付、农村义务教育化债补助、原体制补助、企事业单位划转补助、年终结算财力补助等。专项转移支付包括教育、科学技术、社会保障和就业、医疗卫生、环境保护、农林水事务，以及一般公共服务、国防、公共安全、文化体育与传媒、城乡社区事务、工业商业金融等事务、交通运输等领域的补助等。据不完全统计，近年来我国各类转移支付约有上百种之多，且大多数转移支付项目未公布计算方法，透明度不高，为各地区"跑部钱进"留下了隐患。县级政府在执行"三农"政策过程中，也将大量精力用于争取上级资金和项目。

（3）加剧了县乡财政困难和地区间财力不均衡。实行分税制财政体制后，一定程度上出现了财权上收、事权下放的现象，中西部地区县乡财政困难的状况未能得到彻底解决。由于现行财政管理体制采取税收返还和转移支付并行的方式，发达地区得到税收返还的额度多，而欠发达地区得到的转移支付相对较少，不能有效解决地区间财力差距问题。从图 5-2、图 5-3 可以看出，2012 年山东省高青县财政一般预算收入为 8.9 亿元，一般预算支出为 16.4 亿元；而人口、面积相似的山西省定襄县一般预算收入为 1.77 亿元，一般预算支出为 9.49 亿元；湖北省大冶市一般预算收入为 28 亿元，一般预算支出则达到 41.56 亿元。

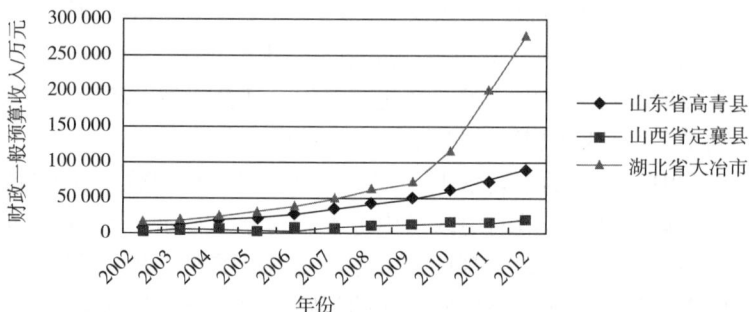

图 5-2　湖北省大冶市、山东省高青县、山西省定襄县财政一般预算收入情况

资料来源：各地统计年鉴

财力的差异，必然对县乡政府公共品供给和执行"三农"政策产生较大影响，导致各地区公共品供给的不平衡，以及"三农"政策实施效果的差异。例如，在农业产业化和农民专业合作社政策执行中，湖北省大冶市本级财力较强，在积极争取上级专项经费的同时，从 2007 年起本级财政每年也安排专项经费，扶持农民专业合作社发展。而山西省定襄县本级财政收入较少，对中央和省级财政转移支付依赖程度较高，除了申请到的上级专项经费外，本级财政根本无力安排专项经

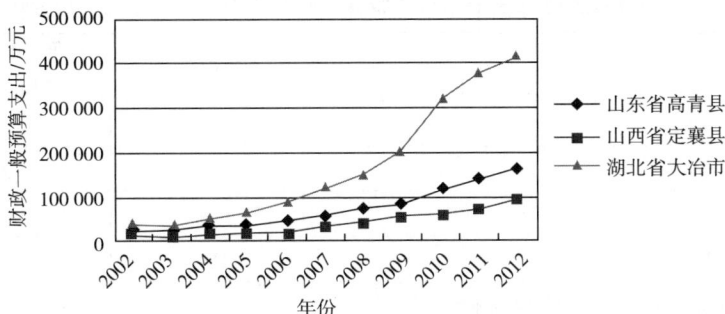

图 5-3　湖北省大冶市、山东省高青县、山西省定襄县财政一般预算支出情况
资料来源：各地统计年鉴

费扶持农民专业合作社发展。扶持力度的差异，对两地农民专业合作社的发展产生了不同的影响。

在调研中，"事权与财力不匹配"是基层政府普遍反映的问题。基层政府反映财权过度集中在中央或省级政府，要落实中央"三农"政策就得多向上级争取资金和项目。县级政府除非有丰厚的地方税入账或搞"土地财政"，否则不得不依靠上级政府的转移支付和专项经费。

5.4.2　地方财政配套制度对"三农"政策执行的影响

问卷调查结果显示，是否要求地方配套对政策执行好坏的影响不大，但在实际调研中，地方财政配套是地方各级干部反映的一个焦点问题。实行分税制以后，专项转移支付项目逐年增多，数额也不断增加。尤其是 1998 年实施积极的财政政策以来，无论是项目数量，还是绝对额，增长速度都远高于以前年度。1993～2012年的 20 年中，一般预算安排的中央对地方专项转移支付从 361 亿元增加到 17 386亿元，年均增长 22.6%，中央对地方专项转移支付达到 200 多项，覆盖教育、卫生、农林水利、公检法、环境保护等各领域。受分税制后各级政府财权"层层上收"的影响，基层财力不足，一般性转移支付主要是用于政府机关事业单位的运行等公共经费，争取专项收入就成为基层落实各项政策的重要手段。而多数专项资金都会要求地方政府给予一定比例的经费配套，给地方财政带来了巨大压力。要执行好"三农"政策，就要尽可能申请专项经费，而多申请专项经费，就需要多筹集配套资金。例如，湖北省大冶市 2008～2012 年共争取上级农林水类项目 75 个，争取中央、省预算内投资 2.42 亿元，这些项目涉及农业生产基础设施、农村生活基础设施、农业生产经营体系建设、农村生态建设、农民增收等多个领域，这些项目的配套资金数量也比较庞大，仅 2012 年就需要近 9 000 万元（表 5-2）。除了由农民筹资筹劳、个人缴费外，大部分需要县级财政从本级一般预算收入等途径筹集。

表 5-2 2011～2012 年大冶市争取农林水类项目中央、省预算内投资情况

项目名称	总投资/万元	争取中央、省预算内投资/万元
2011 年(16 个)	5 670.65	3 559.5
大冶市河堤险段治理工程	713.9	500
退耕还林	368	368
东风农场危房改造	411	205.5
林业棚户房改造(云台山林场和黄坪山林场)	552	81
大冶市农村安全饮水	2 050	1 230
邹华国林场	10	10
茗山以工代赈	20	20
大冶市乡镇兽医站扩建	35	35
大冶市退耕还林工程配套荒地荒山造林	90	90
农技推广服务体系建设项目	84	56
大冶市金湖灵峰养殖合作社	106.75	80
大冶市金牛科技示范园治理水土流失	1 000	700
生猪标准化规模养殖场建设投资计划第一批	60	40
大冶市还地桥熊家湾水库渠系及金牛镇林畈渠道整治	20	20
大冶市保安镇小龙虾养殖示范基地建设项目	20	20
大冶市防护林工程	130	104
2012 年(16 个)	14 202.04	5 282.32
巩固退耕还林	368.6	368.6
云台山林场、黄坪山林场危旧房配套设施建设	19.44	9.72
大冶市农村饮水安全工程	3 025	1 816
生猪规模化养殖改扩建	208	160
以工代赈	23	20
农村当家塘堰整治	92	92
金牛水保科技示范园	1 000	120
大中型沼气、养殖小区和联户沼气农村沼气乡村服务网点	614	246
大冶乡镇兽医站扩建	10	10
退耕还林工程配套荒山荒地造林	60	60
农村饮水安全省预算内配套投资计划	20	20

项目名称	总投资/万元	争取中央、省预算内投资/万元
基层农技推广服务体系建设	48	32
农村饮水安全工程 2012 年追加投资	754	453
大冶市红旗泵站	7 434	1 680
2011 年大中型沼气工程(玉屏山庄)	387	135
2011 年农村养殖小区小型沼气工程	139	60

现行财政配套制度对"三农"政策执行的影响有以下几个方面。

(1)有些"三农"政策落实打折扣，影响政策实施效果。越是财力困难的地方越需要"三农"项目，但这些财力困难的基层政府也常常无法配套。为争取国家资金，这些地方不得不超出本地财政承受能力做出资金配套承诺，但往往由于财政困难不能落实配套资金，导致出现了大量"胡子工程"和"半拉子工程"。例如，曾经被中央电视台曝光的山东省高青县的小农水工程，就是因为地方财力困难，而不得不集中资金建设公路旁边能被验收到的"面子工程"。对财力薄弱地方来说，在维持运转都需要上级一般性转移支付的情况下，县级政府要么挤占其他资金，要么举债，要么要求工程项目建设单位垫资，要么向乡镇和村转嫁资金配套要求。由此导致的另一个问题是，越是财力较好的地方，其争取专项资金的能力越强；而越是欠发达地区，由于难以配套，能够争取到的专项资金越少。

(2)有些地方弄虚作假，增加财政安全风险。调研中我们了解到，为了达到配套要求，顺利申请到资金项目，有的地方搞虚假配套，列而不支。例如，在申请和使用国家专项救助资金时，个别地方把一部分资金声明用于配套中央专项转移支付项目，但实际上却只花中央拨款，地方配套经费分文不动。还有的地方政府随意承诺资金配套，实践操作中很可能会违背或突破人大批准的预算，这很可能会违反预算法、监督法、地方组织法等有关法律的规定，增加地方财政安全风险。许多资金配套项目，如社会保障、教育、医药卫生体制改革、保障房建设项目等，都是上级硬性规定的配套项目。为如期完成上级下达的配套资金年度考核目标，县级政府不得不采取多方筹资方式，其中也不乏采取举债手段。同时，由于现行分税制财政管理体制下县级财政财力困难，不少县级基础设施建设项目等公益性支出也靠举债筹集建设资金。借新债还旧债，就像滚雪球一样越滚越大，县级政府最后背上沉重的债务负担。

(3)专项资金补助标准未能充分考虑各地差异，工作经费难以解决。上级专项资金一般规定了补助标准，但未能充分考虑到各地差异配套经费不足，不但影响到政策执行后的效果，也影响到执行者的工作效率。比较典型的是农村公路建设项目。目前农村公路"村村通"项目安排的上级补助资金一般不超过每千米 20 万元,其余资金需要地方财政配套和受益农民筹集。一个问题是,这一标准忽略了各地不同的地理条件对修路资金的要求。另一个问题是,财力好的地方财政可以多配套一部分,农民筹资筹劳的压力小,而财力差的地方财政配套少,农民筹资筹劳的压力大。而财力好的地方经济比较发达,农民收入较高,农民筹资筹劳占其收入的比例较低,筹资筹劳相对容易;财力弱的地方一般是传统农业地区,农民收入较低,农民筹资筹劳占其收入的比例较高,筹资筹劳相对困难。由此导致的问题是,同样的"村村通"项目,有的修路标准高,有的修路标准低。此外,有的专项资金项目,如农业补贴项目,虽然没有地方配套要求,但上级资金只能用于对农民个人或建设项目的支出,地方政府必须安排相应的工作经费,而财力困难地方一般只能安排基本的相关部门的人员经费和少量标准的公用经费,工作经费短缺。湖北省大冶市退耕还林和荒山荒地造林总任务为 17.4 万亩,根据《退耕还林条例》的规定,中央对退耕还林工程只给群众补助,而不给工作经费,由地方政府配套工作经费。而涉及退耕还林的乡镇财政又都十分紧张,工作经费很难落实,导致工程所必需的作业设计、检查验收和图表卡制作费用只能靠挤占市林业局有限的办公经费加以解决,长期下去将难以为继。

(4)有的地方因为配套经费太多而消极执行政策。在争取专项资金的过程中,基层政府已经增加了跑部、跑省成本,再加上大部分专项转移支付都需要基层财政配套,这就使地方干部产生了抵触情绪,造成了一些地方怠工、懒政现象。调研中一些财政干部说,如果不是一把手重视,我们都不愿意去申请项目,说尽好话才能申请下来,申请下来之后又配套不上,项目实施完后还得应付审计检查,谁也不愿意冒着风险做吃力不讨好的事。

5.4.3　省直管县财政管理体制对"三农"政策执行的影响

农村税费改革后,我国逐步推行省直管县财政管理体制。这一体制是指在现有省管市、市管县行政隶属关系不变的前提下,由财政率先打破行政管理层次,直接建立起来的一种省、县直通的财政分配机制,在政府间的收支划分、转移支付、资金往来、财政结算等方面,实现省财政与市、县财政直接联系,开展相关业务工作。其核心思想是"留利于县"。通过大幅度增加县级财政的留成比例,从而增加县级财政收入,缓解县、乡财政困难,促进县域经济发展。在实践中,省直管县财政管理体制对"三农"政策执行也有很大影响。

1. 省直管县财政管理体制改革对基层政府执行"三农"政策的有益影响

总体上看,省直管县财政管理体制改革增强了省级政府统筹发展的能力,遏制了城乡差距进一步拉大的趋势,促进了政府职能的转变,增强了县级政府调控经济的自主权,加大了县级政府的财力,使县域经济发展获得了较快发展。例如，湖北省大冶市隶属黄石市，属于弱市强县类型，从 2004 年 1 月 1 日起实行省直管县财政管理体制后，黄石市不再参与分享大冶市的税收，黄石市分享的财力改为固定上交。从 2011 年 1 月 1 日起，省政府对原省直管县财政管理体制进行了完善，实行新的分税制财政体制，即将原体制下省参与分享的税收（增值税的 8％、企业所得税的 15％、个人所得税的 15％、营业税的 30％）全部下划到县（市），作为县（市）一般预算收入，大冶市本级财政收入快速增加。由于减少了一个层级，在资金调度等方面提高了效率，使农业补贴发放、专项资金到位等方面更加及时。例如，四川省江安县自 2009 年实行省直管县财政管理体制后省级下达项目资金量增加，县级财政与省级财政直接联系，直接申报支农项目，能够争取到更多的支农资金，财政支农资金支出总额有所增加。

2. "强市弱县"格局下的省直管县财政管理体制对涉农项目执行的影响

淄博市与高青县属于典型的"强市弱县"。2009 年高青县被山东省确定为 20 个财政直管试点县之一。成为直管县后，省级支农资金直接结算到县，资金调度及时，加快了项目执行进度，而且对农田水利设施建设、现代农业生产发展等方面的投入加大，省对县的专项资金总量增长迅速，2013 年较 2012 年同比增长 38.6％。图 5-4 数据显示，2009 年以后高青县专项收入增长速度明显加快。

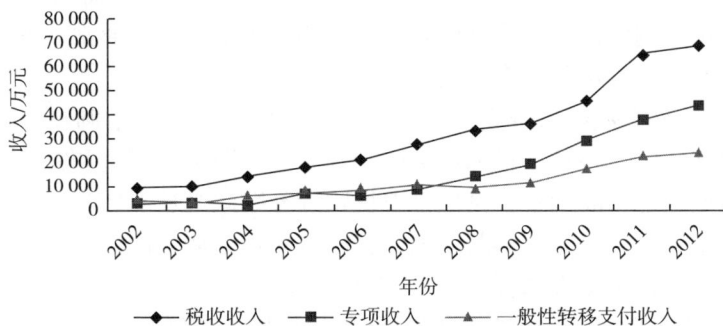

图 5-4　2002～2012 年高青县财政收入情况

资料来源：《高青县统计年鉴》

但省直管县的财政制度在"三农"政策执行中的影响不是孤立的，而是和财政配套制度相互联系的。一是省直管县前，市级对该县省级以上立项的涉农项目，地方配套要求为市级 60％，县级 40％，而省直管县后，虽然省级配套比例提高，但淄博市不再配套，市对县扶持力度明显弱化，影响到惠农政策的执行。同时，实行省直管县财政管理体制后，高青县获得的专项项目增加，要求地方配套的项目也多，更加剧了县级财政困难。配套项目的增多还可能导致地方政府通过调整工程概算、项目重复申报或虚假资金配套等方式套取上级项目资金。由于县级财力较弱，强行配套使其财力匮乏，支农能力分散，影响财政支农资金的政策支持效果。

5.5 监督考核机制对"三农"政策执行的影响

十六大以来，为保证"三农"政策的执行，中央各部门都制定了相应的资金、项目管理制度，并明确了监督考核办法。省级以下各级政府有关部门，也参照制定和完善了相关管理办法。总体上看，现有将中央有关政策进行任务分解并细化为具体项目，同时建立和完善监督考核机制的做法，使基层政府和各部门工作任务和责任更加明确，促进了各项"三农"政策的落实。

5.5.1 现有监督考核制度的主要特点

(1)以资金和项目管理办法为依据进行监督考核。十六大以来，中央加大了对"三农"资金和项目的投入，并落实到各中央部门。中央各部门都制定了有关的资金和项目管理办法，并以此为依据对资金和项目的执行情况进行监督考核。中央部门对项目和资金的执行情况，一般采取省级自查和部门抽查相结合的办法，有时采取省与省之间互相检查的办法。省级部门对市、县"三农"政策执行一般也采取自查和抽查相结合的办法。县级对乡镇、乡镇对村，也都根据中央和省级部门的有关规定，制定监督考核制度和办法，实施监督考核。通常，县级政府每年对各部门、各乡镇要进行一次全面考核检查。

(2)监督管理办法随着资金和项目管理办法的调整而不断调整。随着形势的变化，中央部门对"三农"项目和资金的管理办法不断进行调整和完善，相应的监督管理办法也随之不断调整。例如，农机购置补贴政策从开始实行至今经历了补贴资金大量增长、补贴品种不断增加、补贴方式不断调整的巨大变化，相应的监督管理办法也进行了较大调整。

(3)加强资金监管。随着"三农"资金和项目投入的增加，各级各部门都加强了对"三农"投入的资金管理。在信息化快速发展的背景下，各部门在"三农"政策执行中普遍加大了信息化手段的应用，通过网络和信息化设备加强对农业补贴的发放、新农合医药费报销、农田水利、农村公路建设等方面的监督管理。

(4)实行公示制。在很多"三农"政策执行中，采取公示制的办法，加强政策对象的监督。例如，农业补贴的发放、农村"一事一议"项目、农村最低生活保障对象的确定等，在各村上报、乡镇审核的基础上，由行政村通过公示栏予以公示，无异议后汇总上报县级主管部门和财政部门执行。涉及每家每户的事项，有的还实行"三榜公示"。

(5)监督考核结果与干部奖惩挂钩。中央和省级部门对执行政策的考核，通常是从经济方面的奖惩。对地方未能按照上级规定执行"三农"政策的，一般从经济角度扣减对地方的转移支付，或者取消其下一年度申报项目的资格。县级政府对乡镇和县级部门的考核，一般是由本级党委政府进行统一部署，具体由各部门组织实施。年初确定考核任务，年终进行考核评比，检查评比结果一般直接与乡镇和部门负责人的奖惩挂钩(详见 5.2.2 小节)。

5.5.2　现有监督考核机制存在的突出问题

(1)考核项目繁多，基层政府疲于应付。长期以来，我国各级政府都是在压力型行政生态环境中行使自己的职能。在压力型体制中，下级政府的行政机关官员的升迁、奖惩、工资福利同完成上级下达指标的情况挂钩，下级组织承受着来自上级组织的巨大压力。作为贯彻落实"三农"政策的实际实施者，县乡基层政府必须不断寻求本地事务和上级任务之间的平衡。不论是否必要，或者愿不愿意，他们都需要花费大量的时间、精力和力量去应付和完成上级政府名目繁多的琐碎任务和指标，却少有时间和精力思考地方的全面发展。为了完成上级任务，下级组织有的还弄虚作假，蒙混过关。

(2)监督考核中的交叉重复问题突出。现有行政管理体制下，各部门都有监督考核职责，各级都有考核职能，由于政府部门职能存在交叉重复问题，必然造成监督考核中的交叉重复现象，基层政府忙于应付各种检查、考核。

(3)考核指标难以完全适应地方发展的实际。我国各地经济社会发展水平、资源禀赋差异很大，由于各项任务基本由中央有关部门工作任务层层分解，而分解过程中多采取"一刀切"方式，即强调上下级一致，有些工作任务不适应地方实际，造成某些检查评比流于形式，还造成一定的资源浪费。

(4)监督考核主要来自上级，平级、下级监督缺乏。基层政府在目标考核的导向作用下，倾向于积极完成上级考核指标规定的任务，而对没有规定的事项，即使当地急需，也缺乏积极性，造成有的方面过度供给，有的方面供给却严重不足，造成群众需求与政府供给的脱节。

第 6 章

"三农"政策制定和执行的国际经验及其启示①

　　21 世纪以来，经济全球化和区域经济一体化程度逐步加深，WTO 谈判在曲折中不断取得进展，农业往往成为其中的重要议题之一。与此同时，生物技术、农业机械化引导了新一轮"绿色革命"，生物燃料等产业发展创造了多样化的农产品需求，全球气候变化对农业生产造成的影响凸显，世界各国的财政和货币政策对大宗农产品市场也产生了巨大影响。当前，世界经济复苏乏力，美国"财政悬崖"问题进一步加重，日本经济仍然持续低迷不振，欧债危机深入发展，发展中国家经济出现"硬着陆"迹象。在上述背景下，世界农产品供需格局发生了重大变化，国际农产品价格波动幅度加大、频率加快，对农业产业发展产生了巨大影响。针对这一系列变化，世界主要国家和地区都相继制定了应对战略。其中，农业政策的调整与完善是这些应对战略的重要组成部分。一方面，中国作为一个发展中的农业大国，在农业政策制定方面亟须吸取其他国家的经验和教训，提升政策执行的效果；另一方面，自 2001 年加入 WTO 以来，中国农业农村经济发展与世界各国的联系愈发紧密，国外农业政策的调整对中国农业发展产生越来越显著的影响。

　　世界主要国家和地区农业政策的演变路径和运行机制是什么？对中国有哪些启示和借鉴？针对 21 世纪以来世界主要国家和地区的政策演变，中国农业政策应如何调整和应对？这一系列问题迫切需要深入研究和分析。本章围绕这些问题，重点分析世界主要国家和地区农业政策的框架内容、演变情况和运行机制，为中国制定和完善农业政策提供参考和依据。

---

　　① 本章执笔人：徐雪、夏海龙、彭超、赵海、黄波。

■ 6.1 主要国家和地区"三农"政策演变的脉络

6.1.1 美国农业政策

美国自 1933 年产生第一个《农业调整法》(Agricultural Adjustment Act of 1933)到 2014 年的《食物、农场与就业法案》(Food, Farm and Jobs Act of 2014),一共施行了 17 个法案,期间共调整了 37 次。美国长期以来面临的问题基本都是农业生产过剩、储备增加、农产品价格下跌,因此所有农业政策目标的主要调整都是围绕着增加农民收入这个基本点展开的。

1. 演变脉络

第一阶段:1933~1965 年的高价支持、限产增收阶段。20 世纪 30 年代爆发的世界性经济大萧条和农业危机,促使美国农业政策发生了根本性调整。美国农业政策由传统的以促进农业生产力发展为目标,转向以促进农民增收和农产品价格支持为中心。

第二阶段:1965~2002 年的减少价格支持、提升营销能力阶段。第二次世界大战后美国农业长期处于产能过剩的局面,除却少数年份,对农产品的消耗很大层面上取决于海外市场对农产品的需求。在这种越来越依赖于海外需求的情况下,农业政策的制定者必须对农产品市场的国际状况给予更多的考量和更高的重视。

第三阶段:2002~2013 年的补贴"脱钩"、"安全网"形成阶段。20 世纪 80 年代以来的农业经济市场化和自由化趋势使人们相信美国在市场化的道路上越走越远。1996 年农业法案刚刚执行两年,美国政府关于农业的政策就发生了逆转,改变了自 20 世纪 80 年代中期以来的放松对农业生产的控制、减少对农业的补贴等政策做法,坚持提高农业补贴数额,扩大农业补贴范围,构筑美国农业生产安全网。

2. 制定和执行机制

美国农业立法从法律制定角度来看,和其他法律的通过没有区别。一项立法要经过法律提案的提出、提案的辩论、提案的通过和总统签署等几个阶段,要在立法过程中听取各方面的意见,比较、选择最优方案。

农业法案通过以后,要由行政当局负责制定相关政策和实施,并由司法部门负责审查和监督法律的执行。农业部的具体下属机构在权限范围内制定具体执行政策和特定计划,并会同其在州和县的下级部门具体执行该项政策和计划。目前农业部拥有 13 个机构,每一个机构负责执行特定的政策,这些机构大体上分为七个部分(表 6-1)。

表 6-1　美国农业政策的实施机制

政策内容	政策目标	负责机构
农产品计划和国际计划	农产品价格政策和计划的执行	农业稳定和保持局
	扩大农产品的国外市场	国外农业局
	对外国人的培训和教育,开展同外国政府之间的科学交流和农业开发活动	国际合作与开发组织
农产品销售	指导水果、蔬菜和牛奶等的销售计划,管理农产品分等活动,收集发布市场信息和监督肉类等包装活动	农产品销售局
	国内和国际贸易中的动植物检疫和发放证书工作	动植物卫生检疫局
	国内和国际贸易中对谷物的定级、测试和质量保证工作	联邦谷物检疫局
	收集农业合作社的统计资料,指导研究和技术援助	农业合作社局
	指导联邦肉类和家禽类的检疫计划	食品安全和检疫局
农村地区开发	管理为农场主、农村社区和农村居民提供财务服务的信贷计划	农场主家庭局
	向偏僻农村地区提供电力和电话服务的计划,为农村电力和电话合作社提供补贴贷款	农村电气化局
	负责指导作物保险计划	联邦作物保险公司
资源和环境保护	国有森林和荒地保护、水资源与土壤保护及改进等计划	森林局、土壤保护局
	食品援助和营养计划,特别是食品券计划和儿童午餐计划	食物和营养局
研究和教育	农业中的基础研究、技术推广和教育计划等	农业研究局州合作研究局和推广局
信息服务	收集和提供信息	经济研究局统计报告局
农产品价格支持	执行农产品价格支持政策	世界农业预测局
	实施新的贷款计划和储存农产品	农产品信贷公司

3. 主要内容

美国农业政策的框架包括农业补贴政策、生产与销售控制、农产品储备与转移、农业保险与农业灾害援助、信贷保障等(表 6-2)。

表 6-2　美国农业政策的主要内容

政策项目	政策目标	政策内容
农业补贴政策	应对农业危机,保障农民利益	直接支付、反周期补贴、收入保障补贴、灾害保险保费补贴及援助、资源保护补贴

续表

政策项目	政策目标	政策内容
生产与销售控制	减少农产品生产和库存、促进市场良性发展	播种面积削减计划、土壤保护计划
农产品储备与转移	实现农产品市场供给与需求的平衡	剩余农产品储备、对外贸易和扩大出口、食品券与救济穷人
农业保险与农业灾害援助	降低农业风险	农业保险、农业灾害援助
信贷保障	为农业发展提供资金支持	由政府赞助的信贷机构提供的信贷计划、由政府提供保证的信贷计划、由政府机构提供的直接贷款

(1)农业补贴政策。农业补贴政策是美国政府应对农业危机、保障农民利益而采取的主要措施。它主要通过社会财富的重新分配保障农场主的购买力不致下降、避免农场主因危机而陷入破产。美国农业补贴政策的目标是在农产品生产过剩的背景下,为农业提供支持和保护,提高农场主抵御自然风险和市场风险的能力,保持美国农产品的出口竞争优势,同时实现农业可持续发展。美国农业补贴政策主要由四种类型的补贴组成,即直接支付、反周期补贴和收入保障补贴、灾害保险保费补贴及援助、资源保护补贴。

(2)生产与销售控制。生产与销售控制就是从减少社会供给的层面,通过有效减少农产品的生产和对农产品销售进行控制来促进农产品供给平衡,达到减少农产品生产和库存、促进市场良性发展的目标。生产控制计划包括两个方面,即播种面积削减计划和土壤保护计划。

(3)农产品储备与转移。美国农业政策制定者认为,解决农业问题主要依靠市场的力量,政府的努力在于采取措施以实现农产品市场供给与需求的平衡。农产品储备与转移就是在这方面做出的努力,主要包括剩余农产品储备、对外贸易和扩大出口、食品券计划与救济穷人三个具体内容。

(4)农业保险与农业灾害援助。农业部门自身的特点决定了其抗风险能力和抗自然灾害能力的薄弱,同时农业生产者自身力量的局限和农业在国民经济中的重要地位要求国家对农业风险和农业自然灾害承担一定的帮助和救济责任。农业保险和农业灾害援助就是为应对这种情况而设计的。

(5)信贷保障。健全的农业信贷保障体系对美国农业的发展、农业现代化的实现、农业问题和农业灾害的解决发挥了重大作用。美国整个农业政策的运行和发展都与健全的农业信贷体系息息相关,都需要农业信贷体系提供大量的资金支持。农业信贷计划可以划分为三类,即由政府赞助的信贷机构提供的信贷计划、由政府提供保证的信贷计划、由政府机构提供的直接贷款。

6.1.2　欧盟共同农业政策

共同农业政策(Common Agriculture Policy,CAP)是欧洲共同体(简称欧共体,欧盟的前身)制定的共同政策之一。在欧共体创建之初,它与关税同盟一道,被认为是欧共体实现经济一体化的两大支柱所在。在欧元作为欧盟的统一货币启动之后,共同农业政策又被称为欧盟发展进程中"三级火箭当中最为得力的一级",为欧洲实现经济、政治的一体化做出了重要贡献。

1. 演变脉络

共同农业政策建立之初的目标是提高农业生产力,保障农产品供应,稳定农产品市场,使欧共体免遭外部廉价农产品竞争。自 1962 年欧共体实施共同农业政策以来,欧共体农业发展先后经历了 20 世纪 60 年代农产品短缺到 70 年代自给自足,最后发展到 80 年代后的农产品生产过剩和财政危机,共同农业政策的调整也由初期的促进农产品增产的政策导向,转向着力解决农产品过剩、提高农产品竞争力、促进农村发展等改革方向。1992 年改革大幅度降低了欧共体的支持价格水平,同时引入"蓝箱"政策——对农民进行与生产挂钩的直接补贴;2000年议程进一步降低了欧盟的支持价格;2003 年改革完成了从对产品支持到对生产者支持的转变,建立了单一(农场)支付计划,使欧盟农业支出大部分归入"绿箱"政策,符合了 WTO 关于贸易自由化的总体要求,也满足了欧盟东扩的政策调整需求;2008 年,欧盟委员会提出了新一轮的农业政策改革方案,这次改革主要是通过放松农业管制、更改补贴方式等手段,使欧盟农业向公平和绿色的方向健康有序地发展。

2. 制定和执行机制

依据欧盟法规,欧盟委员会掌握着共同农业政策制定权。委员会要想触及农业的核心问题、制定新的农业政策,将由委员会做出政策提议,交由理事会加以裁定。在理事会内部,有着与共同农业政策相关的机构设置,包括 25 个农业工作小组、农业部长理事会和农业特别委员会。为了同其他政策领域一致,农业工作小组在收到委员会的政策提议之后,不是将其提交给常设代表委员会,而是提交给特设的农业特别委员会,后者又将其提交给农业部长理事会,最后进行讨论、批准。

为确保共同农业政策目标的实现,1960 年《欧共体条约》确定成立农业市场共同组织(Common Organisation of Agricultural Markets),把欧盟生产的农产品划分为若干大类,每一类农产品由一个市场组织管理。农业市场共同组织从操作上确保共同农业政策的执行,成为共同农业政策的第一支柱。

3. 主要内容

欧盟共同农业政策的框架包括价格政策和结构性政策。

价格政策指的是对农产品价格进行调控,主要包括共同价格的制定和对价格波动的管理两个方面。所谓共同价格,指的是同一农产品在欧盟内实行同一价格。共同价格的具体名称和结构存在差异,包含三个系列的价格。第一个系列是上限价格,如目标价格、基准价格、标准价格或者指导价格,它主要有三个功能:作为生产者计划、安排生产的依据;作为其他价格的基准价格;作为价格上限,保证消费者的利益。第二个系列是下限价格,包括干预价格、购入价格、代表性价格和参考价格等,前两者是欧盟为保证生产者收入所设定的补偿价格;后两者则是欧盟进行干预的警戒价格。下限价格一般是以上限价格为基准所设定的,两者之间维持着一定的比例关系。第三个系列是进口控制价格,包括门槛价格和闸门价格等,前者是指最低进口价格;后者则是指世界主要生产国(地区)的平均成本价。这一系列的价格主要是为制定进口农产品差价税和出口农产品补贴提供依据。

欧盟的农业结构政策,旨在改善各国的农业生产结构,提高农业生产效率。其主要包括两种:一是针对各国的普遍性的结构政策;二是针对特定区域特定产业的专门性结构政策。具体措施包括以下几个方面:一是促进农场现代化,包括提供投资支持、优先提供贷款、土地等生产资料等;二是鼓励老年农场主停止耕种,如向其提供退休补贴;三是对农民进行社会、经济指导和职业培训,如提供信息服务、培训设施、培训期间的津贴发放等;四是促进贫困地区的农业发展,包括向这些地区提供生产补贴、贷款优惠等;五是促进农产品的加工和销售,如提供部分投资;六是改善生产结构,主要内容在于消除部分产品的过剩状态,包括提供补偿等。

6.1.3 日本农业政策

第二次世界大战后,日本出台了一系列保护农业的政策,并随着日本国内外环境的变化,不断对其政策做出相应调整,以保证国民经济的稳定发展。日本农业政策调整的核心长期以来都是围绕着确保日本国内农产品市场的稳定这个基本点而展开的,一方面防止出现短缺,危及其国家粮食安全;另一方面防止由于生产的相对过剩,导致农民收入的下降。

1. 演变脉络

日本农业是在日本政府不断的政策支持和民间农业团体的推动下发展起来的。第二次世界大战后,日本农业政策主要经历了四个阶段。

第一阶段:1945～1960 年,"强制征购粮食"政策向"粮食增产"政策转化。第二次世界大战之后,日本为解决当时的粮食问题,实施了"强制征购粮食"政策。1945 年 10 月开始了耕地改革，该改革提高了农民的耕作积极性。为促进现代农业技术的开发、加强农业技术改良与推广，1948 年通过了《农业改良助长法》，1953 年通过了《农业机械化促进法》，这些法律法规的实施标志着日本农业政策正式转入保护和发展农业方向，实现了粮食连年增收。

第二阶段：1960～1970 年，"基本法农政"时期。1960 年以后，日本经济学家提出的"经济合理主义"思想成为当时日本农业政策制定的基本原则。1961 年日本制定并颁布了《农业基本法》，主要是为农产品的自由化做准备，主要目的是通过扩大日本农户的经营规模，实现农业的机械化，降低生产成本，增强农产品竞争力，使其农产品能与日本国外抗衡。在《农业基本法》的指导下，日本农业生产和农民收入实现快速增长。1960～1970 年，日本农业生产基本实现机械化，农民收入增加了近两倍。

第三阶段：1970～1998 年，"综合农政"时期。在农业政策改革过程中，出现了粮食价格大涨的问题，1970 年 2 月日本政府提出"综合农业"政策，主要重点就是要调整和限制稻米生产，加快畜牧水果等方面的生产，并且扩大流通与消费的综合性粮食生产与供给。到 20 世纪 70 年代初，日本农业基本实现现代化，各项指标如机械装备水平、单位面积化肥施用量、灌溉面积比重等在发达国家中已处于领先地位。此后，日本农业政策目标发生了显著变化，从增加粮食食品生产转向缩小城乡收入差距，实行价格支持和贸易保护。

第四阶段：1999 年至今，新基本法时期。旧的农业基本法在一定程度上促进了日本农业的快速发展，同时也在日本农业现代化模式下逐渐暴露出问题。1999 年 7 月日本政府颁布新的《粮食、农业、农村基本法》，将粮食稳定供给、发挥农业多功能性、实现农业可持续发展与农村振兴作为农业产业发展的重要功能定位，同时确立实施将基本法理念与政策目标具体化的《粮食、农业、农村基本计划》（简称《基本计划》）制度。《基本计划》每五年调整一次，以此为基础构建了日本农业政策的框架体系。

2. 制定和执行机制

日本农业政策制定有两个显著特点。一是审议委员代表的广泛性。在参与《基本计划》修订方向审议的 20 名委员中，大学教授和企业代表各有 6 人，农业团体、消费者代表和媒体代表各有 2 人，地方官员有 1 人，政府研究机构有 1 人。在参与基本计划具体修订的 13 名委员中，大学教授有 3 人、涉农团体和企业代表有 6 人、媒体代表有 2 人、地方官员有 1 人、消费者代表有 1 人。审议委员的聘任保障了不同利益群体的代表性，这既保证了《基本计划》修订的科学性，同时也有助于《基本计划》颁布后获取国民的广泛认可。历次审议会委员长由东京大学教授担任，可见日本农业政策制定过程中专家学者发挥了主导性的作用。二是多渠道的意见征集过程。例如，在第三次《基本计划》修订中，农林水产省将

《基本计划》的主要议题和修订方案通过网络向全体国民公开。在《基本计划》的调整框架确定后，农林水产省的主要官员分赴日本各地进行现场说明，与各地方的政府官员、农业团体与农民、消费者等进行意见交流，以保证《基本计划》的修订能够顾及不同利益群体的意见。

日本农业政策有一个明确的执行机制。第三次《基本计划》规定，"基本计划各项措施的执行，在明确执行顺序、时间安排、政策手段与政策目的的同时，对各项措施的执行情况进行必要管理"。作为《基本计划》规定的措施执行管理环节，日本农林水产省每年都需要对主要政策措施的落实情况与最新进展进行总结并公开发布，对相关预算的执行进行必要说明，总结当前主要措施的效果与存在的问题。

3. 主要内容

在"WTO农业协议"框架内，日本农业政策主要包括以下几个方面。

一是农产品的价格支持政策。在WTO农业规则下，各国政府禁止对农产品实行直接生产补贴和价格干涉，但是日本灵活应用"绿箱"和"黄箱"政策，强化其农业保护功能，防止市场机制与农业生产弱质性共同作用，引起农产品价格波动，从而损害农民利益和阻碍农业生产。为稳定农产品价格，日本建立了稳健的价格政策机制。其主要形式有：①管理价格制度。为了确保国民的粮食供应和国民经济稳定，由政府对粮食进行定价收购，如稻谷等。②价格稳定带制度。在农产品市场交易中，政府通过买进和卖出的方式，使农产品的价格在一个合理的区间波动，使其不至于暴涨和暴跌，影响农民收益，阻碍农业生产的再发展。③最低价格保护制度。主要为大麦、小麦及加工用的土豆、山芋、甜菜、甘蔗等提供最低价格支持。④补助金制度。政府制定一个目标价格，当市场上农产品的价格低于目标价格时，政府就把实际市场价格与目标价格之间的差额直接补贴给农民。⑤稳定基金制度。由相关政府机构、团体建立一项基金，以稳定农产品价格和农民总体收入水平。

二是农业生产补贴政策。在日本农业预算中，补贴费用所占的比例非常高，可以说日本的农业政策就是补贴型农业政策。1999年农业补贴占农业预算比例超过70%，同期通商产业所占比例只有50%左右。为了农业公共利益的需要，预算中的补贴并非全部在农业生产中用来保护生产者的利益，其中相当部分投到了提高农业生产率、改善流通和促进公共财物供给等方面。对于农产品的补贴形式也是多种多样。例如，农民联合购买插秧机等大型设备及某些灌溉、施肥设施等都可以得到政府的补贴，一般可占到全部费用的50%左右。另外，还有基础设施补贴、农贷利息补贴、灾害补贴、农业保险补贴，这些补贴对稳定农民收入起到了重要支持作用。

三是新型农业保护政策。日本农业在发展的初期就以飞快的速度上升，这主要是缘于农业机械的广泛应用。农业经济的快速发展，大大提高了农产品的供给能力。但日本国内相对需求不仅没有增加，反而由于过剩引起农产品价格下降，农民收入减少，日本政府对农业发展进行了政策的调整，在日本国内实行温和的限产、休耕、限售政策，进一步稳定农产品价格；对日本国内过度保护的农产品采取适度放松管制政策，实行有计划的进出口来弥补日本国内市场需求。在乌拉圭回合谈判上，日本承诺除了稻米以外的所有农产品以关税壁垒形势开放日本国内市场，但同时提高农产品进口的质量和环境标准。

6.1.4　巴西农业政策

农业作为巴西国民经济的支柱产业，在经济不景气的情况下，依然能够继续发展，主要是得益于政府对农业政策的适时调整。自20世纪60年代以来，巴西农业面临的主要问题依次是饥饿和贫困问题、农业直接补贴负担过重的问题、WTO框架下的农业保护问题及农业均衡发展的问题。巴西农业政策的调整主要是围绕着这些问题展开的。

1. 演变脉络

第一阶段：第二次世界大战后到20世纪70年代，由"进口替代"战略向加快发展农业转变。第二次世界大战结束后，巴西开始采取"进口替代"战略来加速经济发展，通过限制工业品进口、向农业获取工业发展资金来促进本国制造业发展。巴西这种重工轻农政策导致国民经济失调，过快的工业化和城镇化过程导致饥饿和贫困的发生。为此，20世纪60年代，巴西制订了全国农业开发计划，通过大幅度增加农业信贷、扩大耕地面积、大力改善交通和灌溉条件、加强农产品购销、实行农业低息贷款政策和农产品最低保证价格，支持本国农业生产。同时取消农产品出口税，鼓励出口农产品生产，不断加强农业发展。

第二阶段：20世纪80年代，由农业直接补贴向农产品价格支持政策转变。20世纪70年代巴西用于农业的政策资金累计约2 191亿美元，其中310亿美元用于农业直接补贴，占总农业政策资金的14%。限于财政压力，巴西政府开始逐步减少对农业的直接补贴。从1985年开始，价格支持成为农业政策的支柱，其目的是稳定农民收入。价格支持政策主要有两个手段：一是联邦政府的直接购买，当市场价格低于政府规定的最低价格时由政府买入，如1987年政府用最低价格方式购买农产品达1 230万吨。另一个是营销贷款政策。1985～1995年，巴西农业直接补贴由142亿美元减少到60亿美元，而谷物产量却由5 980万吨增长到8 000万吨。

第三阶段：20世纪90年代，由价格支持为主的干预政策向市场化转变。1994年巴西加入WTO之后，基于财政压力和遵守WTO规则的考虑，提出了产品售空计划和期权合约补贴这两个新的政策措施来逐步取代旧的价格支持政策，促进农业生产。这一阶段的政策目标具体表现在两个方面:一是保持农业的国际竞争力,主要是针对大农场,减少价格支持,提高其在国际市场上的竞争力;二是确保农民收入不低于城市居民收入,维持社会稳定,主要是针对小农户采取的家庭农业支持计划,防止农村人口向大城市的过快和过度流动而造成社会问题。通过对国营农产品企业实行私有化、取消最低支持价格、停止部分农产品的国家收购、撤销垄断销售等方式,减少对农产品市场的干预力度,这种高度竞争环境促使生产者提高技术效率,促进了巴西农业竞争力的提升。

第四阶段:2000 年后,关注均衡发展。由于土地分配的不均衡,占农户总数 84.4% 的家庭农户受到资金、技术、市场信息、生产规模和机械化程度等方面的制约,无法与大农场竞争,巴西农业发展的不平衡性愈加突出。同时,区域农业发展不平衡等问题也凸显出来。2008 年 4 月巴西政府制订了新的农业发展计划,农业政策的目标进一步转变为促进经济环境可持续发展、增加就业、降低区域发展不均衡性。政策取向是加强对小农户的收入支持,但农业的整体发展则是基于有效参与国际竞争的基础上,而不依赖对农产品生产和出口的政策扶持,农业政策目标呈现出多元化的特点。

2. 制定和执行机制

2001 年 12 月 19 日巴西联邦政府颁布"第 10.332 号法令",明确规定每年将当年税收总额的 17.5% 用于农贸科技项目,通过法律形式保障农业投入。巴西农业政策体系主要由巴西农业、畜牧和食品供应部负责,下设农业政策秘书处负责农牧业计划的制订和实施,并承担支持农业生产的三个基本政策的规划和实施。首先,对农业企业开发和生产融资提供支持。其次,通过政府采购和价格支持来维持农产品价格。最后,为计划的农业活动提供保费补贴。除此之外,农村金融政策在巴西农业政策中占有重要地位,农业信贷政策由国家农村信贷体系实施,利率由政府确定。

3. 主要内容

巴西农业政策体系主要由结构政策、国内支持政策和农业贸易政策三方面构成,如表 6-3 表示。

表 6-3 巴西农业政策的主要内容

项目	目标	内容
结构政策	通过规模化经营促进农业竞争力的提高,确保小农收入稳定	土地改革计划;家庭农业支持计划
国内支持政策	为农业发展提供资金等支持,保持农业的国际竞争力,确保农民收入不低于城市居民收入	农村信贷、价格支持、农业保险和基础设施建设增长加速计划

续表

项目	目标	内容
农业贸易政策	促进农产品出口，保护国内市场	出口信贷政策（出口资助计划、出口信贷计划、出口担保金计划）、贸易保护措施（关税和配额措施）、国内生产支持政策

　　结构政策主要包括土地改革计划和家庭农业支持计划。土地改革计划的目的是吸引农民到内陆的中西部开发后备耕地资源，通过规模化经营促进农业竞争力的提高；而家庭农业支持计划则专门针对缺乏国际竞争力的小农生产者，通过该计划使小农生产者能够获得稳定的收入，以防止破产的小农生产者向大城市过快流动而带来社会不稳定，最终保证整个经济的稳定发展。

　　国内支持政策主要包括农村信贷、价格支持、农业保险和基础设施建设等计划。农村信贷计划通过提供既定的低于市场利率的信贷政策来支持农业，目的是确保农业能够利用金融体系获得较低利率的资金。价格支持计划是指巴西对特定农产品（如咖啡、玉米、棉花、牛奶、大米、天然橡胶、高粱和大豆）提供多样的价格支持措施，其政策目标一是保持农业的国际竞争力；二是确保农民收入不低于城市居民收入，维持社会的稳定。农业保险计划由巴西政府建立覆盖范围广泛的农业保险体系，包括农业保险、畜牧业保险、水产保险、农村抵押保险、森林保险、农业财产和农产品保险等，分备耕、种植、管理、销售四个阶段进行。基础设施建设计划旨在通过吸引更多的私人投资和提高公共部门在基础设施建设上的投资，修复、铺砌、维护和建设高速公路，延伸铁路网，加强重要港口的运输能力。巴西大面积后备耕地资源开发的最大制约条件是交通问题。因此，巴西政府把改善交通运输条件作为促进农村发展的重要手段。

　　WTO框架下的农业贸易政策主要包括出口信贷政策、贸易保护措施和国内生产支持政策等。第一，出口信贷政策。巴西农产品出口商能从以下三种计划中获益：一是出口资助计划。巴西银行为出口商提供资金或直接替出口商支付费用，根据农产品的附加值，可延期偿还资金，最长的偿还时间是6个月（如鲜花、水果、肉制品、烟草和饮料酒精），最短的偿还期是2个月（如蔬菜、茶、香料、谷物和花生等）。二是出口信贷计划。其由巴西国家经济社会发展银行提供，适用于多种商品和服务。三是出口担保金计划。以担保商业风险为例，出口担保金计划只为此类业务提供中长期担保，出口信贷最大保险额是商品价值的90％。第二，贸易保护措施。巴西贸易保护措施包括关税和配额等措施。巴西WTO关税税率约束在0～55％。2008年巴西农产品平均名义最惠国关税为10.1％，低于全部商品11.5％的平均关税水平。乳品、糖、饮料、酒精、醋、烟草及烟草制成品等产品的关税明显高于平均水平，谷物类产品低于平均水平。巴西在乌拉圭回合谈判承诺采用关税配额的产品有3种（即小麦、苹果和梨）。由于小麦从未触发配额量，1996

年巴西向各成员通报取消其小麦的关税配额。在南方共同市场协定下,巴西给予智利的酒、苹果和经加工的桃及墨西哥的大蒜和硬粒小麦以优惠关税配额。第三,国内生产支持政策。巴西的农业国内支持总量不断增加。其中,"黄箱"支持所占比重呈先上升后下降的趋势;"绿箱"支持增长明显。"黄箱"支持中特定产品综合支持量(aggregate measure of support,AMS)水平先降后升,非特定产品的综合支持量上升较快。"绿箱"支持总体呈上升趋势,仅用于一般性政府服务、国内粮食援助、粮食安全公共储备和政府农业保险计划四项。巴西提供了一个相对较低的农业支持保护措施。2010~2012 年生产者支持水平一直维持在农业总产值的 5%,远低于OECD 平均 19% 的水平。总体来看,巴西农业国内生产支持政策符合 WTO"削减扭曲贸易支持"这一原则。

6.2 主要国家和地区农业政策最新调整的重点内容

6.2.1 2014 年美国农业法案的改革内容

21 世纪之后美国农业法案的调整是在两大背景下进行的:一是美国政府预算紧张,需要对原有的农业法案的预算进行削减;二是 2008 年美国农业法案与国际贸易谈判目标不一致。WTO 农业协定要求,成员必须削减对贸易造成扭曲结果的国内补贴。而美国目标价格补贴属于 WTO 农业协定的"黄箱"补贴,过高的补贴会违反 WTO 的相关规定,引起相关诉讼,并遭到其他成员的报复。

1. 取消直接补贴

在 2014 年美国农场法案讨论过程中,不同的利益集团达成了取消直接补贴的明确共识。当时,美国总统府管理与预算办公室明确建议在新的美国农业法案中废除直接补贴项目。作为美国主要的农业生产者利益集团,美国农场局联合会声称,其"对于直接补贴的政治意愿已显著下降"。此外,总统财政委员会、总统预算决议案工作组等尽管没有提出完全废除直接补贴,但都提出大幅削减直接补贴。正式出台的 2014 年农业法案——《食物、农场与就业法案》(Food,Farm and Jobs Bill),废止了直接补贴。

2. 大幅调整目标价格和目标收入补贴项目

正式出台的 2014 年美国农业法案,名义上取消了反周期补贴和平均农作物收入选择计划,用价格损失覆盖(price loss coverage,PLC)和农业风险覆盖(agriculture risk coverage,ARC)项目取代。实际上,价格损失覆盖和农业风险覆盖仍然属于目标价格和目标收入补贴的范畴。在 2014 年农业法案执行期间,项目内商品(小麦、饲用谷物、水稻、油菜、花生以及豆类)的生产者可能会选择参加其他但不是所有的项目。营销援助贷款项目,除在高地棉贷款率方面有所调整外基本没有变化。新的农业法案真正取消的补贴是直接支付,目标价格补贴和目标收入补贴则予以保留。

3. 突出作物保险的作用

2014 年新出台的农业法案在联邦农作物保险中增加了补充保障选择(supplemental coverage option,SCO)和浅层次收入保障计划(stacked income protection plan,STAX)两个新的项目,为有机农场的生产者,如农民和牧场主提供进一步的支持。

4. 改革资源保护补贴

2014 年农业法案基本维持了用于美国农业资源保护项目的整体资金规模。根据国会预算局的调查,从 2014 年到 2018 年,用于美国农业生产保护项目的固定资金将减少 2 亿美元,不到 280 亿美元的百分之一,2017 年资料保护项目(conservation reserve program,CRP)面积上限将减少到 2 400 万英亩(1 英亩≈4 046.87平方米)。

6.2.2　欧盟共同农业政策的改革内容

共同农业政策实行之后,在提高农业生产率、增加农民收入、扩大农产品出口、稳定农产品价格等方面取得了明显成效,但也带来了财政压力巨大、补贴过度、资源配置扭曲等诸多问题。进入 21 世纪以来,共同农业政策又遇到了新的挑战——农业的可持续发展问题,即欧盟对共同农业政策进行了新一轮的改革。

1. 减少价格支持力度

欧盟财政负担和农产品过剩状况不断加重,来自外部的贸易谈判压力也逐渐加强,这些因素都促使欧盟启动旨在调低价格支持的改革。在 2003 年对油菜子、谷物和蛋白类作物降低价格支持的基础上,2008 年欧盟降低了谷类、奶制品、糖类的价格支持。具体措施如下:取消黑麦的干预价格,削减大米 50% 的支持价格,首次开始对奶制品的支持进行削减,黄油和脱脂乳的干预价格在 2003~2006 年分别削减 21% 和 15%;糖类的保证价格由 2005 年的 631.9 欧元/吨减少到 2009 年的 404.4 欧元/吨;甜菜的价格从 2005 年的 43.6 欧元/吨减少到 2009 年的 26.3 欧元/吨。这一举措的推进,使欧盟农产品更接近世界市场价格,有助于改善其市场竞争力,对部分产品的出口产生积极的作用;同时有利于缓和新老成员之间的利益冲突,促进各成员之间的进一步融合。

2. 转变直接补贴方式

改革的方式是对直接补贴计算方式的改变,建立了"单一农场补贴"(single farm payment),实际是对直接补贴的计算方式进行了改革,由以当年作物种类和种植面积为基础的补贴计算方式，转为以 2000～2002 年的作物种类和面积为基础加以确定。新的补贴政策不再是扭曲生产的政策，实现了从"黄箱"向"绿箱"政策的转变。

3. 密切关注环境问题

农业环境措施一直是欧盟农村发展计划中强制执行的一个重要部分，农户从事农业生产必须履行四项要求：第一，采用高效农业生产方式；第二，遵守通用环境条款，直接获得奖励；第三，采用保持自然水土平衡的项目；第四，遵照 2007～2013 年农业环境测量规则，签署短期或者长期条款。这些举措将环境服务、农业耕作和基础法律结合起来，并且与农户的补贴收入直接挂钩，将环境目标纳入新的农村发展框架之中。

4. 加大农村发展支持力度

农村发展是欧盟共同农业政策的第二大支柱，农业的多功能性和可持续发展也是其强调的发展方向。为应对目前欧盟农业经济地位下降的问题，欧盟政府一方面向农民提供补贴，鼓励农民参与欧盟农产品质量安全计划，适应食品标准，改善动物福利；另一方面，削减大农场直接补贴，将节余的资金转为农村发展基金，规定每年享受 5 000 欧元以上补贴的农场必须再拿出 5% 的补贴资金用于农业发展计划，加上现有规定 5% 的比例，这意味着欧盟补贴的 10% 将用于农业发展。

6.2.3　日本农业政策的调整——日本型直接补贴政策的构建

2012 年年底，日本自民党重新执政，安倍政权正式提出了构建"日本型直接补贴政策"的农业政策改革思路，试图在民主党执政时期推行的户别收入直接补贴政策的基础上，扩大补贴范围和补贴对象，综合调整国内已有直接补贴政策，进一步加大对国内农业生产的扶持力度，以稳定和巩固自民党在农村的选民基础。直接补贴政策的构建，就是要调整原有的仅以稻米为对象的户别收入直接补贴政策，对于农业和农村所发挥的国土保全、水源涵养、村落维系等多功能性，通过法律化的手段进行直接补贴。此外，日本型直接补贴政策的酝酿，也与欧盟新一轮的共同农业政策改革密切相关。欧盟新一轮农业政策调整，提出与价格脱钩、以耕地管理面积为基准的环境目标主导型农业直接补贴，成为自民党农政改革的模板。对农业多功能性进行补贴、确保耕地有效利用，正体现了日本型直接补贴对欧盟共同农业政策改革的借鉴与本土化尝试。

从自民党 2012 年的竞选纲领与 2013 年的执政纲领上看，虽未明确指出制度框架设计的基本思路，但是在原有各项补贴政策的基础上，进行一揽子的政策整合与调整，可能是日本型直接补贴政策设计的基本路径。2012 年自民党竞选纲领中指出，日本型直接补贴就是通过制定《农业多功能性法》，全面客观评价农林水产业和农山渔村所发挥的多功能性，通过对水田、旱地等农地有效利用的行为进行直接补贴，构建日本型直接补贴政策的法制化框架。2013 年的自民党执政纲领中进一步指出，制度设计要着眼于农地有效利用的成本，对水田、旱地、果园和草地等不同利用类型的农地进行详细调查，建立农地基本数据库，以反映到制度框架设计之中。同时，实现丘陵山区等直接补贴政策、农地水环境保护管理直接补贴政策和环境友好型农业直接补贴政策的法律制度化，作为农地有效利用的追加补贴进一步充实完善。从安倍政权的农业政策措施上看，日本型直接补贴政策的构建基础是收入经营稳定政策（原户别直接补贴政策）、丘陵山区等直接补贴政策、农地水环境保护管理直接补贴政策和环境友好型农业直接补贴政策。具体实施方案可能需要在本年度追加实施的多功能性与经营体调查基础上进一步设计，目前还没有具体的实施方案。但是，与价格脱钩、以农业多功能性保护为基础、将农地面积作为补贴依据、考虑各地差异是日本型直接补贴政策的基本特征。

6.2.4　巴西农业政策的调整

1. "2012 年家庭农业生产计划"

2011 年 7 月巴西颁布了"2012 年家庭农业生产计划"。这项计划旨在通过一系列优惠政策，扶持巴西家庭农业生产，稳定农村就业水平，提高农民收入水平，促进农村经济和社会发展。家庭农业生产计划主要是从资金、技术和农产品销售等领域为农户提供支持。此外，巴西首次为家庭农业生产者制定了粮食最低保障价格政策。政府部门每年会根据市场行情和当年的粮食生产成本核算、制定粮食最低收购价格。政府还为家庭农户提供必要的农业生产保险。

2. 进一步扩大农业信贷规模

为农业生产者提供低息生产信贷是巴西扶持农牧业最重要的一项政策。巴西政府根据每年的农业生产计划，确定政府农业信贷规模。根据 2012 年 6 月底颁布的《2012—2013 年农牧业计划》，巴西政府 2012/2013 年度向农牧业投入的贷款总额预计将达到创纪录的 1 151 亿雷亚尔（约合人民币 3 666 亿元）。其中，869 亿雷亚尔（约合人民币 2 768 亿元）的贷款用于支持农业生产和销售，282 亿雷亚尔（约合人民币 898 亿元）的贷款将用于投资计划。对于生产大户，信贷利率将由 6.75% 降至 5.5%；对于中型生产者，利率将由 6.25% 降至 5.5%；对于散户，信贷发放标准也有所放宽。巴西农业生产者申请使用的农业信贷，大部分用于农产品贸易和购买农业生产资料，如化肥、农药、种子等。这一部分的信贷量为 721.4 亿雷亚尔。低息农业信贷提高了农业生产率，扩大了农业生产，极大地促进了巴西农牧业持续增产增收。

3. 加强对重点产业的支持力度

(1)养猪业信贷支持。受国际市场原料需求和价格的影响,巴西国内玉米和大豆价格上涨。而玉米和大豆是饲料的主要原料,约占养猪饲料成本的70%,因此2012年巴西国内饲料价格在两个月的时间上涨了约30%,但是猪肉市场售价不升反降,从而挤压了养猪生产者的收益和猪肉加工企业的利润。来自全国各地的养猪业生产者要求政府采取特别措施来扶持养猪业。巴西政府于2012年对全国养猪生产者和猪肉加工企业提供一笔总额为2亿雷亚尔(约合1亿美元)的特别贷款,以稳定市场供应,调动养猪生产者的积极性。

(2)投资发展渔业生产。虽然巴西有相对丰富的渔业资源,但养鱼技术落后,渔业生产并不发达。2012年10月巴西政府表示,在2014年前拨款41亿雷亚尔(1雷亚尔约合0.5美元)用于发展全国渔业生产,使巴西每年养鱼业的产量达到200万吨。此项信贷将用于推广养鱼技术、鼓励建立养鱼合作社,为鱼产品的仓储和销售创造更好的条件,以此提高鱼产品的竞争力,增加渔民的收入。2012年巴西政府颁布一项全国渔业发展计划,规定年收入低于16万雷亚尔的渔民和年收入不到32万雷亚尔的水产养殖户,都可以申请巴西政府发放的低息家庭农业生产信贷。同时,渔民和养鱼户还可以申请政府的小额生产信贷。此外,巴西政府还在推广养鱼技术上投入1.35亿雷亚尔,用于培训全国12万个渔民,使这些渔民了解如何申请和使用政府信贷资金、学习有关养鱼和仓储鱼产品的技术、了解如何从事鱼产品贸易等。

(3)建立全国统一的肉品生产和质量信息管理平台。为保障肉类生产质量和加强卫生检疫,巴西农业部和农牧业联合会对全国27个州的牛肉生产和运输实行统一的数据信息管理。巴西各地的牧场、屠宰厂从2012年4月18日起,必须将饲养生产、屠宰、加工和肉品运输过程中的相关信息统一输入"农牧业管理平台系统"。统一全国的肉类数据和信息,将有利于加强肉类生产的管理,有利于加强其卫生检疫,提高肉类品质管理的透明度和可信度,增强巴西肉品出口的国际竞争力。

4. 强调农业可持续发展

近年来,巴西确定了"以农立国"的可持续发展战略,主要依靠科技进步和提高生产效益来增加农业产量,公益性和绿色农业成为巴西农业科技研究的重点。巴西政府为鼓励家庭农民和大型农场采用农林牧相结合、农作物轮作套种、免耕直播、人工造林等新型农业生产模式,降低农业生产过程中的碳排放,推出了一项"低碳农业信贷"计划。2011/2012年投入31.5亿雷亚尔用于支持低碳农业,主要用于六个方面,即免耕播种技术应用、废弃草场恢复利用、农林牧一体化、商业林木开发、生物固氮、动物排泄物再利用。只要农户所从事生产的领域符合上述内容并取得专家评审资格后，即可申请最高为100万雷亚尔的低息贷款，还款期限可达15年。这项措施对巴西发展绿色经济、减少农业碳排放起到了示范推广的作用。

5. 允许外资租赁农用土地

2011年巴西政府出台了一项允许外国人租赁土地的政策，取代过去严格限制外国人购买土地的法令。外资土地租赁政策将会借鉴澳大利亚的做法，不过租赁期不是99年，而是50年。巴西是世界上重要的农业生产和出口大国，外国投资进入巴西有助于提高巴西的农业技术、生产效率和产品竞争力，进而提高农业部门的生产与出口能力。

■ 6.3　对中国的经验启示和政策建议

6.3.1　经验启示

1. 政策制定

主要国家和地区在农业政策制定过程中最突出的特点是，强调参与主体的多元性和制度制定的程序化，这是保障农业政策制定和实施的前提和基础。没有社会的广泛参与，政策制定无法全面反映各方利益主体的诉求。没有严格的政策制定程序，政策就会出现反复，无法沿着既定目标不断前进。

美国农业政策决策过程突出民主化。农业政策在制定或提起之前，会通过各种途径接受各方的建议。在政策制定过程中，任何人都可以就政策本身发表意见或提出建议，代表农场主和农业利益的院外势力往往会产生重大的作用，从而使各方的利益都能够被兼顾。在政策表决的过程中，遵循以少数服从多数的原则，从而避免少数者专断。

欧盟农业政策制定过程中，欧盟委员会掌握政策动议权，但委员会要想触及农业的核心问题，需由理事会加以裁定。在理事会内部，有着与共同农业政策相关的机构设置。为了同其他政策领域一致，农业工作小组在收到委员会的政策提议之后，不是将其提交给常设代表委员会，而是提交给特设的农业特别委员会，后者再将其提交给农业部长理事会，最后进行讨论、批准。

日本农业政策制定过程中需要接受审议委员代表的审议，审议委员代表来源非常广泛，由大学教授和企业代表，农业团体、消费者和媒体代表，地方官员和政府研究机构代表等共同组成，既保证了《基本计划》修订的科学性，又兼顾不同利益群体的诉求，有助于《基本计划》颁布后获取广泛的认可。与此同时，农业政策在制定过程中还会通过网络等多渠道征集意见。在政策的基本调整框架确定后，农业部门的主要官员分赴各地进行现场说明，与各地方的政府官员、农业团体与农民、消费者等进行意见交流，以保证制定的农业政策能够顾及不同利益群体的意见并得到有效的执行。

2. 政策执行

主要国家和地区在农业政策执行过程中，强调依法组织实施和加强执行管理。

美国强调执行过程程序化。农业政策由农业部下属不同机构分别制定和负责实施，从而确保职权明确和权责统一，保证了执行的程序化和高效性。在政策的执行过程中，不仅要面临来自司法机关和社会各方的监督，还要及时收集信息和反馈意见，进行相应的政策调整。

日本农业政策有一个很完备的执行机制。《基本计划》规定："基本计划各项措施的执行，在明确执行顺序、时间安排、政策手段与政策目的的同时，对各项措施的执行情况进行必要管理。"作为《基本计划》规定的措施执行管理环节，日本农业部门每年都需要对主要政策措施的落实情况与最新进展进行总结并公开发布，特别要对相关预算的执行情况进行必要说明，同时总结主要措施的当前效果与问题点。

3. 政策调整

当前国际农业政策调整的主要方向是加大农业支持力度、创新补贴方式、发展绿色生产。

美国新的农业法案虽然大幅削减了农业补贴额度，并调整了补贴发放方式，但仍然通过农业保险等其他项目途径加强了对农业的支持与保护，对农业的扶持力度不但没有削弱反而还有一定程度的加强。

欧盟农业政策改革一方面加大农业财政支持投入，提高资金使用效率；另一方面继续加强对农民补贴和农村支持，切实发挥农业政策的收入分配职能。同时强调农业发展、农民增收与环境保护的协调发展。农业不仅具有商品生产的职能，还有一定程度的公共产品属性，共同农业政策具有明显的生态化指向。

日本的直接补贴范围从收入补贴扩大到发挥农业多功能性等更广的补贴范围。对农民进行收入直接补贴，是在国际农产品市场开放的条件下，为顺应WTO规则而由传统的价格补贴过渡而来的。同时，将农业多功能性保护等作为直接补贴的政策目标，为保护本国农业发展提供了有力的理论支撑，也在国际谈判中获得了有利位置。

巴西整体的农业支持力度比较低，但其在农业支持政策制定过程中注重结合本国实际，针对不同的产品和群体采用不同的支持政策。巴西对进口竞争型产品的补贴明显高于出口竞争型产品,对具有竞争优势的产品,政府给予较少补贴,鼓励其参与国际竞争,创立品牌;对于缺乏竞争优势的产品,政府则通过大量信贷来对生产者进行补贴。巴西政府鼓励大规模的农场经营,放开市场让大农场到国际市场上去竞争;而对处于弱势的小农场进行补贴,保证其收入。这样不仅保证了社会稳定,而且大大提升了巴西农产品的国际影响力。巴西政府还通过信贷政策等政策工具的巧妙运用,引导社会资金流向农业部门。巴西提供了各种针对农业的优惠信贷来保证支农资金,如生产性信贷资金、非生产性信贷资金、增加就业和高附加值项目信贷资金及农业商业信贷等。

6.3.2　政策建议

在对主要国家和地区的农业政策制定、执行和政策调整内容进行分析总结的基础上,提出未来我国农业政策调整和完善的政策建议。

1. 增加政策制定的公众参与度和透明度

当前我国在政策制定过程中,政策制定机构会开展针对各有关群体的调研,政策草案也会向各有关部门和地方政府征求意见,但针对广大农业生产者群体的意见征集工作不足,同时政策制定过程中的公开程度还有待进一步加强。作为农业政策支持和保护的主体,农民的利益诉求应该更多地被政策制定者所考虑,通过增加政策制定的透明度和公众参与度使政策更具有科学性和针对性。

2. 加强政策执行过程的监管

为确保农业政策的顺利和有效实施,主要国家和地区的农业政策都由立法部门以法律形式进行公布,尤其是美国农业法案,以法律形式直接确定了未来五年的农业项目投资数量。当前我国的农业政策首先以中央一号文件的形式进行公布,其次由各个部门进行分工确认。但是究竟要在农业支持和保护方面采取什么样的形式?投入的资金最终是多少?这些具体措施和项目通常由各个部门通过协商来确定,成为多部门博弈的结果,无形当中损害了农业政策的权威性,也给地方执行机构带来一定的困难。在政策执行过程中,当前监督部门主要关注的是项目进度和资金的执行情况,对政策效果的评估工作还没有一套科学完整的体系,缺少政策的评估和反馈机制。随着我国"三农"投入的逐步增长,如何提高资金的使用效率、提升我国农业发展水平成为亟须解决的问题,因此迫切需要构建一套科学的政策评价体系。

3. 遵循国际农业发展趋势,及时调整我国现行的农业支持政策

一是加大农业财政支持投入,提高资金使用效率。随着加入 WTO 以后国内市场的逐步开放,国外强势竞争者对我国农业的冲击越来越大,我国农业亟须政府的投入支持。首先,应确定每一阶段农业财政支持的重点方向,针对我国农业发展中

的薄弱环节，如农田水利基础设施、规模农业发展、标准化农业建设等，将有限的资金用在最急需的领域。其次，支持农业生产的结构性调整。加入 WTO 后，我国农业发展面临着越来越大的市场竞争压力。因此，转变传统农业发展模式，优化农业生产结构，确保农业平稳、较快发展成为农业财政支持的另一重点。要把粮食生产放在首位，保证财政资金对粮食种植的扶持力度，重点补贴粮食种植大户、家庭农场；同时依托资源禀赋，充分发挥各地区的比较优势，实现农产品生产的专业化、品牌化、优质化，将财政资金用于引导农户专业化经营的方向上来。

二是大力加强对农民补贴和农村支持力度，切实发挥农业政策的收入分配职能。从缩小城乡收入差距、保证收入分配的合理与公平、实现城乡一体化方面来看，我国应不断加大对农民的财政直接补贴力度，切实发挥农业政策的收入分配职能，实现兼顾农业发展和社会和谐的政策目标。首先，借鉴欧美等国农业补贴政策改革经验，调整现有农业补贴操作模式，将补贴的目标转向收入支持层面。在确定补贴额度时，要综合考虑历史单产、播种面积及收入水平等因素，而不是简单地以当期单产、播种面积和收入水平来确定农户补贴额度。应合理运用"黄箱"补贴，结合地区农民历史收入水平，探索建立目标价格补贴政策，用历史价格来确定目标价格。同时，政策应尽量向"绿箱"补贴靠拢，将补贴的重点转向技术推广补贴，扩大农业作业环节补贴试点范围。

三是完善农村金融和农业保险制度。首先，资金约束是制约农村发展的瓶颈，因此要积极开展金融服务创新，有效增加金融产品供给，科学培育和引入各类新型农村金融机构，打破由一家或两家金融机构垄断农村金融市场的局面；允许农民合作社开展信用合作，为新型农业经营主体提供资金支持，形成主体多元、良性竞争的市场格局；扩展有效担保抵押物范围；将农业经营主体的土地经营权、农房、土地附属设施、大型农机具、仓单等纳入担保抵押物范围。其次，要健全农业保险制度，农业部门应牵头制定针对各个农业产业的农业保险条例，同时明确界定政府和作物保险公司的作用。继续扩大农业保险补贴规模，增加品种，提高标准，建立健全再保险和巨灾风险保险等制度。

四是促进农业发展、农民增收与环境保护协调发展。近些年来，随着环境保护和食品安全压力的增大，农村环境治理已成为各国农村发展政策关注的重点。我国也应从环境保护和社会价值的角度出发，在粮食安全、资源节约、环境保护、动物福利保护、乡村传统文化风貌保护等方面做出详细规定，最大限度地利用地区优势、自然和文化资源。一方面，保持美丽的乡村风景、田园风光、乡村游览环境；另一方面，提供高质量的农林产品、优美环境、传统文化与工艺、传统建筑与艺术遗产等。改善农村生态环境，首先要促进生态友好型农业发展，落实最严格的耕地保护制度、节约集约用地制度、水资源管理制度、环境保护制度，强化监督考核和激励约束。其次要建立农业资源休养生息的制度，大力修复重金属污染耕地，在陡坡耕地、严重沙化耕地、重要水源地实施退耕还林还草。最后要建立生态保护红线，加强林地、草地、河流生态建设，加大生态保护力度。

　　五是加快推进双边与多边贸易谈判，争取良好的国际贸易环境，合理利用国际农产品资源和市场，实施农业"走出去"战略。加快与相关农产品出口国建立稳定的政治经济关系，开辟多元化的农产品进口渠道。积极参与全球和区域性农产品贸易政策和规则的设定和谈判，通过推动建立更加公平的国际贸易秩序以保障全球农产品贸易的稳定增长，降低可能的贸易风险。抓紧制定和实施进口农产品国际贸易战略，加强规划指导，优化粮棉油糖来源地布局，建立稳定可靠的农产品贸易关系。加快实施农业"走出去"战略，培育具有国际竞争力的粮棉油糖等大型企业集团，积极参与全球农产品市场的流通、贸易和加工环节，确保我国重要农产品稳定和有效供给。

第 7 章

中国"三农"政策的变化趋势和未来的调整方向①

改革开放三十多年来，我国农业和农村发展取得了举世瞩目的成就。在农业生产方面，制度改革和技术进步迅速提升了我国农业生产能力，在增加我国居民农产品可获得性的同时，大量劳动力从农业部门释放出来，为我国宏观经济的发展注入了巨大动力。农业和非农经济的快速发展显著提升了居民收入水平，也让数亿农民摆脱了贫困，为我国农村发展做出了巨大贡献。

尽管我国农业和农村取得了显著成绩，但新时期也面临一些重要的挑战，对我国"三农"政策的调整提出了新的要求。第一，在粮食和农产品的供需方面，农产品生产的增幅开始减缓，我国居民对农产品的需求结构、数量和质量安全也提出了更高的要求。第二，在城乡收入分配和农村减贫方面，城乡收入差距依然较大，甚至存在继续扩大的风险，农村减贫任务依然艰巨。第三，农业与农村资源环境可持续发展面临严峻挑战，水土资源压力、农业面源污染都将成为影响我国农业发展的重要制约因素，气候变化也加大了农业生产风险。农村居民生活垃圾排放以及工业污染向农村转移，也加剧了农村的环境压力。第四，农村社会治理与农村发展任务艰巨。虽然我国在农村基础设施建设、农村医疗卫生和社会保障等方面取得了显著进展，但与城市相比依然差距较大，农村治理结构还不能适应农村发展的需求，农村弱势群体保护亟待加强。第五，随着我国市场经济的不断发展和与国际市场的不断融入，宏观经济和国际经济的波动也对我国农业与农村发展产生更为直接的影响。本书在系统梳理新时期我国农业和农村发展面临的问题和挑战的基础上，分析了我国未来"三农"发展的趋势，提出了未来"三农"政策

① 本章执笔人：仇焕广、宋洪远。

的调整方向。

■ 7.1　农业发展现状、制约因素和政策调整方向

7.1.1　主要农产品需求及其变化趋势

改革开放三十多年来，我国农产品需求总量和结构发生了显著变化。从需求总量来看，我国居民人均粮食消费经历了"先升后降"和"从粗粮转向细粮"的两个转变，而动物性食品、食用油料产品和水果蔬菜等高附加值农产品的需求保持持续增长(曹慧等，2013)。从居民人均粮食消费来看，大米和小麦人均消费量由 1980 年的 79.5 千克和 50.9 千克提高到 1991 年的 96.1 千克和 78.3 千克，随后持续下降至 2012 年的 83.23 千克和 51.56 千克。其他粮食作物(玉米、其他谷物，以及除马铃薯外的其他薯类)人均口粮消费从 1980 年就呈现不断下降趋势(图 7-1)。从动物性食品的人均消费来看，我国人均畜禽肉类消费量由 1980 年的 12.6 千克稳定增长到 2012 年的 50.8 千克，年均增长约 9.7％。人均水产品消费量由 1980 年的 2.0 千克持续增长到 2010 年 21.1 千克，年均增长 32.9％(图 7-2)。我国植物油人均消费由 1980 年的 1.7 千克持续提高到 2012 年的 15.1 千克，在 32 年间增长 7.9 倍，年均增长 25.4％。水果人均消费量增长显著，由 1980 年的 6.3 千克增长到 2012 年的 61.9 千克，增长约 9 倍，年均增幅为 28.5％。

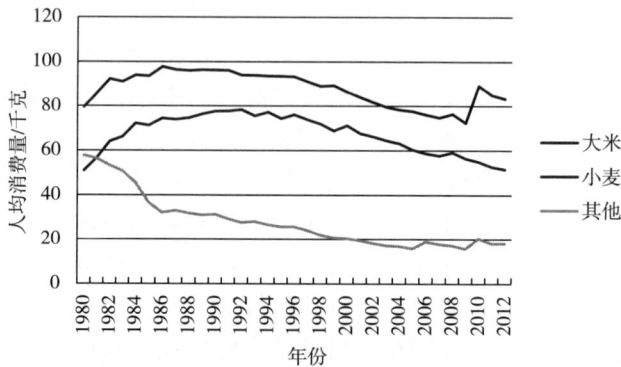

图 7-1　我国人均口粮消费变化情况

收入增长、城镇化和人口增长是影响我国未来农产品消费变化的主要因素(Huang et al.，2002)。收入增长和城镇化对主要农产品的消费具有显著影响。随着收入增长，粮食消费下降，动物类产品和水果等高附加值产品的需求则迅速上升。收入增加和城镇化也改变了部分农村居民的饮食习惯，极大地推动了动物性食品和水果蔬菜等消费的增加。我国城镇户口居民从 1980 年的 20％增加到

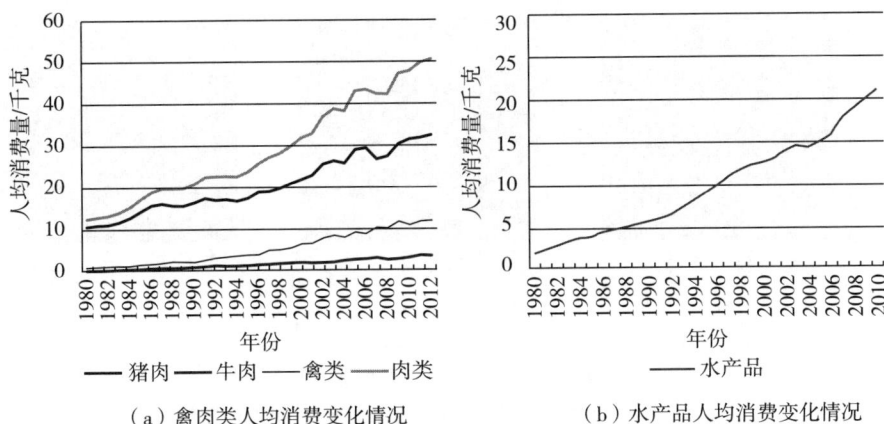

（a）禽肉类人均消费变化情况　　　（b）水产品人均消费变化情况

图 7-2　我国居民畜禽肉类和水产品人均消费变化情况

资料来源：《中国统计年鉴》（历年）

2012 年的 52%，未来 10~20 年城镇化还将保持年均 1% 左右的增长速度，城乡居民收入有望保持 7%~8% 的增长速度。受两者的影响，我国主要农产品消费总量将进入稳定增长阶段。在消费结构上，附加值较高的产品的需求将进一步扩大。过去的三十多年间，人口增长也是我国总体食物需求快速增长的重要原因。但未来，这一因素对我国总体食物需求的影响将下降，我国人口增长率从 20 世纪 90 年代的 1% 下降到 21 世纪首个 10 年的 0.7%，根据联合国的预测我国在未来 10 年还将保持年平均 0.5% 的人口增长率。

从韩国和日本人均食物消费的历史变化趋势来看，未来 10~20 年我国动物性产品、植物油、水果蔬菜等高附加值农产品人均消费量将继续保持较快增长（杨军等，2013）。该研究也认为，我国 2012 年的食品消费结构相当于 20 世纪 60 年代末日本、80 年代末韩国的水平。在这一时期，韩国和日本的食品消费结构都经历快速转变，谷物在人均食物能量、蛋白和脂肪等摄取中的比重显著下降，而植物油及油籽和动物产品的比重快速上升（图 7-3）。可以预期，在未来 10~20 年我国动物产品、植物油人均消费将依然保持较快增长。

7.1.2　农业生产发展及其主要制约因素

1. 主要农产品生产情况

改革开放后，我国在粮食安全得到基本保障的同时，经济作物和畜禽产品的生产得到快速发展。受单产提高和面积增长的影响，我国粮食产量在三十多年间增长了约 80%。由于种植面积和单产的提高，油料和水果的产量增长幅度显著，三十多年间增幅分别达到 3.3 倍和 32.5 倍。我国肉蛋奶产品生产规模迅速扩大。1980 年我国肉类产量仅为 1 205.4 万吨，2012 年已达到 8 387.2 万吨，年均增长

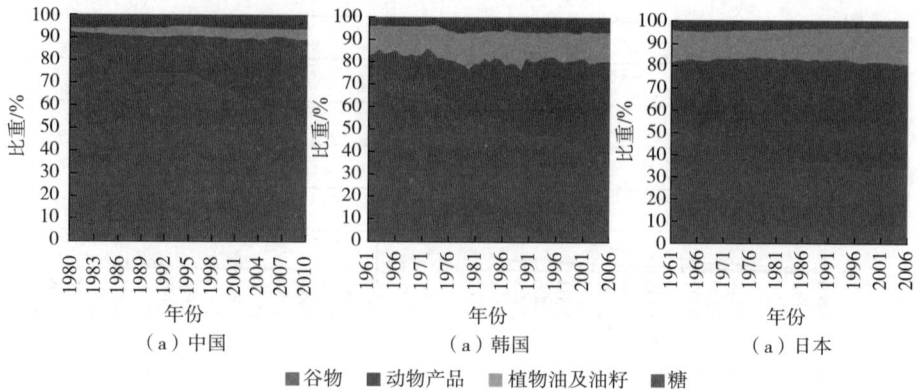

图 7-3　中国、韩国和日本人均蛋白摄取来源食物结构的变化

6.6%。奶类产量从1980年的136.7万吨增长到2012年的3875.2万吨，年均增长11.1%。禽蛋产量从1982年的280.9万吨增长到2012年的2861.4万吨，年均增长7.6%。由于增幅的不同，畜牧业的内部生产结构也发生了显著变化，肉蛋奶的比例从20世纪80年代中期的80%、12%和8%，转变为2012年的55%、19%和26%。

过去的三十多年中，受市场需求和生产能力的共同影响，我国农产品的生产结构和生产方式发生明显转变。1980年，我国种植业占农林牧渔总产值的比例为75.6%，畜牧业占比仅为18.4%，渔业占1.7%。到2012年，种植业占农业GDP的比例下降到52.5%，畜牧业占比增加到30.4%，渔业从不足2%增加到9.7%。受农业劳动力成本提高和技术进步等因素的影响，农业生产方式也发生了明显转变，机械化运用和规模化经营的作用日趋明显。以畜牧业生产为例，改革初期，我国以农户散养为主，专业化养殖比例不足5%。2012年，我国畜牧业的生产已经转变为以专业化和规模化养殖为主，2012年生猪和家禽生产中，专业化生产的比例已经分别占到65%和86%左右（仇焕广等，2012）。未来随着我国劳动力成本的提高，畜禽生产专业化养殖比例还会呈不断上升的趋势。

2. 制约农业生产的主要因素

第一，农业生产比较效益偏低，农民种粮积极性不高。近年来，农业生产成本升高导致种粮收益下降，农民种粮的积极性普遍不高。我国农业生产逐渐步入高投入、高成本阶段，农业生产成本快速上涨，生产资料价格持续攀升，农业土地租金和融资成本不断上涨，农业劳动力成本也因青壮年劳动力大量外出就业而快速提高。根据仇焕广等（2012）最近的研究，我国农业劳动力价格近年来以年均8%左右的速度上升。尽管我国一直在加大农业补贴的力度，但农业生产效益较低的局面并未改变。黄季焜等（2011）的研究表明，由于政策的瞄准度不高，农业补贴未能有效地刺激粮食生产。受这些因素的影响，2011 年小麦、水稻和玉米每亩净利润分别仅为 118 元、371 元和 263 元，农业生产利润低将是制约未来农业发展的重要因素。

第二，环境资源对农业生产的约束持续增加。当前，土地等农业资源利用强度较高、环境压力日益加剧，粗放型的农业生产模式成为制约农业生产的主要障碍。其表现如下。

土地资源约束。随着我国工业化、城镇化的迅速扩张，耕地数量持续下降的局面难以避免。根据国土资源部的数据，近年来我国耕地总量一直呈递减态势，20 世纪末期我国耕地面积为 19.45 亿亩，至 2010 年我国耕地总量下降至 18.26 亿亩，直逼 18 亿亩耕地红线。尽管 2012 年我国新一轮的土地普查数据把我国的耕地总面积重新调整为 20.27 亿亩，但未来耕地总量下降的趋势不会改变。此外，受高强度耕地利用的影响，土壤肥力呈现下降趋势，部分耕地土壤污染严重，给我国农业可持续发展带来了巨大压力。

水资源约束。水是一切农作物生长的基本条件。当前我国已经进入严重缺水期，全国农业灌溉用水缺口达 300 多亿立方米。长江以南地区水资源总量占全国的 83.2%，而耕地仅占全国的 30%，人口占全国的 54%，人均水资源占有量达 3 487 立方米，亩均水资源量达 4 317 立方米；长江以北地区水资源总量仅占全国的 16.8%，但耕地却占全国的 70%，人均水资源占有量仅有 770 立方米，亩均水资源量只有 470 立方米。随着我国农业生产重心进一步向北部地区转移，短期内水资源对农业生产的影响将愈加突出。经济发展、城镇化和工业化加速以及生态环境建设等非农部门水需求量的持续增长，也将不断侵蚀有限的农业水资源。

第三，农业科技创新与成果转化不足。在资源环境约束日渐增强的背景下，我国农业科技创新与成果转化依然不能够满足现代农业建设的要求。一方面，农业科技创新成果供给不足，农业科技总体水平不高，跟踪式、模仿式，甚至低水平重复式研究较多，农业科研与农业生产需求存在"两张皮"的问题；另一方面，农机推广服务不足，基层农技推广体系还存在许多突出问题，如管理体制不顺、运行机制不活、经费投入不足、条件建设薄弱、人员素质不高等，不能满足现代农业发展要求。

第四，农村青壮年劳动力大量转移到非农部门，对农业发展形成挑战。随着我国农村劳动力的大规模转移就业，农业劳动力不断减少、素质结构性下降，关键农时缺人手、现代农业缺人才等问题日益突出。许多地方留乡务农的以妇女和中老年为主，小学及以下文化程度的比重超过 50%。农村受过中等及以上农村职业教育的人口比例不足 4%，占农民工总量 60% 以上的新生代农民工不愿意回乡务农。农户兼业化、村庄空心化、农业劳动力老龄化（表 7-1）日趋明显，导致农业劳动力结构性短缺,"谁来种地"和农业"是否后继有人"等问题成为未来中国农业发展的严峻挑战。

表 7-1　全国住户农业从业人员分区域年龄构成　　　　单位:%

年龄段	全国	东部地区	中部地区	西部地区	东北部地区
20 岁及以下	5.3	4.2	4.9	6.4	6.4
21~30 岁	14.9	13.5	13.8	16.5	17.2
31~40 岁	24.2	22.0	24.5	25.3	25.4
41~50 岁	23.1	25.0	23.5	20.6	25.3
51 岁及以上	32.5	35.3	33.3	31.2	25.7
51~60 岁	21.3	23.4	21.8	18.0	19.4
60 岁以上	11.2	11.8	11.4	11.7	6.2

资料来源:国家统计局.中国第二次全国农业普查资料综合提要.北京:中国统计出版社,2008

第五,农业生产融资困难制约了农业生产的发展。从金融机构层面来看,多数正规金融机构已逐渐淡出农村市场,农村信用社成为农业贷款的主要渠道,但其远不能满足农户的金融需求;尽管中国邮政储蓄银行开始办理小额信贷业务,并具备了一定的网点和市场,但其主要作用还是吸收存款;最近几年国家开始试点村镇银行,但存贷规模还非常小。正规金融机构虽然放贷能力有限,但吸收存款的能力很强,这使农村资金出现了大量外流。从农户层面来看,由于缺乏有效抵押物,农户难以从正规金融机构获得贷款。

7.1.3　未来农产品供需及贸易形势分析

利用"中国农业可持续发展决策支持系统",本小节对 2013~2023 年我国农产品供给与需求进行预测分析。在模拟分析中,我们根据相关研究结果对影响我国主要农作物生产的可能因素(如耕地面积、水资源约束、劳动力成本变化、机械化发展、技术进步等)进行了假设,同时对影响主要农作物需求的因素、贸易政策等(如居民收入增长、城镇化发展、畜牧业发展和生产结构变化、关税变化等)都予以考虑。主要模拟分析结论如下。

(1)谷物供需变化:我国粮食总体自给率不断降低,口粮和饲料粮作物的供需状况存在显著差异。预计 2023 年我国大米和小麦能够基本自给,大米国内供需基本平衡。但我国玉米自给率将显著下降,玉米产量在 2023 年将达到 2.27 亿吨左右,虽然其产量增长显著高于水稻和小麦,但玉米总需求在 2023 年将达到 2.45 亿吨左右,国内玉米供需缺口在 2023 年将达到 1 800 万吨,自给率将由 2010 年的 99%下降到 2023 年的 92.7%(表 7-2)。

表 7-2 2023 年我国主要农作物供求预测结果

作物	大米	小麦	玉米	大豆	棉花	油料作物	糖	蔬菜	水果
播种面积/10³公顷	24 851	21 392	34 892	6 342	4 933	14 728	1 784	19 209	19 636
产量/万吨	12 102	11 081	22 715	1 313	740	913	1 520	37 458	19 734
单产/万吨	4.87	5.18	6.51	2.07	1.5	0.62	8.52	19.50	10.05
净进口/万吨	180	570	1 800	7 500	510	110	470	−600	−300
总需求/万吨	12 282	11 651	24 515	8 813	1 251	1 023	1 990	36 858	19 434
居民消费/万吨	10 152	7 681	777	8 557	0	960	1 158	30 287	13 435
人均食物消费/千克	71.9	54.4	5.5	60.6		6.8	8.2	214.5	95.15
饲料粮需求/万吨	525	1 656	15 290	70	0	0	0	0	0
种子需求/万吨	215	576	118	84		15	0	0	0
工业需求/万吨	831	1 316	7 690	92	1 246	28	750	0	3 450
浪费/万吨	559	422	640	10	5	20	82	6 571	2 549.5
自给率/%	98.5	95.1	92.7	14.9	59.2	89.2	76.4	101.6	101.5

(2)棉花和油料作物供需变化：我国棉花产出将以较快速度增长，但是需求增幅更显著，供需缺口进一步扩大。预计到 2023 年，棉花产量将增长到 740 万吨，需求量将达到 1 250 万吨，棉花进口将增长到 510 万吨，自给率将由 2010 年的 68%，降低到 2023 年的近 59.2%。油料作物生产和需求基本保持同步增长，供需缺口略有扩大。大豆供需缺口将进一步加大，预计在 2023 年我国大豆进口量将达到 7 500 万吨，自给率将降低到 20% 以下。其他油料作物(如油菜子、花生等)供需缺口加大，进口将逐渐从 2010 年的 53 万吨增长到 2023 年的 110 万吨。2023 年我国棕榈油等植物油的进口量预计将增加到 700 万吨左右。

(3)食糖供需变化：我国食糖生产将缓慢增长，但消费增长较快，供需缺口加大。食糖产量预计由 2012 年的 1 400 万吨，增长到 2023 年的 1 520 万吨。但是，随着经济持续增长，我国食糖人均消费量将显著提高，食糖总需求量将由 2012 年的 1 400 万吨，增长到 2023 年的 1 990 万吨。食糖进口量将从 2012 年的 350 万吨左右，增长到 2023 年的 470 万吨。

（4）蔬菜和水果供需变化：蔬菜产量将稳定增长，继续保持较显著的出口优势。蔬菜产量预计由 2010 年的 3.07 亿吨，提高到 2023 年的 3.75 亿吨左右，居民蔬菜消费量将增长到 3.03 亿吨。我国蔬菜出口在未来将继续保持较明显的比较优势，2023 年的出口量预计为 600 万吨。水果（包括瓜果）生产和消费量将明显提高，进出口都将保持快速增长。2023 年我国水果产量和消费量预计将分别达到 1.97 亿吨和 1.34 亿吨，水果净出口预计为 300 万吨左右。

（5）畜产品供需变化：畜产品消费将继续保持较快增长，其中牛羊肉和奶制品增幅最为显著。预计到 2023 年，我国猪肉和禽蛋将基本保持自给，禽肉自给率将保持在 95% 左右；但是，牛肉和羊肉的自给率将不断下降，自给率分别下降到 2023 年的 94.6% 和 93.9% 左右。奶制品供需缺口将明显加大，进口将显著增长。奶制品进口（折算为牛奶）将由 2010 年的 441 万吨，增长到 2023 年的 1 050 万吨，自给率下降至 85.7%（表 7-3）。

表 7-3 2023 年我国主要动物性食品供求预测结果

动物性食品	猪肉	牛肉	羊肉	禽肉	禽蛋	牛奶	水产品
生产/万吨	5 780	791	480	2 130	2 107	6 307	4 466
净进口/万吨	25	45	31	110	-0.5	1 050	-45
总需求/万吨	5 805	836	511	2 240	2 107	7 357	4 421
居民需求/万吨	5 805	836	511	2 240	2 107	7 357	4 421
人均食物消费/（千克/人）	41.1	5.9	3.6	15.9	14.9	52.1	31.3
自给率/%	99.6	94.6	93.9	95.1	100.0	85.7	101.0

7.1.4 我国农业发展趋势和政策调整方向

我国农业发展正处于从传统农业向现代农业转型的阶段，农业生产经营方式走向由传统小农生产逐渐向适度规模化生产转变的阶段。面对上述挑战，今后一段时期，我国政府需要从以下几个方面做出政策调整。

1. 优化和加强农业支持力度

（1）完善农业补贴政策。按照增加补贴总量、扩大补贴范围、优化补贴方式逐步进行调整的要求，积极开展改进农业补贴办法的试点试验。首先，继续实行种粮农民直接补贴、良种补贴等政策，新增补贴重点向口粮等重要农产品、新型农业经营主体、主产区倾斜。其次，根据各地条件，开展按实际粮食播种面积或产量对生产者补贴试点，提高补贴精准性、指向性。再次，加大农机购置补贴力度，完善补贴办法，继续推进农机报废更新补贴试点。最后，完善主要农产品的价格形成机制，及时总结对大豆和棉花等产品的差价补贴政策，适时考虑对糖、玉米等产品推出差价补贴政策。

(2)加快建立粮食主产区利益补偿机制。加大对粮食主产区的财政转移支付力度，增加对商品粮生产大省和粮油猪生产大县的奖励补助，鼓励主销区通过多种方式到主产区投资建设粮食生产基地，更多地承担国家粮食储备任务，完善粮食主产区利益补偿机制，支持粮食主产区发展粮食加工业。

(3)提升农业基础设施和科技的支撑能力。不断夯实基础设施、装备条件、科技进步、人才队伍等现代农业发展的基础支撑。重点加强农业基础设施建设，改善农业生产条件，大规模开展高标准农田建设和中低产田改造，推进种养业生产设施建设和更新改造，优化农机装备结构，加强农业信息化建设。深化农业科技体制改革，加大农业科技投入，加强农技推广机构队伍和基础条件建设，加大对职业农民培训力度。推进现代种业政策改革。

2. 构建新型农业经营体系

(1)发展多种形式的规模经营。鼓励有条件的农户流转承包土地的经营权，培育土地经营权流转市场，完善县乡村三级服务和管理网络。探索建立工商企业流转农业用地风险保障金制度，加强监督，严禁农用地非农化。土地流转和适度规模经营要尊重农民意愿，不能强制推动。

(2)扶持发展新型农业经营主体。鼓励发展专业合作、股份合作等多种形式的农民合作社，引导规范运行，着力加强能力建设。允许财政项目资金直接投向符合条件的合作社。鼓励发展混合所有制农业产业化龙头企业，推动集群发展，密切与农户、农民合作社的利益联结关系。鼓励地方政府和民间出资设立融资性担保公司，为新型农业经营主体提供贷款担保服务。

3. 加快农村金融制度创新

(1)赋予农民更多财产权利。稳定农村土地承包关系并保持长久不变，在坚持和完善最严格的耕地保护制度的前提下，赋予农民对承包地占有、使用、收益、流转及承包经营权抵押、担保权能。在落实农村土地集体所有权的基础上，稳定农户承包权、放活土地经营权，简化承包土地的经营权向金融机构抵押融资的手续和难度。

(2)强化金融机构服务"三农"职责。稳定大中型商业银行的县域网点，扩展乡镇服务网络，根据自身业务结构和特点，建立适应"三农"需要的专门机构和独立运营机制。强化商业金融对"三农"和县域小微企业的服务能力，不断提高存贷比和涉农贷款比例，将涉农信贷投放情况纳入信贷政策导向效果评估和综合考评体系。

(3)发展新型农村合作金融组织。在管理民主、运行规范、带动力强的农民合作社和供销合作社的基础上，培育发展农村合作金融，不断丰富农村地区金融机构类型。

（4）加大农业保险与支持力度。提高中央、省级财政对主要粮食作物保险的保费补贴比例，不断提高稻谷、小麦、玉米三大粮食品种保险的覆盖面和风险保障水平。鼓励保险机构开展特色优势农产品保险，扩大畜产品及森林保险范围和覆盖区域，鼓励开展多种形式的互助合作保险。

4. 支持农业走出去，适当调整政策支持方向

促进我国农业"走出去"是我国近期确定的保障国家粮食安全的重要战略措施。这一措施实施以来虽然取得了一定的进展，但执行过程中也遇到许多新的问题，并且导致国际上出现"新殖民论"等舆论压力。未来的政策转变建议主要考虑以下几个方面：转变政策思路，把帮助走出去企业扩展国际业务、增加企业利润作为农业"走出去"战略的首要目标；引导农业企业"走出去"的重心由种粮转向参与从农业生产到加工到销售的全产业链经营；结合对外援助工作，为农业企业"走出去"搭建平台，为农业"走出去"企业积蓄人才，并为企业营造良好的外部国际环境；建设鼓励农业企业"走出去"的国内政策和体制环境；重视民间交流与合作，加强协会和民间团体的作用。

■7.2　农村发展的成就、面临的挑战和政策调整方向

7.2.1　农村发展取得的成就

我国政府历来重视农村发展。近十年来，我国政府在农村基础设施建设、推动教育等农村社会事业发展、建立和完善农村社会保障制度等一系列的改革中，取得了显著成就。

（1）农村基础设施建设不断完善。十六大以来，农村的水、电、路、沼气等建设不断发展。2003～2005 年国家投资建成农村水泥路和沥青路超过 1949～2002 年完工里程的总量，2013 年我国农村道路里程达 367.84 万千米，覆盖了超过 90% 的行政村；2012 年，我国农村电网改造使农民用电负担年均减轻约 350 亿元；我国对农村饮用水安全也十分重视，"十一五"我国总共投资 1 053 亿元，解决了 2.1 亿农民的饮用水安全问题。

（2）农村社会保障制度不断丰富、完善和发展。目前我国农村已经基本建立起涵盖新农合、农村最低生活保障制度、新农保等在内的社会保障制度，受益群体不断扩大，保障标准不断提高，社会救助体系和社会福利事业不断完善和发展（图 7-4）。

2003 年农村新型合作医疗保险开始在全国范围内进行试点，2011 年覆盖率达到 97.5%；截至 2011 年，经国务院批准的新农保试点地区参保人数达到 3.26

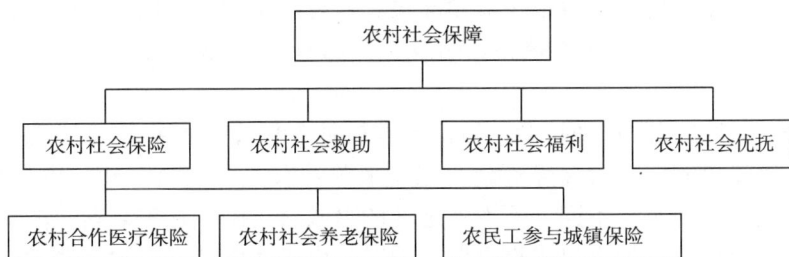

图 7-4 我国农村社会保障体系

亿人；2012 年年底，我国的最低生活保障体系覆盖农村最低生活保障户 2 814.9
万户、5 344.5 万人，比上年同期增加 38.8 万人，全国农村最低生活保障补助也
有显著提升，平均 2 067.8 元/(人·年)，比 2011 年提高 349.4 元，增长 20.3%
(表 7-4)。

表 7-4 2005～2011 年新农合情况

指标	2005 年	2006 年	2007 年	2008 年	2009 年	2010 年	2011 年
新农合县(区、市)数/个	678	1 451	2 451	2 729	2 716	2 678	2 637
参合人口数/亿人	1.79	4.1	7.26	8.15	8.33	8.36	8.32
参加率/%	75.7	80.7	86.2	91.5	94	96	97.5
当年筹资总额/亿元	75.4	213.6	428	785	944.4	1 308.3	2 047.6
人均筹资/元	42.1	52.1	58.9	96.3	113.4	156.6	246.2
当年基金支出/亿元	61.8	155.8	346.6	662	922.9	1 187.8	1 710.2
补偿受益人次/亿人次	1.22	2.72	4.53	5.85	7.59	10.87	13.15

资料来源：《2012 年中国卫生统计提要》

(3)农村地区免费义务教育基本实现，职业教育得到扶持。十六大以来，国
家免除农村义务教育阶段学生的学杂费，教科书由政府免费提供，农村学生从中
得到很大实惠。"十一五"期间政府增加公共财政对职业教育的投入，重点支持面
向农村学生的中等职业教育，深化职业教育教学改革。

(4)贫困人口大幅下降。我国在扶贫工作上取得巨大的成就，贫困人口从
1978 年的 2.5 亿人下降到 2013 年的 8 249 万人。我国扶贫措施不仅促进了农村
收入水平的稳步提高，而且明显改善了贫困地区的基础设施，提升了贫困地区社
会事业和最低生活保障制度，使我国农村居民生存和温饱问题得到基本解决。

7.2.2 农村发展面临的挑战

我国农村发展面临的最大挑战是城乡二元化结构的长期存在。城乡二元化结

构的存在从制度上将社会分成了城镇居民和农村居民两个不同的群体,我国公共资源和社会服务不断向城镇倾斜,引发了农村社会保障、教育、收入和环境等问题。

(1)农村社会保障水平较低。目前,农村社会保障制度碎片化严重,缺乏长期有效的筹资机制。社会保障资金的主要来源是农民个人缴纳和各级财政补充。由于各地经济发展水平不同,不发达地区的财政较为困难,单靠财政的支持使部分地区社会保障资金的支付捉襟见肘。同时,由于我国社会保障体系地区间转移难度大,大部分社保服务无法随农民工工作更换而转移(毕红霞和薛兴利,2011)。此外,农村社会保障地区间不平衡。由于各地经济发展的差距等原因,社会保障制度地区差异明显,东部地区和西部地区、城乡之间社会保障差距明显;农村社会保障在标准和范围方面还分别面临水平低和覆盖小的问题。

(2)城乡教育水平差距较大,留守儿童问题急需关注。农村教育虽然取得了显著的发展,但城乡之间、地区之间的教育差距依然存在,农村教育发展出现停滞甚至倒退。一方面,农村地区的教育在教育投入、师资力量、硬件设施配置等方面十分落后,农村学校留不住老师也留不住学生;另一方面,城镇教育也无法接收农村的大部分儿童。这两方面原因催生的留守儿童问题,对农村教育提出新的挑战。根据教育部的数据,2012年我国义务教育阶段留守儿童达2 200万人,留守儿童无法随同父母在务工地上学,只能在家跟随祖父母生活,留守儿童的教育和心理健康问题成为我国农村教育的巨大挑战。

(3)城乡收入差距不断拉大(图7-5)。城乡居民的收入差距问题是多种因素共同作用的结果。首先是"库兹涅茨效应",即劳动力从生产率较低的农业部门流向生产率较高的制造业部门时,教育和技能等自身素质方面的差距导致的自然的社会分层(蔡昉,2010)。除此之外,机会不均等和社会服务与社会权利覆盖不均也是收入差距拉大的主要原因:第一,由于财政制度对城市的倾斜,更多的公共资源集中于城市;公共支出的差别造成了教育、医疗等服务方面的巨大差异,进而导致了就业机会、生产率以及最终收入和风险管理能力方面的不平等。第二,制度性的问题。最明显的是我国户籍制度以及我国的土地政策,其造成的城乡社会权利不同,阻碍了市场的正常运作,加剧了收入差距的扩大(蔡昉,2007)。

(4)农村生态环境挑战日益凸显。其主要体现在以下几个方面:第一,农业生产导致的面源污染加重。随着农业生产和农村经济的快速发展,全国范围内农用化肥使用量不断上升(图7-6),2012年平均使用量已达到47.97吨/平方千米,远远超过发达国家使用量22.5吨/平方千米的安全上限。第二,畜禽污染有扩大的趋势。畜禽生产规模扩大,其产生的粪便排泄物等对大气、水体、土壤等生态系统的损害日趋明显,大量有机物经过分解,产生的病原微生物、抗生素、重金属等进入生态系统中,成为另一重要污染源,随着养殖规模的不断扩大,畜禽污

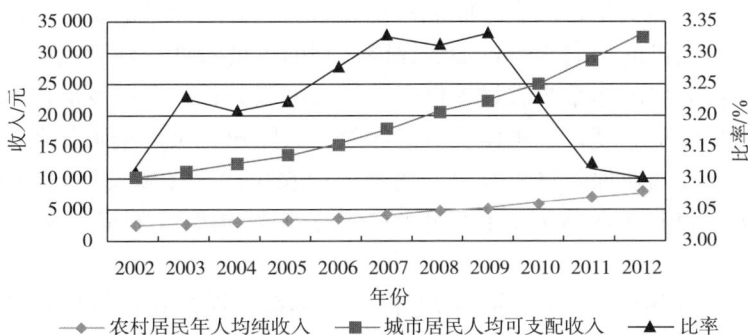

图 7-5　2002～2012 年城乡居民收入变化情况

资料来源：《中国统计年鉴》(历年)

染的处理成为农业清洁生产的重要挑战。第三，农业农村废弃物污染是农村生态环境面临的另一挑战。由于缺乏有效的废弃物回收处理机制，农村生活垃圾严重堵塞污染水体道路，使乡村周围的环境质量严重恶化。另外，目前城镇工业部门有向城市边缘和农村转移的趋势，这将对我国农村地区的环境污染产生更大的压力。

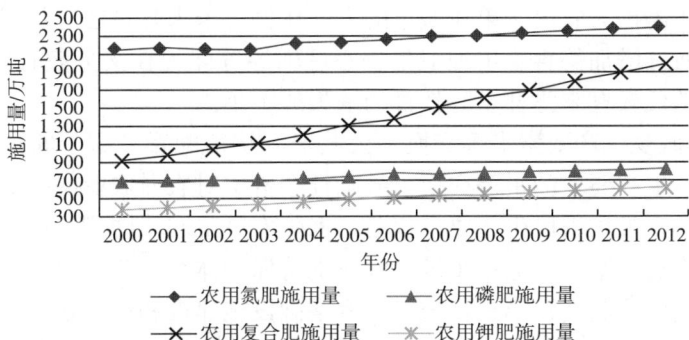

图 7-6　2000～2012 年全国农用化肥施用量变化情况

资料来源：《中国统计年鉴》(历年)

7.2.3　农村政策调整的方向

针对我国农村发展面临的主要问题，党的十八届三中全会指出为农村提供更加均等化的公共资源和社会服务，保障农民平等的生产要素交换和财产权利是未来我国农村发展政策的调整方向，其主要体现在以下几个方面。

(1)坚持推进基本公共服务均等化，逐步实现社会保障服务的全国统筹。坚持全覆盖、保基本、多层次、可持续方针，以增强公平性、适应流动性、保证可持续性为重点，全面建成覆盖城乡居民的社会保障体系。具体包括：重构社会保障服务系统,合理安排各级服务职能;提高医疗、养老保险的统筹层次,统一各种保险计划所提供的待遇水平,加强保险计划的可携带性;建立良好的激励管理机制,促使社会保障体系为农村提供高效优质的服务;整合城乡居民基本养老保险和基本医疗保险制度,逐步做实养老保险个人账户,实现基础养老金的全国统筹。另外,鼓励商业保险进入农村市场是推动农村社会保障发展另一重要方式。通过商业医疗和养老保险丰富农村市场,为农民解决医疗养老问题提供更多的选择。

(2)发展教育资源更加均等化的农村教育体系,提升农村教育水平。发展农村教育首先要优化农村教育资源:教育属于公共事业,需要加大财政对农村教育的扶持力度,逐步实施农村高中教育免费政策,让更多的人获得可负担的中等教育;财政还需支持特殊教育,要突出重点支持提高农村教师薪酬待遇。其次,继续加大教育资源向中西部和农村的倾斜,完善农村地区的教育硬件条件和信息化水平,运用现代信息技术,让贫困地区的孩子共享优质教育资源。再次,改革高校招生制度,缩小城乡高等教育机会差别,提高农村生源学生在高校生源中的比例,通过适当的政策优惠促进社会纵向流动。最后,鼓励引导社会力量兴办教育,扩大优质教育覆盖面。针对留守儿童教育问题,除了改革城市农民工子弟教育制度外,还需扩大农民子弟在城市的入学比例。未来政策还应从强化特殊教育服务入手,通过增加德育、生理卫生、心理辅导等课程在义务教育阶段的比重,以及有效的学校教育来弥补家庭教育的缺失或不足。

(3)推进城乡生产要素平等交换和公共资源均衡配置,赋予农民更多的财产权。保障城乡生产要素的平等交换,鼓励社会资本对农村农业的投资是农村发展的关键:第一,维护农民生产要素权益,保障农民工同工同酬,保障农民公平分享土地增值收益;第二,进一步健全农业支持保护体系,改革农业补贴制度,进一步完善农业保险制度;第三,统筹城乡基础设施建设和社区建设,推进城乡基本公共服务均等化,让农民共享改革和发展的成果;第四,鼓励社会资本投向农村建设,弥补农村储蓄资金、劳动、土地等生产要素外流,以及公共资源配置的城乡不均衡对农村发展的影响。赋予农民更多财产权,首先就要赋予农民对承包地和宅基地等财产占有、使用、收益、流转及承包经营权抵押、担保权能的权利。其次,丰富农民财产经营形式和保障其合法收益:一是允许农民以承包经营权入股发展农业产业化经营,使农民依法获得土地股权投资收益;二是鼓励承包经营权向专业大户、家庭农场、农民合作社、农业企业流转,使农民依法获得土地流转收益;三是实行农地与国有土地同等入市、同权同价政策,完善对被征地农民合理、规范、多元的保障机制,建立兼顾国家、集体、个人的土地增值收益分配机制,使农民公平分享更多的土地增值收益。

(4)因地制宜、因时制宜逐步实现户籍、土地等的制度改革。落实放宽中小城市和小城镇落户条件的政策，统筹推进工业化和农业现代化、城镇化和社会主义新农村建设、大中小城市和小城镇协调发展。相关改革必须立足人口大国的基本国情，充分考虑当地经济社会发展水平和城市综合承载能力，特别是容纳就业、提供社会保障的能力；必须尊重农民的意愿，切实保障农民的合法权益；必须坚持统筹规划，着力完善配套政策；必须坚持分类指导，做到积极稳妥、规范有序。

(5)推进生态环境建设，提高城镇化质量，发展绿色经济。第一，通过市场激励、监管、公共投资、产业政策和制度建设等措施，鼓励"绿色"发展，提高资源利用效率，特别是引导农民提高清洁生产水平。第二，加大对农村环境污染治理资金的投入；将农村环保设施投入和农村环境保护的检测、防治和管理支出纳入各级财政预算和建设项目投资计划，建设农村污水、垃圾处理厂等环境基础设施。第三，鼓励发展农村循环经济，在农村生产中注重社会效益、经济效益和环境效益的统一，推广先进、绿色的农业科技。

7.3　宏观和国际经济对未来中国农业和农村发展的影响及建议

7.3.1　宏观经济发展对中国农业和农村发展的影响

1. 城镇化对非农就业的影响

第一，城镇化的发展趋势。21世纪以来，随着我国经济的快速发展，我国城市化进程不断加快，城镇化率逐年上升，2002年我国城镇人口约为5.02亿人，占全国总人口的39.1%，2013年城镇人口增长至7.31亿人，约占全国总人口的53.7%(图7-7)。有预测表明，未来我国的城市化率将继续保持较高的增长速度，到2020年达到61%，到2030年达到67%。

第二，农村劳动力转移的情况。伴随着经济发展和城市化的快速推进，我国农业劳动力绝对数量和相对数量依然保持下降趋势。近年来，我国仍处于农业劳动力快速转移时期，2000～2012年，第一产业就业人员由36 043万人减少至25 773万人，减少近1亿人；占全社会总就业人数比重由50%下降至33.6%，下降了近16.4百分点(图7-8)。

与此同时，受国家加大中西部发展扶持力度、经济结构调整及产业转移等因素的影响，我国农村劳动力向城市转移表现出新的特点。其总量继续增加，但增速呈现出持续回落的态势，且就地就近转移增加较多。根据国家统计局公布的数据，2013年农民工总量达到2.7亿人，较上年增加633万人，其中外出农民工约为1.7亿人，较上年增加274万人，本地农民工约为1.0亿人，较上年增加359万人；然而，农民工总量增速呈持续回落态势，2011年、2012年、2013年

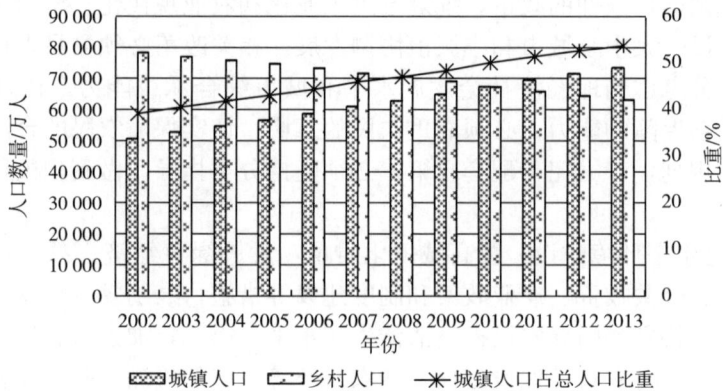

图 7-7   我国城镇化进程

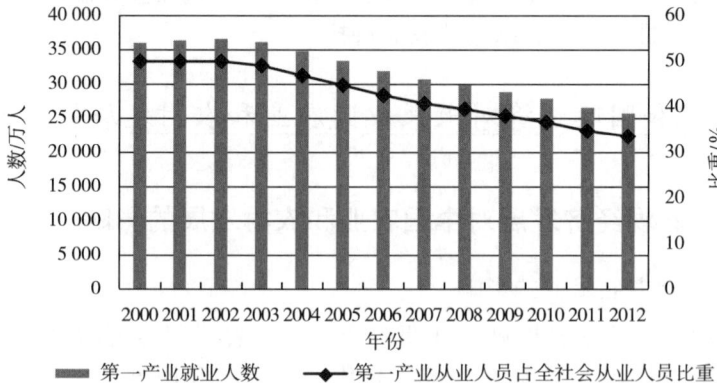

图 7-8   第一产业就业数量、就业结构

增速分别比上年下降 1.0 百分点、0.5 百分点和 1.5 百分点,同时本地农民工增长无论数量还是速度都快于外出农民工,农村劳动力就地就近转移成了新的特点。

第三,农村劳动力工资持续快速上升。在农村劳动力转移呈现出增速减缓的态势的同时,农村劳动力的用工成本呈现出持续快速上升的趋势。2009～2013年,外出农民工人均月收入从 1 417 元增长至 2 609 元,年均增长率约为 14.38%(图 7-9)。根据刘易斯拐点理论,农村劳动力增速的放缓与成本的快速上升,预示着我国经济发展面临着新的形势,刘易斯拐点或将出现。

第四,农村劳动力转移对农业和农村经济的影响。农村劳动力转移带动了农村劳动力就业结构的变化,也影响着农业生产经营方式、农产品供求关系,对农业和农村经济运行的影响也越来越深刻,需要引起高度重视。其一,对农业生产经营方式产生影响。随着农村劳动力尤其是青壮年劳动力的大量转移,农业劳动力老龄化、妇女化趋势十分明显,农业劳动力质量下降问题亟待解决,迫切需要

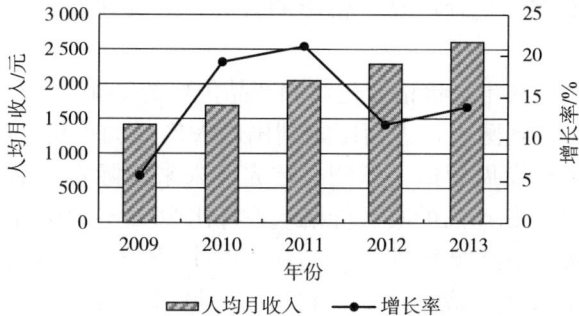

图 7-9　外出农民工人均月收入和增长率

发展新型农业经营主体和培养新型职业农民。同时，农业生产专业化分工的趋势十分明显，分散经营的小农户、新型农业经营主体等需要各类农业社会化服务的发展壮大，新型农业社会化服务体系亟待建立和完善，以弥补农业劳动力数量减少和结构性空缺带来的空白，同时，也迫切需要农业机械的推广应用，实现机械对手工劳动的替代。其二，对农产品供求关系的影响。农村劳动力由农村和农业向城市和二三产业转移，提高了农业生产的机会成本，带动了劳动力价格的上升，促使农业生产劳动成本不断攀升；农业生产的比较利益进一步降低，不仅会影响农业生产的产出水平，增加农产品供给的压力，还会使大量转移后的农村劳动力转变为纯粹的农产品消费者，带动农产品需求的快速增长。其不仅会因为劳动力大范围跨区域转移而影响农产品区域消费结构，还会为农产品的流通带来一定压力。

2. CPI 与农产品价格

第一，消费者价格指数（consumer price index，CPI）与农产品价格的关系。按照国家统计局现行 CPI 编制方法，CPI 产品构成共包括食品、烟酒及用品、衣着、家庭设备用品及服务、医疗保健及个人用品、交通和通信、娱乐教育文化用品及服务、居住八大类。其中，食品权重约为 33%，具体包括粮食、肉禽及其制品、蛋、水产品、鲜菜和鲜果等农产品。

随着我国经济市场化程度的提高，农产品价格与外部经济环境联系日益紧密，农产品价格与 CPI 之间联动性加强。农产品在 CPI 产品构成中所占份额近1/3，其价格变化自然会影响 CPI 变化；非农产业价格的变化促成一般物价的变化，并通过影响农产品市场需求和农业生产成本，直接或间接影响农产品价格。例如，2007~2008 年农产品价格上涨很重要的一个动因就是能源短缺和原油价格大幅上涨，因为原油价格上涨一方面直接增加农业生产成本，另一方面间接刺激了石油替代产业生物质能源的快速发展，从而拉动了农产品需求和价格的上涨。相关分析表明，除个别农产品外，多数农产品价格变化对 CPI 影响不大，但相对而言 CPI 对多数粮食产品价格影响较大，对其他农产品（如猪肉等）价格影响相对较小。

第二，国际农产品市场价格变化对农产品价格的影响。国际农产品价格变化会通过各种途径传导到国内，进而影响到国内农产品的价格。OECD-FAO 对于未来国际农产品市场发展做出了预测：首先，未来国际农产品价格将会继续走高，2011～2020 年谷物产品的真实价格水平将比 2001～2010 年提高 20%，其中玉米和大米的真实价格涨幅分别为 20% 和 15%；肉类产品的真实价格水平将提高 30%。其次，农业生产成本增加，农产品产量增长放缓，2011～2020 年农产品产量年均增长率将由过去 10 年的 2.6% 降至 1.7%，但生产成本将会增加。国际农产品价格的变化对不同农产品的短期和长期影响存在较大的差异。由于我国保障粮食安全政策的影响，国际大米和小麦价格对国内价格影响不显著，但国外玉米价格变化可能会在长期内对国内价格产生显著影响；国内大豆价格完全取决于国际价格，而且价格传导速度很快。随着我国市场开放程度的提高和农产品贸易量的快速增长，国内外农产品的价格传导速度和影响幅度将进一步显著提高。

3. 财政"三农"支出

第一，财政"三农"支出与农业 GDP 增长的关系。财政支农政策对于农业发展具有十分重要的作用。一方面财政支农政策是国家调控农业生产进而影响农民收入的一个基本工具，另一方面财政支持能有效解决促进农业增长所必需的众多公共产品的外部性问题，并具有规模经济的优势。

我国对农业的财政支出统称为"三农"支出，主要分为三类，分别是支援农村生产支出和各项农业事业费、四大补贴和农村社会事业发展支出。支持农业生产支出包括农村基本建设支出、农业保险保费补助、农业综合开发、财政扶贫资金、测土配方施肥补助、农民培训等项目；各项农业事业费包括农业、林业、水利和气象部门的事业经费。四大补贴支出包括粮食直补、农资综合补贴、农机补贴、良种补贴。支持农村社会事业发展支出包括农村教育、农村文化、农村医疗卫生、农民最低生活保障补助、农村救济。

新中国成立以来，我国对上述三类农业的支出不断增加，在提升农业综合生产力、保障粮食安全、促进农民增收方面取得了良好的效果。2000～2012 年，我国"三农"支出总量由 1 231.5 亿元增长至 12 387.6 亿元，同期农业总产值由 24 915.8 亿元增长至 89 453 亿元，农民人均收入由 2 253.4 元增长至 7 916.6 元，拉动作用十分明显（表 7-5 和图 7-10）。相关研究表明，财政"三农"支出对于农业总产值的增加有显著的拉动作用（李焕章和钱忠好，2004；刘涵，2008）；也有研究表明，财政"三农"支出对于农民收入增加存在显著的正向作用。

表 7-5　我国"三农"财政支出情况

年份	农业支出/亿元	农业支出主要项目		粮食、农资、良种、农机四项补贴/亿元	农村社会事业发展支出/亿元	农业支出占财政支出的比重/%
		支援农村生产支出和各项农业事业费				
		数额/亿元	占农业支出的比重/%			
2000	1 231.5	766.9	62.3	—	—	7.8
2001	1 456.7	918.0	63.0	—	—	7.7
2002	1 580.8	1 102.7	69.8	—	—	7.2
2003	1 754.5	1 134.9	64.7	—	—	7.1
2004	2 337.6	1 693.8	72.5	—	—	8.2
2005	2 450.3	1 792.4	73.2	—	—	7.2
2006	3 173.0	2 161.4	68.1	—	—	7.9
2007	4 318.3	1 801.7	41.7	513.6	1 415.8	8.7
2008	5 955.5	2 260.1	37.9	1 030.4	2 072.8	9.5
2009	7 253.1	2 679.2	36.9	1 274.5	2 723.2	9.5
2010	8 579.7	3 427.3	39.9	1 225.9	3 350.3	9.5
2011	10 497.7	4 089.7	39.0	1 406.0	4 381.5	9.6
2012	12 387.6	4 785.1	38.6	1 643.0	5 339.1	9.8

资料来源：国研网数据中心

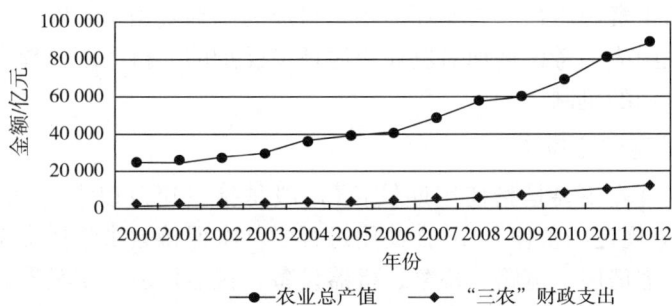

图 7-10　农业总产值和"三农"财政支出

　　第二，我国财政"三农"支出目前面临的问题。尽管我国财政"三农"支出数量逐年增加，并取得了一定的效果，但是也存在着人均财政支持水平低、支持效率低、忽视了对农业资源环境保护的支持等诸多问题。

　　农业生产支持对于促进农业综合生产力效率较低，且面临 WTO"黄箱"政策的约束，支持结构有待调整。我国财政"三农"支出中很大一部分用来支持农业生产，尤其以农业补贴政策为代表，但是在实际执行中多数补贴政策按照农户家庭耕地面积进行发放，实际上成为了一种收入补贴，对促进农业生产力效果有限。另外，目前的补贴政策偏重于对粮食的生产补贴，对其他农产品以及产后加工和流通等环节基本没有补贴，不利于农业综合竞争力的提高。

我国的"四补贴"政策以及价格支持政策等都与农业产量或当年的种植面积等直接挂钩，因此都属于"黄箱"政策，受到WTO规则中对农业补贴水平不能超过农业生产总值的8.5%的约束。虽然我国目前的农业补贴水平还没有达到该上限，但在棉花等个别产品上补贴水平已经很高，容易遭到其他国家的起诉。因此，农业生产支持结构需要做出调整。

此外，农业支持政策过度强调对农业生产的激励作用，但对资源环境保护关注较少。尽管我国一直将环境保护作为基本国策并设立了退耕还林、退牧还草等专项补贴措施，但在大多数农业支持政策中并没有考虑其环境影响。我国面临的水土资源约束趋紧局面，农业生产导致的环境污染日益严重，如何在促进农业生产的同时，保护生态环境、促进农业可持续发展是一个迫切需要解决的问题。

第三，未来我国财政三农支出的力度和侧重点。鉴于农业支持政策对于农业发展和农民增收的重要作用，未来我国应当在WTO规则框架下，继续提升"三农"支出的支持力度，注重对能够提升农业综合生产力的方面的支持，如农业生产设施建设、农业科技创新、农业产业链发展等。同时，对我国的农业补贴政策进行改革，使其在更加符合WTO规则的基础上，更加有效地促进农业生产和农民增收，如把"按产量补贴"转变为"按历史面积补贴"的农业直接补贴政策，并从政策上明确为按历史面积补贴，把这类补贴从"黄箱"政策转变为"绿箱"政策。

此外，由于资源瓶颈和农业环境污染将成为制约我国未来农业可持续发展的重要因素，我国应当考虑增加对农业资源环境保护的支持力度，探索将农业支持与环境保护挂钩的机制。

4. 农村固定资产投资

农村固定资产主要是指使用期较长（一般是指一年及以上），单位价值较高（一般是指财务规定的价值），并在使用过程中基本保持原来物质形态的资产，包括农村居民住宅房屋、道路、桥梁、机器设备、仪器仪表、工具器具、管理工具等。农村固定资产投资是指农村进行建造和购置固定资产的经济活动，即固定资产再生产活动。固定资产再生产过程包括固定资产更新（局部或全部）、改建（对原有设施改造或更新）、扩建（扩大规模建设）、新建（平地起家、从无到有建设）等活动。

第一，农村固定资产投资能够提升农业综合生产力，拉动农民收入的增加。农村固定资产投资能够有效提高农业综合生产力，如农业机械类固定资产投资能够提高农业机械化水平，农田水利类固定资产投资能够增强农业生产抵御自然灾害的能力，改善农业生产的基础设施条件，进而促进农业总产值和农民收入的增加。

近年来我国农村固定资产投资总量呈现出快速增长的趋势，从 2000 年的 6 695.9亿元增长至 2011 年的 39 366.6 亿元(图 7-11)。同期，农业总产值由 24 915.8亿元增长至 2011 年的 81 303.9 亿元，农村固定资产投资对农业总产值的拉动作用十分明显(图 7-12)。此外，有研究表明，当年的农村固定资产投资不仅对当年农业总产值的增加具有拉动作用，而且对下一年农业产值还具有拉动作用(黄景章，2005)。因此，农村固定资产投资对农业总产值的拉动作用是长期性的、持续性的。

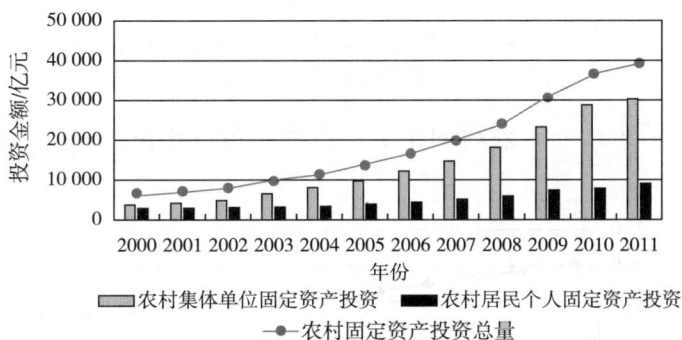

图 7-11　农村固定资产投资

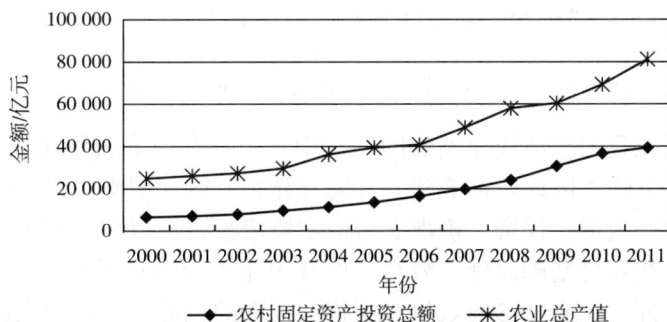

图 7-12　农村固定资产投资与农业总产值

同时，农村固定资产投资能够通过提高农业综合生产力、增加非农就业机会等途径间接拉动农民收入的增加。在农村固定资产投资的拉动效应下，2000～2011 年，我国农民人均纯收入由 2 253.4 元/人，增长至 6 977.3 元/人(图 7-13)。

第二，农村固定资产投资在全社会固定资产投资中的比重呈现出下降趋势。农村固定资产投资总量在稳步增加的同时，其占全社会固定资产投资的比重却不

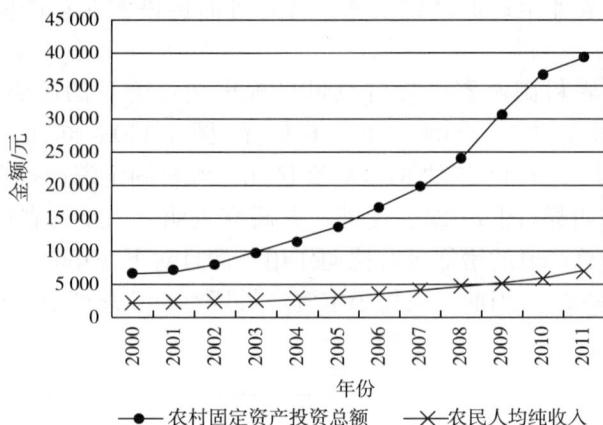

图 7-13　农村固定资产投资与农民收入

断下降，2000～2011 年，农村固定资产投资总量占比由 20.3％下降至 12.6％
（图 7-14）。

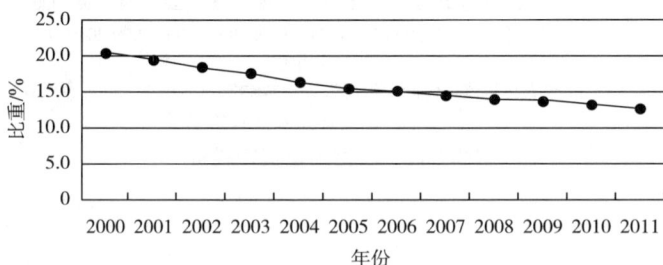

图 7-14　农村固定资产投资占全社会固定资产投资比重

　　这反映出在我国经济快速发展的过程中，全社会对农村固定资产投资乏力，
投资水平逐年下降。因此，需要建立和完善相关制度，明确投资主体，鼓励社会
资本参与农村固定资产投资，确保农村固定资产投资保持在合理水平。首先，应
明确政府投入在农村基础设施、教育、医疗卫生等公共产品领域的基础性作用；
其次，充分发挥广大农民参与农村固定资产投资的积极性，引导农民增加生产性
投入；最后，要综合运用税收、补助等优惠政策，吸引社会资本积极参与农村公
益设施的建设，努力构建一个以政府投入为基础、农民投入为主体、社会力量广
泛参与的多元化投资机制。

　　第三，农户住宅投资比例偏高，生产性投资不足，影响了农村经济发展的可
持续性。农户固定资产投资内部出现生产性投资与非生产性投资比例不合理问
题。近年来，2010～2012 年农户投资中住宅投资均保持在 66.7％的水平，这在
很大程度上说明我国农村居民的住房条件有所改善，拉动了消费，但住宅投资属
非生产性固定资产投资，对增加农民收入、促进经济发展的直接促进作用不大，

住宅投资过大，占用了大量资金，使生产性投资不足，对农村经济发展的可持续性产生不利影响。政府应当积极引导农村居民合理投资，消除在住宅建设上盲目攀比的现象，引导农民投资生产性投资建设。

7.3.2　国际经济发展对中国农业和农村发展的影响

1. 中国农产品贸易总体发展情况

加入 WTO 以来，中国农产品贸易持续快速增长。中国海关的数据统计显示，2001～2013 年，农产品贸易总额由 279 亿美元增加到 1 866.9 亿美元，年均递增 17.2%，同比增长 6.2%。其中 2013 年的出口贸易额为 678.3 亿美元，同比增长 7.2%。进口贸易额为 1 188.7 亿美元，同比增长 5.7%。农产品的贸易逆差为 510.4 亿美元，同比增长 3.7%。自 2005 年起，中国成为仅次于欧盟、美国的第三大农产品贸易国。2013 年，农产品贸易额占农业 GDP 的比重超过 1/4，农产品贸易在农业发展方面的作用日益重要。由于农产品进口增速快于出口，从 2004 年起中国由农产品贸易净出口国转为净进口国。

第一，农产品贸易结构。中国农产品进出口结构符合比较优势。海关数据显示，油籽、棉花等土地密集型农产品进口快速增长。2013 年，食用油籽进口增长 8.9%、食用植物油出口增长 15.6%，棉花进口量同比下降 16.9%。贸易逆差分别达到 377.8 亿元、87.46 亿元和 87.0 亿美元；同期，水产品、蔬菜、水果等劳动密集型农产品的出口稳定发展，贸易顺差分别达到 116.30 亿美元、111.63 亿美元和 21.67 亿美元的规模。大蒜、烤鳗、罗非鱼、苹果汁等优势产品的出口居世界首位。加工农产品出口所占比重有所提高，农产品出口正在由原材料、半成品逐步向深加工产品转变。

在粮食方面，2013 年出口 100 万吨；进口 1 458 万吨，同比增长 4.3%；净进口 1 358 万吨，同比增长 4.8%。出口额为 6.97 亿美元，同比增长 10.6%；进口额为 51.03 亿美元，同比增长 6.6%；粮食贸易逆差为 44.07 亿美元，同比增长 6.0%。其中，小麦和大麦产品的贸易逆差为 25.28 亿美元；玉米产品的贸易逆差为 9.04 亿美元，稻谷产品的贸易逆差为 6.66 亿美元。

第二，进出口国别情况。农产品进出口市场高度集中，中国内地出口主要集中在日本、中国香港、韩国等周边国家（地区）以及欧洲、美国等发达国家（地区），出口前四位的国家（地区）分别是日本（112.5 亿美元）、中国香港（78.5 亿美元）、美国（74.0 亿美元）、韩国（43.9 亿美元），而欧盟则达到了 81.4 亿美元。进口主要来源于美国、澳大利亚、巴西和加拿大。2013 年，前五位的进口来源国的进口额分别为：美国 266.8 亿美元，巴西 225.2 亿美元，澳大利亚 86.0 亿美元，加拿大 57.7 亿美元，新西兰 56.1 亿美元。近年来，中国与发展中国家和新兴市场经济体不断加强沟通交流，促进了相互之间农产品贸易的发展。东南亚地区的马来西亚、泰国、印度尼西亚和南美的阿根廷等国家的农产品贸易增长迅速。

2013年，中国内地进口稻米227.1万吨，同比减少4.1%；进口额为10.8亿美元，进口主要来自越南(65.2%)、巴基斯坦(18.4%)和泰国(14.4%)；出口47.8万吨，同比增长71.4%，出口额为4.2亿美元，同比增长53.1%，出口目的地主要是韩国(67.5%)、朝鲜(10.4%)和日本(6.6%)。2013年，中国内地进口的稻米中83.6%是廉价的越南和巴基斯坦大米。加之小额边境贸易数量较大、走私情况严重，这令原本弱势的国内稻米市场更加低迷。

中国内地主要进口加拿大、美国和澳大利亚的强筋小麦，用于弥补国内优质麦产需缺口。2009年后，进口快速增加，2013年进口量为553.5万吨，同比增长49.6%，进口额为18.8亿美元，同比增长69.6%，进口主要来自美国(69.02%)、加拿大(15.66%)、澳大利亚(11.13%)；出口27.8万吨，同比减少2.7%，出口额为1.5亿美元，同比增长0.2%，出口的主要目的地为朝鲜(56.1%)和中国香港(38.2%)。

2009年以前，中国总体上是玉米净出口国，进口一直保持较低水平，但受国内消费需求的拉动，出口明显减少，进口逐年增多。2010年开始由净出口国变为净进口国，贸易方式也由过去的边境小额贸易进口转为以美国为主要进口国的一般贸易。2013年进口量为326.5万吨，进口额为9.3亿美元。美国是中国玉米进口的主要来源国，占进口总量的90.9%。另外，乌克兰占中国玉米进口总量的3.3%，老挝占2.5%，阿根廷占2.0%。中国生产的玉米主要出口到朝鲜。

2000年以来，随着中国棉花市场化改革的深入推进，特别是加入WTO后，中国纺织业飞速发展，棉花需求持续增长，进口规模快速扩大。2000～2012年，中国棉花进口量从4.7万吨猛增到541.3万吨，增长100多倍。2013年进口同比回落，但进口量仍居历史高位，累计进口415.0万吨，同比减少19.2%。从进口国别看，加入WTO后，中国棉花进口来源国逐渐多元化，除美国、乌兹别克斯坦和澳大利亚等传统进口国外，从印度、巴西等发展中国家的进口也大幅增长。

中国是大豆的原产国也是主产国。1996年中国由大豆净出口国首次转为净进口国，当年进口111.4万吨，出口19.3万吨。此后中国大豆进口逐年攀升，2000年、2007年、2010年、2012年分别超过1 000万吨、3 000万吨、5 000万吨和5 838万吨。2013年进口6 338万吨，同比增长8.6%；进口金额379.8亿美元，同比增长8.6%。从进口来源国看，大豆进口主要来自美国(约40%)、巴西(约35%)和阿根廷(约20%)。

中国是全球十大食糖进口国之一。20世纪90年代前，进口食糖主要是为了保持中国和古巴的友好合作关系。此后，食糖进口不断增加，2000～2010 年，年均进口量约为 115 万吨。2012 年中国进口食糖 374.7 万吨，约是进口配额（194.5 万吨）的 1.9 倍，成为全球第一大食糖进口国。2013 年达 454.6 万吨，同比增长 21.3%；进口额为 20.7 亿美元，同比减少 7.8%，古巴、巴西和泰国是中国最主要的食糖进口来源国。

2. 中国农产品比较优势下降，进口压力持续增长

长期以来，中国依托巨大的人口优势，在劳动密集型农产品生产方面具有较大优势。然而，受到资源的束缚，中国在主要粮食作物和畜产品等方面较美洲地区和大洋洲等土地资源丰富的地区劣势较为明显。随着中国劳动力成本的上升，以及中国资源禀赋的逐渐下降，中国在劳动密集型产品上的优势将逐渐减弱，在资源密集型产品上的生产能力也将逐渐下降，其进口规模将逐渐增大。在其他国家农产品生产和需求保持相对不变的情况下，这一趋势对拉高农产品价格有潜在的影响。

虽然 2004 年以来，中国粮食市场在最低收购价、成本推动和需求拉动的作用下，中国粮价总体呈温和上涨态势。但国际粮价波动幅度相对较大，特别是 2008 年金融危机后，国际粮价大幅下跌，使进口粮食的价格优势越来越明显。2014 年中国谷物的价格比国际市场高 15%～30%。例如，大米的进口价格方面，2014 年 11 月泰国 5% 破碎率大米的离岸价（free on board，FOB）为 426 美元/吨，理论港口价格约为 3 160 元/吨；越南 5% 破碎率大米的 FOB 为 440 美元/吨，理论港口价格约为 3 260 元/吨，与中国国内早籼米有 600～750 元/吨的价差。而小麦的进口价格方面，11 月和 12 月交货的美国 2 号软红冬小麦 FOB 为 232.9 美元/吨，合人民币 1 430 元/吨；到中国口岸完税后总成本约为 2 034 元/吨。中国广东等地区各港口 2014 年中国江苏产普通红小麦到港报价在 2 630～2 640 元/吨，差额在 600 元/吨左右。玉米的进口价差距更大，2014 年 10 月美国玉米运抵中国南方港口的到岸税后平均价为 1 737 元/吨，南方港口玉米平均成交价格为 2 573 元/吨，美国玉米的价格比中国国内低 836 元/吨（图 7-15）。肉类的价格差距更大，以猪肉为例，一般来说，进口价格约为 12 000 元/吨，2011 年 11 月中国国内市场上的猪肉价格约为 26 000 元/吨。这一局面表明，中国农业虽然有可能不断增加自己的产量，但是各方面的原因造成了其成本高、效益低的特点，因此在价格上缺乏竞争力。

3. 国际贸易和投资协定对中国农业未来发展的影响

第一，中韩农业贸易协定及潜在影响。中国加入 WTO 以来，中韩农产品贸易发展平稳，双边贸易额从 2006 年的 21.7 亿美元提高到 2013 年的 31.4 亿美元，增长了 44.7%。韩国是中国出口的第六大市场。中国是韩国农产品进口第二大市场，韩国从中国进口农产品的金额约占其农产品进口总额的 15%。因此，

图 7-15　国内外玉米到国内销区港口价格走势

在中韩自贸区的谈判中，双方的农业贸易问题成为其关注的重点。其中，以大米为主的主要农畜产品的进出口最为敏感，韩国已经将这些产品排除在关税减让对象之外。其次是辣椒、牛肉、高丽人参、大蒜、奶制品、橘子、苹果、葡萄及生梨等，韩国对这些产品实施配额或增收部分关税。

韩国单方面认为，在中韩农产品贸易完全自由化的前提下，中国对韩国农产品出口额将增加 100 亿美元以上，尤其是韩国的水果、蔬菜、经济作物、粮食产品、畜产品等的生产会受到负面影响。中国则认为，受多种条件的制约，虽然中韩自贸区会使双边农产品贸易范围扩大，但其影响程度有限。但从总体来看，通过中韩自贸区谈判，双方的关税水平会逐步下降，中韩自贸区建设将对双边农产品贸易产生积极影响。虽然中国面临劳动力成本上升等问题，但与韩国相比较长时间内仍有优势，因此一旦中韩自贸区协议签署中国水产品（如活鱼、冻鱼片）、蔬菜、水果等劳动密集型农产品，中国对韩国的出口会逐步增加。而在韩国方面，饮品、海苔等技术和资金密集型加工农产品的签署，也会逐步增加其对中国的出口。

第二，中国—东盟农产品贸易协定及影响。2004 年 11 月，中国与东盟国家签署了自贸区《中国—东盟全面经济合作框架协议货物贸易协议》，并于 2005 年 7 月开始相互实施全面降税。货物贸易协议包括了所有未列入早期收获计划的产品。这些产品分为正常产品和敏感产品两类，前者最终关税率削减为零，后者最终关税率保持在约定水平。中国列入敏感产品清单的农产品共有 57 个，其中一般敏感产品主要包括咖啡、胡椒、小麦、碎米、菠萝罐头、龙眼罐头、椰子汁、烤烟及烟草、未梳羊毛；高度敏感产品主要包括玉米、稻谷、鲜蘑及其细粉、小米粒及粉、豆油、棕榈油、糖、卷烟、已梳棉花等。2010 年 1 月 1 日，中国—东盟自贸区正式建立。协议规定：双方在 2015 年将高度敏感产品的贸易关税降至 2010 年关税水平的一半以下；与东盟新成员国在 2018 年 1 月 1 日取消全部正常商品的关税，在 2020 年将一般敏感产品的关税减至 5%以下，在 2018 年将高度敏感产品的关税降至 2010 年关税水平的一半以下。

中国和东盟贸易协定对中国的影响主要集中在以下方面：①提升中国温带水果等产品的出口能力。新协定促进了中国的山东、浙江、四川、陕西等温带地区农产品出口大省的水果、小麦和畜产品向东南亚市场的进入，极大地提升了这些地区的农产品贸易。由于东盟各国在水稻等谷物和糖类作物等土地密集型农产品的生产上处于优势，中国与东盟的农业贸易协定将促进东盟地区稻米等农产品向中国的进口。综上所述，中国和东盟的农产品贸易存在巨大的优势互补，因此随着关税水平的下降，中国—东盟自贸区将极大地促进地区间农业的发展。②东盟大量具有比较优势的热带水果和谷物等产品进入中国市场，必将加剧国内水果和粮食市场的竞争，对中国南方的广东、广西、海南和云南等热带和亚热带地区的水果、糖类和籼稻类等农产品造成极大的冲击。这可能会阻碍热带地区典型土地密集型农产品（如谷物、水果、糖等传统农产品）在生产、加工等方面的转型。

第三，中澳农产品贸易协定及潜在影响。中澳互为对方重要的农产品贸易伙伴。中国是澳大利亚的第三大农产品出口市场，仅次于日本和美国；澳大利亚则位列美国、阿根廷、巴西之后，是中国的第四大进口农产品来源国。

2014 年中澳签订了中华人民共和国政府和澳大利亚政府自由贸易协定（简称中澳自由贸易协定），澳大利亚方面在中澳自由贸易协定谈判中最为关注的是其农产品对中国市场的准入问题，中方主要关注的则是中国企业进入澳大利亚的资质和一些限制条款等。其中涉及的有关农业贸易的主要内容包括：①逐步免除澳大利亚对华农产品的一系列出口关税，其中对大麦的关税已立即免除，而对部分奶制品的关税将在未来 11 年内逐步免除；②澳大利亚放宽中国在澳农业投资的准入条件，在基于环境可持续发展的前提下，开放中国针对土地资源开发及作物生产、畜牧业生产及畜产品加工、经济作物产品开发、近海海产养殖及远洋渔业、特色食品加工等农业行业的投资。

中澳自由贸易协定的签订，有利于澳大利亚的牛肉、牛奶、园艺品、海鲜、红酒等产品出口到中国。特别是澳洲产值高达 130 亿美元的乳业将受益颇多，当前关税水平在 12%～25%的澳大利亚牛羊养殖行业也是免除关税后的主要受益对象。4 年内澳大利亚葡萄酒当前 14%～30%的关税也将取消。另外，限制性关税范围广泛的海鲜（包括鲍鱼、岩石龙虾、南方蓝鳍金枪鱼）的关税在 4 年内也将取消。中国国内相应行业也将受到一定的冲击。

尽管澳大利亚国内对国外农业投资有十分严格的规定，但是《中澳企业间农业与食品安全百年合作计划谅解备忘录》的签署将进一步增进中澳农业投资的合作。该备忘录旨在建立一个民间的、长期的、稳定的、市场化的中澳农业与食品领域的贸易、投资与合作平台，由中澳双方各 30～50 家大型农业产业化集团以及涉农金融机构参与。此次签署的谅解备忘录就增进行业交流、推动农业基础设施投资、促进双方食品安全保障投资等七个方面进行了约定。澳大利亚政府也在基于环境可持续发展的前提下，开放中国针对土地资源开发及作物生产、畜牧业生产及畜产品加工、经济作物产品开发、近海海产养殖及远洋渔业、特色食品加工等农业行业的投资。

第 8 章

完善中国"三农"政策框架体系和
执行机制的对策建议[①]

美国学者艾利森认为:"在实现政策目标的过程中,方案确定的功能只占10%,而其余90%取决于有效的执行。"这一看法尽管可能有失偏颇,却也显示了政策执行对于实现政策目标的重要性。实践是检验真理的唯一标准,执行作为政策的实践活动,理应成为检验公共政策是否正确的标准,如果某项公共政策在实践中无法推行下去,那么政策的制定者必须及时终结政策,以减少对政策相关群体的利益损害。此外,政策执行的效果是修正、补充、完善公共政策的基本依据,针对执行过程中出现的问题,政策方案必须不断进行充实或调整,以提高可行性和有效性。总之,作为政策过程中的具体活动,政策执行直接决定了政策问题能否解决、政策方案能否实现以及解决和实现的程度和范围。

"三农"政策的落实过程涉及多个主体,包括中央政府、地方政府、各级各类职能部门、各类农业经营主体、农村金融部门等。由于多元主体参与,而其利益导向各不相同,就不可避免地出现多元利益博弈下的政策执行偏差,不同程度地存在着"政策不出中南海""上有政策、下有对策""经是好经,只是让歪嘴和尚念歪了""初衷为龙、结果为虫"等执行层面的问题。

纠正政策执行偏差、加强政策落实,需要从政策的多个维度出发。本章按照政策学分析框架,结合调研了解的一些情况,从政策设计、执行监督、评估反馈

---

① 本章执笔人:赵海。

三个方面，提出强化"三农"政策执行的路径选择和一些具体建议。

■ 8.1　优化"三农"政策设计

在特定的历史条件下，任何一项公共政策的制定和执行，都必然是对某些群体的利益抑制和对某些群体的利益满足。每项公共政策都有特定的获益者、被抑制者和被损害者。要协调公共政策过程中获益者、被抑制者和被损害者之间的利益关系，必须具备一个基本的前提条件——所执行的公共政策文本公平、合理、可行，且得到政策相关群体的普遍认同。1973年，美国政策学家J·普雷斯曼和A·威尔达夫斯基在《执行：华盛顿的宏大期望是如何在奥克兰大破灭的》一书中，揭示了政策制定和实际执行之间的偏差，指出"如果一开始包含困难的政策，那么以失败而告终并不是什么令人惊讶的事情"。美国政策科学家斯密斯也明确指出，理想化的公共政策是影响政策执行的首要因素。可以看出，完善的公共政策是政策有效执行的前提，而决策的科学性与文本的操作性又是保证公共政策最优化的基本条件，只有在政策文本是可行的，且已大限度地平衡了各方利益的条件下，政策的相关群体才会认同并接受政策，力促政策执行落到实处。

在设计公共政策的过程中，应当把握好几个原则性问题：一是政策制定者应善于从政策取向上找准大多数人的共同利益与不同阶层的具体利益的结合点，使各类利益主体能够公正合理地分享社会利益，同时尽量平等地分配社会合作所形成的利益负担；二是尽早明晰政策设计的各方面利益关系，政策在偏向于受惠群体的同时，也应体现对利益受损者的补偿；三是如果政策执行者的意见并未纳入政策制定阶段，那么在执行过程中，政策制定者和执行者就很可能因为对政策关注重点的不同而产生认识分歧，从而造成执行偏差；四是协调眼前利益与长远利益的关系，不能以牺牲资源、破坏生态环境、加剧收入差距去换取一时的经济效益；五是在任何情况下，公共政策都必须而且只能以维护公共利益为目标导向。

围绕当前"三农"政策设计中的突出问题，本书认为，要健全政策制定机制，完善支持政策内容，提高政策的针对性和可操作性。

8.1.1　增强政策设计的科学性

"三农"政策设计的初衷，是为了加大对农业农村的支持力度、优化农业农村的发展环境。评价一项政策设计的好坏，不仅要看政策的收益，还要看政策执行的成本；不仅要看政策的当前作用，还要看政策的长远作用；不仅要看政策对执行对象的影响，还要顾及政策的执行对整个农业农村的影响乃至对国民经济的影响。只有充分考虑这些因素，权衡不同政策设计的得失利弊，做到"两利相权取其重，两害相权取其轻"，才能保证政策设计能最大限度地发挥作用，尽量接近政策设计的初衷。此外，要保持政策的稳定性，对看得准、路子对、效果好的政策要努力稳定下来，甚至可以写入法律中，切忌朝令夕改。

以粮食直补政策为例，该政策设计的初衷是通过补贴种粮农民，加大对他们的财政支持，进而提高农民种粮的积极性。在实践中，一些地方并没有补给种粮农户，而是按照家庭承包耕地面积发放补贴，这样一来，种粮补贴成了收入补贴。这种实际上的收入补贴政策在学术界一直饱受诟病，很多基层部门也不认可该政策。作者认为，直接按承包面积发放补贴资金恰恰是最优的政策安排。从经济学视角看，如果不存在交易费用的话，将直补资金补给承包农户或种粮，其政策效果是完全一样的，即如果将直补资金补给流入土地的种粮农户的话，流出土地的农户可以采用提高承包费的方式来实现对直补资金的间接占有。而如果将直补资金补给种粮农户，农户面临着申报、村级公示、严格审核和逐级上报等繁复的程序，不仅产生大量的行政成本，还可能出现弄虚作假套取补贴、政府官员寻租等不法行为。因此，可以这样认为，以农户实际种粮面积发放补贴并不是一种有效率的补贴方式，而按照承包地面积将补贴直接发放给承包户是一种最为节约成本的补贴方式。由此可见，在"三农"政策的设计上，必须综合考量执行成本和产生的影响，提高政策设计的科学性。

8.1.2　统筹系统地设计"三农"政策

笔者在赴多省的调研中，深刻感到财政支农资金之散、涉及部门之多。以农业基础设施建设为例，在财政部门有农业综合开发资金土地治理项目，在水利部门有小型农田水利项目，在国土部门有高标准基本农田建设项目。不同部门虽然项目名称和侧重内容各异，但总的来看都是围绕农田改造、田间道路、沟渠灌溉等农业基础设施展开的，可以说是大同小异。不同部门负责同样的一件事情，不仅会带来高昂的行政成本，而且使各项政策之间没有衔接、各自为战。整个农业基础设施建设缺乏系统性安排，项目更多地体现为集团化、部门化、利益化。地方在整合这些项目时，也会受到项目规定的掣肘，难以或无法做到有效的整合。因此，在现阶段，政策设计应从中央层面对相关政策进行衔接，为地方整合项目预留接口；从较长一个时期看，随着行政体制改革的深入和部门职能划分的明确，要对"三农"政策进行统筹和系统安排，对分散在各部门的支农职能进行适当调整和归并，以进一步提高政策设计的针对性和执行的效率及节约行政成本。

8.1.3　推动政策逐步向普惠性过渡

在当前的行政决策体制下，涉农相关部门掌握了相关资金项目的分配权利，并由人格化的行政人员具体决定。在监督和决策机制还很不完善的背景下，这就赋予了相关行政人员很大的自由裁量权，并可能引发项目承担主体错位、资金浪费、资金套取以及寻租等现象,使项目资金的相关权利处于公共领域,从而引发寻租行为及租值消散。解决这一问题,除了建立健全项目评审机制以及加强监督以外,还应从资金项目的自身设计入手。具体来讲,就是逐步削减专项转移支付,加大一般性转移支付的力度,并在项目设定上将很多主观性很强的标准转变为可以由数字支撑的客观性标准,并对达到标准的支持主体给予普惠。如此,就能大大减少由"人情"带来的无序行为,压缩政府部门的自由裁量权,让农民、合作社、龙头企业等农业经营主体在争取涉农政策上处于起点公平的竞争环境。

8.1.4　优化政策制定机制

当前"三农"政策的制定,基本由相关部门主导,是各政府部门及其压力集团博弈均衡的结果,带有很强的部门利益色彩,学界、民间的参与严重不足,如此,政策的适用性和效果就会大打折扣。本书认为,制定"三农"政策应注重吸收基层的实践经验,倾听农村各阶层和相关主体的期盼和诉求,注重问题导向,更多问计于民,通过"自上而下"与"自下而上"相结合的方式,提高政策的针对性和有效性。当前比较紧要的是,按照十八届三中全会提出的"推进国家治理体系和治理能力现代化"的要求,发挥民间团体、农民组织以及各类智库的作用,增强各类涉农民间组织在农民和国家之间沟通的桥梁和纽带作用,在政策制定过程中积极吸收各类社会组织的意见和建议,进一步强化"三农"政策制定的公众参与。

一方面,要塑造农村公共政策制定过程中的参与型政治文化,为公民参与提供良好的氛围。能够为公民参与制定政策提供良好的氛围。对于公民而言,参与型的政治文化有助于公民参与意识的培养,推进公民主体意识的觉醒,防止政府对公共利益的侵蚀,使公民积极主动地参与政策制定;对政府而言,参与型的政治文化有利于政府树立服务意识,培养公共行政意识,从而减少异化行为,使政府决策走向规范化。

另一方面,要全面加强农村政策智库建设,逐步完善政策决策体制。当代社会分工日益细化,决策调控对象日益复杂,这种社会条件下的政策决策,需要的是由精干和权威的决策中枢、灵敏和完善的信息反馈系统、掌握和运用现代科学理论方法的参谋咨询系统组成的科学决策体制。官方智囊机构要保持研究的独立性,不应作为行政领导的秘书班子或领导意见的论证者而存在,要让官方智囊独立表达自己的意见;还应大力发展非官方的政策研究组织,促成政策研究组织的多样性和竞争性,形成观点交锋和争鸣。当前,要在农口科研院所和大专院校加强政策研究,引导民间(包括社会、企业、个人)创办各类研究会、研究中心、咨询中心等,通过制度许可、政策补贴、购买研究成果等方式予以支持鼓励。

■8.2　强化政策执行监督

政策执行权力是一种公共权力，它必须服从、服务于公民权利和公共利益。但是，在缺乏有效制约和监督机制的情况下，执行权的运行往往背离公民权利和公共利益，从而阻碍社会进步和政策目标的实现。为使公共政策执行过程更加透明和公正，从主动方面来说，执行主体有必要公开与政策相关的信息，保障公众知晓政策，而从被动方面来说，执行主体应接受来自方方面面的舆论监督，以使执行行为得到及时调整和修正。从当前"三农"政策的执行情况看，迫切需要加强相关政策的信息公开和舆论监督。

8.2.1　加强相关政策的信息公开

政策信息，指政府在执行公共政策、提供公共服务的过程中，收集、整理、使用并拥有的对公众有直接或间接影响的信息。政策信息覆盖社会、经济、文化、法律、军事、科技等各个方面，在不同程度上影响着公众的生活和发展，以及各类机关、单位的效率和企业、社会团体的利益。据统计，目前政府部门集聚的信息约占全社会信息总量的 80%，政府信息是信息资源中最重要的组成部分。

在公共政策执行过程中，政府与公众在信息公开问题上的兴趣并非趋于一致。如果信息公开意味着公民的某些权利的实现，那它也意味着政府的相应义务。基于政治风险的回避、经济利益的寻租、信任危机的消解等原因，执行主体往往具有强烈的保守信息的倾向，"官僚体制的行政管理按其倾向总是一种排斥公众的行政管理。官僚体制只要有可能，就向批评界隐藏它的知识和行为"。这会导致政府有排斥信息公开的倾向，从而使政策不能得到很好的执行和监督。

在"三农"政策落实过程中，首先就是保障公民的知情权，即公民对国家的重要决策、政府的重要事务以及社会上当前发生的与普通公民权利和利益密切相关的重大事件，有及时、准确了解的权利。知情权的内容不应仅局限于知道和了解国家在农业农村方面的法律、法规及重大方针，还应当包括政府掌握的一切关系到农民权利和利益、农民个人想了解或者应当让农民个人了解的其他信息。要将信息公开制度化，按照"以公开为原则，不公开为例外"的原则，将政策内容、优惠对象、执行过程、资金预算等方面公之于众，加大政策的宣传力度，使农户、农民合作社、农业产业化龙头企业、基层政府、村级组织等涉农主体享有知情权。

在信息公开过程中，除了使用文件、报纸、电视等传统媒体外，还要加强网站等新兴媒体的宣传力度，及时、准确、全面地宣传"三农"相关政策。此外，还可以结合农村的特点，通过墙报、标语、明白纸等鲜活的方式让农民知晓法律和政策规定，特别是对涉及农业补贴、工商登记、税费减免、资金项目等的方面，要广泛宣传，营造落实"三农"政策的良好环境。

8.2.2　加强相关政策的舆论监督

政策执行过程中的舆论监督，是指公众或组织借助大众传媒形成舆论力量对执行权力运行的偏差行为进行披露、建议乃至批评，以影响公共决策和政策执行效果的活动。舆论监督不是一种权力，而是一种权利，这从舆论监督的权利来源即可获得证明——舆论监督的权利来自宪法规定的言论自由权（中华人民共和国公民有言论、出版、集会、结社、游行、示威的自由）和批评建议权（中华人民共和国公民对于任何国家机关和国家工作人员，有提出批评和建议的权利）。舆论监督是社会监督的有效途径和主要形式之一，有效的舆论监督机制，既能够防范和阻止不良因素对公共政策过程的干扰和破坏，也能够防范执行主体及行政人被腐蚀和异化，同时还能对目标群体中存在的不良风尚予以揭露和批评。

加强对"三农"政策执行情况的舆论监督，要做到以下几个方面：一是要发挥大众传媒"群众喉舌""政府镜鉴"的作用，表达民意，推动各项政策落实。大众传媒是公众进行舆论监督的中介和载体，在某种意义上，大众传媒已经被赋予了享有舆论监督权利和承担由此产生及引起的义务、责任的法律身份。因此，真正意义上的舆论监督，应以公众为主体，只有当大众传媒代表了公共舆论，才能和公众一起被称为舆论监督的主体。例如，2013年10月，中央电视台《焦点访谈》栏目曝光的江苏一农民合作社办理营业执照受到刁难的事件，就很好地发挥了舆论监督的作用，推动了问题的解决和政策的落实。二是要拓展舆论监督的形式。拓展舆论监督形式的前提是增加公众利益表达的渠道，只有实现公共舆论的自由表达，才能谈得上社会的和谐发展。现阶段进一步拓宽社会诉求的表达渠道，应减少不必要的环节，及时疏浚沟通管道，保障社会诉求的有效表达，并尽可能兼顾不同社会阶层、社会群体的需求，特别是弱势群体的利益诉求。具体来讲，在"三农"政策舆论监督中，对于依靠传统媒体进行的舆论监督，其应当本着创新的精神，开发新栏目，吸引更多受众，提高涉农主体的参与度；还应更多发挥网络的媒介作用，凭借其时效性和报道的自由度等优势，为农民的表达开辟新的通道。三是舆论报道还要从各地落实农业和农村政策的实践中挖掘出好的经验和典型，为其他地方提供启示和借鉴，提高有关机构和人员的知名度、美誉度及对受众的吸引力，带来积极的市场效益，还能引导舆论监督注重社会效益，发挥正确的舆论导向作用，从而使市场环境中的新闻传媒在舆论监督方面更加积极，社会效果更佳。四是健全舆论监督的保护机制和查处机制。相关职能部门应密切关注舆论监督主体在行使舆论监督权利过程中出现的矛盾问题，正确运用有关法规，秉公办案，及时排除舆论监督的各种干扰。对一些权力部门和领导干部蓄意阻挠破坏舆论监督的行为，对压制舆论监督报道、采取非法手段干扰监督主体行使舆论监督权的问题，对陷害、打击、报复监督主体的现象，均应及时予以查处，并追究有关领导的责任。对于舆论监督所反映的有关问题，执行机关应及时组织查处，或督促有关部门限期解决，并将办理结果及时向监督主体反馈，使舆论监督收到应有的效果。

8.2.3　完善对行政人行为的监督考核

对行政执行人来讲，在行使权力的同时，还必须承担相应的公共政策执行责任。执行责任是一种监督、控制和制裁行为，是一种以外在的约束力为支撑的个体或组织行为。美国学者埃莉诺·奥斯特罗姆指出："在每一个群体中，都有不顾道德规范、一有可能便采取机会主义行为的人；也都存在这样的情况，其潜在收益是如此之高以至于极守信用的人也会违反规范。因此有了行为规范也不可能完全消除机会主义行为。"在单纯追求经济发展的陈旧的绩效评价体系的指引下，行政人往往会为了自身利益的最大化而忽视全局利益，使执行行为呈现出异化特征，因此，必须制定科学、有效、详细的执行行为考核标准。

在对涉农部门行政人的考核标准中，首先，要进一步建立健全"三农"政策执行岗位责任制，这是落实其他考核标准的直接依据。其次，要增强现行考核标准的科学性，考核内容要与岗位职责一致。对不同级别的行政人要求不尽相同，如果将对行政人的考核与不同岗位责任制与目标责任制相结合，就能够使考核标准具有较强的针对性。再次，不能局限于德能勤绩廉方面的笼统考核，而应制定考核测评表，将考核内容细化为许多小的方面，成为可量化的指标。最后，根据涉农部门行政人执行权限的不同，实行分级考核。针对不同类别的行政人应当制定不同的考核指标体系，根据其工作性质和业务要求，依层次的不同而有所侧重，从而形成一个考核评估不同层次行政人的综合指标体系，增强考核的可操作性。

8.3　加强政策评估和反馈

政策评估是依据一定的标准和程序，对政策的效益、效率及价值进行判断的一种政治行为，目的在于取得相关方面的信息，作为决策变化、政策改造和制定新政策的依据。美国公共行政学者罗森布鲁姆指出，政策评估的目的不仅在于检视某项政策是否达到预期的影响，更重要的是在于检视政策的执行是否妥适。政策评估作为衡量公共政策成效的重要工具，具有两个方面的重要意义：一方面，政策评估是检视一项政策付诸实行以后，是否达成了政策制定的初衷，以避免政府浪费人力、资源在没有效果或不当的政策上；另一方面，政策评估的工作也是发现并修正政策误差的重要渠道。

政策评估应围绕公共政策及其活动全过程的各个环节的结果的价值进行评估，具体包括目标标准、投入标准、公平与公正标准、效率标准和公民参与与回应这五个方面的内容。第一，政策的目标标准。政策目标在政策执行中具有指导、约束、凝聚、激励、辐射的作用。评价一项公共政策是否成功的重要标志就是看政策执行后能否在预期时间内完成其所预定的目标。第二，政策的投入标准。一项政策从提出到列入议事日程、制定、执行等各个环节，都需要大量的人力、物力、财力、信息等各种资源。投入标准要衡量一项政策所投入的各种资源的质量和数量，其本质就是衡量政策的成本。第三，政策的公平与公正标准。由于市场本身的缺陷，在社会资源的分配和调节方面存在市场失灵的问题，政府的公共政策应该发挥其调节作用，在保障社会公平，以社会利益最大化为目标，最大限度地体现大多数人的利益。第四，政策的效率标准。效率标准是衡量政策取得效果所耗费的政策资源的数量，通常体现在政策投入与政策效果之间的比率和关系。在评估过程中应重点关注政策在制定和执行中投入了多少资源，投入的资源是否充足，能否确保政策得到贯彻和实现，如何以较少的投入、较快较好高质量地实现政策目标，政策资源的机会成本有多大，该项政策实施后所产生的直接效果以外的附加效果、象征效果、非预想效果等间接效果有多大。第五，政策的公民参与与回应标准。政府制定公共政策的主要目的是满足社会全体或部分公民的利益需要，其制定的政策必须为公民所接受。一项公共政策无论关系到全体还是一部分人的利益，只要政策对象认为满足了自己的利益，其就会对这种政策有积极的回应。

就"三农"支持政策来说，开展政策评估的过程，就是全面评价政策执行情况并不断完善相关支持政策的过程。一般来讲，开展政策评估应注重以下方面。

8.3.1　健全政策试点机制

在农业农村有关支持政策推行以前，应开展政策实施试点，在全国不同区域选择一些具有代表性和典型性的地区，发挥其先行先试、积累经验的作用。根据政策内容设定试点周期，并全程跟踪试点进展，对政策的妥适性开展评估，对政策风险进行预警，对基层政府、合作社、龙头企业以及农户等相关主体反映的问题进行分析，并以此为依据确定政策是否进行进一步修正以及是否在全国推广。尤其是具有一定风险的政策，如农民合作社开展信用合作、农民土地入股合作社和龙头企业、农民土地承包经营权抵押、农村农房抵押等重大政策，一定要采取稳妥的态度，审慎推进试点，逐步积累经验，切不可盲目推进、一蹴而就。

8.3.2　完善事后评估机制

当前在我国公共政策领域，"重制定轻评估"的现象非常普遍。一项政策出台之后，往往通过文件、会议等方式向下级传达，至于政策落实情况、实际效果等问题则没有受到政府部门的重视，事后评估严重不足。开展事后评估就是针对政策执行绩效进行全面评价，评估主体可以是中央有关部门，也可以委托独立的第三方机构，其主要有以下几种方法。一是成本—效益分析法，是指对整个政策运行过程中所投入的成本和所取得的收益进行对比分析的一种方法。二是对象评定法，是指由政策对象通过亲身感受和了解对政策及其效果予以评定的一种方法。由于政策对象是政策的实施者，他们对政策的成败得失有切身感受，因而最有评价发言权。三是专家判断法，其通过组织专家对政策执行情况进行调查，与执行人员及其政策对象交换意见，来判断政策的绩效。由于专家专业化较强，相对于政策制定者、执行者和政策对象来说属于独立第三方，因此能站在比较客观、公正的立场进行评估。四是自评法，其通过政府自身对政策的影响及达成预定政策目标的进展情况进行评估。由于政策执行人员参与政策实施的整个过程，能够掌握比较充分的政策信息和第一手资料，能及时、充分地评估每一项政策的效果，同时可以根据自己的评估结论，迅速调整自己的政策目标和措施，使评估活动得到立竿见影的效果。本书建议，针对"三农"政策执行情况，要抓紧编制评估指标体系，发布政策执行评估报告，在涉农部门中形成一种"抓落实""要实效"的工作氛围。

8.3.3 优化政策反馈机制

评估结果是评价政策执行情况的直接反映，也是修改完善相关政策的重要依据。要积极运用评估结果，优化反馈机制，一方面基于评估结果建立奖惩机制，对执行较好的部门予以表彰，对执行不力的部门加以督促指导乃至严肃问责，起到宣传先进、鞭策后进、赏罚分明的作用；另一方面，根据评估中各级、各部门、各农业经营主体等反映的问题，对政策内容、执行机制等方面加以修改完善，更好地发挥政策导向作用。

第 9 章

农村土地政策执行情况评价与对策建议[①]

9.1 研究背景

2004～2013 年中共中央连续下发 10 个中央一号文件和《中共中央关于推进农村改革发展若干重大问题的决定》,除 2011 年中央一号文件专门研究水利改革外,其他 10 个文件均涉及农村土地制度安排与政策设计的内容。归纳起来,这 10 个文件论及的农村土地制度安排与政策设计可分为农地(专指耕地,下文同)承包政策、农地流转政策、农村土地确权登记颁证政策、基本农田保护政策和征地制度改革政策五大类。根据 2013 年中央一号文件有关"开展强农惠农富农政策执行情况'回头看'精神",国家自然科学基金 2013 年第 2 期主任基金应急研究项目专门设立《近十年来我国农村土地政策问题研究》子项目,以期对近十年来中央政府及有关部门出台的农村土地政策执行情况进行评估。

9.1.1 文献评述

(1)关于公共政策执行问题。早期西方公共政策研究焦点集中在政策制定上。从 20 世纪 60～70 年代开始,以美国为代表的西方国家开始重视政策执行,特别是美国约翰逊政府发起的"伟大社会"改革(如奥克兰计划等)系列政策项目并没有达到预期效果,这促使人们关注政策执行问题,政策执行成为公共政策研究的一个重要领域。美国公共政策学者艾利森认为,在实现公共政策目

---

① 本章执笔人:廖洪乐、马永良、李剑。

标过程中，方案确定只占 10%，其余 90% 取决于有效执行。相对于西方国家，我国政策执行研究尚处于起步阶段，专业文献不多。理论方面，宋洪远（1999）认为，影响农业政策有效执行的因素分为两类：一类是执行农业政策的能力，即实施农业政策的手段和条件是否具备；另一类是执行农业政策的愿望，即执行农业政策所带来的收益和损失比较。王国红（2004）认为，随着决策程序的科学化和民主化，我国政策制定失误的可能性不断降低，而政策执行不力程度与日俱增，政策实践中存在的问题越来越多地被归因于政策执行不力，政策规避行为大量发生；他将政策规避区分为积极主动和消极被动两种，其表现形式包括政策敷衍、政策损缺、政策附加、政策替换、政策停滞、政策照搬、政策误用、政策投机、政策违背、政策抵抗等。张骏生（2006）认为，公共政策性质、执行资源、执行组织结构及沟通与协调机制等因素都会影响公共政策的执行；执行资源包括人力、财力、信息和权威资源等；执行组织结构包括纵向（层级）结构和横向（幅度）结构；沟通与协调包括政策执行机构间、上下级间及执行人员间的沟通与协调。张骏生还认为，要确保公共政策有效执行，需要合理配置权力，完善公共政策执行机制；公共政策执行机制包括利益平衡、民主参与、沟通协调、执行监督、激励和责任追究等。实证方面，许继芳（2003）在分析了某市常住人口与流动人口子女义务教育政策后发现，地方政府出于自身利益考虑在执行中央政策时产生了价值选择差异，导致中央政策执行不力。吕炜（2003）认为，受财政体制和投融资体制限制，公共投资扩张过程中存在地方政府配套能力下降问题。黄世贤（2003）系统分析了我国农村政策问题，他认为之所以出现政策"落实难"，除政策本身有问题外，还有如下四个原因，即政策资源不充分、执行主体不合格、政策运行机制有问题、政策执行监控不力；他建议要改革农业管理体制、转变政府职能和强化政策执行监督。王杰敏（2005）描述了我国农村政策执行过程中存在的八大问题，他认为政府行政体制、财政体制、政策执行资源瓶颈等都会影响政策的执行效果；为此，他建议要深化农村基层体制改革，完善政策执行监督机制，并建立科学的考评体系。程亿（2007）的分析表明，我国惠农政策执行不力可归为四个原因，如政策执行部门体制不顺、政策执行缺乏控制和激励机制等；基层政府缺乏足够的配套资源，如财力不足、融资困难等。陆福兴（2011）认为，一些地方政府出现了中央一号文件"审美疲劳"，为此他建议建立问责制度。王永春（2004）认为，我国现有农业行政管理体系难以适应经济社会进一步发展的要求，必须进行改革，可借鉴发达国家的经验让第三部门（即非政府组织）充分发挥作用。李芝兰和吴理财（2005）认为，在中央政府自上而下强力推行其政策时，地方政府会做出自己的反应，导致政策执行出现偏差，反过来促使中央政府修改政策，这种互动是一种良性互动，有利于改善农村治理水平。

　　(2)关于农村土地制度与政策问题。综合国内外已有农村土地制度与政策研究文献,与本主题有关的文献集中在六个方面。第一,关于承包地调整。廖洪乐(2002)的研究发现大多数(84%)农户认为应该调整承包地,但在满足一系列假定条件后希望调整承包地的农户比例大幅下降(25%)。与此同时,廖洪乐(2003)还发现诸如人均耕地面积、土地流转程度、有无承包合同等因素都会对农地调整产生显著影响,而村干部行为对农地调整的影响不显著。虽然《中华人民共和国农村土地承包法》严格限制土地调整,但仍然有一些村庄将土地调整制度化。第二,关于农地流转。叶剑平等(2006)的研究发现,我国农地流转市场发育缓慢,规范的合同签订与承包经营权证书发放能够促进农地流转市场发展;廖洪乐(2012)的研究发现,1996~2008年农地流转呈现三个特点,即农地流转规模逐年增长、地区差异明显和流转主体多样化。第三,关于基本农田保护。钟太洋等(2012)发现,2004~2007年基本农田保护政策的实施,对减少耕地面积流失产生了显著影响;臧俊梅等(2007)认为,我国基本农田保护政策执行效果如何,很大程度依赖地方政府、利益集团与农民群体的策略行为;林培(1997)认为,基本农田保护需要行政、技术、经济和法律手段同时并用,否则就不会有显著效果。第四,关于集体建设用地使用权流转。高圣平和刘守英(2007)认为,虽然我国法律严格限制集体建设用地进入市场,但集体建设用地隐性市场普遍存在,为此建议尽快修改《土地管理法》,允许集体建设用地入市。第五,关于集体土地征收制度。廖洪乐(2007)认为,现行集体土地征收制度严重损害农民利益,为此建议对现行《土地管理法》做出重大修改,明确界定公共利益范围,允许集体建设用地进入土地一级市场。第六,关于土地发展权与土地增值收益分配。张俊(2007)系统分析了土地发展权和城市土地增值收益分配问题,他认为,农地发展权价值应该在农民集体与国家之间进行合理分配;王小映(2003)认为,可通过提高征地补偿来改善土地增值收益分配,但根本出路还在于改革现行征地制度,探索建立土地发展权转让制度。

　　综合以上六个方面的研究文献,可做出如下判断,即农村土地政策执行效果既受政策本身因素的影响,也受政府行政体制、财政体制、政府职能履行方式及激励机制等因素的影响。专门分析"三农"政策执行问题的文献存在如下不足:第一,重视理论分析,缺乏实证支撑;第二,提出的建议多是原则性的,缺乏针对性和可操作性。专门分析农村土地制度与政策的文献存在如下不足:第一,注重农村土地政策制定及相关学术问题研究,忽视农村土地政策执行问题;第二,缺乏行政体制、财政体制、政府职能履行方式及激励机制对农村土地政策有效执行影响的案例分析。

9.1.2　研究方法

(1)定性分析法。依据农村土地政策的性质，将农村土地政策分为农地承包政策、农地流转政策、农村土地确权登记颁证政策、耕地和基本农田保护政策以及征地制度改革政策五大类别。

(2)比较分析法。对比分析不同地区和不同类别的农村土地政策的执行效果的差异。

(3)访谈法。走访中央政府有关部委、地方政府(主要是省、县市两级)相关部门和乡村干部，了解政府部门和乡村干部在执行农村土地政策时面临的行政体制问题、财政体制问题和激励机制问题，以及他们对解决这些问题的看法与建议。

(4)问卷调查法。设计县市、村和农户三级调查问卷，依靠全国农村固定观察点系统进行大样本调查。

(5)案例分析法。选择社会关注度高的农村土地政策进行专题调研，深入剖析其执行程序、取得的经验及存在的体制机制问题。

9.1.3　样本选择与调查方法

(1)大样本调查。大样本调查包括 15 个省的 140 个县市的土地管理部门和农经管理部门，150 个行政村和 1 100 户农户。由于农户调查只在 11 个省进行，考虑到县市、村和农户的三级对应关系，本书只分析这 11 个省的相关数据。也就是说，本研究大样本数据包括 11 个省的 98 个县市、109 个行政村和 1 100 户农户；109 个行政村均为农村固定观察点样本村，1 100 户农户是从农村固定观察点样本村中随机抽样选取的。

(2)典型调查。根据县市、村和农户大样本调查数据分析结果，选取有代表性的县市进行典型调查。典型调查县市包括湖北省的大冶市和武汉蔡甸区、山东省的腾州市和章丘市、河南省的济源市等。典型调查县市调查对象包括县市、乡农经部门与国土管理部门、村组干部、新型农业经营主体和传统农户。

9.1.4　研究思路与技术路线

研究思路与技术路线见图 9-1。

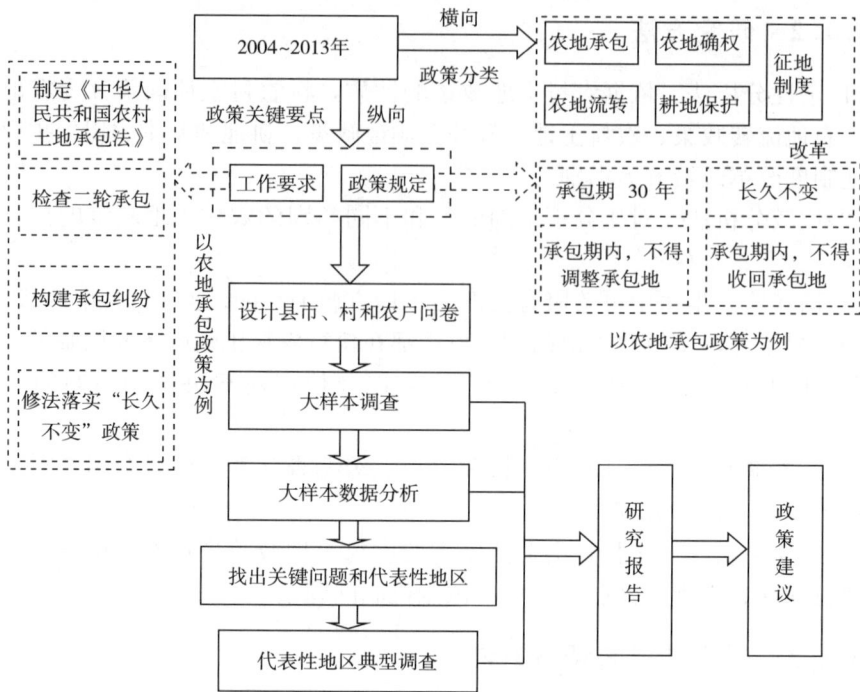

图 9-1　研究思路与技术路线

■9.2　农村土地政策的主要内容

9.2.1　农地承包政策

2004～2013 年，中央政府出台的农村土地承包政策包括两大板块：一是相关工作要求，二是土地承包政策规定。相关工作要求主要包括：①各省级行政单位要尽快制定《中华人民共和国农村土地承包法实施办法》(简称《农村土地承包法实施办法》)；②全面检查二轮延包政策落实情况；③加快构建农村土地承包纠纷仲裁体系和仲裁制度；④加快修改相关法律法规，落实"长久不变"政策。土地承包政策规定主要包括：①耕地承包期为 30 年；②30 年承包期内不得调整承包地；③30年承包期内不得收回承包地；④现有土地承包关系要保持稳定并长久不变。

9.2.2　农地流转政策

根据中央一号文件和农业部出台的相关规定，2004～2013 年农村土地流转政策包括两大板块：一是相关工作要求，二是土地承包经营权流转政策规定。相关工作要求主要包括：①有条件的地方要推动农地流转和实行规模经营；②要建全县市、乡、村三级农地流转服务组织网络建设。土地承包经营权流转政策规定主要包括：①土地承包经营权流转应当遵循平等协商、依法、自愿、有偿原则；②土地承包经营权流转不得改变承包土地农业用途；③土地承包经营权流转期限不得超过承包期剩余期限；④土地流转期限超过一年的都需要签订书面合同。

9.2.3　农村土地确权登记颁证政策

根据中央一号文件、国土资源部和农业部出台的相关规定，2004～2013 年农村土地确权登记颁证主要包括集体土地所有权、集体建设用地使用权、农民宅基地使用权、土地承包经营权四个方面的确权登记颁证。农村土地确权登记颁证政策包括两大板块：一是相关工作要求，二是农村土地确权登记颁证的政策规定。相关工作要求主要包括：①2012 年年底基本完成集体土地所有权确权登记颁证(2010 年中央一号文件提出用三年的时间基本完成这项工作)；②2017 年年底基本完成土地承包经营权确权登记颁证(2013 年中央一号文件提出用五年的时间基本完成这项工作)；③加快推进农村集体建设用地和农民宅基地使用权确权登记颁证，但到目前为止未设立时间表；④农村土地确权登记颁证工作经费纳入地方预算，中央财政予以补助。农村土地确权登记颁证政策规定主要包括：①农村土地所有权要确权到每个具有所有权的农民集体组织。归乡镇集体所有的土地要确权到乡镇集体组织，归行政村集体所有的土地要确权到行政村集体组织，归村民小组集体所有的土地要确权到村民小组农民集体组织；②农村土地承包经营权确权登记颁证，重点是要解决承包地块面积不准、四至不清等问题。

9.2.4　耕地和基本农田保护政策

1994 年，国务院制定并出台了《基本农田保护条例》，1998 年又对该条例进行了补充修改。2004～2013 年出台的 10 个中央一号文件中，有 7 个文件包含了耕地和基本农田保护内容，其主要针对耕地和基本农田保护中出现的新问题、新情况，对《条例》等法律政策文件中的一些政策规定进行强调和补充说明。归纳起来，2004～2013 年中央一号文件有关基本农田保护政策的主要内容包括：①耕地占补平衡；②确保基本农田总量不减少、质量不下降、用途不改变，并落实到地块和农户(后文将这些政策统称"基本农田划定"政策规定)；③实行耕地和基本农田保护目标考核责任制；④建立耕地保护补偿机制。

9.2.5　征地制度改革政策

根据中央一号文件和国土资源部出台的相关规定，2004～2013 年征地制度改革政策包括两大板块：一是相关工作要求，二是征地制度改革的政策规定。相关工作要求主要包括：①加快推动征地制度改革试点；②修改《土地管理法》；

③尽快出台《农村集体所有土地征收补偿条例》。征地制度改革政策规定主要包括：①区分公益性用地和经营性用地，缩小征地范围；②健全征地程序，做好用地报批前的告知、确认和听证事项；③完善征地补偿办法，提高征地补偿标准；④将被征地农民纳入就业和社会保障范围；⑤允许集体经营性建设用地入市。

■ 9.3　农村土地政策执行情况评价

9.3.1　农地承包政策执行情况

1. "尽快制定《农村土地承包法实施办法》"要求落实情况

如图9-2所示，根据课题组从网上搜索到的信息，到2013年年底，我国31个省级行政单位(不包括港澳台地区)中有21个省级行政单位以政府通知或人大条例(办法)形式，制定了《农村土地承包法实施办法》，占全国省级行政单位的2/3；有10个省级行政单位没有出台相关的《农村土地承包法实施办法》，占1/3(图9-2)。在制定了《农村土地承包法实施办法》的省级行政单位中，天津、河北、辽宁、吉林、上海、江苏、浙江、安徽、福建、重庆、云南11个省级行政单位的实施办法均执行《农村土地承包法》有关承包期内不得调整承包地的规定，只将严重自然灾害等视为可以小调整的例外因素；山西、山东、内蒙古、江西和新疆5个省级行政单位除自然灾害因素外，还将土地征收(放弃征地补偿)视为可以小调整的例外因素；湖北、湖南、四川、陕西4个省级行政单位除自然灾害因素外，还将土地征收和集体建设用占用两个因素视为可以小调整的例外因素；除自然灾害、土地征收和集体建设占用这3个因素外，陕西省还将"个别农户人均承包面积不足该集体人均承包面积的一半"作为可以小调整的第四个例外因素。在制定了《农村土地承包法实施办法》的省级行政单位中，天津、河北、辽宁、吉林、上海、江苏、浙江、福建、江西、湖北10个省级行政单位的实施办法均执行《农村土地承包法》有关承包期内不得收回承包地的规定，只有全家迁入设区的市且转为非农业户口才可以收回其承包地；山西、重庆、陕西3个省级行政单位除全家迁入设区的市要收回承包地外，全家迁到其他村集体经济组织且取得承包地的，也要收回承包地；海南规定，农户全家迁入设区的市、不设区的地级市和其他县级政府所在地城镇，且转为非农业户口的，集体可收回承包地；重庆规定，农户全家迁入本市各区县所辖街道办事处或县人民政府驻地镇且转为非农业户口的，集体可收回承包地。

2. "全面检查二轮延包政策落实情况"要求落实情况

为落实此项工作要求，全国人大、国务院、农业部、最高人民法院和省、市、县三级人民政府及有关部门做了大量具体工作。例如，2004年农业部发布

								甘肃
								宁夏
								青海
								西藏
								贵州
		新疆						广西
		福建						广东
湖南	安徽	陕西						河南
江苏	吉林	云南	四川					北京
山东	辽宁	海南	重庆					
上海	山西	天津	浙江	江西	内蒙古	湖北	河北	黑龙江
2003年	2004年	2005年	2006年	2007年	2009年	2012年	2013年	未发布

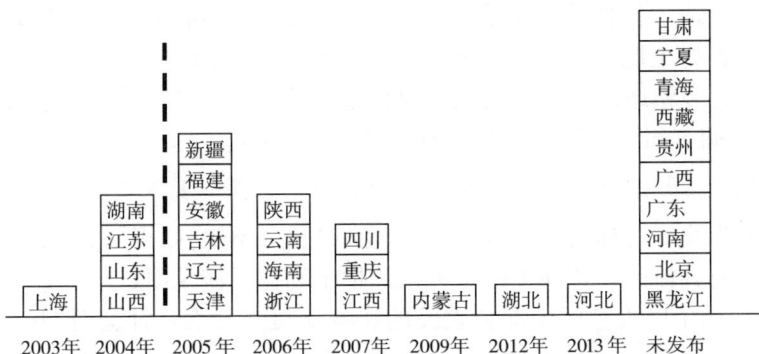

图 9-2　各省区市《农村土地承包法实施办法》的制定与发布情况

资料来源：截止到 2013 年年底

了《最高人民法院关于贯彻落实〈国务院办公厅关于妥善解决当前农村土地承包纠纷的紧急通知〉的通知》[①]，要求各地农业部门要做好土地纠纷调处、二轮延包后续完善等工作；2005 年，最高人民法院出台了《关于审理涉及农村土地承包纠纷案件适用法律问题的解释》，为处理各类土地承包纠纷提供了法律依据；2007年，经国务院同意，由农业部、国土资源部、监察部、民政部、中央农办、国务院纠正行业不正之风办公室、国家信访局七部委办共同组织全国农村土地突出问题专项治理活动，着重解决八类侵害农民土地权益的突出问题，其中五类问题与农民土地承包经营权有关；2011 年，全国人大常委会对《农村土地承包法》和《中华人民共和国农村土地承包经营纠纷调解仲裁法》(简称"两法")执行情况进行检查[②]，与此同时，全国人大常委会还委托其余 20 多个省、区、市的人大常委会对本行政区域内"两法"实施情况进行检查。湖北省针对二轮延包中存在的问题，于 2005 年在全省范围内开展了完善农村土地二轮延包的工作。

3. "加快构建农村土地承包纠纷仲裁体系和仲裁制度"要求落实情况

2004 年，农业部就选择 4 个省的 10 个县市开展农村土地承包纠纷仲裁试点，到 2008 年年底，农业部累计批复 27 个省、区、市的 229 个县市进行农村土地承包纠纷仲裁试点。2009 年，全国人大常委会通过《中华人民共和国农村土地承包经营纠纷调解仲裁法》。农业部和国家林业局制定了农村土地承包纠纷仲裁

---

① 2004 年 4 月，国务院办公厅发出了《关于妥善解决当前农村土地承包纠纷的紧急通知》，要求切实保障农民土地承包经营权，不得随意收回或调整农民承包地，要尊重和保障外出务工农民的土地承包经营权和经营自主权，坚决纠正以欠缴税或土地抛荒为名收回农民承包地。

② 检查组在听取了国家发改委、财政部、农业部、国土资源部、水利部、国家林业局和最高人民法院关于贯彻实施"两法"以及相关情况的汇报后，分六个小组赴湖南、安徽、吉林、河北、山东、甘肃六省开展了检查工作。期间，检查组听取了各省政府及有关部门对法律贯彻实施情况的汇报，召开有基层干部和农民代表参加的座谈会，实地走访村组、土地流转服务中心、仲裁机构等，广泛听取意见。

规则和农村土地承包仲裁委员会示范章程。根据农业部统计，到 2011 年年底，全国共设立农村土地承包仲裁委员会 1 848 个，聘任仲裁员 11 853 名；30 个省、区、市的村、乡镇政府和农村土地承包仲裁委员会，共受理土地承包及流转纠纷 21.9 万起，调解纠纷 17.7 万起，仲裁纠纷 1.46 万起。

4. "加快修改法律法规，落实'长久不变'政策"要求落实情况

到目前为止，"修改相关法律法规，落实'长久不变'政策"的工作并没有取得实质进展，究其原因，这项工作事关农民根本利益，涉及面过广。首先，第二轮 30 年承包得到了广大基层干部和农民的普遍认可。其次，社会对"长久不变"政策的"长久"究竟是多久，尚未形成统一的认识，是 70 年、99 年还是永久都没有一个趋向性意见。再次，将承包期由"30 年不变"改为"长久不变"不只是简单地修改法律、法规问题，很多地方还会涉及土地调整问题，在 30 年承包期未期满的情况下调整土地本身就是违法行为。

5. "耕地承包期 30 年"规定落实情况

在本次调查的 11 个省的 98 个样本县市中，有 70 个县市耕地承包期均统一为 30 年，占 71.4%；有 27 个县市的耕地承包期存在不足 30 年的情形，占 27.6%；有 1 个县市耕地承包期统一为 70 年。分省看，福建、山东、陕西和江西 4 省样本县市中耕地承包期没有统一为 30 年的比例较高；河北、安徽和湖南等省样本县市中耕地承包期统一为 30 年的比例较高（表 9-1）。

表 9-1　各省样本县市耕地承包期限分布状况

省份	有效样本	承包期均统一为 30 年		承包期有低于 30 年的村	
		县市个数/个	比例/%	县市个数/个	比例/%
河北	9	8	88.9	1	11.1
辽宁	12	9	75.0	3	25.0
江苏	4	4	100.0	0	0.0
安徽	10	8	70.0	2	20.0
福建	7	3	42.9	4	57.1
江西	9	6	66.7	3	33.3
山东	9	4	44.4	5	55.6
湖北	8	6	75.0	2	25.0
湖南	10	9	90.0	1	10.0
四川	10	8	80.0	2	20.0
陕西	10	5	50.0	4	40.0
合计	98	80	71.4	27	27.6

注：陕西省有一个样本县市耕地承包期限为 70 年，课题组还未核对这一信息

6. "30 年承包期内不得调整承包地"规定落实情况

从样本县市看，89 个有效样本县市中，有 53 个县市的所有村组集体都规定不再调整承包地，占 59.6%；有 34 个县市辖区内有部分村组集体规定还要调整承包地，占 38.2%；有 2 个县市所有村组都规定还要调整承包地，占 2.2%。也就是说，样本县市中有 40.4% 的县市还存在土地调整现象。34 个部分存在调地现象的县市中，有 19 个县市列出了调整承包地的村组比例，从 1% 到 80% 不等。从样本村看，107 个有效样本村中，有 81 个村全村统一不调整，占 75.7%；有 8 个村全村统一进行调整，占 7.5%；有 18 个村全村不统一，但有些村民小组还在进行土地调整，占 16.8%。也就是说，样本村中约有 1/4（即 25%）的村 30 年承包期内还在调整承包地。分省看，江苏、江西、山东、湖南等省样本村还在调地的比例较高，分别有 40%、44.4%、50% 和 50% 的村还在调整承包地。从样本农户看，898 个有效样本农户中，有 567 户农户表示其所在村组明确规定 30 年承包期内不再调整土地，占 63.1%；有 101 户农户表示其所在村组明确规定还要调整承包地，占 11.2%；有 170 户农户表示村组集体既没有明确规定要调地，也没有明确规定不调地，占 18.9%（表 9-2）。

表 9-2　各省样本村 30 年承包期内土地调整状况

省份	样本数/个	有效样本村/个	全村统一不调整		全村统一调整		全村不统一，有些组还在调整		缺省样本/个
			村数/个	比例/%	村数/个	比例/%	村数/个	比例/%	
河北	9	9	8	88.9	0	0.0	1	11.1	0
辽宁	12	11	10	90.9	1	9.1	0	0.0	1
江苏	10	10	6	60.0	2	20.0	2	20.0	0
安徽	11	11	8	72.7	0	0.0	3	27.3	0
福建	9	8	8	100.0	0	0.0	0	0.0	1
江西	9	9	5	55.6	1	11.1	3	33.3	0
山东	10	10	5	50.0	3	30.0	2	20.0	0
湖北	9	9	8	88.9	0	0.0	1	11.1	0
湖南	10	10	5	50.0	0	0.0	5	50.0	0
四川	10	10	10	100.0	0	0.0	0	0.0	0
陕西	10	10	8	80.0	1	10.0	1	10.0	0
合计	109	107	81	75.7	8	7.5	18	16.8	2

7. "30 年承包期内不得收回承包地"规定落实情况

107 个有效样本村中，有 16 个村近十年来发生过收回农户承包地情况，约占 15％。有 4 个村是由于承包期到期收回重新发包,河北、江苏、山东和陕西省各有 1 个村;有 4 个村是由于农户所有家庭成员转为城镇居民而收回其承包地;有 2 个村是由于农户家庭有部分成员转为城镇居民而收回其承包地,其均为山东省样本村,且其做法不符合《山东省实施＜中华人民共和国农村土地承包法＞办法》的规定;有 4 个村是由于政府征收集体土地后重新分配承包地,有 2 个村因整户死亡而收回农民承包地,有 3 个村因农户人口减少或自愿交回而收回农户承包地。984 户有效样本农户中,近十年里有 37 户农户的承包地被收回,约占 3.8％;有 16 户农户因婚嫁、死亡减少人口而被收回承包地,有 12 户农户因农转非减少人口而被收回承包地。

8. "现有土地承包关系保持稳定并长久不变"规定落实情况

109 个样本村中没有一个村实行土地承包"长久不变"政策。1 011 个有效样本农户中,有 78％的农户知道该政策,有 22％的农户不知道。1 000 户样本农户中有 50％的农户认为土地承包长久不变政策可行,有 17％的农户明确表示这项政策不可行,有约 1/3 的农户说不清楚。11 个样本省中,没有一个省的认为这项政策可行的样本农户的比例超过 2/3。

9.3.2　农地流转政策执行情况

1. "有条件的地方要推动耕地流转和农地规模经营"要求落实情况

这项工作落实主要体现在政府出台专门文件、纳入年度考核和给予奖惩三个方面。第一,县市政府出台推动耕地流转和农地规模经营的专门文件。92 个有效样本县市中,有 68 个县市在近十年里出台过推动农地流转和规模经营的专门文件,约占 74％;有 24 个县市没有出台过这方面的专门文件,约占 26％。67 个出台过推动农地流转和规模经营文件的有效样本县市中,有 31 个县市发过 1 个文件,有 15 个县市发过 2 个文件,有 11 个县市发过 3 个文件,有 6 个县市发过 4 个文件,有 3 个县市发过 5 个文件,有 1 个县市发过 6 个文件。从县市政府出台推动耕地流转和规模经营文件的时间看,近十年出台的 132 个文件中,有 27 个文件是 2007 年前的 6 年里出台的,占 20％左右;2008 年及以后的 6 年里共出台了 105 个文件,约占 80％。也就是说,党的十七届三中全会后,地方县市政府出台推动耕地流转和规模经营文件的步伐明显加快。第二,将农地流转和规模经营工作纳入政府年度考核。出台过这项专门文件的县市中,有 55.6％的县市将推动耕地流转和规模经营工作纳入政府年度考核。其占政府年度考核部分的得分为 0.5～10 分不等,多数为 5 分左右。第三,政府直接给予奖惩。县市政府的奖惩措施主要针对乡镇政府、转入户和转出户三类对象。其一,关于对乡镇政府的奖惩。27 个样本县市中,有 2 个县市对乡镇实行惩罚性措施,即对完不成当年耕地流转任务的，取消年度评优资格；有 6 个县市对乡镇实行奖励，包括名誉奖励、现金奖励和投资项目奖励。其二，关于对转入耕地的规模经营主体给予奖励。27 个样本县市中，有 16 个县市对流转面积和流转年限符合规定要求的规模经营主体直接给予现金奖励。例如，辽宁阜新对流转面积 500 亩以上且流转年限 6 年以上的土地，县政府一次性奖励 10 万元。有 4 个县市优先向规模经营户安排土地整理、农业综合开发项目。有些县市给予信贷支持。其三，关于对转出户的奖惩。样本县市中有 1 个县还对转出户给予奖励，转出 1 亩耕地一次性奖励 50 元；有 1 个县对抛荒两年以上的收回承包地，停发所有政策性补贴。

2. "健全县市、乡、村三级农地流转服务组织网络"要求落实情况

97 个有效样本县市中有 70 个县市建立了县市、乡、村农地流转服务组织，约占 72%；有 64 个县市建立了县级农地流转服务组织，约占 66%；有 62 个县市建立了乡镇农地流转服务组织，约占 64%；有 35 个县市在村一级建立了农地流转服务组织，约占 36%。有 38 个县市所有乡镇都建立了农地流转服务组织，约占 39%；有 15 个县市所有乡镇和所有行政村都建立了农地流转服务组织，约占 15%。67 个提供了农地流转服务组织经费的样本县市中，有 36 个县市的农地流转服务组织有政府的财政拨款，约占 54%；有 31 个县市的农地流转服务组织没有专门财政拨款支持，约占 46%。105 个有效样本村中，有 39 个村有负责农地流转的服务机构或人员，约占 37%。

3. "平等协商、自愿、有偿"规定落实情况

关于平等协商原则：本次调查的 109 个样本村中有 14 个存在村组集体统一转出耕地现象，约占 13%。在 14 个由村组集体统一流转耕地的村中[①]，只有四川省有 1 个样本村是由农户（承包方）与租地者（受让方）直接签订流转合同，约占 7%；有 8 个村采用先由农户与村组集体（发包方）签订合同，再由村组集体与租地者签订流转合同，约占 57%；有 6 个村由村组集体与租地者直接签订流转合同，约占 43%；有 1 个村存在农户既没有与村组也没有与租地者签订流转合同现象，约占 7%，可以推断这个村存在较为严重的强迫流转农户承包地问题。也就是说，14 个样本村中约有 50% 的村（即后两种情形）在村组集体统一租出耕地时农户没有参与平等协商，这是一个很高的比例。此外，课题组在湖北大冶市 B 镇实地调查时发现，整村流转采用由受让方与村组集体（发包方）和农户（承包方）共同签订耕地流转合同，并约定因流转而产生的纠纷通过调解或仲裁方式解决。该镇在耕地整村流转中，耕地流转事项主要由受让方与村组集体（发包方）商定，作为承包方的农户只负责签字同意即可。那些家庭主要成员常年外出务工经商的

---

①　14 个由村组集体统一流转耕地的村中，有些村不止有一种耕地转出方式。

承包农户不可能参与耕地流转相关事项的平等协商，也不可能回老家到现场签字，在这种情形下，通常是由村组干部电话告知相关事宜并由村干部代为签字。较为极端的情形是，短期内找不到外出承包农户，村组会在事先不告知的情况下代为签字。关于自愿原则：以户为单位看，83 户样本农户中有 8 户农户完全不同意村组统一租出其承包地，约占 9.6%；有 23 户农户开始不同意，后经村组干部做工作最终同意，占 27.7%；有 46 户农户完全同意村组集体统一租出其承包地，约占 55.4%。以村为单位看，14 个样本村中有 7 个样本村完全同意村组集体统一租出其承包地的农户超过 3/4，占 50%；江西省有 1 个样本村存在强制流转农户承包地现象；有 5 个样本村多数农户开始不同意由集体统一转出其承包地，后经村组干部做工作最终同意，约占 36%。关于有偿原则：从课题组在湖北大冶和蔡甸、山东腾州和章丘、河南济源等的调研情况看，农地有偿流转原则得到了较好的落实，差异主要体现在价格高低不一和租金支付形式多样上。例如，湖北大冶 B 镇某村耕地流转价格为每亩每年 200 早籼稻，按国家保护价结算，以现金支付；2012 年折算现金为每亩 240 元。山东章丘 X 镇 X 村流转农户的耕地流转价格为每亩每年 1 000 斤（1 斤＝0.5 千克）小麦，按当年小麦市场价格计算，以现金支付。

4. "农地流转不得改变农业用途"规定落实情况

109 户由自己转出耕地的农户中，分别有 51.4% 和 43.1% 的转出农户的转出耕地用于粮食和经济作物生产，用于林果、挖鱼塘和养殖业的分别只有 7.7%、5.5% 和 2.8%；有 8.3% 的农户其转出的耕地被用于非农业生产。在由集体统一转出耕地情形下，耕地用于粮食生产的比例很低，不到 18%，比农户自己转出情形下低 33.7 百分点；耕地用于林果、鱼塘和养殖业的比例合计达 45.6%，比农户自己转出情形下高出 29.6 百分点；耕地用于非农业开发的比例达 39.2%，比农户自己转出情形下高出 30.9 百分点。也就是说，相对于农户自己转出耕地而言，由村组集体统一转出的耕地更多地被用于经济作物、林果、养殖和非农业生产，用于粮食生产的比例很低。此外，农户从其他农户转入耕地，转入的耕地主要用于粮食作物和经济作物生产，有极少部分农户将转入的耕地用于林果业和挖鱼塘。相反，农户从村组集体转入的耕地用于粮食作物和经济作物生产的比例较低，比从其他农户转入情形分别低 44.7 百分点和 11.2 百分点；农户从村组集体转入的耕地用于林果、挖鱼塘和养殖业的比例相对较高，比从其他农户转入情形分别高出 27 百分点、4.6 百分点和 9.8 百分点（表 9-3）。

表9-3 农户和村组集体统一转出耕地的用途

省份	农户自己转出耕地				集体统一转出耕地			
	户数/户	各类用途所占比例/%			户数/户	各类用途所占比例/%		
		粮食	其他农业生产	非农业		粮食	其他农业生产	非农业
河北	6	50.0	33.4	33.3	2	0.0	50.0	100.0
辽宁	12	66.7	41.7	8.3	0	0.0	0.0	0.0
江苏	4	50.0	50.0	0.0	9	0.0	0.0	100.0
安徽	7	42.9	42.9	0.0	2	0.0	100.0	0.0
福建	21	42.9	85.8	9.5	0	0.0	0.0	0.0
江西	16	50.0	43.8	0.0	11	0.0	36.4	63.6
山东	3	0.0	100.0	0.0	24	33.3	37.5	16.7
湖北	9	55.6	44.4	11.1	0	0.0	0.0	0.0
湖南	15	80.0	26.7	13.3	0	0.0	0.0	0.0
四川	12	41.7	116.6	8.3	21	28.6	171.5	19.0
陕西	4	25.0	50.0	0.0	10	0.0	20.0	50.0
合计	109	51.4	59.1	8.3	79	17.7	68.4	39.2

注：由于农户转出的耕地可能同时用于多种用途，因此合计百分比会大于100%

5. "耕地流转期限不得超过耕地承包剩余期限"规定落实情况

无论是农户自己转出耕地还是由村组集体统一转出耕地，流转期限都没有超过30年。只有从其他农户转入耕地的78户农户中，有11户农户对流转期限没有做出明确规定。

6. "超过1年的农地流转需要签订书面流转合同"规定落实情况

在农户自己转出耕地和农户从其他农户转入耕地流转年限在一年以上的，签订了书面合同的比例分别只有43.0%和16.1%；由村组集体统一转出和农户从村组集体转入耕地流转年限在一年以上的，签订书面合同的比例达到62.8%和82.4%。在流转年限超过一年的耕地流转中，农户与农户之间流转签订书面合同的比例较低。相反，由村组集体统一转出和农户从集体转入的流转签订书面合同的比例较高。一般而言，流转期限越长，签订书面合同的比例相对较高。

9.3.3 农村土地确权登记颁证政策执行情况

1. "2012年年底基本完成集体土地所有权确权登记颁证"要求落实情况

据国土资源部统计，全国农村集体土地所有权应发证面积4.467亿公顷，

650 万宗以上。2012 年 12 月底，全国发证率达到 94.7%，累计确权登记发证约 620 万宗、4 亿公顷，任务基本完成。到 2013 年 5 月底，发证率为 97%，有 24 个省份在 95% 以上，6 个省份在 90%～95%，绝大多数地区已进入检查验收和成果总结阶段。据本课题组调查数据，到 2013 年 10 月，88 个有效样本县市中有 64 个县市已经完成了农村集体土地所有权确权登记颁证工作，约占 72.7%；有 24 个县市正在进行，约占 27.3%。103 个有效样本村中，有 56 个村已经完成了农村集体土地所有权确权登记颁证工作，约占 53.8%；有 25 个村正在进行这项工作，约占 24.0%；有 22 个村不知道有农村集体土地所有权确权登记颁证这项工作。

2. "2017 年年底基本完成土地承包经营权确权登记颁证" 要求落实情况

在前期先行试点的基础上[①]，2013 年，农业部在 29 个省选择 105 个县市进行试点，与此同时，鼓励各省区市积极开展省级试点，扩大试点范围，各地自行确定的试点多达 469 个。2014 年，农业部选择了 2 个省开展全省农村土地承包经营权确权登记颁证试点，要求其他省份至少选择 1 个县开展整县试点。预计到 2015 年，土地确权工作将在全国全面推开。课题组调查数据显示，94 个有效样本县市中有 29 个土地承包经营权确权登记颁证试点县市，约占 30.9%。

3. "加快推进农村集体建设用地和农民宅基地使用权确权登记颁证" 要求落实情况

据国土资源部统计，到 2012 年 6 月底，全国农村集体建设用地使用权发证率达到 85%，农民宅基地使用权发证率达到 80%。关于农村集体建设用地使用权确权登记颁证，本课题组调查数据显示，到 2013 年 10 月，90 个有效样本县市中，有 17 个县市已经完成了集体建设用地使用权确权登记颁证工作，占 18.9%；有 60 个县市正在进行此项工作，约占 66.7%；有 13 个县市还没启动这项工作，约占 14.4%。102 个有效样本村中，有 19 个村已经完成了这项工作，约占 18.6%；有 27 个村正在进行此项工作，约占 26.5%；有 56 个村不知道有这项工作，约占 54.9%。关于农民宅基地使用权确权登记颁证工作的进展，本课题组调查数据显示，到 2013 年 10 月，88 个有效样本县市中，有 18 个县市已

---

① 2009 年，农业部要求在我国 8 个省的 8 个村开展试点。2011 年，农业部下发《关于开展农村土地承包经营权登记试点工作的意见》(农经发〔2011〕2 号)，在 28 个省选择 50 个县的部分乡镇、村开展试点。2012 年，农业部会同财政部、国土资源部、中央农办、国务院法制办公室(简称国务院法制办)、国家档案局联合成立了全国农村土地承包经营权登记试点工作领导小组。农业部办公厅印发《农村土地承包经营权登记试点工作规程(试行)》(农办经〔2012〕19 号)，要求各省(区、市)可根据地方实际情况，对本规程进行补充完善后制定适合本地的具体工作规范。2012 年年底，试点地区共有 230 个乡镇、1 642 个村、18 170 个村民小组完成土地承包档案清理、承包地面积和空间位置确认等工作，涉及 65.3 万个承包户、793.6 万亩耕地。

经完成农民宅基地使用权确权登记颁证工作，约占 20.5%；有 58 个县市正在进行此项工作，约占 65.9%；有 12 个县市还没启动这项工作，约占 13.6%。102 个有效样本村中，有 41 个村已经完成了农民宅基地使用权确权登记颁证工作，约占 40.2%；有 35 个村正在进行此项工作，约占 34.3%；有 26 个村还不知道有这项工作，约占 25.5%。

4. "农村土地确权登记颁证工作经费纳入地方预算， 中央财政予以补助" 要求落实情况

从统计资料和实地调查情况看，各地基本能做到将农村土地确权登记颁证经费纳入地方预算，差异主要体现在数额的多与少。据国土资源部统计，到 2012 年 6 月，全国农村土地确权登记颁证共计获得财政批复工作经费 83.55 亿元，实际落实经费 49.58 亿元。

5. "农村集体土地所有权要确到每个具有所有权的农民集体组织" 规定落实情况

据国土资源部统计，农村集体土地所有权证发到乡一级的占 5%、村一级占 27%、组有村管占 46%、组一级占 21.5%。据课题组数据，52 个已经完成农村集体土地所有权确权登记颁证的村中，有 19 个村的土地所有权确权到行政村一级，约占 36.5%；有 33 个村的土地所有权确权到村民小组一级，约占 63.5%。48 个颁发了所有权证书的村中，有 18 个村的所有权证书发到行政村一级，占 37.5%；有 30 个发到村民小组一级，约占 62.5%。45 个有效样本村中，有 17 个村村民小组土地所有权证书由行政村统一保管，约占 37.8%；有 28 个村的村民小组土地所有权证书由村民小组自己保管。

6. "土地承包经营权确权登记颁证重点要解决承包地块面积不准、 四至不清" 规定落实情况

从试点村情况看，土地承包经营权确权登记颁证能解决好承包地块面积不准、四至不清问题。不过，试点村政策规定落实得好，并不意味全面推开后这项政策规定同样会落实得好。此外，从各地反映情况看，地方政府推动土地承包经营权确权登记颁证工作的积极性并不高。

9.3.4　耕地和基本农田保护政策执行情况

1. "耕地占补平衡" 规定落实情况

从数量上看，2012 年，64 个有效样本县市城乡建设平均占用耕地面积 1 869 亩，补充耕地 2 105.3 亩，补充耕地比占用耕地面积多出 12.6% 左右。分省来看，11 个省中只有 1 个省样本县市平均补充耕地面积小于占用耕地面积，其他 10 个省份的补充耕地面积均大于或等于占用耕地面积。

从质量上看，补充耕地质量不一定比原有耕地质量差。66 个有效样本县市中，有 26.3％的县市其补充耕地比占用耕地质量好，有 57.6％的县市其补充耕地质量与占用耕地质量基本一致，有 16.3％的县市其补充耕地质量比占用耕地质量差①。从课题组对湖北省武汉蔡甸区、黄石大冶市，以及山东省滕州市和章丘市的实地调查情况看，耕地占补平衡并不必然导致补充耕地质量下降，这主要是因为通过土地整理和高标准农田建设新增耕地的质量一般高于被占用耕地的质量。例如，湖北省武汉市蔡甸区 6 000 亩高标准农田建设项目，其建设内容包括平整土地、农田道路硬化、土壤改良和灌排水设施建设等，该项目完成后新增耕地占比达 3.3％，增加耕地面积近 200 亩，新增加耕地质量明显提高。当然，补充耕地质量也有较差的情况。例如，湖北省大冶市某废旧矿区的土地复垦项目，其通过对某钢铁企业废旧矿区土地的复垦增加了近 3 000 多亩耕地，但由于缺乏肥力较好的熟化客土，整理出来的耕地表层多为没有熟化的生土。据当地国土部门介绍，这些土地的表层土壤至少需要经过三年熟化后才能获得较高的生产率。

从补充耕地区位分布看，82 个有效样本县市中，有 11.0％的县市新补充耕地位置在省内外县市，有 87.8％在县市内。

2. "基本农田划定"规定落实情况

(1)关于基本农田比重。《基本农田保护条例》规定，省(自治区、直辖市)划定的基本农田应当占本行政区域内耕地总面积的 80％以上。从调查结果看，这项政策基本得到执行，所有样本县市都划定了基本农田保护区，大部分省的样本县市基本农田面积占区域内耕地总面积的平均比重在 80％以上。11 个省的 80 个有效样本县市平均划定基本农田 67.2 万亩，占耕地总面积的 86.4％。分省看，河北、安徽、福建、江西、湖南和陕西样本县市平均划定基本农田面积比重均在 90％以上，江苏、山东和湖北样本县市平均划定基本农田面积比重在 80％以下。

(2)关于基本农田保护标志的设立。从 67 个有效样本县市情况看，各县市都已开始在划定的基本农田保护区内设立基本农田保护标志，但各地区执行进度差别较大。平均每个有效样本县市划定的基本农田保护区个数为 499.7 个，其中设立基本农田保护标志的占 40.4％。分省看，设定基本农田保护标志的进度存在明显的地区差异。设立了基本农田保护标志的基本农田保护区个数占保护区总个数 70％以上的省份有江苏、福建、湖北、四川和陕西，其他省份均在 60％以下。安徽、江西、湖南均在 7％以下。从样本村调查情况看，52 个有效样本村中，有 73.1％的村在辖区内设立了基本农田保护标志。185 户表示其承包地中有政府划定基本农田的农户中，有 61 户农户表示基本农田附近有政府设立的基本农田保护标志，约占 33％；有 124 户农户表示基本农田附近没有政府设立的基本农田

①　66 个有效样本县市中，一些县市的补充耕地不止有一种质量等级。

保护标志，占 67%（表 9-4）。

表 9-4　各省样本县市基本农田保护区数量及保护标志牌设立情况

省份	有效样本 /个	基本农田保护区 /个	设立基本农田保护 标志的保护区/个	设立基本农田保护 标志的保护区比重/%
河北	7	439.3	194.7	44.3
辽宁	5	86.2	50.2	58.2
江苏	2	15.0	15.0	100.0
安徽	7	910.4	61.9	6.8
福建	6	1 200.7	1 002.5	83.5
江西	9	804.2	52.9	6.6
山东	8	148.3	78.9	53.2
湖北	7	738.7	547.6	74.1
湖南	7	334.4	22.7	6.8
四川	5	67.6	50.2	74.3
陕西	4	24.0	17.3	72.1
合计	67	499.7	201.7	40.4

资料来源：根据课题组问卷调查资料整理

　　(3)关于基本农田落实到地块和农户。882 个有效样本农户中，有 456 户农户表示其承包地中没有政府划定的基本农田，约占 51.7%；有 231 户农户不知道自己的承包地中是否有基本农田，约占 26.2%；有 195 户农户表示其承包地中有政府划定的基本农田，约占 22.1%。对于那些认为其承包地中没有政府划定基本农田的农户来说，有两种可能：一是其承包地中真的没有政府划定的基本农田；二是其承包地中其实是有政府划定的基本农田，只是由于政府划定的基本农田没有落实到地块和农户，农户不知道这一信息而已。据此可以推断，以农户为单位，基本农田没有落实到地块和农户的比例肯定超过 26%。分省看，陕西、江苏和安徽分别有 46%、37% 和 37% 的农户不知道其承包地中是否有政府划定的基本农田，也就是说这三个省基本农田没有落实到地块和农户的比例分别超过 46%、37% 和 37%。此外，152 户从其他农户转入耕地的农户中，有 61 户农户不知道其转入耕地中是否有政府划定的基本农田，约占 40%。

　　3. "基本农田保护目标考核责任制" 规定落实情况

　　81 个有效样本县市中，有 75 个县市已经实行了基本农田保护目标考核责任制，约占 92.6%；有 6 个县市没有实行基本农田保护目标考核责任制，约占

7.4%。99 个有效样本村中，有 37 个村与乡镇政府签订了基本农田保护责任书，约占 37.4%；有 62 个没有与乡镇政府签订基本农田保护责任书，约占 62.6%。37 个与乡镇政府签订了基本农田保护责任书的村中，有 27 个村采用每个任期内签订一次的办法，约占 73.0%；有 10 个村采用每年都要签订保护责任书的办法，约占 27%。

4. "建立耕地保护补偿机制"规定落实情况

80 个有效样本县市中，有 6 个县市属耕地保护补偿机制试点县。此外，样本农户中有 20 户农户(占 8.6%)从政府获得了基本农田保护补偿，这 20 个样本农户分布在 8 个不同的样本县市，样本农户获得基本农田保护补偿标准为每亩每年 40~160 元。

9.3.5 征地制度改革政策执行情况

1. "加快推动征地制度改革试点"要求落实情况

2010 年，国土资源部启动新一轮征地制度改革，确定在 11 个城市开展征地制度改革试点。试点内容包括三方面：一是区分公益性和非公益性用地，缩小征地范围，二是完善征地补偿安置机制，三是改进农用地转用与征收审批方式。天津、重庆、沈阳、武汉、长沙、成都等城市作为缩小征地范围的试点，探索如何合理界定征地范围，非公益性用地，维护农民土地财产权和发展权。与此同时，天津、重庆和成都等城市同时开展农用地转为建设用地的"征转分离"审批制度改革试点。唐山、杭州、佛山、南宁和西安开展征地拆迁补偿安置及房屋拆迁补偿试点。

2. "修改《土地管理法》"要求落实情况

自 2008 年启动《土地管理法》修法工作后，先是网传的《土地管理法(修正草案)》一公布就引发激烈争议，争议焦点集中在是"小调"还是"大改"两种思路上。所谓"小调"是指维持现行集体土地征收制度不变，通过政府主导逐步提高农民征地补偿。所谓"大改"是指要明确界定公共利益，除公益性用地仍由政府征收外，经营性用地市场放开，实行集体土地与国有土地同地、同权、同价。再是 2012 年年底国务院常务会议通过《中华人民共和国土地管理法修正案(草案)》，并决定提交全国人大常委会审议，但 2013 年全国人大立法工作计划只将《中华人民共和国土地管理法修正案(草案)》列为适时审议范围。2013 年 10 月全国人大常委会对外公布了今后五年的立法同步计划，修改土地管理法被列为第一类立法项目①。

3. "尽快出台《农村集体所有土地征收补偿条例》"要求落实情况

制定并出台《农村集体所有土地征收补偿条例》曾被列入 2012 年国务院工作计划，由于上位法《中华人民共和国土地管理法修正案（草案）》未获审议，《农村集体所有土地征收补偿条例》无法出台也就成为必然。

4. "区分公益性用地和经营性用地，缩小征地范围"规定落实情况

目前这项政策规定还仅限于在个别试点地区试行。98 个有效样本县市中有 1 个县市正在进行"缩小征地范围"的试点。国土资源部《关于开展征地制度改革试点工作的指导意见》对这项政策做出了如下明确规定：非公益性用地主要包括经依法批准建设的旅游娱乐、商业服务、工业仓储等类型；缩小征地范围主要是指在土地利用总体规划确定的城镇建设用地范围外，非公益性用地退出征地范围，经批准以其他方式取得农村集体土地。从个别先行试点地区的经验看，地方政府担心征地制度改革会影响政府土地出让价格和土地出让收入，加大政府土地征收的难度。

5. "健全征地程序，做好用地报批前的告知、确认和听证事项"规定落实情况

近五年来，1 006 户农户中有 79 户农户的宅基地或承包地被政府征收过。76 个被征地有效样本农户中，有 16 户农户表示政府没有履行事先告知义务，约占 21%；有 60 户农户表示政府在征地前事先告知了相关事项，约占 79%。60 户被事先告知的农户中，有 44 户农户被告知征地用途，有 54 户农户被告知补偿标准，有 54 户农户被告知征地面积，有 11 户农户被告知有异议该去找哪些部门解决。

6. "完善征地补偿办法、提高征地补偿标准"规定落实情况

89 个有效样本县市中，有 77 个县市已经制定并公布了征地统一年产值标准和征地区片综合地价，约占 86.5%；有 12 个县市还没有完成这项工作，约占 13.5%。48 个样本县市新的统一年产值标准比原年产值标准平均提高 25%，最低的提高了 1%，最高的提高了 160%。从 4 个县市实地调查情况看，征地统一年产值标准和区片综合地价，会导致如下矛盾，即同一道路两旁或临近两个村庄，由于分属不同区片，其集体土地征收补偿差异较大，会引发新的不满。

---

① 全国人大立法项目分为三类：第一类是条件比较成熟、本届任期内拟提请审议的立法项目；第二类是指需要抓紧工作、条件成熟时提请审议的立法项目；第三类是指具有一定的立法必要性和可行性，但涉及问题较为复杂，立法条件尚不完全具备、需要有关方面继续研究论证的立法项目。

7. "将被征地农民纳入就业和社会保障范围"规定执行情况

近五年来，土地被征地的 70 个有效样本农户中，有 2 户农户被安排了非农就业，约占 2.9％；有 68 户农户没有被安排非农就业，约占 97.1％。73 户有效样本农户中有 9 户农户参加了城镇居民养老保险，约占 12.3％；有 24 户农户参加了失地农民养老保险，约占 32.9％；有 40 户农户没有参加任何养老保险，约占 54.8％。

8. "集体经营性建设用地入市"规定落实情况

76 个有效样本县市中，有 8 个县市正在试行集体建设用地使用权流转试点（即集体经营性建设用地入市），约占 10.5％。8 个试点县市中有 1 个反映试点效果很好，有 6 个反映试点效果一般，有 1 个反映试点效果还难以判定。107 个有效样本村中，有 11 个村近十年来发生过村组集体直接对外出租或出售建设用地的情况，约占 10.3％；有 3 个村出租土地用于建工厂，有 1 个村出租土地用于建商业设施，有 2 个村出租土地用于建设商品房，有 2 个村出租土地用于建设公共事业。107 个有效样本村中，有 2 个村在本集体土地上建设厂房用于出租。107 个村中，有 4 个村在本集体土地上建设商品房用于出租或出售。

9.4　农村土地政策执行面临的突出问题

9.4.1　有些政策设计本身存在缺陷，可执行性差

政策设计缺陷主要体现在两个方面：一是中央政策设计本身有缺陷；二是地方政府为落实中央政策出台的配套措施有缺陷。

关于中央政策设计本身的缺陷，最为典型的是现有土地承包关系"长久不变"政策。这项政策自 2008 年出台在 2009 年、2010 年、2012 年和 2013 年中央一号文件都明确要求加快修改和完善相关法律法规以落实这项政策，但至今没有任何进展。这种尴尬局面的根本原因在于这项政策本身可执行性极差。中央政府于 1993 年提出耕地承包期为 30 年，最早的也要到 2023 年到期。在第二轮 30 年承包期刚刚过 15 年的时候就提出"长久不变"政策显得过于急促。事实上，广大基层干部和农民对"30 年不变"政策的认可程度是相当高的，这项政策对稳定农民预期也起到了很好作用，在这种情形下，要改变这一政策显然是很难的。当然，十七届三中全会提出"长久不变"政策是可以理解的，其一方面可以彰显党中央坚持改革的决心，另一方面也给予农民更加稳定的预期。但要立即将这项政策付诸实施，就会产生"毁约"问题。我国确立了社会主义市场经济的改革方向，市场经济需要契约意识，在农民与集体签订的 30 年承包合同还未到期就匆忙执行"长久

不变"政策,不仅无法起到稳定农民预期的作用,相反还会破坏农民预期,给农民一种政府想如何变就如何变的感觉。

关于地方政府配套措施的缺陷,较为典型的是,一些地方政府在将被征地农民纳入就业和养老保险时未能明确谁来享受养老保险。于是,有些地方农民集体土地被政府征收后,征地单位支付的养老保险金落实不到人,只能空挂在社保账户上。以山东省章丘市为例,该市 2010~2013 年因征地而为农民缴纳的社会养老保险金已达一亿多元,但目前这些资金只能空挂在社保账户上,无法落实到个人。

9.4.2　利益集团阻碍部分政策执行

最为典型的是征地制度改革的政策。2004~2010 年每年中央一号文件要求进行征地制度改革,但执行效果非常不理想。针对征地制度改革政策执行不到位的问题,2012 年和 2013 年中央一号文件要求修改《土地管理法》。从实际进程看,《土地管理法》修法进程也非常缓慢。先是网传的《土地管理法(修正草案)》一经公布便成为社会广泛讨论的热点问题,讨论的关键点在于"小调"还是"大改"两种思路上。"小调"和"大改"的区别在于是否维持现行集体土地征收制度,前者在维持不变的基础上,通过政府主导逐步提高农民征地补偿;而后者则是在明确界定公共利益的基础上,对除公益性用地之外的经营性用地实行放开,实现集体土地与国有土地同地、同权、同价。再是 2012 年年底《中华人民共和国土地管理法修正案(草案)》首次提交全国人大常委会审议但未获通过,而是在 2013 年被全国人大立法工作计划列为适时审议范围。据悉,反对"大改"《土地管理法》的力量主要来自地方政府和城市既得利益集团,特别是地方政府的市长们,他们担心"大改"会损害地方政府的"钱袋子"。2013 年年底,我们在河南某市调研时发现,前几年该市在城镇规划区外试点集体建设用地使用权流转(即入市),2013 年新上任的市长停止了该项试点,理由有二:一是担心今后政府征地会更加困难;二是担心集体建设用地使用权流转冲击政府土地出让市场和出让价格。

9.4.3　基层政府和乡村干部有选择性地执行政策

政策执行过程中,基层政府和乡村干部为了政府、集体或者个人利益,常常有选择性地执行中央政策。例如,在执行耕地承包"30 年不变"政策时,一些地方政府和乡村干部认为"30 年不变"是指实行家庭承包经营这项制度 30 年不变,而不是中央明确的承包期 30 年不变,并据此制定"乡规民约",规定 30 年承包期内定期进行土地调整。实地调查时我们发现有个乡镇还在调整农户承包地,其主要负责人还是全国人大代表,这位人大代表强烈建议将现行"增人不增地、减人不减地"政策改为"大稳定、小调整"政策,理由有二:一是长期执行"增人不增地、减人不减地"政策导致农村人地矛盾突出,二是其会严重妨碍基层政府和村级组织招商引资。又如,《农村土地承包法》明文规定只有全家迁入设区的市并转为非农业人口时,集体才可以收回农户承包地,一些地方却坚决执行自己的"乡规民约",凡是农业人口转为非农业人口,集体都要收回承包地。此外,在推进土地流转的过程中,一些地方政府为了招商引资或者为了自己的政绩,不顾中央政府有关"平等协商和自愿"的原则,违背农民意愿强行推行农地整村流转。

9.4.4 农民有选择性地利用中央政策保护自己的利益

最为突出的例子表现为承包地的调入和调出。例如,新增人口较多的农户以新增家庭成员也是集体经济组织成员为由,强烈要求重新调整承包地;对于在20世纪90年代就已经全家转为城镇非农业户籍的农户,按当时政策规定已经将其承包地全部收归集体,最近几年这些转非农户又以《农村土地承包法》和《中华人民共和国物权法》(简称《物权法》)保护农民土地承包经营权为由,向原集体要求退回其已经被集体收回的承包地。

9.4.5 政策执行资源不足

政策执行资源不足既包括机构、人员配备不全,也包括经费不足,还包括处罚措施不够。以土地承包"30年不变"政策为例,农业部门为此项政策的具体执行机构,主要负责承包合同签订、承包经营权证书发放和承包经营纠纷处理。实际上,县乡两级农业部门无论是在机构、人员配备方面,还是在经费支持方面都满足不了这项工作的需要。于是,在推行"30年不变"政策时只能靠乡镇政府以"搞运动"的方式快速推进,有些地方并没有按规定要求向农户发放承包经营权证书。例如,中央政府(农业部)提出要在五年内基本完成农村土地承包经营权确权登记颁证,但却没有相应经费配套,只是出台"经费纳入地方政府预算,中央财政予以补贴"的原则规定,这种财政支出责任安排会使地方政府拖延确权登记颁证工作,因为它们担心先完成会"吃亏"。此外,违规处罚措施不够也是政策执行资源不足的一种表现。例如,中央政府明确要求30年承包期内不得调整承包地(个别情形除外),但有些村庄至今还在定期或不定期调整土地,农业部门和地方政府对这种违法、违规现象也无法进行处罚,只能认定既成事实。

9.4.6 政策执行过分依赖行政和法律手段,忽视经济利益调整

最为典型的例子是耕地和基本农田保护。应当说,我国保护耕地和基本农田的法律、法规和政策是比较健全和严格的,即实行最严格的耕地保护制度。从实际执行情况看,最严格的耕地保护制度并没有达到预期效果,地方政府滥占耕地和基本农田现象不断发生。究其原因,耕地和基本农田保护政策过于依赖行政和

法律手段，忽视了经济利益调整，地方政府、村组集体经济组织和农民个人并没有从基本农田保护中获得经济利益。20 世纪 80 年代很多地方政府对划定基本农田积极性很高，后来地方政府发现划定基本农田会严重制约土地农转非，政府政策保护基本农田的积极性因此下降。不只是地方政府对基本农田保护积极性下降，村组集体和农民个人也没有积极性，耕地被划为基本农田后，村组集体和农民个人不仅没有获得任何补偿，而且还会大大增加土地被政府征收的可能性。

9.5　改善农村土地政策执行效果的建议

9.5.1　四点原则性建议

1. 正确处理好改革与突破现行法律法规的关系

改革必然突破现行法律、法规和政策规定，但也不是盲目突破，否则就会引起混乱。正确处理好改革与突破现行法律、法规的关系，关键在于对哪些法律、法规和政策条款应当被突破做出判断。如果某项法律、法规和政策条款既公正、合理，又有很高的接受程度，那么它就不应当被突破。判断现行法律、法规条款是否公正、合理主要遵循两大原则：一是社会主义市场经济原则，二是城乡一体化原则。凡是有违于社会主义市场经济和城乡一体化的法律、法规和政策，都应当被修改和完善。

2. 出台政策要有工作经费支持

执行政策是需要成本的，它包括机构运作成本、人员雇用成本和其他各类费用。无论是中央政府还是地方政府出台新政策，都必须充分考虑经费支持问题。没有经费支持，再好的政策也难以执行到位。以农村土地确权登记颁证为例，农村集体土地所有权确权登记颁证工作量少，所需经费不多。与集体土地所有权确权登记颁证相比，土地承包经营权确权登记颁证的工作量大很多，如果中央财政不安排足够专项经费，这项工作很难按时完成。

3. 综合利用行政、法律和经济手段

在过往政策执行过程中，我们比较强调利用行政和法律手段，而忽视经济手段。随着地方政府和农民利益意识的增强，地方政府和农民开始高度关注执行新政策与自己的利益关系。有利可图的新政策就接受，对于无利可图甚至有损本组织或个人利益的新政策，就想尽办法拒绝执行或者采取其他回避手段。我国已经进入一个综合利用行政、法律和经济手段促进农村政策执行的新阶段。

4. 清理现有不合理、不合法的村规民约

在农村村组一级，很多土地政策的执行与当地村规民约密切相关。例如，村组制定了每隔几年调整一次承包地、户口迁出收回承包地和"出嫁女"不得参与集体经济收益分配等村规民约,这些村规民约严重违背了《农村土地承包法》和《中华人民共和国妇女权益保障法》相关条款。村组以村民自治为由坚称这些村规民约是全体村民意志的集中体现,地方政府对这些"村规民约"也采取回避态度。因此,有必要对这些违法、违规的"村规民约"进行一次全面的清理和整顿,使其更加符合政策和法律的规定。

9.5.2　七点具体政策建议

1. 妥善处理"30 年不变"政策与"长久不变"政策的衔接问题

根据现行法律和政策规定,"30 年不变"政策最早于 2023 年到期。"长久不变"政策于 2008 年提出,此后几年中央一号文件都要求修改相关法律落实这项政策,但是此项工作基本没有进展。中央需要在修改相关法律法规以前,先明确"长久不变"的真正含义,"长久不变"究竟是多久,有没有一个期限,如是 99 年不变还是永久不变。我们建议全国大范围还是应当坚持"30 年不变"政策,主要理由在于基层干部和农民都认可"30 年不变"政策。至于"长久不变"政策可在小范围内先行试点,待"30 年不变"到期后再顺延也不迟。

2. 农地流转必须坚持"依法、自愿、有偿"和"不改变用途"原则

自全面免征农业税和对农业实行补贴以来,农地流转速度明显加快,农地流转呈现出诸多新特征,如农地流转参与方由原来的以传统农户为主变为农户与合作社、龙头企业和家庭农场等新型农业经营主体并存,有些地方还出现了整村、整组流转现象。根据本课题组的调查结论,与传统农户相比,家庭农场、合作社和龙头企业等新型农业经营主体转入或租入土地后更易于改变农业用途。今后,新型农业经济主体很可能成为农地转入的主要力量。因此,必须坚持农地流转不得改变土地用途这一原则,否则,我国的粮食和食品安全就得不到保障。

3. 集体土地所有权要确给真正的集体土地所有者

本课题组调查发现,一些地方并没有将农村集体土地确给真正的土地所有者,而是只确到行政村一级,即所谓的集体土地所有权总登记。这种总登记虽然也通过了省级土地管理部门和国土部的验收,但没有多大的实际意义。集体土地所有权还是应当确给真正的集体土地所有者,属乡镇集体所有的确给乡镇集体,属行政村集体所有的确给行政村集体,属村民小组所有的确给村民小组。

4. 土地承包经营权要确"实权"、确到地块

目前,各地正在进行土地承包经营权确权登记颁证试点。从课题组实地调查情况看,一些地方的基层干部对土地承包经营权确权登记颁证工作的重要性和必要性认识不足,他们认为在二轮延包时已经给农民发过土地承包经营权证,这次

再确权是重复工作，完全没有必要。还有一些地方的乡村干部认为，土地承包经营权确权不宜确"实权"，而适合确"虚权"。所谓"实权"就是确权到地块，所谓确"虚权"就是只确农户承包面积，但不落实到地块。本课题组建议土地承包经营权必须确"实权"、必须确到地块。

5. 妥善处理好农民超面积宅基地确权登记颁证问题

课题组调研发现，农民宅基地确权登记颁证面临诸多问题，让基层干部最头痛的是如何处理农民超面积宅基地的问题。有些先行试点的地方采取"先登记、不确权"的办法，其出发点在于先确保确权登记颁证工作稳定进行，待中央出台统一意见后再处理。我们建议，对农民超面积宅基地可采取有偿使用办法，让农民向本集体经济组织缴纳超面积宅基地有偿使用费，完成缴费后其与控制面积内宅基地享有同等权利。

6. 利用经济手段调动地方政府、集体组织和农户家庭保护基本农田的积极性

建议中央政府设立存量基本农田保护补偿基金，该基金从土地出让金中划拨，主要用于现有存量基本农田的保护补偿。保护补偿基金主要分配给地方政府、集体经济组织和具有承包经营权的农民个人。

7. 加快修法与立法进程、全面推进征地制度改革

征地制度改革是一连串的事件，既要对现行《土地管理法》进行大改，还需要同步修改或新立其他相关法律法规。第一，对现行《土地管理法》进行大改。修改现行《土地管理法》的关键在于如何界定公共利益。我们建议将建设用地区分为纯公益性、准公益性和经营性用地三种类型，纯公益性用地实行政府征收制度，经营性用地实行市场自由交易制度，准公益性用地实行政府、用地单位和农民集体协商制度。土地征收制度的本质不是低价而是其强制性的，当政府因纯公共利益需要征收农民集体土地时，农民必须无条件服从，但政府支付的征地补偿要与周边其他经营性建设用地的地价基本相当。第二，新立《农民集体经济组织法》。目前，农民集体经济组织不是独立法人，它难以与其他经济组织进行正常的业务往来。因此，要新立《农民集体经济组织法》，授予农民集体经济组织法人地位，为其进入建设用地市场提供便利。第三，修改《中华人民共和国村民委员会组织法》，将村民委员会的财产管理职能赋予给农民集体经济组织。第四，修改《中华人民共和国土地增值税暂行条例》，将集体经济组织出让、转让集体建设用地使用权和国家征收集体土地所产生的增值收益纳入土地增值税缴税范围，以弥补地方政府因征地制度改革而减少的土地出让收入缺口。第五，修改《中华人民共和国城乡规划法》，将乡、村两级规划与城镇规划结合起来，促进城乡规划一体化。第六，修改《国有土地上房屋征收与补偿条例》，集体土地上的房屋征收与补偿参照国有土地上房屋征收与补偿办法执行。

第 10 章

农产品价格和市场调控政策执行情况分析[①]

■ 10.1 研究背景和研究方法

10.1.1 问题的提出

自加入 WTO 以来,我国农业经济取得了较大发展,特别是 2004 年以来,在国家颁布实施的一系列强农、惠农政策的背景下,我国农业取得了连续 10 年粮食生产稳定增长、农民收入持续增加的显著成效。然而,随着我国农业经济的不断发展、市场经济的不断深化,我国农业经济发展过程中也暴露出一些突出问题。其中,近几年农产品市场的剧烈波动,大豆、猪肉、棉花、蔬菜等农产品相继出现价格"过山车"式的暴涨暴跌,成为社会各界广泛关注的热点问题,也成为困扰我国农业经济平稳发展的难点问题。

农产品价格的大起大落,暴涨暴跌,不仅不利于我国农业经济(特别是农产品市场)的稳定发展,而且还对我国国民经济的健康运行造成了一定的冲击。2009～2011 年,在农产品大幅涨价的推动下,我国居民 CPI 从 99.3%增长到105.4%,通货膨胀率从－0.7%增长到 5.4%,增长了 6.1 百分点,尤其是从2010 年 10 月至 2012 年 1 月,CPI 增长率连续 16 个月保持在 4%以上,最高涨幅达到 6.5%(2011 年 7 月)。农产品价格的暴涨暴跌,不仅严重影响了广大消费者的经济收入和生活水平,动摇了消费者对经济发展的信心,而且对农业生产者

[①] 本章执笔人:谭砚文、杨重玉、关建波、陈丁薇、汤慧、左两军、李丛希、肖艳、张培君。

的收入、身心带来极大伤害，并严重挫伤农民的生产积极性。因此，如何防止农产品价格的大起大落、暴涨暴跌，使农产品价格保持在合理的波动范围内，维持农产品市场的平稳运行，是当前经济理论界迫切需要研究的课题。

农产品的有效供给和价格稳定，是党中央、国务院历年农村经济工作的重心。1988 年，我国实行"菜篮子"市长负责制，1995 年实行"米袋子"省长负责制。2007 年，针对当时生猪等副食品生产下滑和价格上涨的情况，国务院颁发了《国务院关于促进生猪生产发展稳定市场供应的意见》，国务院办公厅印发了《关于做好猪肉等副食品生产供应保持市场稳定工作的通知》等文件；2010 年在受到自然灾害的影响，全国蔬菜出现供应偏紧，个别农副产品价格大幅上涨时，国务院及时颁发了《国务院关于进一步促进蔬菜生产保障市场供应和价格基本稳定的通知》；2011 年 7 月，在我国猪肉价格再次飞涨之时，国务院办公厅又颁发了《国务院办公厅关于促进生猪生产平稳健康持续发展防止市场供应和价格大幅波动的通知》；2011 年，国务院办公厅颁发了《国务院办公厅关于加强鲜活农产品流通体系建设的意见》。然而，在实施这一系列政策措施的背景下，我国农产品市场价格的波动并未得到有效控制。因此，对影响我国农产品价格形成的政策绩效进行评价和分析，探寻有关政策本身及执行过程中存在的问题，进而提出完善我国农产品价格调控机制的政策建议，是一项重要的研究课题。

10.1.2 文献述评

1. 国外研究现状

尽管关于商品价格的研究可以追溯到公元前 1800 年，但直到 20 世纪初，研究人员才开始系统地研究农产品需求、供给和价格之间的关系（Labys，2006）。美国经济学家 Moore(1914)提出的雨量理论认为，气候等外生因素的冲击造成了农业收成的变动，Moore(1917)还运用回归模型证明了农产品价格与需求有关。Hansen(1932)和克拉克（Clark，1934)认为，农业价格的周期性波动并不能用产量的波动来解释，也不能对农产品的需求缺乏弹性来说明，而只能用产业波动所引起的整个农产品的需求曲线的移动，以及由此所引起的工业作为农产品的购买者的吸收能力来解释。20 世纪 30 年代美国经济学家亨利·舒尔茨（Henry Schultz)、意大利经济学家翁贝托·里奇（Umberto Ricci)和荷兰经济学家简·丁伯根（Jan Tinbergen)分别提出了用于考察在市场自发作用下，农产品价格与产量偏离均衡状态的波动趋势；后来英国经济学家 Kaldor(1934)将其命名为"蛛网理论"（cobweb theorem)；该理论成为研究农产品价格形成的主要理论与模型之一，不断有经济学家从农户角度，运用适应性预期、理性预期等理论评价和发展"蛛网模型"（cobweb model)。Mitra 和 Boussard(2008)采用非线性蛛网模型得出了库存对粮食价格波动有重要影响的结论。

随着计量经济学的发展，大量学者运用时间序列分析方法，如 var 模型、GARCH 族模型、协整检验、格兰杰因果关系检验、VEC 等方法，对农产品价格波动的影响因素及传导机制进行分析。许多学者认为，农产品价格的波动与宏观经济因素的冲击有关，如货币（Orden and Fackler，1989；Pindyck and Rotemberg，1990）、汇率（Apergis and Rezitis，2006；Baek and Koo，2010）、通货膨胀、贸易逆差（Apergis and Rezitis，2006）、实际利率（Paul，2011）等；也与农业政策（Yang et al.，2001）及贸易政策（Trostle，2008）冲击有关。

2007～2008 年国际粮食价格危机爆发后，引起了许多国际组织、国家政府的高度关注，学者们也从各个方面对这一次的粮食价格上涨的成因进行了广泛的研究。von Braun 等（2009）认为，2008 年的粮食价格上涨是由一系列复杂的长期和短期因素引发的，其中包括政策失误、气候异常、市场的过度反应等。当然，金融投机行为也引起了农产品价格即时和短期性的剧烈波动（Conceicao and Mendoza，2009）；投机和囤积导致的过量价格飙升可能给人们对全球粮食市场的信心造成严重影响，从而阻碍市场面对供给、需求和生产成本变化的基本反应（von Braun et al.，2009）。生物质能源的发展（Coyle，2008；Tokgöz，2009；Baek and Koo，2010）、食物贸易的增加（Conceicao and Mendoza，2009）、中国和印度对农产品需求数量的增加和需求结构的变化（Conceicao and Mendoza，2009；Jongwanich and Park，2011）、能源价格的上涨（Baek and Koo，2010）等，这些因素都会通过增加农产品需求而提高农产品价格。另外，国际跨国公司对全球农产品市场的控制、国际基金参与和投机农产品贸易，这些因素放大了对农产品，特别是粮食的新需求，进而造成了价格前所未有的急剧波动（税尚楠，2008）。

2. 国内研究现状

改革开放以来，随着农产品市场经济发展的不断深化，农产品价格的波动，特别是粮食价格的波动引起了多数学者的广泛关注。早期的研究多集中在粮食价格的波动周期及原因，学者们普遍认为，改革开放后，"买粮难卖粮难"周期性波动的原因在于不合理的生产、流通和价格体制（郭书田，1995），市场供求的不平衡（柯炳生，1991），地域供求结构及品种、品质的变化（陈锡文，1995），以及国际贸易的"逆向调节"（李岳云等，2001；卢锋，2004）。

对于 20 世纪 90 年代至 2008 年金融危机前农产品价格上涨的原因，许多学者主要从供给（李国祥，2003）、需求（程国强等，2008；胡冰川等，2009）、农业生产成本升高（刘素荣，2008；李国祥，2008；罗锋和牛宝俊，2011）等方面进行解释。也有学者从宏观经济因素，特别是通货膨胀预期对食品价格波动的助推作用（卢峰和彭凯翔，2002）、货币政策和财政政策等对粮价的影响（万小妹和罗安军，2007），以及国际农产品价格的传导（杨军和黄季焜，2011）等方面进行解释。

2003 年以来，我国农产品价格的变化，在总体上呈现上涨和波动加剧并行的趋势，这也引起了广泛关注。李国祥(2011)认为，农产品价格轮番上涨除了受到自然灾害等的影响外，还受到农产品供求、农产品成本上升、货币供给量增长、国家宏观经济政策和农业政策等因素的影响。中国人民银行课题组(2011)从我国工业化、城市化、国际化加快推进的发展背景出发，从供给与需求两方面梳理农产品价格上涨的因素，发现总需求仍是决定我国农产品价格变化的最主要因素，生产成本次之，货币冲击效应最小。张利庠和张喜才(2011)从产业链的视角研究外部冲击对农产品价格波动的影响，结果表明气候、自然灾害、国际贸易、汇率等对产业链中农产品价格的波动有重要影响。

2007 年以来，我国农产品价格再次呈加速上涨趋势，其原因是多方面的：既有客观的，如农产品供求弹性较小、国际市场价格的传导、农产品生产和流通成本的提高；又有政策因素的影响，如货币供给增长过快(姜长云，2011)；这一轮涨价首先是因为猪肉等部分农产品局部的供需缺口，其次是经济高增长和货币的溢出效应，最后是生产成本和比较收益的变化(方松海等，2008；郭懋劼等，2008)，而以货币供应量和金融投机资本为代表的国内流动性过剩所引发的结构性通胀(杨丽，2011)、国际投机行为、游资炒作等也加剧了涨价过程(方松海等，2008；宋莉莉等，2010；刘汉成和夏亚华，2011)；周红岩等(2008)认为，猪肉价格异常波动主要是由于与农业市场化相配套的机制，特别是逆向调控机制没有建立起来，使农产品价格处于极不稳定的状态。2011 年我国部分品种蔬菜出现价格急剧下滑现象，相关菜农损失惨重，其根本原因在于供求不平衡(李磊和肖光年，2011)。

许多学者还认为，农产品价格上涨与农产品的生产成本和流通成本过高、交易中的市场势力不均衡和消费者收入增长过快有关(马桂兰，2011)；李长健和李元(2011)则认为，农产品市场链条中各主体博弈态势不平衡是当前价格问题的根源；刘涛(2011)从农产品供应链角度建立了三级供应链 Stackelberg 博弈模型，研究了在非合作和合作情况下农产品价格形成及利润分配的机制，结果表明农产品成本不断上涨、流通成本高居不下、农产品要素投入不足、通胀压力不断增加及供应链利润分配不合理，是造成农产品价格上涨的主要原因。因此，应以发展农民合作组织为基础，促进博弈态势的平衡(黄珺等，2006；李长健和李元，2011)。

对于粮食价格的传递问题，柯炳生(1991)提出了我国粮食价格具有放大效应的学说，他认为我国粮食价格具有高灵敏性，在反映农产品供求变化上具有夸大性(相对于粮食产量而言)。辛贤和谭向勇(2000)进一步将这一理论细化，认为农产品价格是否具有放大效应，首先要看所研究的价格是农户价格，还是零售价格；其次，要分清导致变化的来源是需求方面的，还是农户生产方面的，价格产生是放大效应、缩小效应，还是镜像效应，取决于外部冲击的来源，当供给和需求方面的外部冲击同时存在时，价格是否具有放大效应，取决于各总弹性的加权平均数，权重影响各外部冲击的变化幅度。

3. 文献评述

综上所述，农产品价格的异常波动始终是国内外学者们广泛关注和研究的热点问题，已有丰硕的研究成果为本课题的开展奠定了重要基础。然而，现有许多文献虽然对于近些年我国农产品价格上涨的影响因素进行了大量的定性和定量分析，但是这些文献还仅限于定性上的供需分析，定量上的宏观经济因素、灾害及政策的外部冲击等因素的实证分析还十分缺乏。为了抑制农产品价格的剧烈波动，我国出台了一系列的调控措施，而对于这些政策的实施绩效如何，这些政策在实施过程中存在哪些问题，迄今尚无相关研究文献。

10.1.3　研究方法

1. 统计与计量分析方法

本书运用描述性统计方法对我国粮食、棉花、食糖、猪肉价格波动的特征进行分析，运用有关计量模型对有关政策的实施效果进行分析。

2. 问卷调研与实地访谈

本课题将通过对典型地区粮农、棉农、猪农、蔗农、批发商、零售商、超市等的调研，分析农户等对我国农产品价格调控政策的反应，探讨我国农产品市场价格调控政策执行中存在的突出问题及解决思路。

10.1.4　样本选择与调研过程

1. 样本数据与调研地区的选择

本书所运用的数据主要来源于商务部、农业部、海关信息网、中国棉花信息网、广西糖网数据中心等网站公布的农产品零售价格监测数据、农产品进出口数据等；有关农产品生产的数据来源于历年《中国统计年鉴》《中国农村统计年鉴》《全国农产品生产成本收益资料汇编》等官方统计数据。

实地调研地区的选择，课题组根据调查条件的难易，选择广西百色市进行了水稻、甘蔗、食糖加工的调研；选择广东云浮市、惠州市调查了生猪养殖户对国家调控政策的反应以及生猪市场价格情况；赴山东淄博市调查了小麦、玉米、棉花的生产情况，以及棉农、民营企业对国家粮食调控政策的反应。

2. 调研过程

为了了解稻谷最低收购价格、大米收储政策对农户生产决策、收益的影响，以及地方各级政府对收储政策、最低收购价格的执行情况，探讨当前我国收储政策、最低收购价格在落实方面存在的问题，课题组于 2013 年 7 月 15 日至 2013年 7 月 16 日赴广西百色市田阳县以问卷调查、家庭访谈的形式对部分农户和广西田阳县金穗米业有限责任公司进行了实地调研。

2013 年 7 月 17 日，课题组赴广西百色市田阳县那坡镇百峰村、广西田阳县南华糖业有限责任公司、广西糖业协会等地区和单位，以问卷调查和座谈访问的形式对我国糖料市场调控政策的执行主体、执行流程、作用对象及执行效果进行了实地调查，了解了我国糖料市场调控政策的执行现状和存在的问题。

2013 年 7 月 28 日至 29 日，课题组赴广东云浮市云安县前锋镇、安塘镇、云城区云城街的生猪养殖户、云浮市云城区肉联厂、广州力智农业有限公司进行了调查，通过走访养殖户了解其养殖的基本情况，了解其对生猪最低收储政策的认识情况，以及养殖户在养殖过程中遇到的问题。

2013 年 8 月 4 日至 5 日，课题组赴山东淄博市高新区石桥镇、淄博市周村经济开发区南谢村、淄博市桓台县唐山镇淄博博信农业科技有限公司，对棉农、生猪活体储备、粮食储备及调控政策的实施与反应进行了实地调查。

2014 年 3 月 15 日，课题组赴广东惠州市博罗县益湖猪场、博罗宏基良种畜禽开发有限公司、惠州市兴牧畜牧发展有限公司种猪场、深圳市农牧实业有限公司进行了调研。

10.2　影响粮食价格形成机制的政策及其评价

"民以食为天，食以粮为本"，粮食是人类生存和发展的最根本保证。改革开放以来，中国的粮食生产取得了较大发展，从 1979 年的 3.32 亿吨增长到 2013年的 6.02 亿吨，涨幅达到 81.3%。中国人均粮食占有量从 1979 年的 342.74 千克，增长到 2013 年的 442.37 千克，增长幅度达到 29.1%，比世界平均水平高出约 80 千克。特别是自 2004 年以来中国政府实施了一系列强农惠农富农政策，中国的粮食生产取得了连续 10 年增长的成果，年均增长率达到 2.5%。中国粮食生产的稳定发展，既得益于粮食补贴等生产扶持政策，也得益于价格支持、临时储备等市场宏观调控政策的实施。2013 年中央一号文件明确提出，要"开展强农惠农富农政策执行情况'回头看'，确保不折不扣落到实处"，要"实施绩效评价"。那么，2004 年以来实施的粮食最低收购价、粮食临时收储、国家粮食储备等政策的实施效果如何？其是否对市场价格的形成产生了扭曲作用？如何进一步完善我国的粮食调控政策？这些问题都需要从经验的角度进行实证分析。本节将对影响我国粮食价格的相关政策进行梳理，在对大米、小麦、玉米等最低收购价、储备制度进行实证分析的基础上，探讨粮食调控政策的实施效果，进而提出完善我国粮食市场调控机制的政策建议。

10.2.1　粮食市场调控的主要政策与措施

1. 粮食市场调控政策回顾

1998 年 5 月 10 日,国务院发布《国务院关于进一步深化粮食流通体制改革的决定》,提出了"实行按保护价敞开收购农民余粮""粮食收储企业实行顺价销售""粮食收购资金封闭运行"三项政策,自此,我国粮食流通体制开始实施收购由政府定价、销售由市场决定的机制。2000 年 5 月 18 日,经国务院批准建立中国储备粮管理总公司(简称中储粮总公司),将国家粮食储备从原有的粮食局系统分离出来。从此中储粮总公司成为国家实施粮食调控政策和粮食管理的执行主体,肩负着"两个确保"(确保中央储备粮数量真实、质量良好;确保国家急需时调得动、用得上)、"三个维护"(维护农民利益、维护粮食市场稳定、维护国家粮食安全)的重要使命。

2004 年,国务院发布《国务院关于进一步深化粮食流通体制改革的意见》,决定全面放开粮食收购市场,积极稳妥推进粮食流通体制改革,但同时做出必要时国家对重点粮食品种在主产区实行最低收购价政策的决定。2006 年,国务院发布《国务院关于完善粮食流通体制改革政策措施的意见》,提出积极培育和规范粮食市场,加快建立全国统一开放、竞争有序的粮食市场体系。2005 年和 2006年,国家先后启动水稻、小麦最低收购价政策;2006 年,国家出台《国家临时存储粮食销售办法》,明确各地存储粮抛售的规模、形式和作用。2008 年,国家发改委公布《关于对部分重要商品及服务实行临时价格干预措施的实施办法》,同时启动了稻谷、玉米的临时收储政策。

2. 粮食市场调控政策措施

(1)最低收购价。2004 年,国务院颁发《国务院关于进一步深化粮食流通体制改革的意见》,明确提出"转换粮食价格形成机制""必要时可由国务院决定对短缺的重点粮食品种,在粮食主产区实行最低收购价格"。粮食最低收购价政策是指当粮食市场价格低于国家公布的最低收购价格时,由国家指定的粮食企业以最低价进行收购。2005 年,我国率先在南方稻谷主产区启动稻谷(包括早籼稻、中晚籼稻和粳稻)最低收购价预案;2006 年,第一次在小麦主产省启动小麦最低收购价执行预案。截至 2013 年我国已经连续八年在水稻主产区、连续七年在小麦主产区实施最低收购价。

(2)国家粮食储备制度。1954 年 10 月 18 日,中共中央在《关于粮食征购工作的指示》中提出,"为了应付灾害和各种意外,国家必须储备一定数量的粮食",此后国家粮食储备开始形成。1990 年我国开始建立粮食专项储备制度。1998 年,党中央、国务院决定对中央储备粮实行垂直管理体制，并于 2000 年成立中储粮总公司，具体负责中央储备粮的经营管理。2004 年国务院发布的《国务院关于进一步深化粮食流通体制改革的意见》指出，继续完善中央储备粮垂直管理体系，健全中央储备粮的调控功能，做到严格制度、严格管理、严格责任，按粮食储藏年限和库存粮食品质情况实行定期轮换，确保库存粮食数量真实、质量良好，各省级人民政府必须按照"产区保持 3 个月销量、销区保持 6 个月销量"的要求，建立地方粮食储备。目前，我国已经基本形成国家粮食专项储备、地方粮食储备、社会粮食储备三位一体的储备格局。

（3）粮食临时收储政策。粮食临时储备是储备体系的一个重要组成部分，是近年来在实施粮食最低收购价过程中形成的，实施对象主要包括小麦、水稻、玉米、大豆、油菜子等。临时储备粮是一种周转性库存，其规模取决于当年政策的实施情况，即在粮价过低时，由国家按照托市价格（即最低收购价或临时收储价）在市场收购原粮，通过减少市场供给量促进粮价合理回升，保护种粮农民利益，在市场价格上涨时，再根据市场需求，将临时收储粮食通过公开拍卖、定向投放等方式投放市场。

（4）政策性粮食竞价销售。政策性粮食竞价销售与粮食临时收储互为一体、相辅相成，共同发挥粮食储备在稳定市场预期、平抑市场波动上的作用。该项政策主要包括对国家粮食临时储备的公开竞拍及定向销售，专项储备的轮换、抛售。目前小麦、稻谷、玉米、大豆等政策性临时储备公开竞拍已实现常态化，并定期在相关批发交易市场进行。

2006 年 12 月，国家发改委、财政部、国家粮食局、农发行、中储粮总公司联合印发了《国家临时存储粮食销售办法》，要求各地充分发挥存储粮对市场的调节作用，保证市场粮价在合理水平上保持基本稳定。其主要内容为：由国家粮食局和中储粮总公司根据市场需求，结合粮食库存条件和时间，确定粮源；由国家粮食局公告进行竞价销售的交易市场和投放数量，并委托交易市场提前公告粮食品质和交割地点；由财政部确定临时存储粮竞价销售底价，通过在粮食批发市场以常年常时公开竞价的方式销售，保证市场供应实现库存轮换，以加强对粮食市场的宏观调控。《国家临时存储粮食销售办法》规定，最低收购价粮食由国家有关部门组织销售，单独核算，盈利上缴中央财政，亏损由中央财政负担；销售底价由财政部确定，交易价格不得低于销售底价；粮源和交易标的由中储粮总公司提供，并作为卖方代表与买方签订合同。

3. 粮食调控政策执行情况

（1）最低收购价格政策。2005 年国家公布了水稻的最低收购价格，早籼稻为 0.70 元/斤、中晚稻为 0.72 元/斤、粳稻为 0.75 元/斤（表 10-1）。2006～2007 年，水稻的最低收购价格维持在 2005 年的水平。此后，国家每年公布的稻谷最低收购价格都有不同程度的增长，2008～2013 年，早籼稻从 0.77 元/斤上涨到 1.32 元/斤、中晚稻从 0.79 元/斤上涨到 1.35 元/斤、粳稻从 0.82 元/斤上涨到 1.50 元/斤，上涨幅度分别达到 71.4%、70.9%、82.9%。

表 10-1　2005～2013 年早籼稻、中晚稻和粳稻最低收购价 单位：元/斤

年份	品种	最低收购价格	预期执行时间
2005	早籼稻	0.70	
	中晚稻	0.72	
	粳稻	0.75	
2006	早籼稻	0.70	2006 年 7 月 16 日至 9 月 30 日
	中晚稻	0.72	苏、皖、赣、豫、鄂、湘、桂、川为 2006 年 9 月 16 日至 12 月 31 日；辽、吉、黑为 2006 年 11 月 10 日至 2007 年 2 月 28 日
	粳稻	0.75	苏、皖、赣、豫、鄂、湘、桂、川为 2006 年 9 月 16 日至 12 月 31 日；辽、吉、黑为 2006 年 11 月 10 日至 2007 年 2 月 28 日
2007	早籼稻	0.70	2007 年 7 月 16 日至 9 月 30 日
	中晚稻	—1)	
	粳稻	—1)	
2008	早籼稻	0.77	2008 年 7 月 16 日至 9 月 30 日
	中晚稻	0.79	苏、皖、赣、豫、鄂、湘、桂、川为 2008 年 9 月 16 日至 12 月 31 日；辽、吉、黑为 2008 年 11 月 16 日至 2009 年 3 月 31 日
	粳稻	0.82	苏、皖、赣、豫、鄂、湘、桂、川为 2008 年 9 月 16 日至 12 月 31 日；辽、吉、黑为 2008 年 11 月 16 日至 2009 年 3 月 31 日
2009	早籼稻	0.90	2009 年 7 月 16 日至 9 月 30 日
	中晚稻	0.92	苏、皖、赣、豫、鄂、湘、桂、川为 2009 年 9 月 16 日至 12 月 31 日；辽、吉、黑为 2009 年 11 月 16 日至 2010 年 3 月 31 日
	粳稻	0.95	苏、皖、赣、豫、鄂、湘、桂、川为 2009 年 9 月 16 日至 12 月 31 日；辽、吉、黑为 2009 年 11 月 16 日至 2010 年 3 月 31 日
2010	早籼稻	0.93	2010 年 7 月 16 日至 9 月 30 日
	中晚稻	0.97	苏、皖、赣、豫、鄂、湘、桂、川为 2010 年 9 月 16 日至 12 月 31 日；辽、吉、黑为 2010 年 11 月 16 日至 2011 年 3 月 31 日
	粳稻	1.05	苏、皖、赣、豫、鄂、湘、桂、川为 2010 年 9 月 16 日至 12 月 31 日；辽、吉、黑为 2010 年 11 月 16 日至 2011 年 3 月 31 日
2011	早籼稻	1.02	2011 年 7 月 16 日至 9 月 30 日
	中晚稻	1.07	苏、皖、赣、豫、鄂、湘、桂、川为 2011 年 9 月 16 日至 12 月 31 日；辽、吉、黑为 2011 年 11 月 16 日至 2012 年 3 月 31 日
	粳稻	1.28	苏、皖、赣、豫、鄂、湘、桂、川为 2011 年 9 月 16 日至 12 月 31 日；辽、吉、黑为 2011 年 11 月 16 日至 2012 年 3 月 31 日

续表

年份	品种	最低收购价格	预期执行时间
2012	早籼稻	1.20	2012 年 7 月 16 日至 9 月 30 日
	中晚稻	1.25	苏、皖、赣、豫、鄂、湘、桂、川为 2012 年 9 月 16 日至 12 月 31 日；辽、吉、黑为 2012 年 11 月 16 日至 2013 年 3 月 31 日
	粳稻	1.40	苏、皖、赣、豫、鄂、湘、桂、川为 2012 年 9 月 16 日至 12 月 31 日；辽、吉、黑为 2012 年 11 月 16 日至 2013 年 3 月 31 日
2013	早籼稻	1.32	2013 年 7 月 16 日至 9 月 30 日
	中晚稻	1.35	苏、皖、赣、豫、鄂、湘、桂、川为 2019 年 9 月 18 日至 2014 年 1 月 31 日；辽、吉、黑为 2013 年 11 月 16 日至 2014 年 3 月 31 日
	粳稻	1.50	苏、皖、赣、豫、鄂、湘、桂、川为 2019 年 9 月 18 日至 2014 年 1 月 31 日；辽、吉、黑为 2013 年 11 月 16 日至 2014 年 3 月 31 日

1)表示未出台《中晚稻最低价收购价格执行预案》

资料来源：国家粮食局网站(历年《早籼稻最低收购价执行预案》《中晚稻最低收购价执行预案》)

　　水稻最低收购价政策实施以来，国家按照最低收购价格敞开收购政策仅执行了三次。2009 年 8~9 月，早籼稻市场收购价格跌到 0.91 元/斤，个别地方跌破国家公布的最低收购价格，于是国家启动了最低收购价格政策，敞开收购，这两个月的收购量分别为 201.3 万吨、76.1 万吨。2009 年 9 月，中晚稻市场收购价格跌到 0.94 元/斤左右，低于国家规定的 0.97 元/斤的最低收购价，于是国家自 2009 年 9 月至 11 月连续三个月实施了最低收购价格敞开收购，收购量分别为 24.0 万吨、249.8 万吨和 206.4 万吨。

　　如表 10-2 所示，2007 年 1 月，小麦市场收购价格出现下滑，由 2006 年 12 月的每百斤 77.8 元，下降到 2007 年 6 月的每百斤 72.2 元，下降幅度达到 7.2%。为了防止小麦市场收购价格继续下降，国家及时实施小麦最低收购价格政策敞开收购，从 2007 年 6~9 月，分别收储了 1 506.2 万吨、913.6 万吨、369.4 万吨、105.7 万吨。最低收购价格政策的实施使小麦市场价格止跌回升，到 2007 年 12 月，上涨到每百斤 79.3 元。然而，进入 2008 年 1 月，小麦市场价格又开始下跌，同比下降幅度为 0.8%，下降到每百斤 78.7 元。到了 2008 年 5 月小麦价格也只达到每百斤 79 元，仍未达到 2007 年 12 月的水平。因此，国家再一次启动最低收购价收储，分别于 2008 年 6~9 月收储了 2 368 万吨、1 183.3 万吨、497.3 万吨、154.1 万吨。与此同时，小麦收购价格持续上涨，由 2008 年 6 月的每百斤 79.5 元，上涨到 2009 年 4 月的每百斤 92.7 元，上涨幅度达到 16.6%。但是，到了小麦收获时期，2009 年 5 月，小麦市场价格下跌到每百斤 92.1 元，环比下降 0.6%；到 6 月，小麦市场收购价格进一步下跌到每百斤 90.2 元，与 2009 年 4 月相比下降 3%，于是为了维护小麦市场价格的稳定，国家再次启动最低收购价收储，于 2009 年 5～9 月，分别以最低收购价格收购了 0.1 万吨、2 167.4 万吨、1 369.1 万吨、45.2 万吨、13.4 万吨小麦。在最低收购价格的支撑下，小麦市场价格逐渐升高，到 2010 年 3 月，小麦价格上涨到每百斤 99.6 元。然而，自 2010 年 4 月开始，小麦市场价格不断下跌，到 2010 年 6 月下降到每百斤 98.4 元，与 3 月相比下降 1.2%，于是国家第四次启动最低收购价格敞开收购，于 6 月、7 月分别收购了 2 044.8 万吨和 219.9 万吨小麦。从 2010 年 8 月开始，小麦市场价格不断上涨，尽管在 2011 年 6 月小麦价格有所降低，但是降低幅度不大，整体上没有跌破国家的最低收购价格，因此，2011～2012 年没有实施小麦最低收购价格政策。

表 10-2   2006～2012 年小麦最低收购价   单位：元/50 千克

年份	白小麦	红小麦	混合小麦	预期执行时间
2006	72	69	69	2006 年 6 月 1 日至 9 月 30 日
2007	72	69	69	2007 年 6 月 1 日至 9 月 30 日
2008	77	72	72	2008 年 5 月 21 日至 9 月 30 日
2009	87	83	83	2009 年 5 月 21 日至 9 月 30 日
2010	90	86	86	2010 年 5 月 21 日至 9 月 30 日
2011	95	93	93	2011 年 5 月 21 日至 9 月 30 日
2012	102	102	102	2012 年 5 月 21 日至 9 月 30 日

资料来源：中华粮网

2008 年 10 月，我国在玉米主产区内蒙古、辽宁、吉林和黑龙江等省（自治区）首次启动了玉米政策性临时收储（表 10-3），当年实施了三批收储，共计 3 000 万吨，占当年我国玉米产量的 18.1%，占内蒙古、辽宁、吉林、黑龙江四省（自治区）玉米产量（6 504.7 万吨）的 46.12%。2009 年 12 月始，国家对产自内蒙古、辽宁、吉林、黑龙江四省（自治区）的玉米实行敞开收购政策。

表 10-3   2008～2013 年国家临时收储玉米情况

出台时间	生产地区及年度	计划收储 /万吨	收储价格/（元/千克）
2008 年 10 月 20 日	2008 年度内蒙古、辽宁、吉林、黑龙江	500	1.48
2008 年 12 月 3 日	2008 年度内蒙古、辽宁、吉林、黑龙江	500	1.50
2008 年 12 月 25 日	2008 年度内蒙古、辽宁、吉林、黑龙江	2 000	1.52
2009 年 2 月 19 日	2008 年度内蒙古、辽宁、吉林、黑龙江	1 000	1.52
2009 年 12 月 1 日	2009 年度内蒙古、辽宁、吉林、黑龙江	实行敞开收购	内蒙古和辽宁 1.52；吉林 1.50；黑龙江 1.48

续表

出台时间	生产地区及年度		
2011 年 12 月 14 日至 2012 年 4 月 30 日(收储期限)	2011 年度内蒙古、辽宁、吉林、黑龙江	实行敞开收购	内蒙古和辽宁 2.00;吉林 1.98;黑龙江 1.96
2012 年 11 月至 2013 年 5 月 31 日(收储期限)	2011 年度内蒙古、辽宁、吉林、黑龙江	实行敞开收购	内蒙古和辽宁 2.14;吉林 2.12;黑龙江 2.10

(2)政策性粮食竞价销售。2006 年 12 月 7 日,国家出台《国家临时存储粮食销售办法》,规定临时存储粮竞价销售底价,由财政部原则上按照最低收购价加收购费用和其他必要费用确定,并根据国家宏观调控需要和市场供求情况择机调整,实际交易价格不得低于公布的销售底价。可见,储备粮竞价销售制度实际上是指政府通过竞价销售将储备粮有序置换,同时也通过竞价销售机制,向市场释放调控信号,以抑制粮食市场价格异常波动(表 10-4)。

表 10-4 2006~2012 年稻谷竞价销售情况

抛储时间	品种	拍卖数量/万吨	成交数量/万吨	成交率/%
2006 年 1 月至 2006 年 12 月	早籼稻	698.9	353.45	50.6
	中晚籼稻	1 280.21	457.44	35.7
	粳稻			
2007 年 1 月至 2007 年 12 月	早籼稻	854.76	340.29	39.8
	中晚籼稻	1 750.26	468.95	26.8
	粳稻			
2008 年 1 月至 2008 年 12 月	早籼稻	218.83	105.05	48.0
	中晚籼稻	1 654.5	481.45	29.1
	粳稻			
2009 年 1 月至 2009 年 12 月	早籼稻	115.99	3.44	3.0
	中晚籼稻	1 163.5	67.27	5.8
	粳稻	1 326.42	852.21	64.3
2010 年 1 月至 2010 年 12 月	早籼稻	556.53	190.19	34.2
	中晚籼稻	8 263.62	811.9	9.8
	粳稻	473.24	297.52	62.9

续表

抛储时间	品种	拍卖数量/万吨	成交数量/万吨	成交率/%
2011 年 1 月至 2011 年 12 月	早籼稻	680.87	202.98	29.8
	中晚籼稻	4 365.33	535.01	12.3
	粳稻	466.01	25.55	5.5
2012 年 1 月至 2012 年 12 月	早籼稻	0.04	0.04	100.0
	中晚籼稻	25.95	17.35	66.9
	粳稻	126.74	6.37	5.03

资料来源：根据中华粮网整理而得

10.2.2　粮食市场调控政策效果与问题

1. 粮食市场调控政策的主要效果

现阶段我国实施的粮食宏观调控政策对调动农民种粮积极性，促进粮食生产稳定发展，保障国家粮食安全，维护市场基本稳定，促进经济社会平稳发展发挥了重要作用。

(1)调动农民种粮积极性，促进粮食生产稳定发展。自实行最低收购价政策以来，我国粮食播种面积和产量不断提高，从 2004 年至 2012 年，粮食播种面积由 10 161 万公顷增长到 11 127 万公顷，粮食产量由 46 947 万吨增长到 58 957 万吨，面积和产量分别增加了 9.5% 和 25.6%。课题组通过对广西百色市田阳县农户的调查发现，粮食价格是影响农民生产决策的最重要因素，所有被访农户都对粮价表示出极大的关心。因此，价格支持措施仍是当前促进粮食生产稳定发展的有力措施。调研发现，在粮食最低收购价不断提高的情况下，有接近 50% 的农户会保持现有的生产水平，40% 左右的农户会扩大种植面积或增加投入，可见粮食最低收购价政策对提高农民种粮积极性具有促进作用。调研还发现，不断提高的粮食价格还有利于粮食生产的规模化发展，促使种粮大户更加积极地参与农村土地流转、增加生产投入、调整种植结构、提高复种指数、采用先进技术，实现粮食的集约化发展。

(2)增强调控能力，稳定粮食市场预期。近年来政策性粮食收购的连续实施，使政府掌控了充裕的粮源，对于稳定市场预期、抑制市场投机、减轻国际粮食市场波动对国内的影响发挥了重要作用。特别是在 2008 年，充足的粮食储备使我国能够从容应对世界粮食危机的冲击，保持了国内粮食市场的稳定。近几年来，我国大米、小麦的期末库存量都有不同程度的增长，其中，大米期末库存量从 2004/2005 年度的 3 336.2 万吨，增加到 2012/2013 年度的 7 284 万吨，库存消费比从 2005 年的 18.81% 增长到 2012 年的 31.24%；小麦期末库存从 2005/2006 年度的 4 013.6

万吨，增长到 2012/2013 年度的 6 957.6 万吨，库存消费比从 2004 年的 21.74% 增长到 29.55%。充足的粮食库存为国家有效调控粮食市场提供了重要保障。

(3)确保市场有效供给，维护粮食市场稳定。近几年来，通过定期在国家粮食交易市场公开拍卖政策性临时粮食储备，向大型粮油加工企业定向销售政策性粮食，及时满足了市场需求，维护了市场稳定。2010 年 9 月以来，受国内流通性过剩、通货膨胀预期抬头、国际粮食价格波动等因素的影响，粮食批发市场价格指数同比增长率曾一度高达 16.8%(2011 年 10 月)，但是由于国有粮食部门掌握着大量调控粮源，在政策性粮食储备市场的投放作用下，市场价格趋于稳定。自 2011 年 11 月起，粮食批发市场价格指数环比增长幅度从 15.9% 下降到 2013 年 10 月的 2.7%。

2. 粮食市场调控政策存在的主要问题

尽管我国粮食宏观调控政策体系，对保障国家粮食安全、维护粮食市场稳定发挥了重要作用，但是在当前国内农业生产成本不断上涨、农业资源约束日趋严峻，尤其是国际农产品市场大幅震荡的背景下，我国农产品市场运行环境更加复杂，粮食稳产增产、农民就业增收以及市场稳定运行的难度进一步加大，确保粮食安全的任务更加艰巨，而现有粮食调控体系的不足与局限性也逐渐暴露出来。目前，我国粮食宏观调控政策存在的主要问题及潜在风险如下。

(1)调控政策目标的两重性，加重了政府调控市场的难度。2005 年以来启动的最低收购价、2008 年以来启动的临时收储等托市措施，旨在通过政府的干预性收购保护粮农的利益。与此同时，为稳定粮食市场、防止粮价大幅上涨，政府采取竞拍方式来释放政策性临时粮食储备。然而，保护农民利益和维持粮食市场稳定的两个政策目标实质上相互矛盾。一方面，防止"谷贱伤农"、保护粮农利益，必然要求粮价合理上涨，特别是在农业生产资料、人工成本大幅增加的情况下，只有较大幅度地提高粮价，才能保证种粮收益，提高农民种粮积极性；另一方面，提高粮价又会引起其他农产品价格的连锁反应，导致"米贵伤民"，甚至增加整个物价上涨的压力。为了防止粮食市场价格过快上涨，政府通过储备粮竞价销售对市场价格进行干预，而一旦粮食市场价格下降幅度过大，就会给粮食最低收购价格的制定和实施带来了困难。因此，粮食市场的调控政策使政府主要扮演着市场参与者而非管理者的角色，使政府在应对"谷贱伤农"和"米贵伤民"的两难矛盾中不停地"运动"，这既增加了政府的工作强度，也增加了政府的工作难度和压力。

(2)粮价上涨的预期隐含着较高的市场风险。自 2008 年起，国家连续六年七次提高粮食最低收购价。中储粮总公司在价格低时收购，价格高时顺价销售，这种看似平稳运行的体系实际上隐藏着巨大的市场风险。首先，连续多年的粮价上涨，给粮食市场参与者提供了一种粮价只涨不跌的强烈信号，即只要参与粮食经营，就有利可图。在此情况下，粮食储备企业、经营企业囤积粮食，低价收购、高价抛售就成为一种常态。调研发现，为了能够收购足够的粮食，国营粮食企业,包括担任国家粮食储备任务的公司,都会以比市场价格略高的价格收购粮食,这样就会进一步助推粮价的上涨,而农民也调整了多年的售粮习惯,待价而沽,"惜售"与"卖难"并存。其次,中储粮总公司低价收购、高价抛出、顺价销售的理念,意味着其本身及其主管政府部门都成为粮食市场的主体,都期望粮食价格只涨不跌,否则国家储备就会蒙受损失,给国家财政造成负担。最后,最低收购价和临时收储政策为粮食价格提供了托市支持,使粮食价格不断上涨,导致粮食加工企业原粮收购成本不断增加,粮食加工品市场价格以及以玉米、大豆等作为饲料的畜禽产品价格也不断提高。不断上涨的粮食价格实际上造成了人们生活水平和福利水平的降低,同时也对国民经济稳定健康发展带来一定的潜在风险,因为粮食价格的上涨是诱发通货膨胀的因素之一。

(3)不断上涨的粮价使我国承受着巨大的进口压力。在最低收购价、临时收储政策的支撑下,我国粮价不断上涨,这使我国大米、小麦、玉米价格普遍高于国际市场价格,在国内外价差逐渐拉大的情况下,我国粮食进口量不断增加。2012年,我国大米进口量为236.8万吨,达到历史最高值,同比增长2.96倍;小麦进口量为369.2万吨,同比增长1.93倍;玉米进口量为519.5万吨,也创下历史最高值,同比增长1.96倍。2013年1~8月,我国进口大米、小麦、玉米量已分别达到158.7万吨、213.8万吨和160.6万吨。2012年,我国小麦价格每吨高出国际市场价格275.9元;大米价格每吨高出国际市场价格853.5元;玉米价格每吨高出国际市场价格506.9元。因此,高额的国内外价格差,使我国粮食市场面临着巨大的进口压力。

10.2.3　完善中国粮食市场调控政策的对策建议

1. 实施农业收入保险补贴,逐步替代最低收购价格

从理论上来说,粮食最低收购价实质上是一种市场价格干预政策,这种最低收购价无异于计划经济时期的政府行政定价,定价依据主要是粮食生产成本。在国民经济持续增长的背景下,劳动力成本、生产资料成本不断上涨的情况下,为了确保粮农收益不下降,最低收购价就只能上涨不能下跌,显然这种政府行政干预的政策是违背市场经济规律的,这也是导致我国粮食价格持续增长、与国际市场粮食价格差额逐渐增大的主要原因。党的十八届三中全会《中共中央关于全面深化改革若干重大问题的决定》明确要求,"建设统一开放、竞争有序的市场体系,使市场在资源配置中起决定性作用",粮食调控也应该注重市场机制的基础性作用。为了充分发挥市场配置资源的功能,政府应考虑在适当时期取消最低收购价格政策,而代以实施粮农收入补贴政策。所谓收入补贴,即根据前几年粮农的平均收入情况,制定当年粮农最低收入水平,当粮农收益低于政府制定的最低收入水平时,政府可以按照预期收入和实际收入的差额给予一定的补贴。这样,

政府既不对市场价格进行干预，同时又保障了农民的粮食生产收益。

2. 科学定位中储粮总公司的职能，确立国家储备粮的公共属性

当前，政府对于中储粮总公司及国家储备粮赋予了较强的市场调控功能。中储粮总公司不仅直接参与每年粮食最低收购价预案的起草制订工作，而且是该项政策的具体执行者和实施者，其通过仓储的吞吐对市场价格施加影响。因此，中储粮总公司既担负着保护农民收益的职责，又担负着抑制市场价格上涨的职责。为了确保自身经营不受损失，完成国家赋予的保障粮食市场平稳运行的职能，中储粮总公司无疑会制定越来越高的粮食收购价格，提高粮农收益；同时也会通过竞价拍卖制度，制定越来越高的拍卖价格，以使中储粮总公司顺价销售，实现储备收益，创造出调控业绩。这种既影响粮食生产价格又影响粮食市场价格的储备调控体系，尽管在一定时期保证了粮食市场的稳定运行，但是其背后却隐藏着较大的市场风险：一是助推国民经济通货膨胀的发生；二是降低粮农提高生产效率和改进生产技术的积极性；三是增加大量进口国外低价粮食的压力。为了消除当前我国粮食市场运行中的潜在风险，需要科学定位国家储备粮及中储粮总公司的职能。国家粮食储备应是用来应对诸如战争和自然灾害等突发性事件、保障居民遇到灾难时粮食供应的公共产品，不应直接参与市场经营。因此，在目前保留最低收购价预案制度的背景下，由农业部门独立制定每年的最低粮食收购价，中储粮总公司只承担国家粮食储备的职能。至于抑制粮价过快上涨的问题，则可通过实施消费者补贴的方式消除市场恐慌心理，采取增加进口配额的方式扩大市场供给，稳定市场预期。

3. 大力发展民营粮食加工储备企业，充分发挥商业储备调控市场的作用

在粮食市场正常运行的情况下，商业储备同样具有调控市场的机能。利润最大化的经营目标，使商业粮食储备能够低价收购、高价抛售，在创造自身经营利润的同时，也对市场价格的剧烈波动起到了抑制作用。多年来，我国政府不断强调国家储备的重要性，却忽视、弱化了民营商业储备在调控粮食市场方面的作用。相对于有限的国家财政，民营粮食加工企业在保证粮食市场健康运行与平稳发展方面，具有更大的市场调控能力。例如，山东淄博市博信农业科技有限公司是一家私营企业，在全国吨粮大县的桓台是最大的集农资销售、粮食购销、粮食仓储物流、粮食种植、粮种繁育等多个领域为一体的集团式公司，其拥有十万吨的粮食仓储设施，两万吨的先进粮食储备仓库，日烘干 800 吨粮食的烘干设备，粮食仓储能力远远高于当地的中储粮分支机构。据该公司负责人介绍，当地的国有粮库经常向其租用仓储设施，调运公司储备粮食，以完成国家规定的收购任务。因此，国家应重视民营粮食企业，尤其是具备仓储能力的民营粮食企业的发展，加大对民营粮食加工企业的支持力度，使其在粮食收购贷款、粮食储备补贴等方面享有与国家储备同等的优惠待遇，调动民营粮食加工企业参与粮食收储的

积极性，充分发挥其在调控市场中的重要作用。

4. 有效利用国内外两个市场和两种资源，确保国家粮食安全

灵活自主的进出口调节机制，有利于通过粮食进出口调剂国内粮食余缺，发挥市场配置资源的作用。党的十八届三中全会指出，"适应经济全球化新形势，必须推动对内对外开放相互促进、引进来和走出去更好结合，促进国际国内要素有序自由流动、资源高效配置、市场深度融合"。因此，在当前国际粮价显著低于国内粮价的情况下，较大规模地进口粮食，一方面可以充分利用国际市场充足的粮源，满足国内对部分粮食品种，特别是对饲料用玉米的需求，以满足国内对国外优质大米、小麦等与国内粮食具有差异化品种的需求；另一方面，也可充分利用国外粮食生产要素资源，通过进口低价优质粮食，节约我国本已十分稀缺的土地和水资源。当然，立足于国内生产、以进口粮食为辅是确保我国粮食安全的基本方针。因此，加大对粮食生产的科技投入，尤其是对优质良种培育的科研投入，加强先进栽培、种植技术的推广，推进粮食生产的规模化、集约化、机械化发展，始终是保障我国粮食安全、促进我国国民经济健康稳定发展的根本措施。

■ 10.3 棉花储备调控政策的实施效果评价

棉花是关系到国计民生的重要农产品，长期以来一直受到国家的高度重视。从 1954 年 9 月起，国家对棉花实行统购统销政策，并一直延续到 1998 年（陈锡文，2000）。1999 年，国家对棉花流通体制进行改革，不再对棉花收购提供资金支持。2001 年，国务院发布《国务院关于进一步深化棉花流通体制改革的意见》，决定彻底放开棉花市场，并要求棉麻企业与供销社脱离。2003 年 3 月 28 日，由国务院批准成立了中国储备棉管理总公司（简称中储棉公司），将国家储备棉与棉花经营彻底脱离，主要目的是减少国家储备棉对市场的干预。然而，在 2010 年 2 月至 2011 年 8 月，国内外棉花价格经历了同步的剧烈波动，中国棉花价格指数（CCIndex 328）先由 2010 年 2 月的 14 905 元/吨上涨到 2011 年 3 月的 30 733 元/吨，13 个月的时间价格就翻了一番；然后又从 2011 年 3 月开始迅速下跌，到 2011 年 8 月下降到 19 318 元/吨，短短五个月的时间就下降了 37.1%，每吨棉花价格下降了 11 415 元。为了防止棉花价格继续下跌，保护棉农的经济收益和种棉积极性，国家于 2011 年 9 月开始实施棉花临时收储预案[1]，以每吨 19 800

---

① 世界人均粮食占有量为 2010 年的数据，数据来源于 FAO 数据库。2011 年 3 月 30 日，经国务院批准，国家发改委、农业部、财政部、中华全国供销合作总社、国家质量监督检验检疫总局、铁道部、工业和信息化部、农发行八部门联合发布《2011 年度棉花临时收储预案》，对棉花进行临时收储。收储预案执行时间定为 2011 年 9 月 1 日至 2012 年 3 月 31 日，临时收储价为标准皮棉到库价格，即每吨 19 800 元。

元的价格对棉花敞开收购，这一政策的实施，抑制了棉花价格的进一步下跌，使中国棉花价格指数维持在了 19 000 元/吨左右。2012 年、2013 年国家连续两年实施棉花临时收储预案政策，并将临时收储价格提高到 20 400 元/吨。临时收储价格一旦敲定，就会对市场上的棉价产生强烈的影响，引导市场价格沿着收储棉价的水平运行(刘玺光，2012)，这对平抑价格过度波动有一定的作用，但是棉花临时收储价过高、储备量过大，导致进口与库存大幅增长、棉纺企业生存困难、财政负担骤增(涂圣伟和蓝海涛，2013)，在经济市场化和国际化程度不断加深的大环境下，给棉纺织企业和棉农带来了负面影响(张莉维，2013)。实际上，临时收储政策的实施，使国家棉花储备重新参与了市场经营。而作为政府代理机构的中储棉公司一旦被赋予自主经营、自负盈亏的企业化职能，就难以发挥对市场的调控作用(谭砚文和关建波，2013)。2014 年中央一号文件明确提出要"科学确定重要农产品储备功能和规模"，因此从经验的角度深入分析我国的棉花储备制度对于市场价格的调节作用，研究我国棉花临时收储预案政策存在的问题，探讨完善我国棉花宏观调控政策的措施和建议，对于健全农产品市场调控制度，促进我国棉花产业的健康发展，无疑具有重要的现实意义。

10.3.1　棉花储备调控政策执行情况

1. 棉花抛储政策的实施

从中国棉花信息网公布的数据显示，2002～2013 年，担负国家棉花储备的中储棉公司共实行棉花抛储 11 次(表 10-5)。2011 年 9 月，我国实施了临时收储政策后，至 2012 年 8 月之前，中储棉公司没有进行任何的抛储。从 2012 年 9 月 3 日至 29 日，中储棉公司计划推出 2011 年度储备棉 104.33 万吨，起拍价为 18 500 元/吨，实际抛储 49.36 万吨，仅占计划抛储量的 47.31%。从 2013 年 1 月 14 日至 7 月 31 日，中储棉公司以 19 000 元/吨的起拍价，计划推出储备棉 1 504.29万吨，但实际仅抛储 371.60 万吨，占计划抛储量的 24.70%。可见，自实施临时收储政策以来，中储棉公司在交易市场的抛储成交率非常低，其原因在于我国棉花价格已远高于国际市场价格，即使中储棉公司在 2012 年公布的 18 500 元/吨(低于 19 800 元/吨的收储价格)以及 2013 年 19 000 元/吨(低于 20 400 元/吨的收储价格)，也比国际市场价格每吨高 6 000～6 600 元[①]。2012 年，如果按照配额外 40%关税进口国外棉花，其完税价格仍然低于国内价格。课题组的调研发现，许多棉纺企业宁肯缴纳高达 40%的关税，也不购买国内棉花。

---

① 2012 年国际棉花价格(Cotlook A 指数)为 89.24 美分/磅，合人民币 12 419 元/吨。

表 10-5　2002～2013 年国家储备棉花抛售情况

竞卖时间	计划量/万吨	资源构成	起拍价/(元/吨)	实际成交量/万吨
2002 年 5 月至 2003 年 12 月	132	商品棉、国储棉 和出疆棉	—	132
2004 年 10 月 26 日起	0.25 吨	2003 年度商品棉	10 600；卖方回购价 11300	无成交
2006 年 8 月 22 日至 9 月 28 日	—	1998 年及以前 年度商品棉	10 000	5.61
2006 年 12 月 20 至 22 日	—	1998 年及以前年 度商品棉	8 000	1.47
2007 年 7 月 16 日至 8 月 22 日	30	1995～1997 年度储备 棉 18 万吨；2001 年、2003 年度 储备棉 12 万吨	1995～1997 年 度：11 000；2001 年、2003 年 度：13 000	29.6
2009 年 5 月 22 日至 9 月 1 日	152.3	2003 年度储备棉 31.3 万吨；2004 年度储备棉 21 万吨；2008 年度储备棉 100 万吨	2003～2004 年度：12 500；2008 年度：12 900	152.3
2009 年 9 月 2 日至 10 月 30 日	60	2005 年度储备棉 10 万吨；2008 年度储备棉 50 万吨	2005 年度：12 500；2008 年度：12 900	60
2009 年 11 月 20 日至 12 月 25 日	50	2006～2007 年度储备棉 36.1 万吨；2008 年度储备棉 13.9 万吨	2006～2007 年度：12 900；2008 年度：13 000	50.76
2010 年 8 月 10 日至 10 月 20 日	101.23	—	16 500	100.27
2012 年 9 月 3 日至 9 月 29 日	104.33	2011 年度国产棉	18 500	49.36
2013 年 1 月 14 日至 7 月 31 日	1 504.29	2008 年、2011 年和 2012 年度国产棉；2005 年、2009 年、2011 年和 2012 年度 进口棉	19 000	371.60

　　资料来源：2002 年 5 月至 2013 年 7 月 31 日资料来源于中国棉花网，www.cncotton.com；2009 年 11 月 20 日至 12 月 25 日计划量、资源构成、起拍价数据均来源于《关于第三批国储棉抛储公告（2009 年第 206 号）》；2009 年 11 月 20 日至 2010 年 10 月 20 日的实际成交量数据来源于银河期货《棉花年度报告》，2010 年 12 月 23 日

2. 棉花收储政策的实施

从 2004 年至 2013 年，中储棉公司共实行 10 次棉花收储（表 10-6）。2011 年 9 月实施临时收储政策至 2012 年 3 月 31 日，实际收储棉花 313.03 万吨，占 2011 年棉花产量 658.9 万吨的 47.5%。从 2012 年 9 月 13 日至 2013 年 3 月 29 日，国家以 20 400 元/吨的到库价对 2012 年度国产棉进行收储，实际收储 650.64 万吨，占 2012 年棉花产量 683.6 万吨的 95.2%，当年产量几乎全部转为国家临时收储。

表 10-6　2004～2013 年国家收储棉花情况

收储时间	资源类型	计划收储/万吨	实际收储/万吨	最高到库价/(元/吨)	实际成交均价/(元/吨)
2004 年 8 月 23 日至 10 月 18 日	2003 年度国产棉	—	11	13 100	—
2004 年 11 月 9 日至 2005 年 4 月	2004 年度国产棉	30	32	11 500～12 000	—
2006 年上半年	2005 年度进口棉	—	30	—	—
2006 年 12 月 26 日至 2007 年 1 月 26 日	2006 年度新疆棉	30	30.08	12 700	—
2008 年 8 月 21 日至 8 月 31 日	2007 年度新疆棉	29.131	8.13	新疆库点 13 400，内地库点 13 600	内地均价 13 597，新疆均价 13 398
2008 年 10 月 21 日至 10 月 31 日	2008 年度新疆棉	22	21.91	12 600	12 600
2008 年 11 月 3 日至 12 月 23 日	2008 年度内地棉、新疆棉	100	99.975	12 600	12 600
2008 年 12 月 23 日至 2009 年 4 月 10 日	2008 年度内地棉、新疆棉	150	155.7	12 600	12 600
2011 年 9 月 8 日至 2012 年 3 月 31 日	2011 年度内地棉、新疆棉		313.03	19 800	19 800
2012 年 9 月 13 日至 2013 年 3 月 29 日	2012 年度内地棉、新疆棉	—	650.64	20 400	20 400

注：2006 年上半年的实际收储量没有进行核实

资料来源：中国棉花信息网，http://www.cottonchina.org

10.3.2　储备棉花的抛售、收储对棉花价格的影响分析

在临时收储政策实施以前的 2009～2011 年，国内外棉花价格出现剧烈波动，学者们认为这主要受到了棉花供需缺口、国内棉农与棉企惜售囤积（崔雪玲，2010）、国外棉花出口限制、美元贬值、流动性过剩（马建蕾等，2011），以及美国棉花月报公布的棉花期末库存信息（谭砚文和关建波，2013）等因素的影响。

2011年9月中国开始实施"临时收储政策",即以最低收购价敞开收购棉花,这实际上是一种对市场进行直接干预的政策,可能会给棉花市场价格的变动造成干扰。为了分析国家储备在不同时期对市场价格的影响,本小节将2002年6月至2013年5月分成两个时期进行分析。

1. 临时收储政策执行前棉花抛售、收储对市场价格的影响

首先对2002年6月至2011年8月的中国棉花价格指数(p_t)、国储棉收储数量(st_t)、国储棉抛储数量(sa_t)对数值进行单位根检验[①],结果表明,在含有漂移项的情况下,三个变量都是零阶单整变量(表10-7),因此这三个变量之间的回归分析不会存在伪回归问题。

表 10-7　政策实施前模型中变量的平稳性(ADF)检验

变量	检验模型	滞后期	检验统计量	1%临界值	5%临界值	10%临界值	结论
	N	3	0.02	−2.60	−1.95	−1.61	非平稳
$\ln(p_t)$	C	3	−2.67***	−2.37	−1.66	−1.29	平稳
	C, T	3	−3.00	−4.04	−3.45	−3.15	非平稳
	N	3	−2.68***	−2.60	−1.95	−1.61	平稳
$\ln(st_t)$	C	3	−3.06***	−2.37	−1.66	−1.29	平稳
	C, T	3	−3.08	−4.04	−3.45	−3.15	非平稳
	N	3	−3.03***	−2.60	−1.95	−1.61	平稳
$\ln(sa_t)$	C	3	−3.42***	−2.37	−1.66	−1.29	平稳
	C, T	3	−3.39	−4.04	−3.45	−3.15	非平稳

***表示在1%的显著性水平下拒绝变量为非平稳序列的原假设

注:C、T分别表示单位根检验方程中包含常数项、时间趋势项

1)棉花收储与棉花市场价格之间的相互影响

由于中国棉花信息网从2005年1月开始公布抛收储数量,所以本书的研究也选择从2005年1月至2011年8月的80个样本。对中国棉花价格对数值与收储数量对数值进行回归,结果如下:

$$\ln p_t = 9.65 - 0.02\ln st_t$$

$$t:(341.14)\ (-3.95)\qquad R^2:0.17\quad F:15.62$$

经检验,方程存在条件异方差。

建立ARCH(1)模型如下:

---

① 对于抛收储数量为零的月份,数值取1再取对数,每次抛收储数量多数为万吨,价格(Cotlook A指数)为90.43美分/磅,合人民币12 360元/吨。

$$\ln p_t = 9.52 \quad - \quad 0.01\ln st_t \qquad \mu = 0.001 + 0.085\sigma^2 \qquad (10\text{-}1)$$

$$Z: \quad (1\,372.69)(-11.55) \qquad\qquad (4.45) \quad (2.09)$$

$$\text{Wald } \chi^2 = 133.34 \qquad\qquad\qquad \text{Prob} > \chi^2 = 0.00$$

由模型(10-1)可以看出，尽管各变量均通过了显著性检验，且整体线性关系较高，但是收储变量系数为负号，即棉花收储对棉花价格的影响弹性为 -0.01%，也就是说当收储量增加 1% 时，棉花市场价格将下降 0.01%，这与实际情况不符，没有经济意义。

对 2005 年 1 月至 2011 年 8 月中国棉花收储数量对数值与棉花价格对数值进行回归，结果为如下：

$$\ln st_t = 71.67 - 7.26\,\ln p_t$$

$$t: \quad (4.06) \quad (-3.95) \quad R^2: 0.17 \quad F: 15.62$$

经检验，方程也存在条件异方差(chi2(1)=15.65，Prob>chi2=0.0001)。

建立 ARCH(1)模型如下：

$$\ln st_t = 17.53 - 1.72\ln p_t \qquad \mu = 0.002 + 3.95\sigma^2 \qquad (10\text{-}2)$$

$$Z: \quad (4.55)(-4.53) \qquad\qquad (0.12) \quad (2.10)$$

$$\text{Wald}\chi^2 = 20.50 \qquad\qquad\qquad \text{Prob} > \chi^2 = 0.00$$

由模型(10-2)可以看出，各变量均通过了显著性检验，且整体线性关系较高，价格变量系数为负号，即棉花价格对棉花收储的影响弹性为 -1.72%，也就是说当棉花价格下降 1% 时，棉花收储数量将增加 1.72%。

综合模型(10-1)、模型(10-2)可以认为，中国棉花收储是市场价格的函数，也就是说，中国棉花储备公司关于棉花收储的决策主要依赖于市场价格，当市场价格较低时，其就进行收储，价格越低，收储数量越大。然而，中国棉花收储对市场价格却没有影响作用，这说明通过棉花收储抑制棉花市场价格下跌的政策目标未能有效实现。

2)储备棉花抛售与棉花市场价格之间的相互影响

2005 年 1 月至 2011 年 8 月，中国棉花价格对数值与抛储数量对数值的回归方程结果为如下：

$$\ln p_t = 9.61 - 0.001\ln sa_t \qquad\qquad\qquad (10\text{-}3)$$

$$t: \quad (303.2)(-0.16) \quad R^2: 0.0003 \quad F: 0.03$$

模型(10-3)的抛储变量未通过显著性检验，且模型的拟合优度很低，可以认为抛储对于棉花价格没有解释能力。

2005 年 1 月至 2011 年 8 月中国棉花抛储数量对数值与棉花价格对数值之间的回归方程结果如下：

$$\ln sa_t = 5.82 - 0.36\,\ln p_t \qquad\qquad\qquad (10\text{-}4)$$

$$t: \quad (0.28)(-0.16) \quad R^2: 0.003 \quad F: 0.03$$

模型(10-4)中的各变量均未通过显著性检验,且模型拟合优度也很低,整体线性程度不高,可以认为棉花价格对于抛储也没有解释能力。

综合模型(10-3)、模型(10-4)可以认为,中国棉花抛储与市场价格之间没有线性关系,中国棉花抛储既不影响市场价格,也不根据市场价格的高低进行抛售。其原因是,首先,中国储备棉花的抛售由中储棉公司通过棉花交易市场的拍卖进行,并非直接在市场上销售,由于存在拍卖成交的滞后性、拍卖价格的不确定性,储备棉不能迅速对市场产生有效的影响;其次,中储棉公司抛售数量的多少是由政府部门决定的,其对市场价格的影响作用难以确定;最后,中储棉公司作为一个经济人,其抛售储备棉的行为本身是否存在逐利目标难以界定,如果中储棉公司希望通过抛储获取利润,那么抛储行为的目标就是追逐利润最大化,而不是降低市场价格。

2. 临时收储政策实施以来棉花抛收储与棉花市场价格之间的相互影响

自2011年9月中国实施了棉花临时收储政策,即以最低价格敞开收购棉花。那么,在这种政策背景下,棉花的抛收储对市场价格是否具有影响作用,仍需运用计量模型予以分析。

通过对2011年9月至2013年7月中国棉花价格指数(p_t)、国储棉收储数量(st_t)、国储棉抛储数量(sa_t)对数值的单位根检验[①]结果表明,$\ln(p_t)$、$\ln(st_t)$、$\ln(sa_t)$都为一阶单整变量(表10-8),差分后的各变量回归模型见表10-9,结果显示,中国棉花价格增长率与抛收储增长率之间没有显著的线性关系。这说明,临时收储政策的实施,对于棉花市场价格波动不具有影响作用。实际上,2011年所定的每吨19 800元敞开收购价格、2012年所定的每吨20 400元敞开收购价格,相当于政府对棉花市场的托市价格,在这一政策下,棉花市场重新回到了计划经济,棉花价格由政府制定而非由市场决定,因此任何的棉花交易,包括政府的抛收储,都不会对棉花价格产生影响。

表10-8   政策实施后模型中变量的平稳性(ADF)检验

变量	检验模型	滞后期	检验统计量	1%临界值	5%临界值	10%临界值	结论
$\ln(p_t)$	N	2	−0.313	−2.66	−1.95	−1.60	非平稳
	C	2	−1.50	−2.57	−1.74	−1.33	非平稳
	C, T	2	−1.05	−4.38	−3.60	−3.24	非平稳

① 对于抛收储数量为零的月份,数值取1再取对数,由于每次抛售储数量多数为万吨以上,最少量也在几千吨,所以1吨相对于几千吨、几万吨的数量来说也就几乎为零值。

续表

变量	检验模型	滞后期	检验统计量	1%临界值	5%临界值	10%临界值	结论
$\ln(st_t)$	N	2	-1.43	-2.67	-1.95	-1.60	非平稳
	C	2	-2.78	-2.57	-1.74	-1.29	非平稳
	C, T	2	-2.44	-4.38	-3.60	-3.24	非平稳
$\ln(sa_t)$	N	2	-0.15	-2.66	-1.95	-1.60	非平稳
	C	2	-0.67	-2.57	-1.74	-1.33	非平稳
	C, T	2	-2.51	-4.38	-3.60	-3.24	非平稳
$\Delta\ln(p_t)$	N	2	-11.32	-2.66	-1.95	-1.60	平稳
$\Delta\ln(st_t)$	N	2	-3.32	-2.66	-1.95	-1.60	平稳
$\Delta\ln(sa_t)$	N	2	-7.91	-2.66	-1.95	-1.60	平稳

注：C、T 分别表示单位根检验方程中包含常数项、时间趋势项

表 10-9　模型估计结果

被变量	常数项	解释变量	R^2	F
$\Delta\ln(p_t)$	0.78×10^{-5} (0.03)	$-6.33\times10^{-9}\Delta\ln(st_t)$ (-0.93)	0.04	0.87
$\Delta\ln(st_t)$	542.81 (0.01)	$-6.89\times10^{6}\Delta\ln(p_t)$ (-0.93)	0.04	0.87
$\Delta\ln(p_t)$	-0.2×10^{-3} (-0.08)	$1.11\times10^{-8}\Delta\ln(sa_t)$ (0.71)	0.03	0.50
$\Delta\ln(sa_t)$	2.82×10^{4} (0.64)	$2.31\times10^{6}\Delta\ln(p_t)$ (0.71)	0.03	0.50

10.3.3　研究结论与政策建议

1. 研究结论

自 2001 年国务院颁布《国务院关于进一步深化棉花流通体制改革的意见》以后，中国棉花流通体制市场化改革已经走过了十多年的历程。十几年来，中国棉花市场经历了比较复杂的运行状况，既经历过历史上少有的长期平稳运行时期，也经历过历史上罕见的巨幅波动时期。为了稳定棉花市场、促进国内棉花生产，中国政府于 2011 年 9 月实施了棉花临时收储预案，以每吨 19 800 元的价格对棉花敞开收购。这一政策的实施，尽管短期内对稳定国内棉花价格发挥了重要作用，但却使国家棉花储备重新参与了市场经营。本节通过对我国棉花储备调控政

策与市场价格相互关系的实证分析,得出如下主要结论。

1)棉花储备并未有效实现市场调控的经济目标

计量分析结果显示,临时收储政策实施之前,中储棉公司关于棉花收储的决策主要依赖于市场价格,当市场价格较低时,就进行收储,然而中国棉花收储对市场价格却没有影响作用。中国棉花抛储既不能影响市场价格,也不是根据市场价格的高低决定抛售数量的多少的,这是由于以拍卖方式抛储受到拍卖的滞后性、拍卖价格的不确定性、拍卖数量主观性等因素的影响。实际上,中储棉公司在执行市场调控任务中,是一个不折不扣的"贱买贵卖"的经济人,与一般经济人市场行为所不同的是,中储棉公司是用国家的财政赚取棉花市场差价。

2011年9月实施的临时收储政策,使经过十年市场化改革的棉花市场重新回到了计划经济,棉花收购价格由政府制定,中储棉公司敞开收购,在市场价格低于政府定价的情况下,中储棉公司实际上成为了全国棉花的最大买家。2014年,棉花市场价格为19 500元/吨左右,远低于20 400元/吨的政府收购价格,中储棉公司无法实现"顺价销售",因此,在这一时期,政府的抛储对市场价格自然不起任何影响作用。

2)临时收储政策扭曲了棉花市场价格

2011年9月政府制定的临时收储预案价格,比国际市场高出20%多[1],严重扭曲了棉花的市场价格。2012年,国际棉花市场考特鲁克A指数为89.2美分/磅,折合人民币12 419元/吨,而2012年中国棉花328级价格指数为18 916元/吨,中国棉花价格比国际市场棉花价格每吨高出近6 500元。如此巨额的国内外价差,使中国棉花市场面临着巨大的进口压力和挑战。2012年,我国棉花进口量达到513.73万吨,同比增长52.7%,进口量占到我国当年棉花产量(683.6万吨)的75.2%。

高额的国内棉花价格,加大了我国纺织企业的生产成本,影响了我国纺织企业的正常生产,降低了纺织产品的出口竞争力。2012年,我国纺织品服装出口额为2 549.8亿美元,同比增长速度仅为2.8%;与2010年、2011年相比,分别下降了20.8百分点和17.3百分点。2012年,我国纺织行业主营业务收入5.57万亿元,同比增长10.7%,与2011年相比下降了15.9百分点[2]。面对高价

---

① 2011年9月国际棉花价格考特鲁克A指数为116.86美分/磅,按照当时人民币汇率(1美元＝6.38元人民币)计算,折合人民币16 436.9元/吨;2011年10月国际棉花价格考特鲁克A指数为110.61美分/磅,折合人民币15 509.1元/吨(1美元＝6.36元人民币)。中国政府制定的临时收储价格19 800元/吨,2011年9月高出国际棉价20.5%、10月高出国际棉价27.7%。

② 资料来源:中华人民共和国工业和信息化部.2012年我国纺织工业运行形势分析.http://www.miif.gov.cm,2013-02-07。

棉花的成本压力，许多中小纺织企业纷纷关停，大型纺织企业纷纷减产(陆娅楠，2013)①。

3)临时收储政策加重了政府财政负担

较高的棉花价格不仅提高了纺织企业的原料成本，影响了纺织工业的正常生产，还加重了中国政府的财政压力。目前中国棉花储备已高达 700 万吨，如果加上 2013 年的 600 万吨的新棉，国家棉花储备将达 1 300 万吨，倘若按照 2013 年收储预案价格每吨 20 400 元计算，中国政府将为棉花储备支付 2 600 多亿元的巨额财政资金。从另一个角度讲，中国政府正用中国纳税人的钱托举着世界棉花市场，这一巨大的棉花库存包袱，如果不及时消除，会对中国棉花产业发展产生重大的冲击。

2. 政策建议

1)逐步取消临时收储政策

与粮食不同，棉花是我国纺织工业的基础原料，棉花价格的高低、质量的好坏，直接影响着我国纺织业的正常运行，以及纺织产品的出口竞争力。2011 年，我国规模以上纺织业总产值为 32 652.99 亿元，占 GDP 的 6.9%，占第二产业增加值的 14.8%，与 2010 年相比，分别下降了 0.2 百分点和 0.4 百分点；2011 年，我国规模以上纺织业从业人员为 588.83 万人，与 2010 年相比，减少了 58.49 万人。可以看出，失去了成本优势的纺织行业，不仅影响了我国的就业，也对我国国民经济的运行产生了一定的影响。

在我国棉价每吨高出国际棉价 6 500 元左右的情况下，继续执行最低收购价临时收储政策，不仅会加重国家的财政负担，还会阻碍我国纺织产业的发展，甚至加速我国纺织产业的国际间转移。因此，政府应考虑适时取消棉花临时收储政策，让棉花产业回归到市场经济。

为了防止因取消临时收储政策而产生的市场震荡，国家可以采取分步走的方案。首先，对棉花市场采取政府指导价格，但不敞开收购，可以根据具体市场情况、储备规模，确定收储数量，或者只针对部分地区、部分优质棉进行收储，将其他棉花产量交给市场；其次，以市场价格对储备棉花进行拍卖，逐渐消化巨额的棉花储备；最后，当现有棉花储备消化几近完成时，取消临时收储政策，让国家棉花储备恢复不参与市场经营的战略储备属性。

当然，为了保障农民收益不受损失，保护棉农种棉的积极性，政府还应在取消临时收储政策的同时，及时实施棉农收益补贴政策，以防止我国棉花生产出现较大的滑坡和动荡。

---

① 文中介绍道，"湖北孝棉的负责人透露，企业周边产能在 3 万锭以下的厂子已基本关停""全国 8%的纺织产能在不公平竞争中被闲置，国内外高价差会要了纺织业的命"。

2)完善棉花生产支持政策

稳定棉花市场的根本在于促进棉花生产,维持合理的棉花自给率,保障棉农的收益。目前,发达国家普遍实行与生产不挂钩的收入支持政策,这是一种既保证棉农收入不受损失,又不扭曲市场价格,同时还符合 WTO 规则的补贴政策。2014 年中央一号文件提出,要在新疆探索棉花目标价格补贴制度。实际上,目标价格补贴仍然隐含着对市场价格的干预,特别是在目标价格一年一定的情况下,人为影响市场价格的可能性会更大。因此,应积极探索基于棉农的"目标收入补贴"、"收入损失补贴"政策和"农业风险补贴"政策。当然,实现棉花生产稳定发展的长效机制还在于提高棉花的综合生产能力,即提高棉花的单产水平和棉花质量,这就需要政府充分利用"绿箱"政策,加大对棉花生产的科技投入,尤其是加大对棉花良种培育和推广的财政投入,提高栽培技术和机械化水平,加大对棉田基础设施的投入,增强棉花生产抵御自然灾害的能力。

■ 10.4　影响食糖价格形成机制的政策及其评价

食糖作为我国三大经济作物之一,是事关国计民生的重要农产品。新中国成立以来,我国政府一直对食糖实行严格管理。在农业生产"以粮为纲"的计划经济时期,制约我国糖业发展的根本问题是糖粮争地,当时国家糖业政策的重点是控制价格、限制消费和控制生产,此时的食糖由原商业部统购统销,实行定量配给和独家经营。1978 年改革开放以后,许多农产品价格放开或者实行浮动价格,但国家仍然对糖料按计划收购,价格由国务院统一管理,实行计划内和计划外的经营双轨制。1991 年,国家对食糖产销体制进行改革,取消统购统销,食糖出厂价格由国家定价改为国家指导价格(但糖料依然由国家定价),国家指导价格是中央指导下的地方政府定价。由于我国食糖产销体制没有理顺,国家宏观调控政策没有跟上,我国在 20 世纪 90 年代受到市场价格波动冲击,糖业全面亏损。为此,从 1999/2000 年榨季开始,我国政府推行甘蔗价格与食糖价格挂钩联动的办法,建立糖厂与蔗农的利益共享、风险共担的机制,但甜菜价格未执行挂钩联动价格;同时建立中央和地方两级食糖储备制度,食糖储备的原则是国家进口糖由中央储备,国内生产糖由产区和销区分别储备,并由国务院批准成立北京华储食糖交易市场有限责任公司(简称华储中心)专门负责国家储备糖的竞卖和宏观调控。

本节将对影响中国食糖市场价格的有关政策进行梳理,并对我国食糖价格调控政策的实施效果进行实证分析,进而提出完善我国食糖市场调控机制的政策建议。

10.4.1　食糖市场调控政策

1. 糖料管理政策

2002 年 6 月 28 日，国家发展计划委员会、国家经济贸易委员会(简称国家经贸委)、农业部、国家工商行政管理总局(简称国家工商总局)联合发布实施了《糖料管理暂行办法》，办法对糖料的生产和价格两方面的管理进行了详细阐述。

(1)糖料的生产管理。糖料产区实行以制糖企业为核心，按经济区域实行划区管理，推行订单农业，由制糖企业与糖料生产者签订糖料收购合同，实行"公司加农户"产业化经营模式。制糖企业以预购定金或其他方式向糖料生产者提供购买良种、肥料、农药、机具、农膜等生产用扶持资金；各级政府采取建立技术推广体系，配套、完善小型水利设施，建设、修补糖料产区道路等措施扶持本地区糖料生产。

(2)糖料的价格管理。糖料收购价格由省级价格主管部门管理，实行政府定价或政府指导价。价格主管部门在制定价格时，征求有关部门意见，实行价格决策听证制度和专家评审制度。各糖料产区逐步推行糖料收购价格与食糖销售价格挂钩联动、糖料款二次结算的办法，建立糖料生产者与制糖企业利益共享、风险同担的机制。所谓糖料收购价格与食糖销售价格挂钩联动、糖料款二次结算，是指在每年榨季开始前，政府制定糖料收购底价和食糖挂钩价，制糖企业按照糖料收购底价在收购糖料时与糖料生产者进行第一次结算；在每年榨季结束后，若食糖市场平均销售价格高于食糖挂钩价，则把价差通过二次结算返还给糖料生产者，若食糖市场平均销售价格低于食糖挂钩价则不再进行二次结算。

2. 中央储备糖管理政策

中央储备糖管理政策是我国政府对国内食糖市场价格进行宏观调控的重要手段，主要包括储备糖的收储和投放两个方面。

(1)收储政策。我国政府对于国产糖的收储政策根据承储对象分为国家、地方和制糖企业三个等级。对于国家食糖收储，每一榨季由国家发改委、商务部、财政部和农发行会联合发布国产糖收储计划通知。商务部具体负责国产糖收储管理工作并发布国产糖收储竞拍细则的公告，华储中心承担收储具体组织实施工作。

地方食糖收储政策主要在食糖主产区实施，如广西、云南等。作为我国第一大产糖区，广西很早就开始自行制定地方食糖收储政策。直到 2009 年，中央才开始重视地方食糖收储，并下达文件就地方收储事宜给予地方政府相关建议。以广西为例，每年榨季开始后，广西壮族自治区工业和信息化委员会和广西糖业协会会进行市场调研并撰写调查报告上交给广西壮族自治区发展和改革委员会，建议其出台食糖收储议案。待到食糖市场价格跌到议案中规定的价格底线,立刻启动地方收储工作。广西壮族自治区发展和改革委员会、广西壮族自治区工业和信息化委员会、农业厅和财政厅等根据市场情况联合发布广西食糖收储计划通知。具体收储工作交由广西糖业局管理、广西华洋糖业储备中心执行。

(2)投放政策。国家储备糖投放之前,首先由国家发改委、商务部发布投放国储糖公告。商务部具体负责投放储备糖的竞卖管理工作,并发布国储糖竞卖具体事项的公告。华商储备商品管理中心承担国储糖竞卖的具体组织实施工作。企业通过华储中心电子网络系统公开进行竞卖。竞卖成交后,企业按规定与华储中心签订购销合同,并按规定日期到指定储备库或加工储备糖企业运离储备糖。

地方投放储备糖政策以广西为例:首先由广西壮族自治区政府和糖业管理工作联席会议办公室决定地方储备糖投放市场的时间、数量和价格。然后,企业通过电子协会(广西糖网)公开进行竞买。由于地方储备糖投放市场的时间与国家不同,所以竞拍底价也不同,其一般根据投放市场时的价格来定。

10.4.2 食糖抛售、收储政策的实施效果

中央储备糖管理政策是我国政府平稳价格波动,维持供求平稳,保证糖料种植者和制糖企业利益的重要举措。本小节按照我国食糖价格波动的四个阶段,分析中央储备糖收抛储政策与中国食糖市场价格变化的相互关系。

1. 第一阶段: 2003/2004 年榨季到 2005/2006 年榨季

这三个榨季期间,食糖价格不断上升,2003/2004 年榨季的食糖现货价格为 2 877.54 元/吨,2005/2006 年榨季上升为 4 579.72 元/吨,年均增长 851.09 元/吨,年均增长率为 27.19%。为了稳定市场价格,国家在此期间连续 3 年投放国家储备糖,总共投放 164.11 万吨白砂糖,45 万吨原糖。特别是 2005/2006 年榨季分 12 个批次持续 5 个月投放了 109.33 万吨白砂糖、5 万吨原糖,共计 114.33 万吨食糖,较好地抑制了食糖价格的继续上涨,逐渐使食糖价格开始回落。从 2006 年 3 月开始国内食糖价格连续 6 个月下跌,但是 2006 年 9 月又止跌反升,可见国储糖投放的作用并不持久。

2. 第二阶段: 2006/2007 年榨季到 2008/2009 年榨季

这三个榨季期间,食糖价格整体上呈现下跌趋势。由于 2006 年 9 月国内食糖价格又开始上涨,为了平抑价格波动,2005/2006 年榨季的最后一个批次国产糖在 2006 年 10 月投放,可以看出中央储备糖管理政策依据价格波动走势而定,且具有滞后性。随后,食糖价格开始不断下跌。2006/2007 年榨季的食糖现货价格为 3 986.02 元/吨,2008/2009 年榨季下降至 3 882.71 元/吨,年均下降 51.66 元/吨。为了稳定价格,国家在此期间连续 3 年收储国产糖,总共收储 160 万吨

白砂糖。

从 2006 年 11 月开始，国内食糖价格开始在波动中下降，为了防止国内食糖价格过低，国家在 2006/2007 年榨季收储国产糖 30 万吨，2007/2008 年榨季分两个批次收储国产糖共 50 万吨。由于这两个榨季国内食糖价格下降幅度不大，因而国家收储力度也不大。直到 2008/2009 年榨季，由于价格持续下跌，且下降幅度越来越大，国家加大了收储力度，分两个批次共收储食糖 80 万吨。2008/2009 年榨季的两次收储分别是在 2009 年 1 月和 2 月，但是从 2008 年 11 月开始，国内食糖价格就有了上升趋势，政策落实时间明显滞后于价格的波动，而且在国内食糖价格开始上涨的时期进行国产糖收储，对其随后价格的上升起到了推波助澜的作用。

3. 第三阶段：2009/2010 年榨季到 2010/2011 年榨季

这两个榨季期间，食糖价格飞快上涨，从 2009/2010 年榨季的 5 178.18 元/吨升至 2010/2011 年榨季的 7 327.33 元/吨，增长率达到 41.5%。为了控制食糖价格的上涨速度，国家在这期间多次投放国家储备糖，总共投放 356.53 万吨白砂糖。2009/2010 年榨季分 8 个批次共投放 170.53 万吨白砂糖，2010/2011 年榨季分 9 个批次共投放 186 万吨白砂糖，同时，食糖进口量增加，两者总共数量多达 724.33 万吨，远远超过这一阶段的需求缺口总量（216.3 万吨）。从 2011 年 9 月开始，国内食糖价格终于出现下降趋势，调控政策抑制了食糖价格的飞涨，但也为下个榨季出现市场供大于求、价格下跌埋下隐患。

4. 第四阶段：2011/2012 年榨季到 2012/2013 年榨季

这两个榨季期间，食糖价格呈现下跌趋势，2011/2012 年榨季的食糖现货价格为 6 722.44 元/吨，2012/2013 年榨季下降至 5 803.34 元/吨，下降率达 13.7%。为了阻止价格继续下跌，国家在 2011/2012 年榨季分两个批次共收储国产糖 100 万吨，2012/2013 年榨季也分两个批次共收储国产糖 180 万吨。虽然本阶段国家收储并不频繁，但是每次的收储量都较多，因而虽然价格仍在下降，但下降的幅度趋于平稳。

10.4.3　研究结论与政策建议

1. 研究结论

本节在梳理我国食糖产业调控政策的基础上，对调控政策的实施情况进行了分析，得出的主要结论如下。

（1）混合经济使我国食糖产业偏离了市场经济的轨道。目前，我国对食糖产业实行计划经济和市场经济混合的经济运行模式。国家对于甘蔗实行的是政府定价，食糖价格则由市场决定，这种混合经济制度使我国食糖企业处于既要面对政府又要面对市场的双重压力之下。政府对甘蔗行政定价的目的是保护蔗农的收益、稳定糖料供给，但常常因政府对市场运行判断的失误，使甘蔗收购价格偏离市场出清价格。2011/2012 年榨季广西甘蔗收购价格为 500 元/吨，与一级白砂糖平均含税销售价格(7 000 元/吨)挂钩联动；而 2012 年食糖价格在 1～5 月就已处于 6 500 元/吨左右的水平，6 月以后总体呈下跌趋势，8 月跌至 5 776 元/吨，11 月跌至 6 040 元/吨，远低于政府对食糖市场价格的预期，使大多数食糖加工企业处于亏损状态。2013 年 11 月，广西甘蔗收购价格定为 440 元/吨，按照制糖成本 2 000 元/吨计算，食糖成本价应在 5 500 元/吨，而广西糖业协会公布的数据显示，当时食糖市场成交价在 5 300 元/吨，这意味着多数食糖加工企业，每吨要亏损 200 多元。因此，从长期来看，政府对甘蔗的行政定价，不利于糖业的健康发展。

（2）食糖储备调控政策实施效果需要进一步验证。在 1999/2000 年榨季，我国成立了华储中心负责国家储备糖的竞卖和收储。自 2003/2004 年榨季以来，华储中心共实施了 10 个批次收储、29 个批次投储。通过分析食糖收储、投储与价格走势的相互关系，可以看出，收抛储政策的实施是依据价格而定的，当价格下跌时就进行收储，当价格上涨时就进行投放。然而，由于食糖生产及价格运行本身有六年左右的周期，因此，收储、抛储政策是否对食糖价格有实质性的影响，还需要进一步的观察和检验。

（3）较高的糖料成本使我国食糖价格远高于国际市场价格。在政府对糖料行政定价的干预下，甘蔗的生产不能通过市场机制有效地配置资源、提高生产效率，自 2010 年以来，我国食糖价格已远远超出国际食糖价格的 50% 以上，2011 年，我国食糖价格为每吨 6 421.62 元，欧洲进口食糖价格为每吨 587.35 美元，折合人民币 3 788.6 元/吨，中国食糖价格高出国际食糖价格 69.5%，加上 15% 的关税、17% 的增值税，进口一吨食糖要比购买一吨国内食糖价格低 2 300 多元。巨额的国内外差价，一方面导致了我国食糖的大量进口，2010～2012 年，我国食糖进口量平均每年以 50% 以上的速度增长，2012 年进口食糖 374.7 万吨，占我国食糖产量的 30% 左右；另一方面，巨额的国内外价差，使南方走私糖情况严重，对我国正常的食糖市场造成了冲击，影响了我国食糖企业的正常运营。

2. 政策建议

（1）逐步取消甘蔗政府定价，实施甘蔗种植补贴。我国的糖料价格由政府行政确定的做法，是一种与市场经济体制不相吻合的制度，也是造成当前我国甘蔗价格不断升高、食糖生产成本不断上涨、食糖价格远高于国际市场价格的主要原因。行政定价的目的在于保护蔗农收益不受损失，但是这种行政干预政策却扭曲了甘蔗的市场价格，使食糖加工企业处于政府和市场的双重压力之下。因此，为了保障蔗农收益、降低食糖企业生产成本，政府应适时取消甘蔗行政定价政策，而代之以甘蔗种植补贴制度和蔗农收益损失补偿制度，让甘蔗价格回归市场，让市场充分发挥价格机制有效配置生产资源的作用，在提高甘蔗生产效率的同时，降低食糖生产成本，最终使我国食糖市场与国际食糖市场接轨，减小国内外食糖价差。

（2）大力发展甘蔗机械化收割，降低甘蔗生产成本。课题组调研发现，目前影响甘蔗生产成本较高的一个主要原因是人工成本的持续上涨。因此，发展机械化收割是甘蔗生产的必然途径。然而，广西甘蔗还处于农户家庭分散式种植的阶段，规模小、密度高，不利于机械化作业。另外，蔗农由于担心机械收割会对蔗种造成损坏而影响其寿命和来年产量，对使用机械收割有较大的抵触。因此，政府部门应加大科研支持力度，积极开发适合丘陵、山坡甘蔗种植、小规模生产、种植间距小的轻简化甘蔗收割机，同时还应加大对蔗田基础设施建设的投入，特别是对蔗田水利设施建设的支持力度，有效减小干旱等自然灾害对甘蔗生产的影响，在提高单产、降低成本的同时，提升甘蔗的品质。

（3）加大对走私糖的打击力度，维护我国食糖市场的稳定。目前，伴随着国内外食糖价格差额的增大，南方走私糖大量流入国内市场。据南华糖厂估计，2012 年从越南、缅甸两国流入我国广西、云南两地的走私糖有 50 万吨，走私糖的大量流入，对我国食糖市场及食糖生产企业造成了严重影响。国家有关部门应加大对食糖走私的打击力度，避免走私糖的大量进入对我国食糖市场造成冲击，确保食糖生产企业的正常运行，维护我国食糖市场的稳定。

■ 10.5　猪肉储备政策的实施效果评价

生猪产业在我国农业中占有重要地位，我国既是生猪生产大国，也是猪肉消费大国，生猪饲养量和猪肉消费量均占世界总量的 50% 左右，占我国肉类消费总量的 60% 以上。1985 年，我国放开了生猪及猪肉价格，生猪市场实行自由交易、多渠道经营，从此生猪产业获得快速发展。但是在养殖成本不断上涨、疫病频发、饲养规模化程度不高的情况下，我国生猪价格呈现出剧烈波动的趋势。为平抑生猪价格波动，国家陆续出台了一系列生猪价格调控政策。本节将主要对直接影响猪肉市场价格形成的收储政策及其实施效果进行分析，进而提出完善我国猪肉市场调控机制的政策建议。

10.5.1　猪肉储备政策的主要内容

中国的储备肉体系分为中央储备及地方储备两个层面，中央储备主要用于应对重大自然灾害、公共卫生事件、动物疫情及其他突发事件引起的市场异常波动。地方储备分为省级和市级两级储备。

　　2007 年，国务院发布了《国务院关于促进生猪生产发展稳定市场供应的意见》，提出要加大对生猪生产扶持力度，完善猪肉储备体系。2007 年 7 月，国务院决定将中央储备肉规模增加到 12 万吨，其中活畜、冻肉各 6 万吨，常年储备，定期轮换。同年，出台了《国务院办公厅关于进一步扶持生猪生产稳定市场供应的通知》，提出了切实加强疫病控制、严格控制饲料成本及加强市场调控和监管等措施。2008 年年底，中央储备肉规模达到 25 万吨，其中猪肉储备 20 万吨，并决定新建 11 个中央直属储备肉冷库，改变原来只租用社会冷库，没有中央直属冷库的局面。

　　2009 年，国家发改委、农业部等六部门联合发布《防止生猪价格过度下跌调控预案(暂行)》，决定以猪粮比价 5.5：1 作为国家收储和抛储猪肉、调控猪肉市场的主要指标。同年，11 个中央直属库所在的 11 个省猪肉产量占全国猪肉产量的 60% 以上，中央直属冷库的建设，提升了中央对猪肉价格的调控能力。

　　2012 年 5 月，国家发改委、农业部、商务部、财政部、国家工商总局等六部门联合公布《缓解生猪市场价格周期性波动调控预案》，该预案将猪粮比这一调控指标标准确定为 6：1，同时按照猪粮比划分四个区间，并设定较高、较低猪粮比价下的应对策略(表 10-10)。

表 10-10　国家猪肉储备政策要点

年份	政策	主要内容
2007	国务院关于促进生猪生产发展稳定市场供应的意见	建立健全中央与地方相结合的猪肉储备制度。中央储备主要满足应对突发事件和救灾的需要；地方储备主要用于局部应急和保证节日市场供应
2009	防止生猪价格过度下跌调控预案(暂行)	1. 主要目标是猪粮比价不低于 5.5：1；辅助目标是仔猪与白条肉价格之比不低于 0.7：1；生猪存栏不低于 4.1 亿头；能繁母猪存栏不低于 4100 万头。2. 当猪粮比价高于 9：1 时，按照《国务院关于促进生猪生产发展稳定市场供应的意见》(国发〔2007〕22 号)规定，适时投放政府冻肉储备，必要时向城乡低保对象和家庭经济困难的大中专院校学生发放临时补贴。3. 当猪粮比价低于 9：1 时，划分为以下五种情况：①绿色区域(价格正常)，猪粮比价在 9：1—6：1 之间；②蓝色区域(价格轻度下跌)，猪粮比价在 6：1—5.5：1 之间；③黄色区域(价格中度下跌)，猪粮比价在 5.5：1—5：1 之间；④红色区域(价格重度下跌)，猪粮比价低于 5：1；⑤生猪价格异常下跌的其他情况。4. 当猪粮比价连续四周处于 6：1—5.5：1 之间(蓝色区域)时，根据市场情况增加必要的中央和地方冻肉储备；猪粮比价低于 5.5：1 时，通过财政贴息的形式鼓励大型猪肉加工企业增加商业储备和猪肉深加工规模。当猪粮比价连续四周处于 5.5：1—5：1 之间(黄色区域)时，进一步增加中央政府冻肉储备。当猪粮比价低于 5：1(红色区域)时，较大幅度增加中央冻肉储备规模。当出现生猪价格异常下跌的其他情况时，及时研究提出调控生猪市场的相应措施

年份	政策	主要内容
2011	国务院办公厅关于促进生猪生产平稳健康持续发展防止市场供应和价格大幅波动的通知	加大中央和地方政府猪肉储备总量，要以增加活体储备为主，适当增加储备冻猪肉数量，中央和地方财政要研究支持部分骨干企业建立商业储备，作为政府调控市场的补充资源，保障政府和商业储备的长期稳定运行，要建立健全预警指标，完善储备吞吐调节办法，切实防止生猪价格过度下跌和猪肉价格过度上涨
2012	缓解生猪市场价格周期性波动调控预案	1. 主要目标是猪粮比价处于绿色区域(6∶1—8.5∶1)，辅助目标是能繁母猪月存栏量同比变化率在−5%—5%。2.①绿色区域(价格正常)，猪粮比价在 6∶1—8.5∶1 之间；②蓝色区域(价格轻度上涨或轻度下跌)，猪粮比价在 8.5∶1—9∶1 或 6∶1—5.5∶1 之间；③黄色区域(价格中度上涨或中度下跌)，猪粮比价在 9∶1—9.5∶1 或 5.5∶1—5∶1 之间；④红色区域(价格重度上涨或重度下跌)，猪粮比价高于 9.5∶1 或低于 5∶1；⑤其他情况，生猪价格异常上涨或下跌的其他情况

10.5.2　猪肉储备政策的实施效果

自建立基于猪粮比价调节猪肉价格的制度以来，商务部多次实施了猪肉抛收储，以稳定猪肉市场价格。2009 年，为了稳定生猪价格，进行了保价收储；2010 年，为了抑制猪肉价格下跌，商务部曾经 5 次收储，合计收储达到 16 万吨；2010 年下半年，在猪粮比价快速上升以后，商务部又适时加大抛储力度，投放 10 万吨中央储备肉；2011 年下半年猪肉价格高位运行，商务部多次向市场投放中央储备肉；2012 年，生猪价格下跌，养殖户的养殖积极性下降，2012 年 5 月以后，中央及地方储备开始收储，以期稳定猪肉价格；2013 年，为了稳定猪肉价格，提高养殖户的积极性，商务部于 4~5 月组织了两次收储；2013 年 12 月中下旬生猪出栏价格下跌，月末猪肉价格走势变涨为跌，这种趋势一直延续到 2014 年，猪肉价格一路下滑，为了稳定猪肉价格，3 月商务部组织了 2014 年的首批冻猪肉收储。

2009 年农业部出台《防止生猪价格过度下跌调控预案(暂行)》之后，我国政府才运用收抛储政策应对猪肉价格的上涨和下跌，首次收储时间为 2009 年 5 月。因此，以 2009 年 5 月为分界点，以 2006 年 1 月为起始点(2006 年 1 月后猪肉价格波动幅度较大)，分别测度不同时期的价格波动情况。表 10-11 显示，2009 年 6 月至 2013 年 12 月，仔猪、活猪、猪肉价格的绝对波动幅度分别为 6.19%、5.81%、4.69%，而在 2006 年 1 月至 2009 年 5 月期间，仔猪、活猪、猪肉价格的绝对波动幅度分别为 9.80%、7.42% 和 6.23%。显然，猪肉收抛储政策实施以后，猪肉价格的波动幅度明显减小。尽管如此，并不能有效证明市场价格波动幅度的降低与抛收储政策存在必然的关系，因为生猪养殖一般有 7~8 个月的生长时间，生猪及猪肉市场本身就存在正常的波动周期，因此，我国冻猪肉收储、抛储政策的实施，对于市场价格的影响究竟有多大，难以通过计量方法给出科学的判断。但从市场价格的波动情况来看，猪肉收储政策至少没有加剧猪肉价格的波动。

表 10-11　收储政策实施前后猪肉价格波动情况比较　　　　单位：%

时间	指标	仔猪价格	活猪价格	猪肉价格
2006 年 1 月至 2009 年 5 月	均值	1.74	1.10	0.89
	标准差	9.80	7.42	6.23
	最大值	19.79	15.39	17.08
	最小值	−17.90	−11.01	−10.91
2009 年 6 月至 2013 年 12 月	均值	1.12	1.16	0.97
	标准差	6.19	5.81	4.69
	最大值	17.21	15.56	11.43
	最小值	−11.44	−12.55	−8.89

注：本表以相应价格增长率计算；增长率的标准差为价格的绝对波动幅度

资料来源：中国畜牧信息网

10.5.3　研究结论与政策建议

1. 研究结论

1)猪粮比价作为抛售、收储政策触发阀值具有较大科学性

与粮食、棉花调控政策不同，猪肉调控政策的实施依据是猪肉和粮食，主要是与玉米价格的比值，并且按照不同的比值划分了不同的警情区域，根据猪粮比价的高低确定政府实施收抛储政策的时机和力度。这样，以猪粮比价作为抛收储政策实施的依据，既考虑了消费者的福利，也兼顾了猪农的生产收益；尤其重要的是，以猪粮比价作为调控依据，剔除了任何市场参与者的主观臆断，在一定程度上避免了市场各方博弈力量的干扰；同时，也在较大程度上规避了投机行为对猪肉市场造成的波动风险，因为投机商若要觊觎猪肉市场投机机会，必须要同时在玉米市场上进行相应的投机操作，如果没有强大的资本，一般很难在原料市场和猪肉销售市场同时进行短期投机。因此，从理论上讲，以猪粮比价作为猪肉市场价格的调控依据具有较大的科学性。

2)抛售、收储政策的实施效果难以确定

2009 年以后，我国根据猪粮比价建立了价格调控机制，运用收抛储应对猪肉价格波动。本章的研究发现，收抛储政策实施以后，我国猪肉价格的波动幅度

明显降低。2009 年 6 月至 2013 年 12 月，猪肉价格的波动幅度比 2006 年 1 月至 2009 年 5 月的波动幅度减小了 1.54 百分点。因此，直观上讲，国家冻猪肉的收储、抛储政策缓和了猪肉价格的上涨或下跌趋势。在猪肉价格较低的情况下，政府在短时间内连续收储，不仅能提高短期需求，也能提振市场信心，有利于猪肉价格及早走出低谷；抛储政策的实施虽然具有一定的滞后性作用，但近几年来每次猪肉价格的上涨也得到了较好的抑制。然而，由于猪肉市场本身存在一定的周期特征，收抛储政策的实施对市场价格的调控作用究竟有多大，尚不能准确地给予度量。因此，猪肉收抛储政策的实施效果还有待进一步观察。

3）猪肉供应链环节中的市场势力可能会降低抛售、收储政策的实施效果

研究表明，我国猪肉价格传递是一种典型的正向非对称传导效应。如果价格的波动来自于销售市场，那么价格下跌时的放大效应远大于价格上涨的放大效应；如果价格的波动来自于生猪的上游环节，则价格下跌的衰减程度要高于价格上涨时的衰减程度，这说明，猪肉供应链的下游环节有可能存在较强的市场势力，其足以通过自己对市场信息的掌控影响市场价格，进而使自身始终处于盈利的地位。通过对广州猪肉市场供应链各环节的实地调研，课题组发现，在猪肉供应链环节中，屠宰和配送环节拥有较强的市场势力，其经营范围涵盖了生猪采购、批发、屠宰、配送、零售各个环节，其对猪肉供应链各环节都具有较大的影响力。为了赚取更大的市场利润，向猪肉供应链的上游环节——生猪供应商压价就是一种顺理成章的行为。这些市场势力的存在，一方面影响了价格信号在猪肉供应链各环节之间的有效传递，另一方面也干扰了政府调控市场政策的实施绩效。相反，市场势力则成为政府调控政策的最大受益者，因为政府抛收储猪肉也是通过这些连接生猪批发、猪肉屠宰、配送、零售的一体化公司而实现的。

2. 政策建议

1）充分发挥市场配置资源的作用

课题组曾于 2013 年 8 月赴广东省云浮市，就国家的猪肉收抛储政策对生猪养殖户的生产影响进行了调研。课题组分别采访了不同区县的散户、小规模养殖场和较大规模养殖场的养殖户，他们普遍对国家的猪肉收储抛储政策不了解而且表示国家采取的这些政策对其影响不大。部分养殖户认为，在国内养殖业得到一定发展的情况下，国家实施收储、抛储政策是没有必要的。在市场的调节下，具有一定规模的养殖场在技术、资金、信息等不同的方面具有一定的优势，能够根据市场信息做出理性的预期。而政府对市场进行过多的干预，不利于生猪产业的优胜劣汰。有一定规模的养殖场都希望猪肉价格存在波动，他们认为波动是正常的养殖周期和市场供需的反应。市场价格低，可以在一定程度上淘汰掉那些规模

小、效益差的养殖场[①]。规模大、效益好的养殖场基本上能够承受住市场价格的周期低谷，当价格较高时，既可以弥补价格低时的损失，也可使这些养殖场占有更大的市场份额。他们认为，政府对市场价格的过多干预不利于养殖企业对市场运行做出合理的判断。因此，从生猪养殖企业的角度来讲，政府应该尽量减少对市场的干预，充分发挥市场这只看不见的手的作用，使其有效地配置资源，促进生猪养殖企业规模化、专业化、技术化的发展。

2）加强对生猪疫病的防治

生猪疫病是引发我国生猪生产波动，进而导致猪肉价格波动的一个重要因素。2007年，我国猪肉价格上涨过快的根本原因在于2006年下半年、2007年年初部分地区，特别是四川、河南等生猪养殖大省相继发生高致病性猪蓝耳病疫情，引起生猪特别是中、小猪发病死亡和母猪流产，造成全国性生猪饲养量下降、生猪存栏不足。

课题组在实地调研中发现，疫病防疫费用占生猪养殖成本较大的比重，平均来看，一头母猪每年的防疫成本在50元左右，小猪在30元左右，一头母猪每年要防疫五次，疫病防治成为养殖户最关心的问题。目前，国家仅对两种疫苗（蓝耳病疫苗、口蹄疫疫苗）实施了政府补贴，而猪瘟疫苗、猪圆环病毒疫苗、猪伪狂犬病疫苗都需要养殖户自己购买，而且养殖户普遍反映，政府补贴的疫苗效果不佳，有实力的养殖户还是自行到市场上购买效果佳、价格贵的疫苗。因此，必须在现有防疫体系的基础上，进一步加大对生猪疫病的防疫力度：一是从生产源头着手，加强对农户有关生猪饲养知识的培训，提高生猪生产者对生猪疫病的风险防范意识，改善生猪的饲养环境；二是健全基层生猪疫病防疫队伍，提高工作人员素质和实际业务操作水平；三是重视对大量生猪散养户的疫病防控；四是进一步加强对生猪疫病疫情的监测力度，完善应急预案，不断提高对重大生猪疫病疫情的处置能力；五是进一步提高疫苗费用的补贴额度，为养殖户提供效果好、质量好的疫病疫苗。

3）降低猪肉供应链中间环节的市场势力

调研发现，广州市五家猪肉配送公司分别掌控了全市中心城区常住人口的猪肉供应，强大的市场势力，扩大了猪肉价格在供应链各环节的正向传导效应，挤压了生猪养殖环节的利润空间，影响了政府调控政策的实施绩效，因此，适当增加由政府认定的生猪屠宰、配送企业数量，降低配送公司的市场势力，是提高猪肉市场供需信息、价格信息传递的有效性，提升生猪养殖户、猪肉消费者经济福

---

① 据《全国农产品成本收益资料汇编2013》数据显示，2012年生猪养殖散户每50千克亏损14元，而小规模养殖户每50千克盈利52.91元；中等规模养殖场每50千克盈利61.65元；大规模养殖每50千克盈利58.58元。

利，最大化政府市场调控政策效力的重要举措。另外，政府还应着力从以下几方面加强对猪肉供应链各环节的整合和管理：第一，整合供应链组织，提高供应链相关主体在业务经营方面的参与度。鼓励新兴零售业态的发展，提高零售环节的组织化程度，加强其对消费需求的反应能力与市场影响力。第二，规范猪肉供应链中间环节的经营范围，加强对配送公司的监管，防止配送公司逆向选择行为的发生。第三，加强冷链物流建设，延长猪肉的货架期，增加储存能力，提高猪肉供应链的库存缓存能力。

第 11 章

农村金融和农业保险政策
执行情况和执行机制分析[①]

2014 年中央一号文件提出了要强化农村金融机构服务"三农"的职责，发展农村合作金融组织的主张[②]。自十六大以来，我国无论从国家层面还是地方层面都颁布了许多农村金融与农业保险政策，这对我国"三农"与农村金融、农业保险的发展都有很大的积极意义。系统梳理十六大以来我国农村金融和农业保险政策措施，全面评估这些政策的执行和落实情况，研究农村金融与农业保险政策的执行机制以及其得不到贯彻落实的原因，并提出完善我国农村金融与农业保险政策落实和执行机制的对策，这对我国进一步改革和完善农村金融及农业保险相关政策具有重要的理论和实践意义。

理论方面，从农民生存权与发展权平等到农民金融发展权的理念，来重新审视我国农村金融与农业保险政策的演变规律、落实情况、执行机制和提升策略等问题，有利于现有重要"三农"政策绩效评价理论的科学化。本章认为，在农村金融与保险政策的贯彻、落实、执行过程中，必须注重对农民权益的保护，重视农民个体利益要求。解决农民利益问题需要"多予"、"少取"、"放活"和"促生"等多种手段共用。其中，"促生"将有利于促进增量利益源源不断的产生，是解决中国

---

① 本章执笔人：李长健、李秋萍、李玲玲、刘磊、苗苗、刘文华。
② 2014 年中央一号文件提出了"强化商业金融对'三农'和县域小微企业的服务能力，不断提高存贷比和涉农贷款比例，将涉农信贷投放情况纳入信贷政策导向效果评估和综合考评体系。稳步扩大农业银行三农金融事业部改革试点。鼓励邮政储蓄银行拓展农村金融业务""在管理民主、运行规范、带动力强的农民合作社和供销合作社基础上，培育发展农村合作金融，不断丰富农村地区金融机构类型"。

"三农"利益问题的关键，是重要的理论创新。实践方面，本章以十六大以来我国农村金融与农业保险政策为研究对象，以提升我国农村金融与农业保险政策的绩效为主轴，以"利益发展（农民内生利益生长源源不断）→利益和谐发展→制度和谐（长效机制）→制度的体系化思考→制度的执行和落实"为逻辑架构，对农村金融与农业保险政策进行长效机制研究与体系化思考，找出落实得较好的及不够理想的农村金融与农业保险政策。基于行政管理体制、各级政府职能、财政体制等方面，深入分析农村金融与农业保险政策贯彻落实的执行机制与运作机理，致力于进一步的提升策略，对于我国农村金融与农业保险政策的制定、执行和落实，具有重要的政策执行的实践借鉴意义，能够为寻求我国农村金融与农业保险政策的针对性、系统性、有效性、长效性，提供改革对策和发展思路，同时归结出进一步的相关立法和政策修订重点、突破点，设计出政策落实的长效信息化平台建设框架。

11.1 农村金融和农业保险政策提升的理论分析

随着农村社会变迁以及利益多元化的发展，基本的生存权利已经不能满足当代农民的发展要求，需要从生存权向发展权转变。无论是生存权还是发展权，金融政策的支持都起到了关键性作用，金融发展权正是为顺应农村经济发展而提出的权利诉求。农村金融政策还需要与农业保险政策加以配合，以形成互促、协调的"三农"支持体系。

11.1.1 农民生存权与农村金融政策支持

生存权作为人类最基本的权利，是人类长久持续生活于社会中理应享有的满足其基本生活需求的权利集合。农民作为社会经济发展中的弱势群体，在社会发展中处于绝对的弱势地位（李长健，2005）。农民生存权的确立在一定程度上对于维护其基本生活水平，保障其基本生存权益有着重要的意义。新时期，党中央就"三农"工作提出了"多予、少取、放活"的六字方针，三者之间形成一个相互联系的整体，其中"多予"是重点、"少取"是前提、"放活"是根本[①]。作为一个农业大国，农民是我国社会中最为庞大的群体。农民的和谐生活不仅关系着社会整体生活水平的发展，还关系着社会主义和谐社会的构建与国家的长治久安。"多予、少取、放活"是国家从政策层面来对农民权益进行倾斜性配置（李长健和邵江婷，2010），以维护农民的基本生存权。

---

① 1998 年 10 月十五届三中全会通过《中共中央关于农业和农村工作若干重大问题的决定》，首次提出了有关"三农"工作的"多予、少取、放活"六字方针。

农业的发展、农村建设以及农民生活水平的提高，离不开农村金融的大力支持。因此，农民生存权保障除了"多予、少取、放活"等方针外，有必要进一步采用金融促生的政策方针。随着农民利益的多元化发展以及城乡贫富差距的进一步扩大，"多予、少取、放活"的方针已经远不能满足农民多元化的利益诉求。农民生存权的保障有必要从"外因为主"向"以内因为主，外因结合"的方式转变。金融促生是以金融政策支持为导向，引导金融主体对农业发展、农村建设以及农民收入的提高进行资金支持，以加大农民经济发展的内生动力。从"多予、少取、放活"到"金融促生"方针的转变，是金融政策支持农民生存权发展的基本要求。

11.1.2　从农民发展权到农民金融发展权的演变

随着社会经济的发展，农民作为社会经济的参与主体，其需求也从基本的生存权向发展权转变。社会发展的多样性与复杂性也使农民发展权朝着多元化的趋势发展。农民金融发展权，就是在这种农民权益保护多元化发展的趋势下演变而来的，其是农民发展权的一种子权利，是对农民生存权与发展权的进一步发展，对金融利益的平等实现有效保护有重要意义。从农民的切身利益来看，农民金融发展权应当包括以下两方面的内容：其一，平等地分享金融资源，享受金融服务的权利。这不应该因农业、农村、农民落后的经济条件而遭到金融供给主体的"排斥"。其二，政府应当不断完善农村金融制度体系，并采取适当的金融政策来支持农村金融发展与提高农民的金融能力。这对于农村金融基础设施建设、农村金融生态环境建设以及城乡金融协调发展有重要意义。农民金融发展权是由农民生存权到发展权的演变，再由农民发展权到农民金融发展权的深化，为农民金融权益的保障奠定了理论基础。

11.1.3　农村金融与农业保险政策的相互关系

农村金融与农业保险政策是从国家层面对农村金融与农业保险发展的保障与促进，二者是相互协调、相互促进的关系：一方面，农业保险政策对于农村金融政策的执行与发展有一定的保障作用。相对农村金融政策来说，农业保险政策的重要性主要表现在通过将农业自然灾害与农村金融机构相"隔离"，为农村金融机构提供一个风险的缓冲地带，以减少农村金融机构对农业自然风险的后顾之忧。因此，建立完善的农业保险制度，不仅可以增加农村金融机构的信贷信心，还可以增加新型农村金融机构对农民以及农业的信贷供给，更大程度上推动农村金融的发展。另一方面，农村金融政策对农业保险政策的提升具有推动作用。首先，农村金融政策可以促进农村金融机构网点的建立，为农业保险提供了一定的发展基础。其次，农村金融政策支农作用的发挥，可以为农业保险政策推行提供良好的环境。农村金融政策通过引导、鼓励金融机构对农村基础建设与农业产业化的投入，增强农村经济主体抵御风险的能力，从而为农业保险政策创造一个良好的环境。最后，农村金融政策支持农业产业化与农村建设，这从某种意义上说是对农业保险政策执行的支持。我国传统农业生产力低下，抗风险能力弱，通过农村金融政策对其加以支持，可以增加其抗风险能力，从而较大限度地发挥农业保险政策的优势作用(李汉才，2008)。

11.1.4　农村金融与农业保险政策提升的意义

农业产业化的发展、农村社区与新农村建设以及农民经济水平的提高离不开资金支持。在金融资金、财政资金以及农村经济主体自有资金的几个主要来源中，金融资金起到了关键性作用。从 2004 年开始，农村税费改革取消了我国延续了几千年的农业税制度，加之农村社区与新农村建设战略的实施，我国农业、农民、农村有了显著的发展。农业产业化发展步伐的加快、农村经济发展能力的提升以及农村金融生态环境的改善，还不足以为金融资金提供一个较为安全、稳定的投资市场，市场化的资金流动规律还不能充分引导金融资金向农村金融市场流动。无论一个国家农业的发达与否，建立一个不需要金融政策支持、完全市场化的农村金融体系，是一项艰巨的任务(李海平，2008)。提升农村金融政策，引导金融资金对"三农"发展的支持，构建一个健全、稳定、合理的农村金融体系，具有很大的必须要性。

第一，我国农业发展的特点决定了农村金融政策提升的必要性。我国农业生产的集中程度低，且大多以小农经营为主，农业产业化、现代化、规模化发展水平较低。现阶段农村金融政策并不能针对我国农业的特点来引导金融资金的流动，还需要对农村金融政策进行提升。

第二，农村金融供给的缺失需要农村金融政策的提升。从农村金融机构的类型来看，我国主要以农发行、中国农业银行、农村信用合作社、中国邮政储蓄银行以及以村镇银行为主的新型农村金融机构等为主。但是，这些金融机构的分布存在较大的区域差异，大多集中在经济较为发达的区域，一些经济条件落后、较为偏远的地区并没有设置金融机构的营业网点。那么，这就需要农村金融政策的提升来引导农村金融覆盖率的区域平衡。

第三，提高农村经济主体融资能力，改善农村金融生态环境，需要农村金融政策的提升。无论是农村金融主体的融资能力，还是农村金融生态环境，其关键问题就是农村的抵押担保问题。虽然近十年来，农村税费改革、各种农业补贴很大地提升了农村金融主体的融资能力，但是其并没有从根本上解决农村融资过程中抵押担保难这一关键问题。因此，农村金融政策的提升需要以提高农村抵押担保能力为重点。

第四，打破农村金融、保险与财政相分离的局面，需要农村金融政策的提升。单一的农村金融政策并不能充分发挥其"三农"支持的最大作用，还需要与财政政策、保险政策相结合。需要以农村金融政策的提升为主导，协调发展好农业保险与财政政策，使三者形成一种相互协调、相互促进的政策关系。

第五，农村金融法治化发展需要农村金融政策的提升。法治化对于农村金融的重要性体现在其能够为农村金融的发展提供一个有序、稳定的外在环境。从政策与法律的关系角度来讲，农村金融政策的提升可以为法治化发展提供一定的前提条件，保障农村金融法治化的顺利进行。

第六，发展普惠制金融、实现金融公平需要农村金融政策的提升。普惠制金融强调的是普适性与均衡性，其最终目的是实现金融公平。农村金融政策的提升能够以政策为导向，通过政府的调控手段发展普惠制金融，以打破农村"金融排斥"的局面，实现城乡之间以及农村金融机构之间在金融服务、金融资源享有等方面的金融公平。

基于农业保险与农村金融的相互促进关系，在农村金融政策提升的情况下，也有必要提升农业保险政策来与之相对应。农业作为国民经济的基础，不仅是一种弱质性产业，而且又面临着自然与市场的双重风险，这就决定了农业需要政策性的保护(朱焰和余万林，2013)。现阶段农业保险政策难以满足农村农业保险发展的需求，尤其是在农业发展国际化的时代背景下，更需要农业保险政策的提升来保障我国农业的国际竞争力。因此，从理性的角度来分析，农业保险政策的提升很有必要。

■11.2 农村金融和农业保险政策的归纳梳理

自 2002 年 11 月党的十六大会议召开确定新时期农村改革的方向以来，中国共产党始终坚持从唯物主义历史观出发，循序渐进地解决"三农"问题。探讨十六大以来我国农村金融和保险政策的运行轨迹，科学总结其中的经验与启示，对于进一步深化我国当前农村改革与加快农村经济发展，实现城乡一体化与建设农业现代化，具有重要的理论意义和实践价值。

11.2.1 农村金融和农业保险政策的改革进程和演变脉络

1. 农村金融的改革进程和政策演变脉络

自 2002 年 11 月党的十六大召开至今，我国农村金融政策大致经历了农村信用社改革试点和助推传统农村金融机构改革和有条件地引导新型农村金融机构发展，以及创新金融产品、金融组织和金融服务方式以形成农村多元金融格局三个阶段的历史演变。

1)第一阶段(2003 年年初至 2005 年年初)：启动农村信用社改革试点阶段

这一阶段的金融改革政策以着手启动农村信用社脱离农业银行的试点改革为主线，工作重点在于调整农村信用社管理体制与健全农村信用社法人治理结构，并在一定程度上调整并扩大农发行的业务范围。这一时期的金融政策还对农发行的业务范围进行了调整，开启了农发行管理体制改革的新篇章。

根据党的十六大提出的全面建设小康社会的奋斗目标和《中共中央、国务院关于进一步加强金融监管，深化金融企业改革，促进金融业健康发展的若干意见》(中发〔2002〕5 号)的文件精神，2003 年国务院发布《国务院关于印发深化农村信用社改革试点方案的通知》(国发〔2003〕15 号)的具体通知，着手在全国八个省市开始试点工作。这一举动标志着统一部署农村信用社改革试点的序幕正式拉开。自 2004 年 3 月 31 日第一批 272 个县(市)农村信用社认购专项中央银行票据以来，目前财政资金支持农村信用社改革工作在除西藏(包括新疆、海南等)外的全国范围内各省市地区实现了基本全面覆盖。2004 年 1 月，中国人民银行将农村信用社的贷款利率浮动范围从原有基准利率的 1.5 倍扩大调整为 2.0 倍。2004 年 10 月，又再次加大政策的扶持力度，在此基础上将浮动范围再次予以扩大，调整为原基准利率的 2.3 倍。2004 年开始，农发行除通过发行政策性金融债券募集资金外，增加了中国人民银行的再贷款、同业拆借、企业存款等渠道来开展市场化融资。这一金融改革政策为农发行增加业务增长点，保障政策性金融机构可持续发展，提供了新的发展机遇。

2)第二阶段(2005 年年初至 2007 年年底)：助推传统正规农村金融机构改革和有条件地引导新型农村金融机构发展阶段

这一阶段的金融政策超越了扶持农村信用社改革这一举措，要求在助推农业银行、中国邮政储蓄银行等原有正规农村金融机构组织制度改革的基础上，力图探索建立健全适应"三农"发展特点、多层次、广覆盖的农村金融体系。根据 2005 年 7 月国务院出台的《邮政体制改革方案》和 2006 年中央一号文件《中共中央　国务院关于推进社会主义新农村建设的若干意见》的要求，要加快推进农村金融改革，对原有邮政体制进行改革，扩大邮政储蓄资金的自主运用范围，积极引导邮政储蓄资金向农村返还回流。

国家出台相关政策，继续深化农村信用社改革，加大对其的支持力度，在全国各省市的更大地区范围内启动实现农村信用社改革试点专项票据兑付工作。2006 年 4 月，中国人民银行会同中国银行业监督管理委员会(简称银监会)联合印发《农村信用社改革试点专项中央银行票据兑付考核指引》(银发〔2006〕130 号)，进一步明确兑付考核标准和程序，支持符合条件的农村信用社及时兑付专项票据资金。2007 年 1 月，中国人民银行与银监会联合发布《关于认真落实专项中央银行票据资金支持政策，切实转换农村信用社经营机制的指导意见》(银发

〔2007〕11号），提出"进一步切实发挥农村信用社改革试点资金支持政策的正向激励作用，推动农村信用社不断深化改革，转换经营机制，促进其稳定健康发展的政策措施"等要求，推进农村信用社的稳步经营和健康发展。

2006年中央一号文件《中共中央　国务院关于推进社会主义新农村建设的若干意见》对于新型农村金融机构的培育发展给予了宽松的政策条件，提出在保证保证资本金充足、严格金融监管和建立合理有效的退出机制的前提条件下，鼓励在县域内设立多种所有制的社区金融机构，并且允许私有资本、外资等资本所有制形式参股。2007年中央一号文件《中共中央　国务院关于积极发展现代农业扎实推进社会主义新农村建设的若干意见》鼓励在贫困地区先行开展发育农村多种所有制金融组织的试点工作。

3）第三阶段（2008年至今）：创新金融产品、金融组织和金融服务方式以形成农村多元金融格局阶段

该阶段的金融政策从改革金融机构转变为创新金融主体、创新金融产品和金融服务。

首先是以扶持小额贷款等新型金融机构发展为标志的农村金融组织主体创新。在2008年的中央一号文件《中共中央　国务院关于切实加强农业基础建设进一步促进农业发展农民增收的若干意见》中，国家明确提出鼓励小额贷款组织创新金融服务方式，进一步确立了小额贷款组织在农村金融市场中的地位，小额贷款组织获得迅猛发展。根据2008年中央一号文件精神，2008年4月中国人民银行和银监会联合发布《中国人民银行　中国银行业监督管理委员会关于村镇银行、贷款公司、农村资金互助社、小额贷款公司有关政策的通知》（银发〔2008〕137号），积极鼓励、引导督促这四类机构以面向农村、服务"三农"为目的，扎实依法开展业务经营。

其次是针对农村金融市场发展的内部需求，推进农村金融产品和服务方式创新。2008年10月，中国人民银行、银监会联合出台了《中国人民银行　中国银行业监督管理委员会关于加快推进农村金融产品和服务方式创新的意见》（银发〔2008〕295号），选取中部六省和东北三省部分有基础的县、市，开展加快推进农村金融产品和服务方式创新试点。

最后，根据农业发展现实需求，加大国家对农业水利设施建设、农田备耕、防灾抗灾领域金融服务的供给。自2008年年初，国家逐步加大对农业水利设施建设、农田备耕、防灾抗灾领域金融服务的供给力度，相继出台一系列支农信贷扶持政策以帮助农村地区抵御自然灾害和保障农业可持续发展，主要通过引导相关金融机构加大对抗灾救灾和保障农业生产必要的信贷支持力度、专项安排支农再贷款等方式，对灾区、农耕区予以支援。

2. 农业保险的改革进程和政策演变脉络

自 2002 年十六大会议召开以来，我国农业保险政策一直长期处于政策性农业保险改革试点期。从 2005 年到 2014 年，国家连续 10 年发布中央一号文件，进一步明确了推动政策性农业保险试点稳步发展的精神和方针。国家启动中央财政补贴农业保险发展，积极探索适合我国农村地区发展特点的政策性农业保险模式，出台了大量的推进政策性农业保险改革的扶持政策。

1)第一阶段(2003～2006 年)：新一轮农业保险创新试点阶段

自 1982 年恢复农业保险业务以来，我国农业保险基本长期处于缓慢发展阶段。农业保险的日益萎缩引起了党和政府的高度关注，因此其决定探索建立政策性农业保险制度。2002 年 12 月，全国人大重新修订《中华人民共和国农业法》(简称《农业法》)，该法第 46 条提出，"国家逐步建立和完善政策性农业保险制度"。在此之后，2003 年 1 月党的十六届三中全会召开，通过的《中共中央关于完善社会主义市场经济体制若干问题的规定》明确提出，"探索建立政策性农业保险制度"，这标志着我国新一轮农业保险创新试验的正式开启。

2)第二阶段(2007 年至今)：政策性农业保险发展新阶段

在此阶段，中央财政正式介入政策性农业保险试点工作，农业保险呈现出中央财政与地方财政共同支持的崭新局面，成为农业保险发展历史上新的里程碑。

首先，在补贴政策方面，加大农业保险补贴力度，直接由中央财政补贴农业保险。2007 年，中央财政将"农业保险补贴"列入财政预算，中央财政补贴预算资金呈逐年增多趋势。其次，扩大政策性农业保险范围。2008 年中央一号文件提出，要进一步将政策性保险范围从主要粮食作物领域扩大到生猪、奶牛养殖和森林等方面。2009～2012 年中央一号文件要求扩大政策性农业保险试点范围、增加险种；加大对中西部地区保费补贴力度，加快建立农业再保险体系和财政支持的巨灾风险分散机制；鼓励在农村发展互助合作保险和商业保险业务。2013 年的中央一号文件《中共中央　国务院关于加快发展现代农业进一步增强农村发展活力的若干意见》，提出了完善农业保险保费补贴的相关政策，开展农作物制种、渔业、农机、农房保险和重点国有林区森林保险保费补贴试点；创新适合合作社生产经营特点的保险产品和服务；健全新农保政策体系等。

3. 农村金融和农业保险的立法实践

2002 年 12 月 28 日，全国人大常委会对《农业法》进行了重新修订，并决定于次年 3 月 1 日正式实施。修订后的《农业法》第 45 条明确规定了新时期农村金融的发展方向和发展原则，为农村金融体系的重构与完善奠定了法律基础。为适应新时期农村金融发展的需要，此后相关法律法规也相继纷纷出台或进行重新修订。

第一，关于农村金融组织的立法实践。一是确认了各农村金融机构的法律地位。从十六大以来,通过长期政策立法实践形成的相关法律法规,对农村商业金融机构、农村合作金融机构两类农村金融主体在农村金融组织体系中的法律地位予以确认。二是调整放宽农村地区合作金融组织准入限制。2006~2007年,银监会先后发布一系列指导意见,调整放宽农村地区银行业金融机构准入限制,鼓励和规范民间金融发展,引导在农村地区建立新型农村金融机构。

第二,关于农村金融服务的立法实践。我国陆续推出一系列针对农村金融服务的规范性文件,通过立法保障提升农村金融服务的有效性。一是完善我国农村金融担保机制。农村经营主体申请贷款服务,途径主要有两条:向金融机构提供其认可的担保抵押物;根据在金融机构贷款的信用登记申请信用担保贷款。《物权法》第183条和第201条对乡镇、村企业建设用地使用权的抵押进行了严格限制,禁止乡镇、村企业以建设用地使用权单独抵押①。此外,还在立法层面明确对实现抵押权后的土地的性质和用途进行限制②。二是通过立法规范引导农业保险发展。2007年由中国保险监督管理委员会(简称中国保监会)牵头,联合国务院法制办、财政部、农业部等单位共同起草《政策性农业保险条例(草案)》,该条例以农业补贴为标志,开创了我国政策性农业保险制度的先河。

第三,关于农村金融监管的立法实践。2003年12月,先后通过《中华人民共和国银行业监督管理法》(简称《银行业监督管理法》)《中华人民共和国商业银行法修正案(草案)》,成为我国商业银行改革和银行业监管立法的重要里程碑式事件。从法律层面明确银监会对银行业的监督管理职能,其制定商业银行改革目标和步骤。尽管我国目前对金融业实行分业监管,但未来的金融监管应实现由分业监管和机构监管向功能性监管转变。

4. 农村金融和农业保险改革与发展标志性事件

第一,十六大以来出台的农村金融和农业保险的重要政策措施。

自十六大以来,国家和地方纷纷出台一系列的政策,包括关于农村金融组织改革、农村金融服务与金融产品创新、农村金融市场规范以及强化农村金融和保险监管等。

首先是农村金融组织改革。一方面,自2003年开始,从中央到地方各省市着力改革传统农村金融组织,包括农村信用合作社、传统商业银行以及政策性银行改革等(表11-1和表11-2)。另一方面,自2006年开始,积极扶持、培育新型

---

① 《物权法》第183条规定:"乡镇、村企业的建设用地使用权不得单独抵押。以乡镇、村企业的厂房等建筑物抵押的,其占用范围内的建设用地使用权一并抵押。"

② 《物权法》第201条规定:"依照本法第一百八十条第一款第三项规定的土地承包经营权抵押的,或者依照本法第一百八十三条规定以乡镇、村企业的厂房等建筑物占用范围内的建设用地使用权一并抵押的,实现抵押权后,未经法定程序,不得改变土地所有权的性质和土地用途。"

农村金融机构，规范民间资本发展。

表 11-1　国家关于农村金融组织改革的相关政策文件

年份	政策性文件	相关内容
2002	中共中央、国务院关于进一步加强金融监管，深化金融企业改革，促进金融业健康发展的若干意见	统一部署农村信用社改革试点
2003	国务院关于印发深化农村信用社改革试点方案的通知；农村商业银行管理暂行规定；农村合作银行管理暂行规定	深化农村信用社改革，完善法人治理结构
2005	中共中央国务院关于进一步加强农村工作提高农业综合生产能力若干政策的意见	鼓励、引导和支持村镇银行、贷款公司、农村资金互助合作社等新型农村金融机构的发展
2006	中国银行业监督管理委员会关于调整放宽农村地区银行业金融机构准入政策 更好支持社会主义新农村建设的若干意见；金融业发展和改革"十二五"规划	推进农业银行和政策性银行改革
2007	农村资金互助社管理暂行规定	确定了农村资金互助合作社性质为社区互助性银行业金融机构，确定在六省开展试点
2009	小额贷款公司改制设立村镇银行暂行规定	明确了小额贷款公司改制成为村镇银行的准入条件、改制工作程序和监督管理要求
2009	新型农村金融机构 2009 年—2011 年总体工作安排	对未来三年新型农村金融机构的培育计划进行了具体安排

资料来源：中国人民银行和银监会网站

表 11-2　部分地方关于农村金融组织改革的相关政策文件

年份	部分地方性政策文件	相关内容
2004	《浙江省深化农村信用社改革试点实施方案》	正式成立浙江省农村信用社联合社，履行对浙江农村信用社系统的管理、指导、协调和服务
2009	湖北省人民政府办公厅关于支持村镇银行发展的通知(全国第一份明确给予村镇银行税费优惠的省政府正式文件)	出台多项财政、税收等优惠政策，保障村镇银行的经营发展、优化金融环境
2012	浙江省温州市金融综合改革试验区实验总体方案	鼓励民间资本融入正规地方金融组织，设立或者参股村镇银行、贷款公司、农村资金互助合作社等新型金融组织

资料来源：中国人民银行和银监会网站以及各省人民政府网站

其次是农村金融服务与金融产品创新。自 2008 年开始，从中央到地方各省市着力加快推进农村金融产品和服务方式创新，在各县市进行金融产品、服务方式创新的试点(表 11-3 和表 11-4)。为推进农村金融服务与金融产品的创新改革，国家统一部署农村金融服务与金融产品创新改革试点，选取中部六省和东北三省部分有基础的县市进行试点工作，并在更大范围内进行覆盖。

表 11-3　国家关于农村金融服务与金融产品创新的相关政策文件

年份	政策性文件	相关内容
2008	中国人民银行 中国银行行业监督管理委员会关于加快推进农村金融产品和服务方式创新的意见	选取中部六省和东北三省部分有基础的县市进行金融产品、服务方式创新的试点
2010	中国人民银行 中国银行业监督管理委员会 中国证券监督管理委员会 中国保险监督管理委员会关于全面推进农村金融产品和服务方式创新的指导意见	指导农村金融产品和服务方式创新
2014	中国人民银行关于做好家庭农场等新型农业经营主体金融服务的指导意见	通过信贷支持、抵押担保等优惠政策支持引导专业大户、家庭农场以及农民专业合作社等新型农业经营主体创业，解决资金难题

资料来源：中国人民银行和银监会网站

表 11-4　部分地方关于农村金融服务与金融产品创新的相关政策文件

年份	部分地方性政策文件	相关内容
2013	福建省人民政府关于进一步加强农村金融服务十条措施的通知	缓解农村融资难、担保难问题，提升"三农"金融服务和保障水平
2013	甘肃省人民政府办公厅关于印发 2013 年农村金融创新发展主要目标任务分解表的通知	细化任务分工，抓紧组织实施

资料来源：中国人民银行和银监会网站以及各省人民政府网站

再次是农村金融市场规范。从中央到地方各省市着力推进传统以及新型农村金融组织的市场管理工作，出台大量文件，规范农村金融市场。重点是规范小额贷款公司的监督管理与风险防范工作，推动小额贷款公司经营业务的发展（表 11-5 和表 11-6）。

表 11-5　国家关于农村金融市场规范的相关政策文件

年份	政策文件	相关内容
2006	国务院关于保险业改革发展的若干意见	鼓励发展"三农"保险
2007	中共中央 国务院关于积极发展现代农业扎实推进社会主义新农村建设的若干意见	农业保险纯保费补贴首次纳入中央财政预算
2011	中国人民银行办公厅关于小额贷款公司接入人民银行征信系统及相关管理工作的通知	加快符合条件的小额贷款公司进入征信系统，推进贷款业务发展
2012	关于开展小额贷款公司涉农贷款增量奖励试点的通知	从 2012 年起，天津、辽宁、山东、贵州等 4 省(市)开展小额贷款公司涉农贷款增量奖励试点

资料来源：中国人民银行和银监会网站

表 11-6　部分地方关于农村金融市场规范的相关政策文件

年份	部分地方性政策文件	相关内容
2008	湖北省小额贷款公司试点暂行管理办法	小额贷款公司监督管理和风险处置
2011	安徽省《保险业支持皖江城市带承接产业转移示范区建设的指导意见》	推进保险创新，着力扩大保险服务领域，分散化解重点产业承接中的风险

资料来源：中国人民银行和银监会网站以及各省人民政府网站

　　最后是农村金融行业监管。自 2003 年开始新一轮农村信用社深化改革以来，从中央到地方各省市着力部署银行业监督工作，包括强化农村传统金融组织和新型金融机构以及各融资担保公司的监督管理等（表 11-7 和表 11-8）。

表 11-7　国家关于农村金融行业监管的相关政策文件

年份	政策文件	相关内容
2003	关于明确对农村信用社监督管理职责分工的指导意见；农村信用社省（自治区、直辖市）联合社管理暂行规定	农村信用社由省人民政府管理
2003	银行业监督管理法；中华人民共和国中国人民银行法修正案（草案）；中华人民共和国商业银行法修正案（草案）	重新确立银行业监督管理职能
2003	中共中央、国务院关于促进农民增加收入若干政策的意见	鼓励政府出资的各类信用担保机构积极拓展符合农村特点的担保业务
2009	融资性担保公司管理暂行办法	对融资性担保公司设立、变更和终止，业务范围，经营规则和风险控制，监督管理，法律责任方面做了明确规定

资料来源：中国人民银行和银监会网站

表 11-8　部分地方关于农村金融行业监管的相关政策文件

年份	部分地方政策文件	相关内容
2012	广东省小额贷款公司风险补偿专项资金使用管理办法（试行）	规范小额贷款公司风险补偿专项资金的使用管理，提高财政资金使用效益
2012	浙江省小额贷款公司融资监管暂行办法	新规定了对于小额贷款公司融资方式，包括本市范围内的同业资金调剂拆借和以回购方式开展资产转让业务等，并要求向工商部门如实申报融资信息
2013 年	安徽省融资性担保机构信用评级工作暂行办法	规范我省融资性担保机构信用评级，推动信用评级结果应用

资料来源：中国人民银行和银监会网站以及各省人民政府网站

　　第二，十六大以来我国农村金融和农业保险改革发展演变的标志性事件。

　　自 2002 年 11 月党的十六大召开至今，我国农村金融政策大致经历了农村信用社改革试点、助推传统农村金融机构改革和有条件地引导新型农村金融机构发展以及创新金融产品、金融组织和金融服务方式，以形成农村多元金融格局三个阶段的历史演变。以 2003 年《国务院关于印发深化农村信用社改革试点方案的通知》的颁布为标志，国家开启了农村信用社改革试点的新时期。2004 年的《关于明确对农村信用社监督管理职责分工的指导意见》确立正向激励机制，解决不良贷款问题，在中央财政资金的支持下，以发行专项票据和专项再贷款的形式承兑农村信用社不良贷款。2004 年国务院第 57 次常务会议和 2005 年中央一号文件《中共中央　国务院关于进一步加强农村工作提高农业综合生产能力若干政策的意见》，调整农发行业务范围，改革农发行管理体制。2005 年《邮政体制改革方案》和 2006 年中央一号文件《中共中央　国务院关于推进社会主义新农村建设的若干意见》，实现中国邮政储蓄银行金融业务的规范化经营和管理。2005 年"十一五"规划纲要《中共中央关于制定国民经济和社会发展第十一个五年规划的建议》提出，规范发展适合农村特点的金融组织，探索和发展农业保险。

2006 年中央一号文件《中共中央　国务院关于推进社会主义新农村建设的若干意见》，开放农村金融市场，鼓励培育新型农村金融机构。2007 年中央一号文件《中共中央　国务院关于积极发展现代农业扎实推进社会主义新农村建设的若干意见》，培育农村多种所有制金融组织试点。2008 年中央一号文件《中共中央　国务院关于切实加强农业基础建设进一步促进农业发展农民增收的若干意见》、2008 年《中国人民银行　中国银行业监督管理委员会关于村镇银行、贷款公司、农村资金互助社、小额贷款公司有关政策的通知》，提出规范村镇银行、小额贷款公司等四类机构的经营行为。2008 年《中国人民银行　中国银行业监督管理委员会关于加快推进农村金融产品和服务方式创新的意见》，提出启动金融产品、服务方式创新的试点工作。2009 年银监会《小额贷款公司改制设立村镇银行暂行规定》，明确了民间资本转化为合法金融资本的途径。2010 年《中国人民银行　中国银行业监督管理委员会　中国证券监督管理委员会　中国保险监督管理委员会关于全面推进农村金融产品和服务方式创新的指导意见》、2014 年中央一号文件《中国人民银行关于做好家庭农场等新型农业经营主体金融服务的指导意见》提出，指导新型农业经营主体进行金融服务创新。

自 2002 年十六大会议召开以来，我国农业保险政策一直长期处于政策性农业保险改革试点期。在此阶段，国家启动中央财政补贴农业保险发展，积极探索适合我国农村地区发展特点的政策性农业保险模式，出台了大量推进政策性农业保险改革的扶持政策。自 2002 年全国人大重新修改《农业法》首次探索建立政策性农业保险制度以来，我国逐步推进新一轮农业保险改革试验工作，不断完善农业保险体系（表 11-9）。

表 11-9　农业保险改革发展演变的标志性事件

编号	政策文件(或会议)	政策标志	内容要点
1	2002 年全国人大修改《中华人民共和国农业法》	首次提出探索建立政策性农业保险制度	国家要逐步建立和完善政策性农业保险制度
2	2003 年党的十六届三中全会《中共中央关于完善社会主义市场经济体制若干问题的决定》、2003 年保监会《建立农业保险制度的初步方案》、2006 年《国务院关于保险业改革发展的若干意见》	正式启动农业保险新一轮实验	整合多方资源，开始探索农业保险商业化运作模式的试点工作；政府对政策性农业保险试验进行"三个补贴"，即保险费补贴、管理费补贴和再保险费补贴
3	2007 年《中央财政农业保险保费补贴试点管理办法》	中央财政正式介入补贴农业保险，思路从"事后补"转变为"事前补"	扩大试点区域和保险范围；扩大中央财政补贴范围；提高保费补贴比例；扩大农业保险的覆盖面

资料来源：中国人民银行和银监会网站

11.2.2　农村金融改革和农业保险政策演变的基本特点

从对农村金融政策发展过程的简单回顾来看，金融政策改革正逐步走向新型农村金融体系发展阶段。

(1)从"政府主导"到"农村金融市场内生"的诱致性制度变迁。我国金融政策伴随深化市场经济体制改革而进行，紧跟"以工补农"的改革步伐，逐渐从金融抑制走向市场开放，摆脱原有行政化体制限制和形式主义色彩，注重与市场接轨，更加重视顺应市场发展需求的自下而上的政策创新，从而"诱发性"地指导自下而上完成从政策制定到施行的一系列行为。

(2)"存量金融增长"与"金融机构增量培育"并重。这一时期的农村金融改革顶层设计，是指在政府差异性政策诱导下进行农村金融市场主体理性选择，从而引发中国农村金融再次深化改革。从"存量金融增长"到"金融机构增量培育"的思路转变，使我国农村金融和农业保险改革政策不再局限于对现存农村金融体系的小修小补，而是从农村金融体系的整体着眼，以建立健全一个更完善、更具效率的真正为"三农"服务的农村金融体系为方向，从整体上推进农村金融体系的全面改革。

(3)从重视"金融机构观"逐渐转变为强化"金融功能观"。2003～2007 年，我国农村金融政策推动下的新一轮农村金融体制改革是基于"金融机构观"的。2008 年 10 月开始，创新发展农村金融产品和金融服务试点工作正式启动，农村金融政策观念开始向重视金融功能这一方向调整。

(4)渐进性和激进性相融合。渐进性和激进性相融合，主要表现为在引导制度变迁的路径上体现稳步渐进性，而在实施具体措施层面准确把握时机，凸显决策的果断性：一是改革目标并非从改革伊始就十分明确，而是一条"渐进式"的改革道路，从布点到全面，从局部到整体，从试点到推广，及时总结改革经验以调整决策方向，在探索中不断明确改革目标。二是在改革遇到瓶颈时，需要积极转变思路，采用激进式改革措施冲破阻碍。在农村信用社改革不能很好完成预期目标时，中国人民银行和银监会迅速转变改革方向，短期内通过一系列政策开放金融市场，进行村镇银行、小额贷款公司和农村资金互助社等新型金融机构试点工作，通过"增量"改革助推"存量"改革进程。

（5）农村金融弱质性、金融组织功能差异性与区域发展相适应。金融政策的制定和施行，要充分考虑农村金融本身的弱质性，并且对政策性金融和商业性金融予以规范，强化其各自的功能，协调理顺二者的关系。针对中东西部的农村经济发展情况，实行"差异化"对待政策，充分发挥其在农村金融市场的积极作用。

11.2.3　农村金融改革和农业保险政策演变的基本经验

十六大以来，我国农村金融和农业保险政策改革，在厘清农村金融改革发展思路、实际推动繁荣农村经济的具体实践工作中取得了较大进展，具体可以总结归纳为以下六大基本经验。

（1）实现农村金融"存量"与"增量"互补互促机制的动态平衡是农村金融机构改革的重心。农村信用社、农发行、中国邮政储蓄银行、中国农业银行的机构改革是"金融存量"改革，村镇银行等新型农村金融机构创新试点等措施是"金融增量"改革。农村金融改革必须把握金融"存量"与"增量"的平衡，正确处理好"存量"与"增量"之间的关系。现阶段扶持金融"增量"是继续推进农村金融改革政策的关键。打破原有金融"存量"的束缚，从获取"增量"上寻求突破，是现阶段农村金融改革的重要抓手。

（2）农村金融和农业保险改革要匡正政府与市场之间良性互动的政策设计理念。适当弱化政府经济调控的行政色彩，实现各市场主体之间利益的有机协调，逐步以市场为导向，适度放开农村金融市场，尊重并调动民间组织力量参与改革的积极性。

（3）以构建正规金融组织与非正规金融组织协调发展的耦合机制作为农村金融和农业保险改革的重点。农村市场中自发形成的非正规金融组织，实际上代表了金融市场化发展的方向。在充分发挥正规金融组织的作用的同时，承认、引导和支持符合国家法律规范的农村非正规金融组织，使其成为农村金融体系中的重要组成部分，是顺应金融市场化发展趋势的。

（4）以农村生产经营者为主体、将金融产品和服务方式创新作为农村金融和农业保险改革政策提升的驱动机制。在农村经济迅猛发展的新时期，农村金融产品和服务方式呈现出新的需求特点。现阶段农村金融改革的重点之一，就是结合农村金融的内在需求，加快和推进农村金融产品和服务方式的创新，以新的理念和思路破解农村发展难题。农村金融机构应根据农村金融市场的实际情况和农业产业化、规模化经营的需求，着重开发一些满足农村经营主体信贷需求、适合农业生产和农村经济发展的金融产品。

（5）推广以农业投资风险补偿和金融担保机制为重点的农村金融生态系统建设政策。做好农村金融生态系统建设是保障农村金融可持续发展动态平衡的重要保障。农村金融生态系统建设与周边信息、环境要素变化息息相关。因此，改善农村金融投融资生态环境，巩固以农业投资风险补偿和金融担保机制为重点的农村金融生态系统建设尤为重要。

（6）以农村金融和农业保险可持续发展为长效保障机制，从整体上破除农村金融和农业保险体制机制的弊端。历年来，中央一号文件从农村改革的大局出发，针对不同时期农村经济发展的现实需求，对新时期农村金融和保险发展的新的历史任务做出统一部署。农村金融和保险是由宏观、中观、微观层次的金融和保险监管系统等若干层次的各个要素构成的有机整体。

■ 11.3　农村金融和农业保险政策落实情况分析

本节在对十六大以来我国农村金融和农业保险政策的改革进展和演变脉络进行梳理的基础上，根据研究需要设计调查问卷，进行了两轮正式实地调研。首先对十六大以来我国农村金融和农业保险政策的落实情况进行了解和分析，其次对农村金融和农业保险政策执行结果的农民满意度进行评价，最后深入剖析十六大以来我国农村金融和农业保险政策落实中存在的主要问题及其原因。

11.3.1　调查方案

根据项目的研究目标，针对农户、合作组织、农村金融机构、监管部门等不同调研对象，设计不同的调查问卷进行预调研。根据预调研的情况，对调查问卷进行改进，形成正式的调查问卷。根据研究计划进行了两轮正式调研。

自 2013 年 7 月 1 日起至 7 月 8 日进行预调研，共发放问卷 123 份。课题组成员分小组先后赴武汉市黄陂区、蔡甸区、东西湖区、新洲区、江夏区等周边地区，深入农户、村民委员会、保险公司、乡镇各金融机构网点开展为期一周的预调研工作，重点调研走访涉及武汉周边五个区的财政局、科学技术局、中国人民银行、银监会等相关监管部门、14 个行政村的村民委员会和 60 多家农户，以及包括中国人民银行区支行、中国农业银行、地方性商业银行、农村商业银行、中国邮政储蓄银行各乡镇网点、中国人民保险公司在内的八大金融和保险机构。目前，中国银行、中国建设银行、中国工商银行、中国农业银行四大商业银行及其他商业银行、政策性银行以及村镇银行、农村资金互助合作社、贷款公司等新型金融机构等不同形式的金融服务组织及其营业网点已陆续基本覆盖武汉市周边的广大农村地区。课题组成员在武汉市黄陂区、江夏区等下辖的多个乡镇进行的调查结果显示,基本上所有的农户都认为在住处附近有农村合作金融机构、中国邮政储蓄银行、大型商业银行等可以提供借贷服务,90%以上的农户认为本地区的金融机构的服务网点较多,且能够较为方便地在本地区金融服务网点取款。武汉市周边地区各大农村金融机构服务网点所提供的存款和汇兑结算等中间业务已基本覆盖所有的行政村。

2013年7月9日至8月底进行第一轮正式调研,共发放问卷623份。主要针对"农户应对农业风险时的应对态度和方式"与"农村金融和农业保险政策落实、执行机制的满意度"和"新型农村金融机构的发育情况"三个议题展开。课题组全体成员分别赴湖北随州、孝感、荆门、赤壁,湖南岳阳、吉首、常德,以及浙江温州、台州等地,进行了为期近一个月的深入调研,重点和当地农业龙头企业、村民委员会成员、种植大户、农业专业合作社负责人、银行金融机构和贷款公司负责人以及政府农业主管单位的负责人开展座谈并交流意见。在湖北省随州市,课题组成员全面调研了包括曾都区、随县、广水市在内的随州市广大农村地区,考察调研包含三友食品有限公司、金银丰食品有限公司、大自然农业实业有限公司在内的三大当地重点农业龙头企业,走访了曾都区万店镇、随县环潭镇和唐镇、广水市长岭镇,与当地的曾都区万店镇黄家畈村农机合作社、随县环潭镇柏树湾种养殖专业合作社、随县唐镇马铃薯种植专业合作社、唐镇水产养殖合作社、广水市宏华专业合作社、广水市丰宝农机专业合作社、广水市长岭镇李畈村蔬菜专业合作社七家有典型代表性的合作社负责人进行了交流,以了解当前形势下广大农村地区发展的困难及金融需求,并积极探索寻求合理的解决途径。除了集中调研之外,课题组还利用休假时间进行了调研,对广西南宁市、百色市、桂林市、宾阳县,广东广州市、深圳市、佛山市,山东滨州市,甘肃白银市、河北衡水市、内蒙古包头市等地进行了调研活动。调查显示,在农村地区,绝大多数农户的金融需求集中在存贷款以及保险等业务方面,农村合作组织以及涉农企业的金融需求主要表现为存款、借贷和结算,其中以借贷为主。资金紧缺被认为是目前制约合作组织以及涉农企业发展的最重要的因素。但同时,农户、农业合作组织成员以及龙头企业均表示存在不同程度的贷款难问题。此外,金融和保险机构面向广大农村地区开展借贷业务风险度较高,其进一步开拓发展农村金融市场面临较大挑战。

2013年9月7日至10月中旬进行了第二轮正式调研,共发放问卷431份。针对"农户应对农业风险时的应对态度和方式"与"农村金融和农业保险政策落实、执行机制的满意度"和"新型农村金融机构发育情况"三个议题进行补充调查。调查在湖北省、湖南省、四川省、重庆市四个区域内进行，课题组走访了湖北省的随州市区、广水市、安陆市，孝感市孝南区、云梦县、孝昌县、汉川市、应城市，恩施土家族苗族自治州恩施市、利川市、建始县，黄冈市嘉鱼县、红安县、襄阳市樊城区，湖南省的长沙市、岳阳市、湘西土家族苗族自治州、湘潭市、郴州市、怀化市等地区，并对四川省仪陇惠民村镇银行、惠民贷款有限责任公司和成都市邛崃国民村镇银行、重庆市大足汇丰村镇银行、荣昌汇丰村镇银行、开县泰业村镇银行以及黔江区城东诚信农村资金互助社、江津区白沙镇明星农村资金互助社与北碚花旗贷款有限公司等几个新型农村金融机构进行了重点调研。通过采取分类调查问卷方式和访谈方式收集调查数据，课题组分别对金融机构、农户、涉农企业进行调研，走访了 600 多名管理人员、金融机构从业人员、当地农户及相关研究学者，收集当地农村信息、农户自身财富来源及其禀赋状况，当地农民对于金融机构供给、服务的期望以及对金融机构从业人员改进工作质量的满意度等资料，为本节提供了基本的依据和数据基础。

11.3.2　农村金融和农业保险政策执行情况

近年来，党中央、国务院高度重视农村金融和农业保险的发展，2004～2014年连续 11 个中央一号文件都对农村金融和农业保险进行了战略部署。以政府支农惠农政策的重要举措为支撑，农村金融和农业保险近几年获得了快速发展。

1. 农村金融政策执行情况

针对农村金融政策的执行情况，分别从农村金融供给主体、农村金融需求主体等方面分析。近年来农村金融供给不断增加，但仍不能满足农村的金融需求。

第一，农村金融供给情况分析。这一部分主要从农村金融的供给主体及农村金融机构工作人员执行支农政策的态度等方面，对农村金融政策的落实情况进行分析。

首先，农村信用社和农村商业银行相关政策的落实情况分析。农村信用社自1951 年成立以来，一方面坚持服务"三农"的市场定位，持续加强和改进农村金融服务；另一方面不断探索完善管理体制、历经农行管理、行社脱钩、人行代管、交由省级人民政府管理等重大体制变迁。

2012 年，农村中小金融机构稳步推进产权制度改革，全年农村信用社和农村合作银行改制组建农村商业银行 125 家。其坚持服务"三农"的市场定位，不断优化信贷管理，拓展服务网络，提升创新能力，支农服务能力显著增强。流程银行建设和新资本协议试点工作有序推进，转型发展基础进一步夯实。如图 11-1和图 11-2 所示，随着农村中小金融机构产权制度改革的推进，我国农村信用社的数量从 2006 年的 19 348 家减少至 2012 年的 1 927 家，减少近 10 倍；我国农村商业银行的数量从 2006 年的 13 家增加至 2012 年的 337 家，增长近 25 倍。

其次，中国邮政储蓄银行相关政策的落实情况分析。2012 年是中国邮政储

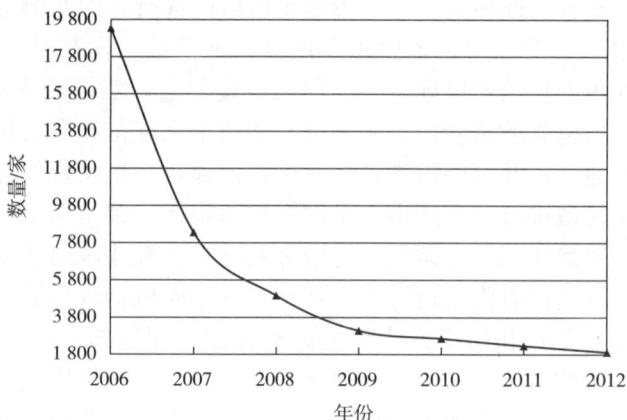

图 11-1 2006～2012 年我国农村信用社的数量

资料来源:《中国银行业监督管理委员会年报》(2006～2012 年)

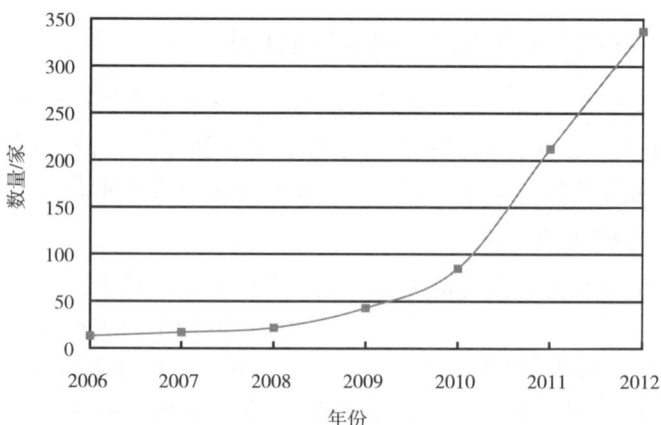

图 11-2 2006～2012 年我国农村商业银行的数量

资料来源:《中国银行业监督管理委员会年报》(2006～2012 年)

蓄银行完成股份制改造的第一年。其坚持服务"三农"、服务社区、服务中小企业的市场定位,持续深化"以客户为中心"的经营理念,不断拓展覆盖城乡的服务网络,加大金融创新能力,进一步提高零售金融服务水平,不断提升基层的操作合规性和经营管理能力。

最后,新型农村金融机构相关政策的落实情况分析。为了提高农村地区金融机构覆盖率、增加金融供给和引入竞争机制,政府积极引导和支持境内外产业资本、民间资本和金融资本到农村地区新设、投资、收购村镇银行、贷款公司和农村资金互助社三类新型农村金融机构。随后,《村镇银行管理暂行规定》《贷款公司管理暂行规定》《农村资金互助社管理暂行规定》三个管理办法的相继制定出台,为三类新型农村金融机构的规范发展打下了良好的基础。当前农村金融问题的许多方面依然处于试点和摸索阶段，农村金融体制的改革取得的阶段性成果仍需时间的检验。

自 2007 年 3 月我国第一家村镇银行——四川仪陇惠民村镇银行成立以来，我国村镇银行的发育历经了八年的风风雨雨。如图 11-3 所示，我国村镇银行的数量已经从 2007 年的 8 家增加到 2012 年的 800 家，平均每家村镇银行都成立了分支机构。在我国 31 个省级行政区域（不包括港澳台地区）中，村镇银行实现了全覆盖，在农村区域的覆盖面也逐渐扩大。

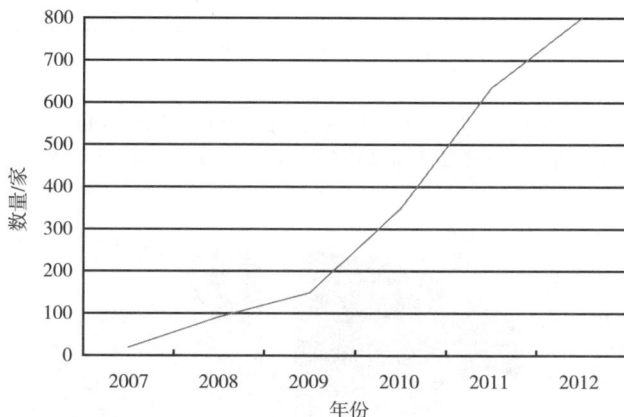

图 11-3　2007～2012 年我国村镇银行的数量

资料来源：《中国银行业监督管理委员会年报》（2007～2012 年）

如图 11-4 所示，农村资金互助社由 2007 年的 8 家增长到 2012 年的 49 家，覆盖了我国 16 个省级行政单位。

从总体规模来看，截至 2013 年 6 月末，全国共成立小额贷款公司 7 086 家，与 2012 年年底的 6 080 家相比，增长了 1 006 家，增长率为 16.5%，我国小额贷款公司呈现出蓬勃发展的势头，在金融服务方面发挥着重要的作用，促进了我国金融体系的完善。

第二，农村金融需求情况分析。

首先，农户对农村金融机构的认知较模糊。农村金融机构的主要服务对象是农户和涉农企业等，在对农户的调查中发现，他们对于不同农村金融机构业务范围的认知不是很清楚。通过对调查问卷进行整理发现，如图 11-5 所示，69% 的农户的借款途径是农村信用社，7% 的农户会找亲戚朋友，9% 的农户的借款途径是中国邮政储蓄银行，15% 的农户通过其他途径借款。

在调查过程中，调查员和农户进行深入交流。谈及借款途径选择的问题时，很多农民表示大家存款一般都会去中国邮政储蓄银行，借款会找农村信用社，因

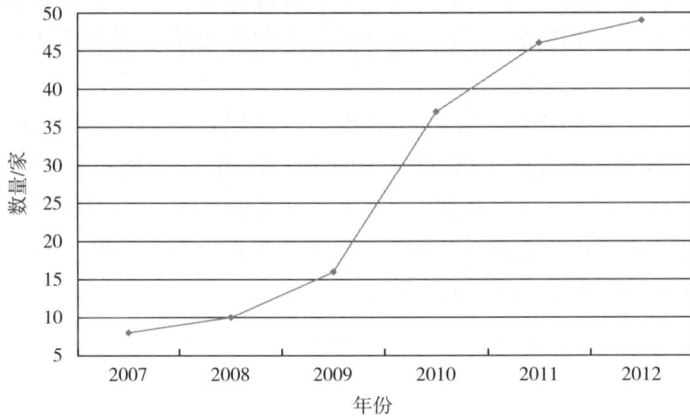

图 11-4　2007～2012 年农村资金互助社的数量

资料来源:《中国银行业监督管理委员会年报》(2007～2012 年)

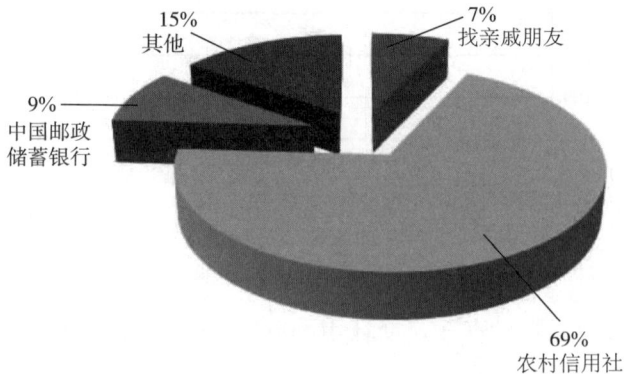

图 11-5　农户的借款途径

为他们认为农村信用社主要是经营贷款业务,而中国邮政储蓄银行主要是经营存款业务,把钱存在中国邮政储蓄银行更有保障。

其次,涉农企业希望的贷款抵押物形式。课题组对涉农企业在发展过程中遇到的资金需求问题进行了详细了解,认为其在发展过程中遇到的资金需求问题主要是无法贷到所需的足额资金、办理抵押贷款时抵押物无法达到要求。涉农企业对抵押贷款的抵押物问题也谈了自己的看法。如图 11-6 所示,27%的涉农企业希望能以存货抵押,24%的涉农企业希望能以客账抵押,14%的涉农企业希望能以证券抵押,29%的涉农企业希望能以设备抵押,6%的涉农企业希望能以其他抵押。

课题组在调研过程中发现,农民贷款时存在现有抵押物不符合农村金融机构要求的情况。对农民贷款时希望的抵押物进行了详细了解。如图 11-7 所示,26%的农民希望以宅基地使用权作为抵押品,52%的农民希望以土地承包经营权

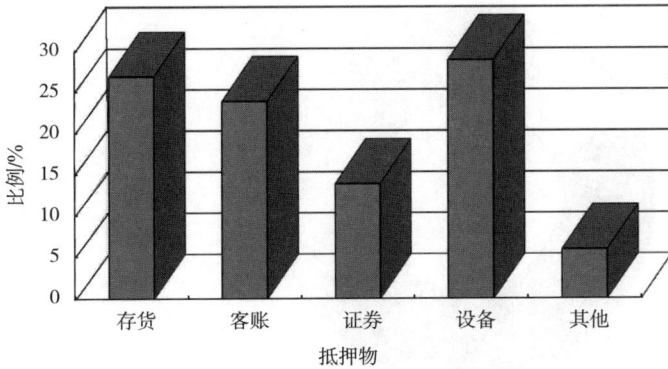

图 11-6　涉农企业希望的贷款抵押物形式

作为抵押物，17％的农民希望以自住房产作为抵押物，5％的农希望以家庭固定资产作为抵押物。

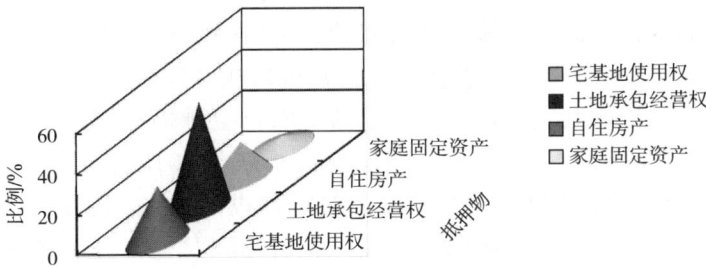

图 11-7　农民希望的贷款抵押物

　　再次，农户的借款用途。为了详细了解农村资金的用途，主要对农户的借款用途进行了调查。调查结果如图 11-8 所示，12％的农户借款用于房屋购买、修建，33％的农户借款用于农业生产，49％的农户借款用于投资，6％的农户借款用于其他。房屋购买、修建，除了自家居住，还有可供出售的门面和住房，借款用于农业生产的大部分是进行规模养殖或规模种植。

　　最后，财政扶持农民专业合作经济组织情况分析。农民专业合作经济组织是农村市场主体的新兴力量，是统筹城乡经济社会发展、建立和谐社会的重要组织载体，作为一种独特经济组织形式在破解我国"三农"难题方面发挥着巨大的作用。农民专业合作经济组织作为农村社区这一特定时空载体下的组织载体，对于农民权益的实现具有重要意义。

　　第三，农村金融政策执行情况分析。

　　首先，涉农信贷投放力度加大，涉农信贷投放针对性提高。银监会引导银行业金融机构将更多信贷资源投向"三农"，以加快改革创新，提升农村金融服务的质量和水平。其次，农村金融服务覆盖面扩大，但还需要进一步进行全覆

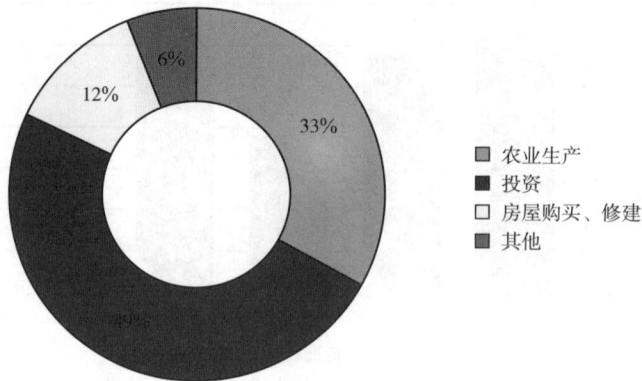

图 11-8　农户的借款用途

盖、广覆盖和深覆盖。截至 2011 年年底，全国金融机构空白乡镇从启动时（2009 年 10 月）的 2 945 个减少到 1 696 个，其中 2011 年减少 616 个；实现乡镇金融机构和乡镇基础金融服务双覆盖的省份（含计划单列市）从 2009 年 10 月的 9 个增加到 24 个。再次，新型农村金融机构快速发展。截至 2012 年年底，全国银行业金融机构共发起设立 786 家新型农村金融机构，其中村镇银行 800 家，贷款公司 14 家，农村资金互助社 49 家；截至 2012 年年底，在已经批准成立的新型农村金融机构中，84％以上的贷款投向了"三农"及农村小微型企业。全国新型农村金融机构吸收各类资本共计 571 亿元，存款余额高达 3 066 亿元，各项贷款余额共计 2 347 亿元，其中小企业贷款余额为 1 121 亿元，农户贷款余额为 860 亿元。最后，农村金融仍处在供不应求的阶段。农村金融需求仍存在很大缺口，融资难仍然是限制种植大户、涉农企业和农民经济合作组织等的发展的重要因素。这就需要引导、规范和支持农村非正规金融发展，切实发挥农村非正规金融在支农方面的重要作用。另外，还可以考虑适当开放农村金融和农业保险市场，合理引导工商资本的进入，提供多渠道的资金来源。

2. 农业保险政策执行情况

十六大以来我国形成了支持农业保险的政策体系，并在各方面取得了巨大成就，但在立法、衔接机制、管理体制、试点范围等方面仍存在诸多问题。

第一，农业保险供给情况分析。我国自 2007 年以来，中央政府决定开始使用公共财政补贴农业保险费，揭开了中国发展政策性农业保险的崭新篇章。此后，中央和各级政府财政支持农业保险的范围不断拓展，到 2013 年纳入中央财政补贴的包括粮棉油糖和森林、生猪、奶牛在内的种植和养殖业保险标的有 19 种之多，补贴的险种有数十种。在 2007～2013 年的 7 年中，保险规模的增长速度达到 67％，远远高于保险业在同期的发展速度。在 2013 年，中国农业保险供给大幅攀升，已经有 24 家财产保险公司获得经营资格，新进场的公司已经开始部署开疆拓土。此外，中国渔业互保协会、农机互保协会等保险组织不断扩大产业空间，使农林牧渔业的保险空前繁荣。2013 年全国农业保险费收入达到 306.6 亿元，其 27.4％的环比增长速度，不仅在产险行业各险别中夺冠，在整个保险行业也名列前茅。

　　第二，农业保险需求情况分析。农民参加农业保险保积极性不高，农业保险需求不能得到满足。在调研过程中发现，一方面由于政策性农业保险贯彻"微利"或者基本弥补经营费用的原则，保费低廉，再加上实践中财政补贴不及时，赔付较多，保险公司涉足意愿不强。另一方面由于承保机构及保险险种较少，保险覆盖面不全，赔偿门槛较高，保险保障水平较低，农民参保积极性不高。如图 11-9 所示，只有 21％的农户愿意购买农业保险，67％的农户不愿意购买农业保险，12％的农户认为无所谓。愿意购买农业保险的原因有保费低、支持国家的政策。不愿意购买农业保险的原因有免责条件太多，即使出现问题，也不能得到保险金。实际上，农民希望投保的很多品种都不在农业保险范围内，因而出现了农业保险供给空缺的现象。

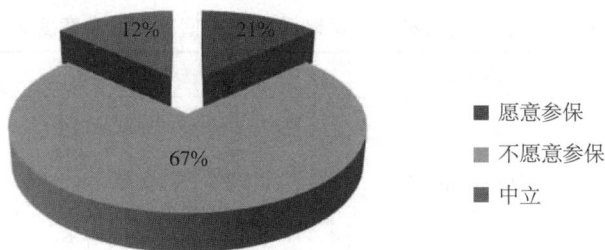

图 11-9　农户参保意愿统计

　　第三，农业保险政策执行情况分析。我国农业保险政策落实中存在的问题主要有：主体权责不明、监管不力、制度缺失；覆盖范围比较有限；保障水平都很低；财政补贴比例低且结构单一，税收优惠力度不足，巨灾风险基金规模小；各方有效衔接机制没有建立，管理体制不完善。此外，由于我国现行的大多数农业保险模式实际上只能对具有一定专业化和规模化水平的专业户、农场、农业龙头企业等提供风险服务，因而一般农户事实上被排除在农业保险对象之外，这与我国现阶段农业保险的政策目标相悖。本小节基于农商合作的"联合体"模式，对于这一问题的解决提供了新的思路。

　　提高农业保险运行效率，当务之急是以主体为突破点，实现保险契约内容，以制度为基础，构建农业保险监管机制，最终促进农业保险的可持续发展。此外，农业保险证券化研究包括农业保险证券化的特殊目的机构（special purpose vehicle，SPV)制度、农业保险证券化风险评估制度以及收益差别制度等，它们是探索发展我国农业保险的新路径。

11.3.3 农村金融和农业保险政策执行满意度评价

本小节运用满意度法对农村金融和农业保险政策执行结果农民满意度进行评价，对评价结果进行深入分析。十六大以来我国农村金融和农业保险政策的农民满意度总体呈现从高到低的趋势，这主要是由于政策公布初期，农民普遍拥有很大期望，在政策执行之初，农民获得了一定的收益，但随着时间的推移，最终的政策执行结果没有达到农民当初预期的效果，满意度下降。

1. 满意度调查指标体系

就我国农村金融和农业保险政策以及农村新型金融机构的发育状况而言，其在落实过程中的直接感受对象为农户，因而可以将农户看做政府落实农村金融和农业保险政策的"顾客"，从而可从顾客满意度这一角度来测度我国农村金融和农业保险政策的成效。根据顾客满意度、农村金融和农业保险等的相关理论，设计基于农民满意度的农村金融和农业保险政策落实成效调查的指标体系(表 11-10)。

表 11-10　农村金融和农业保险政策落实情况农民满意度测评指标

一级指标	二级指标	三级指标	权重
农村金融和农业保险政策的农民满意度	资源的基础配置 (A) 0.18	服务网点数量	0.03
		业务办理排队等候时间	0.01
		业务办理实际时间	0.04
		业务办理环境	0.02
		可供选择的业务种类	0.02
		业务办理、操作的规范性	0.03
		金融与保险基础知识的普及	0.03
	基本的"硬性"服务保障 (B) 0.2	办理一般贷款的难易	0.04
		贷款成本大小	0.03
		贷款成本的稳定性(利率浮动)	0.02
		从申请到拿到贷款金额的时间	0.03
		还款期限	0.03
		可供选择的农业保险种类	0.02
		业务办理的简易程度、便民程度	0.03
	基本的"柔性"服务保障 (C) 0.2	业务办理、服务的城乡差异	0.03
		与业务人员的沟通	0.02
		办理抵押担保贷款的难易	0.03
		贷款方式的灵活度	0.03
		新业务、新产品的宣传与普及	0.03
		多元化、特色化金融服务需求的满足	0.03
		保单的通俗易懂性	0.03

续表

一级指标	二级指标	三级指标	权重
农村金融和农业保险政策的农民满意度	可持续性水平保障（D）0.2	保费的合理性	0.03
		涉农信贷与涉农保险的协作配合业务	0.02
		新型险种的开发、丰富度和创新度	0.02
		保险的风险补偿作用	0.02
		定损、理赔的服务态度与效率	0.04
		定损、理赔金额的合理性	0.04
		保费补贴的普及度	0.03
	农户权益保障（E）0.22	保费补贴的额度	0.03
		农村金融机构不规范经营问题的多寡	0.03
		相关农业灾害的救济政策、措施	0.03
		"五公开、三到户"[1]	0.04
		"七不准、四公开"[2]	0.03
		违法、违规行为的打击力度	0.03
		相关信访、投诉的处理	0.03

1)"五公开"包括惠农政策公开、承保情况公开、理赔结果公开、服务标准公开、监管要求公开；"三到户"包括承保到户、定损到户、理赔到户

2)"七不准"包括不准以贷转存、不准存贷挂钩、不准以贷收费、不准浮利分费、不准借贷搭售、不准一浮到顶、不准转嫁成本；"四公开"包括收费项目公开、服务质价公开、优惠政策公开、效用功能公开

2. 调查问卷设计说明

根据满意度测评的指标体系，从农民对农村金融和农业保险服务机构惠农强农的期望、感知质量、感知价值、对农村金融和农业保险服务机构的满意度、抱怨以及信任六个方面进行问卷设计。在问卷的指标"满意度"部分中，可选择的满意程度分为"非常满意"、"满意"、"一般"、"不满意"和"很不满意"五个级别，分别赋值为5、4、3、2、1。

3. 调查问卷的信度和效度检验

在满意度测评时，一般采用柯隆巴哈 α（Cronbach α）系数来估计调查问卷的信度。对问卷进行折半信度分析，得出两部分的 Cronbach α 系数分别为0.895、0.856。由此可以判定农村金融和农业保险政策落实成效农民满意度调查问卷具有较高的信度。巴特利球度检验（Bartlett test of sphericity）及 KMO（Kaiser-Meyer-Olkin）检验结果可说明问卷的效度。Kaiser 给出了常用的 KMO 度量标准：0.9以上表示非常适合；0.8表示适合；0.7表示一般；0.6表示不太适合；0.5以下表示极不适合。数据分析结果表明本次问卷 KMO 值为0.857，巴特利球度检验 p 值接近0，小于1%，因此问卷具有良好的结构效度。

4. 农民满意度及其测量方法

第一，农民满意度测算。农民满意度调研的一个重要目标就是测量当前的农

民满意度水平。一般采用算术加权平均法来进行计算 $CSI = \sum ni = W_i X_i$，公式中 CSI 是农民满意度指数；W_i 是第 i 个测评指标的权重；X_i 是农民对第 i 个满意度指标的评价。

第二，指标权重测算。由上式可知，要测算农民满意度必须先得出各指标的权重。本小节采用的是层次分析法。

第三，满意度测算。根据农民满意度指数的评价模型，我们可以计算出各个 CSI 评价指标的具体得分，并据此计算出农民满意度的整体水平。根据上式可以得到各个农户满意度指标的平均得分即均值。根据层次分析法得出满意度三级指标权重，由农民满意度计算公式可以测算出各指标的满意度，从而得出最终的整体满意度水平。

第四，满意度结果。根据满意度调查数据，用加权平均法计算得出的我国农村金融和农业保险政策的农民满意度指数为 2.510 3，折合百分制为 50.21%，属于中等偏下水平，农民满意度指数从侧面反映了我国农村金融和农业保险政策推行的成效。

5. 满意度调查结果分析

从农民的期望，对质量、价值的感知，抱怨和信任等方面对农民的满意度进行分析。第一，农民的期望。被调查者（农民）对我国农村金融和农业保险基层服务机构提供便捷、高效、合理的金融和保险供给的期望程度较高。第二，对质量的感知。农村金融和农业保险产品的推进和服务方式的创新仍然没有得到较大幅度的提升，依然处在较低水平。第三，对价值的感知。近年来国家对农村金融和农业保险的关注和努力以及农村金融改革和发展工作已经收到了一定的成效。广大农民朋友已经感受到国家方针政策对农村信贷和农业保险的倾斜。新型农村金融机构的发展也得到了广大农民的认可。第四，抱怨。近 67% 的调查对象在与旁人的闲谈中表现出对当地金融服务机构和基层干部在落实涉农信贷和农业保险服务扶持方面强农惠农富农政策上的抱怨。第五，信任。农户对政府在努力为农业的现代化、城镇化提供有力有效的金融服务表现出较高的信任。

11.3.4 农村金融和农业保险政策落实中存在的主要问题及其原因分析

十六大以来，国家制定了一系列农村金融和农业保险政策，期望促进我国农业、农村及农民的发展，并取得了很大的成效，但部分政策未落到实处和达到预期的效果，这就需要深入分析政策落实中存在的问题，并剖析其原因，使农村金融和农业保险政策得到更好的落实和提升。

1. 农村金融和农业保险政策落实中存在的主要问题

本书主要从十六大以来政策制定及实施、农村金融服务主体的作用、贷款抵押担保等方面分析我国农村金融和农业保险政策落实中存在的主要问题。

第一，政策制定过程中缺少农民参与，政策内容缺乏区域差异化的措施。制定政策的中央政府难以了解基层政府和农民生产生活的最真实意愿，有时会忽视农民的意愿。我国各地区存在差异，中央在制定政策时，更多的是从国家发展全局出发，因此中央政策并不适用于所有地方，最好因地制宜，地方政府根据当地具体情况，适当调整，或者是中央根据不同区域的发展情况，制定不同的政策。

第二，部分政策实施期限短、实施范围窄、受惠面较为有限。目前，绝大部分现有的农村金融扶持政策实施期限在 2～5 年，这种扶持政策的临时性特点在一定程度上诱发农村金融机构追随政策，在政策期间加大涉农等信贷投放而政策到期后投放减少的现象。此外，政策实施地区范围受限，部分农村金融机构不能享受扶持政策。

第三，保证政策实施的资金投入不足且缺乏妥善管理。我国对农业补贴的资金支持力度逐年加大，但是由于农业人口众多、农业基础设施欠账较大等实际问题的客观存在，其对农民增收的作用并不明显。资金的投入，除了中央的直接支付部分，都需要各级政府甚至农民本身进行不同程度的配套。国家尽全力加大对各项惠农政策的资金支持力度，但是在政策执行的过程中，由于各种原因，实际拨放到基层的惠农政策资金并不能按规定时间和数额发放到农户手中，政策资金缺乏妥善管理。

第四，贷款的抵押物范围狭窄，担保条件受限。由于农村地区和农民自身可提供抵押物的局限性和担保条件的限制，农村经营主体通过正规金融途径获取贷款的难度系数依旧较高。因此，强化农村金融市场信用担保机制建设，在法律层面进一步扩大农村地区金融贷款抵押担保物的范围，是农村金融立法实践继续突破的重要环节。

第五，农村金融服务主体的作用发挥不够。要丰富农村金融服务主体，分类推进农村金融机构改革，提高民营资本持股比例，鼓励建立农业产业投资基金，提高服务"三农"的能力。

第六，缺少专门的政策性农业保险公司。虽然我国实行政策性农业保险，由一般商业性保险公司获取了政策性农业保险的营业资格，但其目标是利益最大化，而不是专门服务农业，这就使政策性农业保险存在很大的局限性。由国家成立专门的政策性农业保险公司才是有效的解决途径。

2. 农村金融和农业保险政策落实存在问题的原因分析

对我国农村金融和农业保险政策落实中存在的上述问题进行分析，可以发现，其原因主要包括以下几个方面。

第一，农民金融发展权被忽视。社会多元化的发展导致利益表现形式的多元化，进而形成了农民多元化的发展需求。农民基本的生存权利已经不能满足当代农民的发展要求，需要从生存权向发展权转变。

第二，从下到上的利益表达机制不健全。农民的需求在实际工作中通常只反映到乡镇一级，而乡镇没有动力也没有畅通的渠道向政策制定部门反映农民的需求，所以最终制定的政策可能没有充分合理地考虑农民的真实意愿和诉求。尽管政府制定政策的初衷是为了服务"三农"，但是由于未实际考察广大农民的需求，政策效果大打折扣。

第三，各利益主体的追求目标不一致，制约了政策的落实。农村金融机构大部分是商业性质，目标是追求利益最大化，如果一些惠农政策损害到自身的利益，其可能选择回避那些惠农政策，或者附加更加苛刻的条件。由于过分强调风险防范，实行严格的审批程序和审批条件，拉长了信贷决策链条，制约了"三农"的发展。

第四，政府与市场之间的良性互动关系需要调整。政府对农村金融和农业保险改革政策在整体上进行宏观把握，但要适当弱化政府的经济调控，要以市场为导向，适度放开农村金融市场，培育农村金融竞争机制，要适当放开农村金融市场，放宽对农村金融市场准入的限制，扶持多种类型的农村金融组织的发展，使农村金融和农业保险市场更有活力。另外，还要发展农村产权交易市场。

第五，缺乏多元化主体共同参与的政策实施体制。惠农政策大多与资金挂钩，存在巨大的利益，这就导致了中央政府和地方政府既在惠农政策的实施上相互竞争，又共同排斥第三方的参与，使惠农政策变为单一的政府行为。

第六，缺乏有效的矛盾纠纷解决机制和利益协调机制。在国家农村金融和农业保险政策的执行过程中，由于利益冲突等，难免会出现矛盾纠纷，如果不能妥善解决，就会大大降低政策落实效果，所以建立有效的矛盾纠纷解决机制和利益协调机制十分必要。

第七，缺乏有效的问责机制和监管机制。我国现有问责机构职责模糊，问责范围狭窄，问责制度没有全面形成，导致惠农政策实施过程中的违法违纪行为不能得到最有效的处理，使政策的执行效果打了折扣。农民作为惠农政策的唯一实施对象，由于多种客观因素的限制，在我国监督机构中所占比例较小。而且农民又缺乏有力的合作化组织或利益代表机构，引导和代替其行使公共政策执行的监督权力。我国惠农政策实施监督的利益诉求表达机制存在一定的缺陷，农民的监督权力根本得不到保障，以信访为主的利益诉求机制运作效率低下，造成农民在反映问题和执行监督权力的过程中出现无人管理甚至诉求被漠视的现象。

■11.4　农村金融和农业保险政策的执行机制分析

在探究我国农村金融政策在落实中存在的滞后效应及制度陷阱的过程中，需要考虑我国农村金融的制度环境与金融资源在城乡之间的二元配置。学术界对城乡二元金融结构的存在普遍认同,且对其的原因探索基本落脚于城乡二元经济及金融抑制的存在。我国农村金融结构的差异性根源是农村产业生产组织特性、城乡差异化的金融安排、农村金融脱媒等因素(卢鸿鹏和徐小怡,2007)。本书主要观点认为政府管制政策是城乡经济二元性的根源性因素。学术界在探索我国农村金融市场的规制失灵的过程中,提出其基本观点,即中央集权监管体制下的规制市场产品的单一性不能满足异质性的农村金融市场(米运生等,2012)。综上所述,现有的关于农村金融政策执行及其监管机制的研究集中于根源研究、关系研究、诱因研究,以下我们的研究将在机理研究落脚,寻根农村金融政策在落实过程中的疏漏及盲区,从行政管理体制、财政体制、各级政府职能划分和地方事权划分等方面切入。

11.4.1 行政管理部门对农村金融政策落实的影响

决定国家制度供给的关键在于国家效用函数的变化,依据这一理论,我国农村金融行政管理体制的制度变化,也是由金融管制的国家效用函数决定的(刘纯彬和桑铁柱,2010)。金融管制由两部分组成,即行政管理部门对金融机构运作空间的限制和对金融机构运行过程的监管。行政管理部门对金融政策落实的过程,不仅涉及中央金融扶持政策的执行,而且涉及行政管理部门对金融部门的监管和地方性金融资源的配置。以下从金融资源配置、金融管制成本等角度剖析我国行政管理部门对我国金融政策落实的影响机理。

1. 农村金融资源配置陷阱

农村金融资源配置是指农村金融领域中关于金融服务主体、客体的结构、数量、规模、分布及其相互作用关系的总和(熊桓,2010),农村金融资源在区域之间、城乡之间的配置状况与农村金融制度与体系的变迁有密不可分的关系。农村金融资源的稀缺性,决定了行政管理部门需要将有限的资源按效用最大化的原则,把资源合理分配到各个领域和部门。金融资源的合理配置不仅可以提升农村金融的经济效益,还可以为农村经济注入活力。

在捋清上述关系的基础上,再来探讨金融资源在配置过程中的特点,并将其归因于行政管理部门对政策落实效果的影响机制。首先,金融资源配置的特点之一是特定的主体进行金融资源配置。进行资源配置的主体主要有国家主体和市场主体,这两个主体之间有明确的分工,国家主体负责宏观政策的制定和宏观经济的调控,市场主体负责社会资本及国家财富的运输、商品资源的配置。其次,金融资源是在各行业、地区之间的配置。各行业的相对盈利能力不同,各地区之间的经济发展水平、资金需求程度也不相同。最后,金融资源配置的具体方式由客观经济需要和主体偏好决定(田春雷,2012)。因为农村金融系统中的行为主体是以利益为目的进行经济活动，他们多倾向于选择能给自己带来最大经济效益的机会。在调研过程中我们发现，行政管理部门会受各自利益目标的驱动和"政绩工程"的影响，政府对当地农村信用社或农贷业务加以影响，从而使农户受到信贷约束，影响了金融资源的配置，从而也使政府的金融政策得不到有效的落实。

2. 金融管制悖论

金融管制的内容具体包括市场准入、业务范围、市场价格、资产负债比例、存款保险等（王华玲，2012）。而实际的金融管制只包括两个部分，即行政管制部门对金融机构运作空间的限制和对金融机构运行的过程的监管（李宏，2006）。在实际操作中，金融管制在一定程度上限制了金融机构运作的自主性和自由度，但是由于政府管制失灵情况的出现，政府在对金融市场进行干预时导致了金融市场运行过程中的不稳定状态，因此又可以把这种情况称为金融管制悖论。在调研过程中我们发现，行政管理部门出于防范金融自由化风险的目的，实施了严密的金融管制，这有悖于市场机制自主调节作用的发挥。对金融机构实施全方位的金融管制具有内在的合理性，关键问题在于管制的最终目的是弥补市场机制自主运行过程中的失灵，而并非限制金融机构的发展，影响金融市场的稳定性。

接下来探讨金融监管悖论对金融政策落实效果的影响机制。金融监管低效现象的存在，降低甚至抵消了行政管理部门金融政策实施的效果，这里以融资手段管制为例阐释其影响机制。融资渠道的不通畅，一方面造成资金浪费溢出实体经济获取高额利润，另一方面使诸多实体经济体陷入资金困境的泥淖。此时中小企业一般会借助内源融资或者无奈之下将目光投向非正规金融市场，由于这两种信贷市场仍处于发展不成熟的状态，会为其带来更高风险，使原本的资金困境雪上加霜。

3. 行政管理部门对农业保险监管的疏漏

首先讨论农业保险监管主体上的疏漏。主要涉及监管机构依法对农业保险进行监督管理，会忽略公民对农业保险监管的参与行为。公民参与农业保险监管可以保障监管的科学合理和可操作性，辅助政府农业保险规划的顺利实施。其次是农业保险监管对象上的疏漏。我们在调研中发现，农村保险市场上，有一支监督力量不容忽视——协会保险人，如湖北、湖南农村各地的农业机械安全会、农业风险互助协会等。这些协会保险人属于在民政部门注册的社会团体，是为社员提供保险服务的非营利性社会团体。目前我国对协会保险人没有纳入保险监管范围，其还未能享受中央政策的优惠条例。针对协会保险人的监管，除了在保险机构市场行为、偿付能力、公司治理结构方面的监管之外，也应对其资本和偿付能力、准入及退出做出相关规定，并应协调好社团组织和民政部门、行政主管部门之间的关系。

11.4.2　财政体制对农村金融政策落实的影响

目前我国对融资渠道不通畅，债券或证券融资需要在特权保障下才可实施。这种信贷管制的结构，一方面使资金溢出实体经济通过其他途径获得高额资金回报，另一方面使实体经济坐困资金空城，无力改善自身经济管理设施、无力进行资金周转。财政部门为解决上述问题而采用宏观性财政政策来调整金融资产的配置。主要途径有一般性转移支付、定向税费的减免，但是在实际政策执行中，利弊参半。

1. 财政政策陷阱

每年中央政府的一般性转移支付的资金规模逐年扩大，但是政策的改善效应却不明显。越是经济发达的地区越会加大对县域经济的转移支付力度，而越是偏远的经济落后的地区越会截留发展县域和农村经济的转移支付资金。在 2008 年金融危机爆发之后，政府融资掀起了一阵浪潮，根据相关部门的统计数据，我国省、市、县三级政府债务累计数字庞大，地方政府的债务问题很可能埋下又一轮金融风险的隐患。因此，这种财政制度安排在一定程度上缓解了地方性金融机构的融资压力，但是在实际运作过程中，资金往往被分支截流，政策效果大打折扣。

2. 利率管制失效

目前来讲，推动利率的市场化仍然是完善农村金融市场机制的重要条件，利率机制是否有效仍需进一步考证。中央一号文件连续十年聚焦"三农"，在"三农"信贷的利率管制方面也着墨较多。放宽农村金融市场利率限制的政策，有可能导致由农村金融机构内部人员控制的垄断行为，造成金融资源配置失效，从而影响金融政策的政策扶持效应。

从经济学的供需平衡原理出发，继续探讨机构内部的利率管制对农村金融政策的作用机制。信贷资金的供和求处于市场出清状态时的利率为均衡利率。当利率低于金融管制水平时，资金供给状况低于市场出清，资金需求高于市场出清，这种情况下金融行政管理部门则将资金分配给资金规模需求较大的人，而放弃了小规模资金需求者，这种情况下这些农户只能选择在民间金融市场寻求资金融通，此时小额资金需求者支付的意愿高于市场出清利率，同时也高于金融管制利率的水平。在实际调查中，农村信用社参考成本约束、风险分布、利润等因素实施垄断性的利率定价，且其相较于民间金融，农村信用社的贷款利率并非处于较低水平，甚至在针对小规模资金需求者（主要是一些散户和小规模工商户）的贷款，设定的利率已经达到最高定价。这种垄断性利率管制显然是对现有政策扶持的中和甚至抵消，使制定的政策难以到达预期效果。

3. 风险交易与风险共担

金融工具、金融技术和金融市场的革新为金融市场各参与主体之间的风险交易、风险共担提供了低投入、高回报的管理工具。对两个风险规避者而言，当他们之间的风险具有互补性时，可以通过风险的交易使双方同时回避掉各自较为敏感的风险因素；对两个风险偏好者而言，他们也同样可以以交易的方式满足各自的偏好。通过风险交易市场可以优化社会资源配置状况，实现帕累托改进。中央通过对财政政策的不断优化，提供更多可供选择的金融工具和金融技术，从而对农村金融市场的发展起到正面的激励作用。

11.4.3　政府参与方式与路径对农村金融政策落实的影响

目前我国政府参与农村金融建设的路径选择主要体现在四个方面：其一，着力农村金融生态环境，改善农户融资能力。推动"信用户、信用村、信用乡镇"创建活动，通过农业税收改革和农业补贴减轻农户税费负担，创新土地承包经营权转让形式，利用资金和技术扶持地方性龙头企业的发展，推进农业政策性担保公司的建立。其二，政策支持以确保资金供应方的收益。降低商业银行营业税，调整农村金融机构存款准备金率。其三，积极完善金融体系，以健全的政策和体制为农村金融发展护航。放宽金融市场准入，进一步规范民间借贷行为。其四，完善农村金融配套设施，着力建设农村保险体系。

政府参与主导金融体系的方式不能反映民众的意愿和诉求，降低了金融效率。甚至有学者认为，我国的金融管制过于严格，政府是创新型制度的唯一来源（姜新旺，2008）。任何机构都会进行比较利益的分析，政府同样会权衡创新制度的成本与政策执行后的收益，以定夺是否继续政策支持金融发展。那么，政府究竟以什么样的方式和路径参与到农村金融的建设当中去的呢？也即是衔接上文我们讨论的金融管制的问题，政府对金融的干预边界在哪里呢？

1. "软政府"和"硬政府"

有学者提出"硬政府"和"软政府"之说，前者是指经济体制改革的深意在于合理调节政府干预，而不完全取消政府干预，政府应该借助权利推进市场化进程；后者是指市场机制应当靠自身力量发展与完善，政府外生于金融市场的发展，制定相关政策加以规范，尽量使金融体制改革的步伐顺应经济制度的变迁。两种观点各具深意，但遵循中庸的原则对金融市场进行干预似乎更加合理。具体来讲，就是政府不直接参与金融市场各主体的经济活动，而是注重构建健全的金融市场环境、金融生态文化，并借助法律的方式明晰产权，使企业和部门的技术外溢造成的损失降到最小，最终达到内部化。

2. 政府规制俘获

近年来学者在该领域的研究集中于规制俘获理论在各学科之间的交叉和融合，以及对不同学科的影响机制，这里将进一步对农村金融政策实行中政府规制俘获现象的政策涵义做出阐释。第一，被委托人（即规制代理机构）对被规制机构的利益估算，导致利益团体的投机行为（杜传忠，2005）。对于该种作用机制，中央农村金融政策制定部门在进行政策规划时，应当适当减少对地方金融部门或机构的依赖，尽量减少俘获的可能性，同时降低规制代理机构的权责范围。第二，采取利益激励措施，使规制机构放弃倾向某些特定团体的路径选择。从实际操作中我们得出，试图以利益激励措施将规制者的利益和消费者利益相互捆绑从而达到避免俘获的效果，是极其困难的。第三，力图降低规制机构与委托人之间的信息不对称程度。第四，加大规制俘获的难度。如果规制机构俘获被规制企业的私交成本足够大，那么出于利益的考虑，规制机构会适当减少俘获行为。从这个角度出发，政府可以适当加强审计及立法，在加大对机构合谋的惩罚力度的同时，加强监管机构的监管效力、增派监管人员等。

3. 政府对农业保险扶持的疏漏

我国现行的农业保险扶持政策存在多方面的不足。其一，财政补贴比例较低，形式单一。通过调研，我们发现各地普遍采用"广覆盖、低保障"原则进行农业保险的运营，保险金额主要根据种植业和养殖业在生产过程中耗费的成本而定，而灾害之后的补偿金是在保成本的基础上设定的，由于成本保险下的保险额度较低，因此整体补贴水平较低。其二，扶持力度仍不够。我国对农业保险的扶持，要充分发挥中央财政、社会保障的作用。其三，大型灾害风险基金规模不足。很多保险公司不愿承担巨灾保险业务，因此中央政府应直接投资参与这种形式的保险项目，这对保障农户和企业权益而言尤为重要。其四，中央财政在再保险体系中功能缺失。再保险体系是由政府出资成立的再保险公司或政府与保险公司共同建立的优惠型农业再保险。目前我国并未给予该类企业任何优惠措施，因而这类保险公司投保的保费偏高，且承担风险的成本高、风险大，最终挫伤了投保人和承兑人的积极性，不利于农业保险的扩大。

4. 风险控制和分散机制的缺陷

农村金融信贷担保机制和风险分散机制的不完善，也对农村金融政策执行效果产生负面影响，下面从三个方面论述当前我国农村金融风险控制中存在的问题及路径选择。其一，在我国目前的农村金融担保机构制度流程中，最显著的问题就是风险预警机制缺失，且政府对信贷机构把控过于严格，审查制度设计尚不健全。其二，目前我国担保风险转移机制并不健全，其中农业保险是常用的且发展较快的风险管理模式，但在实践过程中，需要采取多元化方式对保险进行风险分散。其三，农村金融担保过程中存在的各种问题的根源，是金融机构和农户之间并未建立起真正的互动机制，从而使政府的金融推动政策无法发挥实效，因此"担保机构—银行—农户"联动机制的建立是必要的。

11.4.4　政府与市场的关系对农村金融政策落实的影响

1. 政府失灵或者市场失灵?

本小节探讨两大市场主体——政府与市场之间的关系会对机制运行产生怎样的影响[①]。一方面，在农村金融市场中处理好政府与市场关系是制定相关金融政策的导航，并与金融发展成效互为因果。另一方面，无论是国家干预学派还是自由市场学派都没有否认市场与政府之间的联动效应，也没有否认任一市场主体在机制运行中的作用[②]。当存在"政府失灵"问题时，解决农村金融市场的困境还要遵循经济规律依靠市场发挥作用，此时政府扮演的角色并非对市场的完全依赖与服从，而应是对市场机制和私人部门路径选择的间接补充、调整从而使市场资源配置的效果达到最优。为促成政府与市场的双效运行，充分发挥公众对农村金融监管的积极性、提升公众参与的信用度，上述路径才是可持续性金融发展的选择。当前我国农村金融市场的行政垄断和权力支配制度问题仍然存在，这种残余的现实问题更需要市场与政府的相互监督和联动来解决。

2. 农业信贷的折中之举: 金融联结

这里所说的金融联结是一种"银行＋中介＋农户"的农业信贷模式，通常是指银行向农村信贷中介机构支付佣金，由中介机构负责银行信贷对象的客户甄别、筛选以及款项的投运监督和收回，这里主要强调的是银行与中介之间的互惠共利。金融联结有多种可操作的模式，主要包括以银行的溢出效应带动地方经济发展(该模式属于横向联结模式)，以及银行通过农村中介向农户提供资金支持(该模式属于交易分工中层次化较为明显的垂直联结)。从长远来看，金融联结也将对我国农村信贷、联保贷款等领域的发展产生积极的影响。

11.4.5　农村金融与农业保险体系长效运行机制分析

1. 利益协调机制: 多元主体间的利益分配及协同发展

在探讨我国农村金融市场的利益协调机制时，主要从以下几个方面切入：第一，利益协调理念认知。在制度上健全符合农村社会的利益机制，是我国对农村

---

① 中国国际共生产主义运动史学会.2010.中国国际共运史学会2010年年会暨学术研讨会论文集.
② 董德兵.2010.当前金融危机的根源及其应对——基于政府与市场关系视角的考察//中国国际共运史学会2010年年会暨学术研讨会论文集.

金融市场的利益协调机制的一个最基本的认知。第二，多元主体间的利益协调。金融社会主体的利益协调呈现多元形态，包括社会主体、涉农主体及政府机构的利益驱动，以及市场主体与政府之间的利益协调。第三，政府和市场之间的关系。是政府主导农村金融市场，还是政府放权交由市场发挥资源配置的作用，二者之间的权衡进退决定了农村金融市场的运行机制，也间接对利益链条产生作用。第四，农村金融与农业保险之间的协同问题。金融与保险对农村金融市场起到"双驱动"的作用，农业保险为农村金融创造良好的外部环境，农村金融对农业保险的发展具有促进作用，二者相辅相成的关系决定了在利益机制的协调中，政府应当制定完备的宏观经济政策，为农村金融、保险的有效运行提供稳定的经济环境和经济秩序。

2. 立法机制：　政策评估及法律路径选择

在农村金融的构建及运行方面缺乏专门的立法，农村金融政策在不断的运行中暴露出相关隐忧：农村中小型金融机构的合法权益难以得到保障，新型农村金融机构的立法亟待加强，民间金融的规范化和法制化也任重道远。作为与农村金融紧密相关的农业保险，其相关政策评估的缺陷主要涵盖以下几个方面：财政补贴比例较低且结构较为单一；税收的优惠力度不足；巨灾风险基金规模较小；财政支持农业再保险体系欠缺；等等。这里基于课题组的调研及对该领域的钻研，提出以下有关农村金融立法的路径：第一，强化约束机制，明确各金融主体间的权责分配、法律地位，杜绝产权不明、政企不分。第二，政府要放权给农村金融机构，在立法上体现适度的市场化原则。第三，立法应当明确农村合作金融的合法权益及政策支持，取缔一切限制自然人和法人在农村合作金融机构办理相关业务的规定。第四，完善民间金融立法，并不断完善金融监管的相关法律制度。

3. 主体培育机制：　涉农主体培育与新型金融市场组织建设

党的十八大报告中明确指出，要壮大集体经济实力，缩小城乡差距，就必须加大培育现代农业经营主体。这里涉及的市场主体主要包括农户和农村金融机构。一方面，应当加强农村地区的金融知识宣传。农民作为农村经济实体中最基础的组成部分，必须对金融制度安排有较为全面的认知，这对促进家庭与组织的生产经营活动也十分必要。另一方面，应加强农村金融服务组织构建，培育新型农村金融服务市场。推动新型农村金融机构的金融工具、信贷模式、市场管理模式的创新，培育真正满足中国农村金融需求的组织机构。

4. 政策实施机制：　以政府为轴心的信息流通和以市场为轴心的制度安排

农村金融制度作为农业金融发展的外生变量，其功能性和保障性得以完全发挥的前提是其必须在观念上得到农村经济主体的认同(许丹丹，2013)，这是我国农村金融政策长效实施的重要前提。一方面，应当尽量减少金融制度供给者和农村经济主体之间的信息不对称。另一方面,政府应加强信息采集的手段和时效性,及时和精准地掌握我国农村金融政策的实施状况、满足状况和进一步改进的方向,以金融制度的传递上通下达为目标,严防金融制度因为传导弱化而失效。从长远来看,市场化手段更能发挥金融制度的优越性,并能根据市场的供需状况做出不同应对,"看不见的手"在实践中证明更能解决现实问题和客观需求。

5. 金融与保险的协同机制:"双驱动"作用路径及协同发展探索

金融与保险的协同作用主要表现在以下两个方面:第一,农业保险为农村金融保驾护航。农业保险通过社会信用和法制建设为农村金融的发展提供了良好的生态环境,当农村金融产品为农民提供金融支持时,保险同步为涉农主体提供风险保障,因此其在我国农业生产中发挥着重要作用。第二,农村金融对农业保险的发展具有促进作用。金融网点可以作为农业保险发展的平台,为农业保险开发新市场和新产品作铺垫。其有关农村金融与保险协同发展机制的探索,这里给出以下政策建议:第一,加快整合农村金融市场。有利于我国金融发展的深化,为保险业发展提供良好的金融生态环境,加速发展现代化农业,降低农业保险的风险指数。第二,加大对农业保险的财政支持。中央政府不仅要从政策上支持农业保险的发展,还要将发展模式和路径具体化。第三,农业保险和农村信贷的有效联结。这主要是基于将农业保险纳入农村金融运行体系的考虑,顺应了农村金融改革的趋势。

6. 纠纷解决机制: 风险预警、 责任分担、 刑事惩罚及巨灾风险分散机制

首先来探讨有关农村金融的纠纷解决机制问题。第一,农村金融纠纷解决机制与农民权益的互促关系。随着城乡二元结构和贫富差距的不断扩大,农民在经济权益方面愈加处于弱势地位,在农村社区发展中与经济利益相关的矛盾和冲突不断涌现。因此需要对现有的经济利益纠纷解决机制进行完善,从根本上减少矛盾和冲突的发生,以此来稳定农村金融市场的秩序。第二,农村金融纠纷解决机制与新农村社区发展权的互促关系。农村金融纠纷解决机制的完善,可以为新农村社区发展权提供有利的内部环境。农村金融争端解决机制的制定应当参照以下原则:其一,风险预警。建立金融信息网点监测,使政府相关部门能及时掌控市场信息和金融动态。其二,责任分担。该机制的实施需要依仗国家强制力,以法律途径将风险责任明晰化和法律化。其三,刑事惩罚。金融活动中的风险基本上属于非正常风险,需要对其施以惩罚制度,以法律威严震慑不法人员。其四,对于农业保险可持续发展的机制选择,建立农业保险巨灾风险分散机制是防止纠纷的一剂良药。

■ 11.5　农村金融和农业保险相关政策的提升对策

通过金融政策支持农业和农村发展，促进农民收入提高，是国家强农惠农和金融改革的重点。近年来，针对农村金融"成本高、风险大"的问题，政府采取了一系列的农村金融扶持政策。对于农村金融来说，农业保险的重要性主要表现在通过将农业自然灾害与农村金融相隔离，为农村金融提供一个风险的缓冲地带，以减少农村金融对于农业自然风险的后顾之忧。农村金融与农业保险政策是一种相互协调、相互促进的关系。本课题在对十六大以来农村金融与农业保险重要政策进行全面梳理的基础上，总结了农村金融与农业保险政策发展的基本规律、特点、经验等，并结合实证调研的数据以及农户满意度情况，分析了我国农村金融与农业保险政策落实、执行中存在的问题及其原因以及十六大以来我国农村金融和农业保险政策的执行机制。在此基础之上，提出了提升我国农村金融与农业保险相关政策的具体对策。

11.5.1　农村金融相关政策的提升对策

针对我国农村金融与农业保险政策落实、执行中存在的问题，主要从政策的理念提升、协调农村金融市场关系、促进农业产业与城乡金融协调发展、农村金融供需矛盾解决、提升农村抵押担保能力、合作金融立法、制度创新、机制完善等方面来进行思考。

1. 权益保障：农村金融扶持政策的理念提升

从农民生存权与发展权平等到农民金融发展权的发展理念来重新审视我国农村金融的政策提升策略等问题，并且应当长期贯穿于农村金融政策的执行中。

第一，普惠制金融理念下进行农村金融政策提升。普惠制金融理念下的农村金融政策提升，要求完善现阶段扶贫贴息贷款的相关政策，推动偏远乡镇基础金融服务的覆盖率，实现金融服务的全覆盖、广覆盖、深覆盖。

第二，生存权理念下进行农村金融扶持政策提升。党中央就"三农"工作提出的"多予、少取、放活"的六字方针从其目的来看，就是从政策正面来对农民权益进行倾斜性配置，从"多予、少取、放活"到"金融促生"方针的转变是金融政策支持农民生存权发展的基本要求。

第三，金融发展权理念下进行农村金融政策提升。农民基本的生存权利已经不能满足当代农民的发展要求，需要从生存权向发展权转变。而无论是生存权还是发展权，金融政策支持对这些权益的保障都起到了重要作用，金融发展权的提出正是顺应了农村经济发展而提出的权利诉求。农村金融政策提升需要以农民金融发展权理念来进行思考。

2. 关系协调：　多元市场关系下的农村金融政策提升

第一，以金融政策杠杆处理好各金融主体之间的关系。

一是正确处理好农村金融机构与地方政府的关系——互促与协作共存。一些农村金融机构，应积极参加政府经济工作会议，获取经济信息，与政府相关部门形成协调机制，以满足农村多元化的金融需求。作为地方政府，也要为农村金融机构的发展提供良好的金融生态环境，防范金融风险，提供适合本地经济实际的发展项目。

二是正确处理好农村金融机构与中国人民银行和银监会的关系——监督与指导结合。农村金融机构要主动接受中国人民银行和银监会的监督管理，严格执行金融法律法规，确保资金安全，防范金融风险。中国人民银行和银监会也要加强对农村金融机构的业务指导和监督管理。要把加强监管作为农村金融机构有效防范和化解金融风险的重要手段，要做到监管与业务指导之间科学合理的结合。

三是正确处理好农村金融机构同行业之间的关系——互惠与合作并行。各农村金融机构之间应主动协商，互惠合作。同行业金融机构要尊重和帮助其他机构发展壮大，从积极支持社会主义新农村的角度出发，看待其他金融机构的存在。在合作、竞争中，不论是村镇银行还是其他金融机构，都要激发创新意识，努力增加金融服务品种和服务功能，用新的金融工具、技术和机制，共同服务"三农"。

第二，以政策为向导突出农村金融多元关系下的发展策略。

一是正确处理好农村金融机构与农业产业、农村社区的关系。作为资金供给方的农村金融机构应大力发展农村小额信贷，在符合当前农业企业需求的基础上，开拓多层次、广覆盖的农村信贷融资服务，并适度开展保险、证券代理、理财规划等业务，使农业产业能够享有多元化的金融产品服务。农村社区作为两者存在的组织载体，在推动两者良性互促的过程中也寻求着自身的发展，其可融合社区金融文化导向、经济目标激励及配套组织培育功能来发挥社区桥梁和组织载体的作用。

二是正确处理好农村金融机构创新发展与法治发展的关系。一方面，农村金融机构将竞争优势定位于服务"三农"的金融产品和金融服务上的创新；另一方面，政府和监管部门应注重对不同资本负债结构和不同经营模式、规模的农村金融机构实行差异化的监管方式，以规范其发展。

三是正确处理好农村金融机构可持续发展与风险防范的关系。农村金融机构要确保发展的可持续性，就必须积极探索和拓宽其融资渠道。一方面，应加大宣传力度，扩大影响力和知名度；另一方面，政府和相关部门应当积极引导农村金融机构按照建立现代农村金融制度的要求，通过吸收银行资本、产业及民间资本等多种途径为一些农村金融机构注资，保证其资金源源不断和健康循环。

四是正确处理好行业发展与市场完善的关系。一方面要调整放宽农村地区金融机构的准入政策，继续稳妥培育发展村镇银行等新型农村金融机构，增强其鲶鱼效应；另一方面还应充分发挥正规金融机构的力量，促使其稳定基层服务网点，利用其资金、规模、专业服务等方面的优势，更好地支持"三农"和县域经济发展。农村金融机构行业间的良性竞争格局当然与完善的市场规制分不开。良好的市场规制会促进农村金融机构行业间的良性竞争。可通过进一步完善县域金融机构涉农贷款增量奖励政策，调动其加大涉农贷款的积极性；探索建立农村产权交易市场，培育资产评估等中介组织，引导各类担保机构加大对"三农"的服务力度。部分问题如农村抵押担保物品种和类型少、农村资金外流、农民合法金融权益受损等，如果无法通过市场和行政手段解决，则需要适时启动相关金融立法。

3. 产业协同：　农业产业化发展的农村金融政策提升

在农业产业化发展的过程中，金融对农业经济主体的支持起到了关键性作用，金融政策是调整农村经济发展不可或缺的杠杆。从我国目前的现实情况来看，我国农业产业化的资金支持，除了农村产业主体的自有资金外，更多的资金主要来源于政府的财政支持与民间融资等。这些资金的支持还不能满足农业产业化发展的资金需求，仅依靠农村金融市场的自由化发展是无法缓解这一供求矛盾的。那么，就需要通过农村金融政策的提升来提高农村金融对农业产业化的支持力度，为农业产业化创造一个便捷、活跃的农村金融融资环境。

首先，进一步加大政策性金融对农业产业化发展的支持力度。要对政府的职能以及农村金融政策的重要性进行重新定位，以农村金融市场与农村社会经济发展情况的二元标准为导向，引导农业产业化的重点龙头企业，挖掘具有一定发展潜力、具有较强市场适应能力的农业产业化项目进行重点扶持，以此实现农村金融和农业产业化的双赢局面（秦秀红，2012）。

其次，加强对民间金融的政策引导，发挥民间金融对农业产业化的金融支持力度。需要对民间金融进行监督，使其在金融制度与农村金融市场秩序的范围内合法、正常运行，发挥其在弥补政策性金融支持农业产业化发展力度不强的效用空间。一方面采用农村金融政策促进民间金融的发展，繁荣农村金融要素与市场发展；另一方面要加强民间金融监督管理的政策力度，保障其在促进农村经济发展与支持农业产业化发展中的积极效用。

最后，优化农村保险市场的风险管理政策体系，完善农业产业化主体的信用担保机制。企业的融资需要有一定的信用担保机制作为支撑，不断完善农业产业化中龙头企业的信用担保机制，实行农业产业化主体之间的联动担保机制，以解决农业产业化主体因缺乏相应的信用担保而出现的融资困境。采用政策来引导商业保险与政策性农业保险联合开展业务，并建立一个专门的农业保险机构，发挥其特定的功能，以推动农业产业化发展（朱建华和洪必刚，2010a）。

4. 城乡协调: 基于农村金融发展的农村金融政策提升

纵观我国现有的农村金融政策以及农村金融发展的现实状况,需要完善以实现城乡之间、农村金融机构内部之间以及农村金融与农业保险之间相互协调发展为内容的农村金融政策体系。

第一,将政策性金融与农村社区发展相结合,促进城乡金融协调发展。

一方面,加强农村政策性金融的投入力度,以农发行为主导的政策性银行为依托,以中国农业银行、农村合作银行等农村金融机构为主导,实行农村金融的多元化发展,对农民生活需求、农村建设以及农业生产提供必要的金融政策支持,促进农村金融基础的发展;另一方面,可以以社区发展为前提,以社区金融为载体,推行以政府主导的监管体系,进行社区协调创新,促进农村金融动力的可持续发展,以实现农村金融市场的现代化。将政策性金融与农村社区发展相结合,增强农村在金融市场上的竞争力,实现城乡金融公平。

第二,加大对以村镇银行为主导的政策扶持,促进农村金融机构内部协调。

新型农村金融机构是农村金融市场上的新生力量,以村镇银行为主导的新型农村金融机构为农村金融的发展带来了曙光,应加大对其的扶持力度。首先,要进一步降低主发起行持股要求,逐步放开民间资本持股限制并加快相关配套制度建设。其次,开展错位竞争,提供差异化的产品和服务。最后,加大政策扶持力度,实行差别化的监管政策。最终促进农村金融机构的内部协调发展。

5. 矛盾解决: 基于农村金融供需矛盾的农村金融政策提升

多元化的农村经济主体形式对农村金融服务的需求也越来越大,面对农村金融供给不足的现实状况,农村金融供需矛盾也随着农村经济发展的要求而越显突出。这种供需矛盾主要表现在以下几个方面:第一,从供给量来看,金融供给量与金融需求量之间存在着一定的矛盾。农村金融供给问题不仅表现在产品种类少、覆盖率低与供给质量不高,还表现为金融机构智能、规模以及市场的萎缩等方面(杨军,2012)。第二,金融服务类型需求的多样性与供给单一之间的矛盾。大多数的农业生产是一种周期性行为,农村金融机构在提供相关服务时出于风险控制的目的,往往还未达到农业生产的周期就急于收回成本。再加上农村资金需求存在很大的差异性,单一的金融服务并不能满足多样化的金融需求。

着力解决农村金融供需矛盾,要发挥好政府职能,以政策为导向,引导农村金融机构有针对性、有秩序、有体系地为农村经济主体提供金融服务。因此,对于农村金融政策也需要在已有的基础上进行提升,以协调好农村金融供需之间的矛盾,重点主要从以下几个方面来考量:第一,完善农村金融法律体系,促进农村可持续发展。健全的法律保障是农村金融顺利运行的前提条件。第二,各级政府应加强对"三农"的政策优惠与政策支持。政府是政策的制定者,惠农支农政策的提升不仅要考虑农民的生存权问题，还需要考虑农民金融发展权问题，其在我国农村金融改革中的作用不可或缺。第三，实行农村金融"优先供给"政策。政府在进行农村金融规制时，就有必要选择"优先供给"的政策模式对落后的农村地区、弱势的农业产业以及弱势的农业主体进行政策倾斜。第四，丰富农村金融服务主体，加大涉农资金投放。政府应采用政策性手段加大对村镇银行的培育力度，逐步推进农村信用社等金融机构的改革，放宽民间资本的准入门槛，提高民营资本的持股比例，建立起农业产业的投资基金。另外，政府应加大涉农资金的投放力度，形成农村金融服务主体与政府主体在"三农"资金支持上的协调配合。第五，培育农村金融服务市场，提高农村信贷资金的服务质量。现阶段，我国多种农业产业化的经营模式对信贷资金社会效益与服务水平的提高提出了新的发展要求。从贷款期限来看，要改善信贷服务；从贷款方式上来看，要不断发展小额信贷；从贷款程序上来看，要不断简化贷款程序，并逐步提高农村金融机构工作人员的业务素质与服务素质。此外，可以适时开展农业机械金融租赁服务，以农业机械作为金融租赁抵押物品，创新农村融资的抵押担保方式，完善农村产权交易市场。

6. 能力提高： 基于农村抵押担保能力的农村金融政策提升

农村经济主体缺乏有效的抵押担保物，从而造成其在解决农业生产经营中的融资问题时遇到较大的困难。因此，要想有效解决农村经济主体融资困难问题，除了需要发挥政策的引导作用、完善农地产权交易制度、完成农村土地确权颁证工作之外，还需要采用开发农村金融担保新产品、优化农村金融环境、完善担保市场机制等金融手段。

第一，不断开发农村金融抵押担保新产品：一是建立企业联保与农户联保的贷款模式。二是结合农村现实情况，进行农村土地承包经营权确权，开放林权、山场权等，加大农业生产设备的抵押担保力度，实行农村抵押担保权益与财产的多样化。三是实行"公司＋农户"的联保贷款模式。由于农户缺乏必要的财产与财产性权利，其融资渠道受到严重的限制。金融机构在为农户提供贷款时，公司可以为农户购买生产资料的贷款与生产加工的贷款提供必要的担保，实行"公司＋农户"的联保贷款模式。

第二，以法律机制为保障，创造一个宽松的农村金融环境：一是要完善有关农村抵押担保的法律法规，对农村土地权益进行确权，并为农村房屋、宅基地、林地、山地等成为完全意义上的抵押担保物提供法律保障。二是要实现司法机关与金融机构的协调配合。在《中华人民共和国担保法》中要进一步明确担保债权的受偿顺序，以规避必要的债权风险。三是要规范抵押担保物品交易的行为与市场，赋予金融机构处置贷款抵押物品的权能，减少金融机构发放贷款的风险。

第三，发展贷款担保公司，完善市场担保机制。政府应该颁布相应的政策，加大农村金融扶持力度，建立起完善的农村融资担保体系。具体可以建立起政府部门、农村企业、经济合作组织以及农村之间的联保机制，在农村经济实体与农村金融机构之间建立一个借贷融资的平台，拓宽农村经济实体的融资渠道，解决其融资困难，促进农村经济发展。

7. 金融立法：基于农民金融发展权的农村合作金融政策提升

以金融发展权为基础制定农村合作金融法，有利于将保障金融发展权平等实现、维护弱势群体的金融发展权理念贯穿于合作金融立法体系中，根据已有的法律制度完善适合我国的农村合作金融法律体系。针对我国农村合作金融的现有规定以及迫切需要解决的问题，结合分析制度运行中的倾斜性政策、中间层主体、风险应急措施、纠纷解决机制以及文化体系等因素，可以看到，从规范金融发展权主体、保护金融发展权价值、推动金融发展权实现、降低金融发展权现实风险、解决金融发展权公益困境、强化金融发展权责任意识等方面入手，能够更有针对性地解决农村合作金融发展过程中的问题，为农村合作金融生态环境建设和法律制度运行提供更强大的动力。

第一，以设立与组织制度来规范金融发展权主体。设立与组织制度是农村合作金融法立法的首要内容，其中设立制度应当重点关注设立的条件及准入门槛，组织制度应强调民主决策、社员资格、管理人员等问题。农村合作金融法中的设立与组织制度，在于对法律调整领域内的金融发展权主体予以规范，更好地促进权利的平等实现。

第二，以设立产权与分配制度来保护金融发展权价值。农村合作金融应当制定以合作为组织形式的产权与分配制度，实现农民、农业企业、普通商业机构、外资企业等不同资本主体之间的相互合作与共同博弈，保证农村合作金融的活力，推动金融发展权的整体增值。

第三，以经营与竞争制度来推动金融发展权实现。经营与竞争制度是农村合作金融法的核心部分，是促进农村合作金融健康发展、推动农村金融市场逐步繁荣、促进金融发展权平等实现必须具备的法律制度。经营与竞争制度从内外两个层面，就农村合作金融业务活动的开展、参与市场竞争的行为进行法律上的规制，推动金融发展权关键领域的规范化发展。

第四，以监管制度来降低金融发展权现实风险。有效的监管制度是农村合作金融法发挥强制效力的重要保障，是掌握金融发展权实现情况的重要方式。金融发展权的实现不仅需要金融主体、金融资本、金融市场的健全与完善，也需要监管制度的保驾护航。需要通过农村合作金融法建立合作金融从过程监管到危机应对的全程配套制度。首先，要明确对农村合作金融的全面监管。其次，要在农村合作金融法中明确监管的主体、标准、方法、程序、范围及监管责任相关问题，使农村合作金融监管的具体操作有法可依。再次，要通过立法确认内外结合的监管方式，在农村合作金融组织内部设置监事会，监督决策民主化与运营合理化情况。在合作金融组织之外设置农村合作金融联合会，就行业标准做出规定。最后，也应当在立法中体现对金融发展权的确认，尤其是对金融发展权受损如何追偿做出规定，允许利用司法程序敦促违反农村合作金融经营管理义务的行为及时纠正，同时也应赋予社员查阅合作金融组织运营情况的权利，实现系统监管与纠纷解决的双重目的。

第五，以终止制度来解决金融发展权公益困境。随着金融全球化的发展，国内金融机构面临的挑战空前巨大，完全由国家承担风险不符合市场经济的要求。更重要的是，作为本研究对象的农村合作金融更多的处于自负盈亏的状态，农民参加农村合作金融的安全性与稳定性得不到充分保障。金融机构的终止制度，能够通过依法破产净化金融市场，保障金融体系稳健、持续发展，有利于最终实现对弱势群体金融发展权的有效法律保护。

第六，以责任制度来强化金融发展权责任意识。责任制度是一部法律的必备内容，金融发展权的实现离不开农村合作金融法对违法责任的强制性规定。法律在进行赋权性规定的同时，应当有相对的义务性规定及违反义务的责任追究制度。农村合作金融法在明确平等金融发展权的同时，也应当规定合作金融机构、管理者在不遵循合作金融法定原则、标准时应当承担的责任，同样社员不履行按期出资义务或出资不实的也应承担法律责任。农村合作金融责任制度应当在遵循《中华人民共和国公司法》对企业法人责任规定的基础上，增加与社员权利相关的责任制度，以切实维护社员、普通投资者等弱势群体的金融发展权，推动金融发展权的平等实现。

8. 制度创新：建立存款保险制度与金融文化培育制度

第一，进一步完善新型农村金融机构的存款保险制度。从目前我国金融市场的发展情况来看，有必要通过将风险补偿机制市场化来共担新型农村金融机构的可能性风险与经济损失，以此来提高新型农村金融机构的社会信任度。

第二，建立金融文化培育制度。农村金融在寻求个体特色、创新发展之路的过程中，除了硬性指标的改进，更应注重优化软性指标——文化的培育：一是通过建立细致全面的农户、涉农企业信用等级评定系统，完善个人经济档案和账户管理，加强对信贷业务的跟踪管理以不断完善补充信用评定系统，从而提高农民的信用意识并形成动态的信用评价体系，并运用此动态评价体系来综合决定农户和涉农企业的信用等级，进而决定授权额度。二是积极发挥村级信用代办员调查情况、反馈信息、代办手续的作用，保证对农户的信贷支持；在还款模式方面，可设计循环贷款模式，采取一次授信，分次发放，在授信期限内可循环使用的模式；此外，还可对守信农户简化贷款手续并降低贷款利率上浮幅度，推动地方政府出台与信用相结合的支持政策，从而构建守信受益、失信惩戒的激励约束机制。

9. 机制完善: 多元机制下的农村金融政策提升

第一,培养专业人才,构建人才培养机制:一是需要提高新型农村金融机构现有人才的业务素质与专业技能。二是要引进外来金融专业人才。诱发新型农村金融机构培养专业的农村金融人才的积极性与主动性,从而促进新型农村金融机构的长远发展。

第二,重视矛盾化解,完善纠纷解决机制。农村金融纠纷的解决机制需要从单一化向多元化的方向进行转变。可以利用村民委员会、农村经济合作组织等基层组织在农村中的威信与地位,让其参与到农村金融纠纷的解决中来,以便能形成一种新的农村金融纠纷解决机制。

第三,防范运行风险,建立风险保障机制。首先,建立以信贷担保公司为主导的风险防范机制。建立专门的农村信贷中介组织,为农户以及农村中小企业提供担保,这样就在一定程度上转嫁了新型农村金融机构的信贷风险,为农村主体的信贷需求提供必要的支持与服务,从而繁荣农村金融市场。其次,完善以农业保险为协调保障的风险防范机制。农业保险组织应尽力扩大保险范围,增加保险品种,充分发挥保险转移风险和实施补偿的功能,为现代农业在当地的发展创造一个可靠的安全保障体系。最后,加快农村信用担保保障体系的建设。积极建立各种为农村服务的贷款信用担保机构,加强商业性担保机构农村信贷担保业务的扩展,满足当地农村地区乡镇企业、农户、农业产业化龙头企业的融资担保需求。通过加强以农村土地承包经营权、宅基地使用权、林权以及集体土地所有权等不动产权利抵押登记的透明化与交易制度的自由化,来探索适合新型农村金融机构发展的担保机制。同时,应继续挖掘符合农村经济特点的抵押物,促进贷款担保方式的创新,解决农村金融发展中抵押物不足的问题。

11.5.2 农业保险相关政策的提升对策

建立完善的农业保险政策体系,提升农业保险政策的绩效,增加农村金融对农民以及农业的信贷供给,还可以在更大程度上推动农村金融的发展。对于农业保险政策自身而言,其重要性不仅在于推行农业保险以防范农业生产风险,还在于农业保险政策绩效的提升以保障农业保险的效用。现对我国农业保险政策绩效提升提出如下建议。

第一,实行以政府为主导,以政策性农业保险与商业性农业保险相结合的农业保险经营模式。将农业保险政策变为政府对农业进行支持和保护的农业公共政策工具,使农业保险公司在承保、理赔等各个环节有相应的制度供给,以承保农业多重风险甚至一切风险,提高农业保险的普惠性。由政府主办并设立相关农业保险机构从事经营的模式,强调成立专门性的隶属于中央的农业保险公司来经营全国的农村保险业务，并同时统一组建全国性的农业再保险公司（主要用于最大限度地分散风险和补贴农业保险亏损）。

第二，在政策性农业保险险种分层的基础上，联动开发相关配套生产资料险种。政策性农业保险险种的设计（特别是法定险）要注重分层，体现区域特色并需要在此基础上进一步联动开发相关配套生产资料险种，以拉动农业保险的有效需求。一方面，除了必须将关系国计民生的大宗产品作为基本的农业保险保障品种，还应制定区域性保险政策、选择区域性保险组织形式、厘定区域性保险费率、形成区域性保险市场结构。另一方面，除了巩固现有的种养殖业的险种外，还可以大力发展与农业生产经营密切相关的涉农生产资料的保险，如农房、农机具、涉农设施险种等。此外，也应积极研究新型险种，如价格指数、天气指数、小额信贷保证保险等。

第三，促进农业保险参与主体的多元化，加快培育新型农业经营主体。注重将保障小农户农业保险的参与面与中大型农业企业、合作组织农险保险的保障度结合，加快培育新型农业经营主体。通过设立标准化和简易便民的营业网点、基本的设施配备，以及开展定时定点的服务等方式，来提高乡镇金融服务的覆盖率。对于中小型农业企业、农民合作组织农业保险保障度不高、不够的问题，一方面需要政府在赔付率、赔付额度方面给予补贴或通过再保险给予风险分散保障；另一方面还应规范农业保险市场秩序和维护投保农民合法权益，加强对农业保险业务的监管，规范农业保险金融机构服务。

第四，充分发挥农业保险的保障功能，加快现代农业经营体系的集约化与专业化。注重发挥农业保险对农户采用良种、农业专利、新技术、新品种的激励机制和风险防范的保障功能，推进我国新型农业经营体系的集约化与专业化。集约化和专业化是新型农业经营体系的突出特点，农业科技进步是农业生产经营集约化和专业化的根本出路。

第五，完善政策性农业保险制度，促进农业产业化发展。党的十六届三中全会通过的《中共中央关于完善社会主义市场经济体制若干问题的决定》明确提出探索建立政策性农业保险制度，这标志着我国农业保险第三轮试验的开始（陈盛伟，2010）。此后每年的中央一号文件中都会将政策性农业保险作为一项重要内容。针对农业保险存在的一些问题还需要加以完善：一是要建立起多渠道的巨灾风险分担机制。面对洪涝、干旱等巨灾给农业生产的影响，国家与地方可以设立两级巨灾风险基金，针对不同的巨灾给农业产业化加以保障。二是各地方要尽快出台《政策性农业保险条例》，以便对区域性农业保险市场的实践加以规范，明确政策性农业保险的主体构成、监督机制、政府职能、纠纷解决等内容。

11.5.3   农村金融与农业保险政策的协同提升

农村金融政策的执行，离不开宏观调控政策，同时也需要农业保险政策的协调。需要强调的是，这种宏观调控政策应该尽量控制在适度范围内，才能优化组合"投入—产出"的相互关系，实现成本节约化及农村金融、农业保险功能最大化。因此，农村金融与农业保险政策提升，必须把握好农村金融市场运行中的"六个度"。

第一，把握好市场决定度。一方面，发挥市场的基础性作用；另一方面，由于农村金融较于城市金融更具有弱质性，需要农业保险政策加以保障，这一特点决定了在给予一定市场决定作用的基础上，需要牢牢把握这个决定度。在培育新型农村金融机构、建设政策性保险体系等方面，政府起到了重要作用，政府需要出台各项政策，扶持、鼓励农村合作金融、社区金融以及政策性农业保险的发展。

第二，把握好政府干预度。发挥政府在农村金融发展中的干预调节作用，也要把握好政府干预的程度。政府过多的干预会导致农村金融市场活力不足，农业保险作用不能自由发挥，金融与保险抑制政策进一步蔓延，农村经济资金需求得不到满足（谷慎，2012）。相反，若政府放任农村金融与农业保险自行发展，市场经济的缺陷将会暴露无遗，这必然不利于我国农村金融与农业保险政策运行的高效化、可持续性。

第三，把握好规模效益度。在推动正规性农村金融机构与农业保险机构发展的同时，必须牢牢把握好规模效益度。首先，拓展四大商业银行在中西部的金融服务网点，鼓励以村镇银行为主的新型农村金融机构拓展业务范围。其次，调动民间力量的能动性，将部分非正规性农村金融机构的发展予以规范化、规模化，统筹不同金融机构之间的关系，协调多方利益关系。再次，农业保险的设立与发展需要结合农业生产经营的发展水平。最后，把握好农村金融机构发展的规模效益度。必须认清的是，任何类型、任何地区农村金融机构的发展，必须始终依据农村金融市场运行的最基本规律，切莫拔苗助长。

第四，把握好风险防范度。对农村金融与农业保险市场存在的各类型、各种类风险必须予以事先防范、预警，并及时采取应急措施，构建我国农村金融机构风险预警制度、风险防范和控制制度、风险评估制度、风险应急处理制度、风险防御制度等综合型风险评估体系。

第五，把握好利益协调度。一方面，建立我国农村金融、农业保险的利益分享、共享机制（焦方义和任嘉嵩，2013）。另一方面，建立我国农村金融、农业保险的利益补偿机制。需要运用政策性扶持手段，建立农村金融内部补偿机制，规定农村金融资源的本土化利用，明确金融资源应用于农业领域的专款专用，适当允许农村金融资源在不同的农业领域内小范围的流通。建立农村金融外部补偿机制，放宽贫困地区金融机构经营范围，采取综合性手段，对农村金融利益补偿机制予以补充，建立区域性的补偿基金，实行区别信贷政策，允许运行良好的金融机构拓宽融资渠道。此外，还可以充分借鉴国外经验，构建具有中国特色的信用担保体系，建立多元化担保模式，将信用担保、互助担保、商业担保等模式充分结合（Oloyede，2008）。

第六，把握好产业激励度。要紧紧围绕以下几个方面：首先，将龙头企业作为农业产业化主体、农村金融机构以及保险机构提供金融支持与风险保障的对象；其次，小额贷款公司、村镇银行、中国邮政储蓄银行、农村信用社必须成为专业经济组织、种植经营户、养殖经营户、个体商业资金支持的主要渠道；再次，农村资金互助合作社作为农村金融市场的重要力量，应在国家的大力支持下发展成为综合型新型农村金融组织；最后，政策性农业保险、巨灾保险等政策应当以促进农业产业化发展为出发点，为农业产业化提供必要的风险保障。同时，尝试构建农村金融、农业保险在促进农业产业化发展中的产业监测、产业安全预警等制度，以此保障农村金融与农业保险政策在推动农业产业化发展中的重要作用。

参考文献

安藤光义. 2013. 日本農業の構造変動— 2010 年農業センサス分析— . 东京：农林统计协会.

毕红霞，薛兴利. 2011. 财政支持农村社保的差异性及其有限责任. 改革，（2）：41-48.

毕玉文. 2013. 我国地方政府执行力提升研究. 山东师范大学硕士学位论文.

财政部财政科学研究所课题组. 2004. 中国的农业补贴：形势分析与政策建议. 经济研究参考，（75）：29-35.

财政部农村税收考察团. 1992. 巴西财政支持农业发展的政策. 财政，（4）：61.

蔡昉. 2007. 中国经济面临的转折及其对发展和改革的挑战. 中国社会科学，（3）：4-12，203.

蔡昉. 2010. 人口转变、人口红利与刘易斯转折点. 经济研究，（4）：4-13.

蔡昉，王德文，都阳. 2008. 改革与变迁：30 年历程和经验分析. 上海：格致出版社，上海：上海人民出版社.

蔡禹农. 2007. 欧盟的财政支农政策. 中国财政，（5）：78-79.

曹慧，翟雪玲，徐雪高，等. 2013. 我国主要农产品结构平衡研究. 宏观经济研究，（6）：9-14.

曹文婷. 2009. 我国农村金融政策的现状分析. 思想战线，（S2）：96-97.

陈宝江. 1992. 巴西农业的发展及其对我们的启示. 黑龙江社会科学，（2）：56-58.

陈华山. 1996. 当代美国农业经济研究. 武汉：武汉大学出版社.

陈惠萍，武拉平，王玉斌. 2010. 补贴政策对我国粮食生产的影响. 农业技术经济，（4）：100-106.

陈佳贵. 2010. 中国社会保障发展报告. 北京：社会科学文献出版社.

陈鹏，刘锡良. 2009. 当前农村金融利率机制是有效的吗？中国农村经济，（11）：39-50.

陈盛伟. 2010. 我国政策性农业保险的运行情况与发展对策. 农业经济问题，（3）：65-70，111.

陈锡文. 1995. 当前中国的粮食供求与价格问题. 中国农村经济，（1）：17-22.

陈锡文. 2000. 棉花流通体制和机制问题研究//刘 江. 21 世纪初中国农业发展战略. 北京：中国农业出版社.

陈锡文，赵阳，陈剑波，罗丹. 2009. 中国农村制度变迁 60 年. 北京：人民出版社.

陈晓峰. 2009-12-23. 巴西农业保险发展经验及其对中国的启示. 中国保险报.

陈雪琼. 2012. 惠农政策组织传播的困境与出路——基于科层制的分析. 华中科技大学硕士学位论文.

陈杨剑. 2012. 岳阳市农村"低保"政策执行偏差原因分析及对策调查研究. 中南大学硕士学位论文.

程国强，胡冰川，徐雪高. 2008. 新一轮农产品价格上涨的影响分析. 管理世界，（1）：57-62.

程国强，朱满德. 2012. 中国工业化中期阶段的农业补贴制度与政策选择. 管理世界，（1）：9-20.

程亿. 2006. 论"三农"政策执行中的障碍及其克服的路径选择. 求实，（3）：83-86.

程亿 . 2007. 现阶段我国惠农政策执行研究 . 南京师范大学硕士学位论文 .

崔海兴, 郑风田, 孔祥智 . 2009. 改革开放以来我国林业建设演变探析 . 林业经济, (2)：
　　38-43.

崔军萍 . 2001. 我国农村基层行政管理体制改革研究 . 郑州大学硕士学位论文 .

崔雪玲 . 2010. 正确认识、判断和对待当前的高棉价 . 农业展望, 6(11)：61-64.

崔元锋, 严立冬 . 2006. 基于 DEA 的财政农业支出资金绩效评价 . 农业经济问题, (9)：
　　37-39.

崔运政 . 2011. 财政分权与完善地方财政体制研究 . 财政部财政科学研究所博士学位论文 .

大须贺明 . 2000. 生存权论. 北京：法律出版社 .

代维维 . 2009. 史密斯政策执行模型在乡镇政府中的应用研究 . 辽宁大学硕士学位论文 .

邓大松 . 2007. 统筹发展城乡社会保障制度, 构建覆盖全民的社会保障体系 . 北京：和谐社会
　　构建与社会保障国际论坛 .

丁煌 . 2002. 我国现阶段政策执行阻滞及其防治对策的制度分析 . 政治研究, (1)：29-39.

董喜林 . 2003. 行政管理政策执行的制约因素及其对策 . 理论导刊, (5)：19-21.

杜传忠 . 2005. 政府规制俘获理论的最新发展 . 经济学动态, (11)：72-76.

杜彦坤 . 2004. 国家储备粮管理体制的国际比较与借鉴 . 农业经济问题, (10)：29-32.

杜正茂, 龙文军 . 2009. 我国农业保险政策实施的成效、问题及建议 . 中国农垦, (9)：47-51.

段志煌, 潘苏文 . 2012. 美国农业法案的历史评估 . 美国新农业法案及其对中国农业的影响 .
　　国际研讨会论文 .

方松海, 马晓河, 黄汉权 . 2008. 当前农产品价格上涨的原因分析 . 农业经济问题, (6)：
　　20-26.

冯光明 . 2008. 饲料同样涨, 德国猪肉为何不涨反跌 . 中国猪业, (1)：66-67.

冯明 . 2013. 猪肉价格波动的非对称性及其对 CPI 的影响 . 统计研究, (8)：63-68.

冯志强 . 2010. 日本粮食政策研究 . 粮食科技与经济, (35)：16-17.

服部信司 . 2010. 米政策の転換―米政策を総括し, 民主党「戸別所得補償制度」を考察する
　　―. 东京：农林统计协会 .

甘藏春 . 2014. 社会转型与中国土地管理制度改革 . 北京：中国发展出版社 .

高焕清 . 2012. 互动中的行动者与系统力：我国县级政府政策执行研究――基于 ASD 模型的
　　分析框架 . 华中师范大学博士学位论文 .

高圣平, 刘守英 . 2007. 集体建设用地进入市场：现实与法律困境 . 管理世界, (3)：158-159.

高用深, 权丽平 . 2002. 欧盟的农业政策及对我国的启示 . 山西财经大学学报, (12)：57-59.

高云才, 顾仲阳 . 2013-11-19. 中农办陈锡文详解十八届三中全会农村改革亮点 . 人民日报 .

高知县农业振兴部地区农业发展课 . 2013-11-15. 地域性を踏まえた日本型直接支払制度(仮
　　称)の創設 . http://www. pref. kochi. lg. jp.

耿晔强, 马海刚 . 2007. 巴西农业贸易政策发展演变及启示 . 世界农业, (8)：36-40.

龚学武 . 2009. 中国食糖进口贸易影响因素分析 . 江南大学硕士学位论文 .

顾和军, 纪月清 . 2008. 农业税减免政策对农民要素投入行为的影响 . 农业技术经济, (3)：
　　37-42.

谷慎.2012.西部农村金融的供求与均衡——基于双重二元结构约束与一体化金融制度安排.西安交通大学学报(社会科学版),(1):12-17.

关建波,谭砚文,汤慧.2013.12 年农业法案中农业支持政策的改革及对我国的启示.农村经济,(8):120-125.

郭春亮.2003.丹麦养猪及猪肉产业.养殖与饲料,(6):46-48.

国家统计局.2012.中国统计年鉴(2012).北京:中国统计出版社.

国家统计局.2014-05-12.2013 年全国农民工监测调查报告.http://www.stats.gov.cn/tjsj/zxfb/201405/t20140512_551585.html.

国家统计局农村社会经济调查司.2012.中国农村统计年鉴.北京:中国统计出版社.

郭书田.1995.消除农产品价格与通货膨胀关系上的误觉.中国农村经济,(1):14-15.

郭愫劼,徐宏源,田志宏.2008.2006 年以来本轮农产品价格变化研究综述.世界农业,(10):13-16.

国务院.2001-07-31.关于进一步深化棉花流通体制改革的意见.http://www.gov.cn/gong-bao/content/2001/content_60986.htm.

国务院办公厅.2013-02-16.关于落实中共中央国务院关于加快发展现代农业进一步增强农村发展活力若干意见有关政策分工的通知.

国务院发展研究中心课题组.2005.欧盟的农业和税收政策.税务研究,(6):90-95.

国务院研究室课题组.2006.中国农民工调研报告.北京:中国言实出版社.

韩波,赵永行.2008.试论政策执行主体内部沟通协调机制的建构.内蒙古农业大学学报(社会科学版),10(1):132-134.

韩长赋.2013.科学把握农业农村发展新形势.求是,(7):23-25.

韩俊江.2009.推进新型农村社会养老保险制度的几点建议.中国发展观察,(3):40-44.

韩艳丽.2012.新农村建设中基层政府执行力问题研究.吉林大学硕士学位论文.

何植民.2013.农村最低生活保障政策实施效果的主要影响因素分析.湘潭大学学报(哲学社会科学版),(11):81-85.

何植民,温婷,王旭敏.2013.农村最低生活保障政策实施的现状、问题及对策建议——基于中部地区 Y 县的实地考察.山东行政学院学报,(12):32-36.

胡冰川,徐枫,董晓霞.2009.国际农产品价格波动因素分析——基于时间序列的经济计量模型.中国农村经济,(7):86-95.

胡华平,李崇光.2010.农产品垂直价格传递与纵向市场联结.农业经济问题,(1):10-17.

胡象明.1996.地方政策执行:模式与效果.经济研究参考,(16):39-42.

黄付生.2012-06-20.储备肉政策对猪肉价格的影响.中信建设证券.

黄季焜,等.2008.制度变迁和可持续发展:30 年中国农业与农村.上海:上海人民出版社.

黄季焜,王晓兵,智华勇,等.2011.粮食直补和农资综合补贴对农业生产的影响.农业技术经济,(1):4-12.

黄景章.2005.农村固定资产投资:现状、作用、对策.农村经济,(11):67-69.

黄珺,顾海英,朱国玮.2006.农产品价格、合作社与农民增收的经济学分析.生产力研究,(6):58-59.

黄世贤.2003.解决"三农"问题必须有效执行农业政策.国家行政学院学报,(6):44-47.

黄英君.2009.中国农业保险制度的变迁与创新.保险研究,(2):54-58.

黄英君.2011.中国农业保险发展的历史演进:政府职责与制度变迁的视角.经济社会体制比较(双月刊),(6):174-181.

黄玉兰.2007.我国新农村政策执行的障碍与消解.党政干部论坛,(1):12-13.

黄振华.2011."三下乡"政策:反响、绩效及其比较——基于全国20省(区、市)68村1942户农户的调查.中国农村经济,(9):60-65.

回良玉.2008.新形势下推进农村改革发展的纲领性文件.北京:人民出版社.

贾康.2005.地方财政问题研究.北京:中国财政经济出版社.

贾康,冯俏彬.2004.中国财政管理体制改革10年回顾.中国财经信息资料,(2):20-28.

贾康,于长革.2010."省管县"财政改革的意义、内容与相关建议//中国财政学会.中国县域财政——省管县财政体制改革理论与实践探索专辑(2010).北京:中国财政经济出版社.

贾雅茹.2011.乡镇政府公共政策执行研究——以X镇为例.中央民族大学硕士学位论文.

姜长云.2011.我国农产品价格变化趋与对策.宏观经济管理,(7):32-33.

蒋建新.2011.大部门体制改革研究:理论探究、实践反思与对策建议.中国海洋大学硕士学位论文.

姜新旺.2008.关于村域金融转型的思考.农业经济问题,(9):16-22,110.

江治强,李将军.2008.我国农村社会保障制度的发展议题与政策取向.甘肃社会科学,(2):215-219.

蒋中一.2008.农村合作医疗制度的发展和取得的成效.经济研究参考,(32):7-12.

焦方义,任嘉嵩.2013.金融生态系统中农村金融企业动态能力的重要影响因子研究.当代经济研究,(1):70-75.

焦国华.2003.分税制财政体制:评价与建议.财经论丛,(6):31-40.

焦念民.2001.WTO与中国糖业.中国甜菜糖业,(4):25-31.

焦念民.2003.从世界各国糖业政策看中国糖业立法的必要性.广西轻工业,(4):5-8.

焦震衡.1996.巴西农业的发展和问题.国际社会与经济,(9):18-20.

经济合作与发展组织.2005.中国农业政策回顾与评价.李先德译.北京:中国经济出版社.

经济学人智库中国研究团队.2014.2030年的中国城市化.上海经济,(10):4-11.

柯柄生.1991.我国粮食市场上的价格信号问题.中国农村经济,(6):23-27.

柯炳生,韩一军.2003.世贸组织中的关税配额问题与中国的对策研究.中国农村经济,(4):4-11.

柯红云.2008.当代中国县级行政管理体制改革问题研究.华中师范大学硕士学位论文.

孔凡斌,张利国,陈建成.2010.我国生态补偿政策法律制度的特征、体系与评价研究.北京林业大学学报(社会科学版),9(1):41-47.

孔荣,梁永.2009.农村固定资产投资对农民收入影响的实证研究.农业技术经济,(4):47-52.

李秉龙,乔娟.1994.农业政策执行中的失真问题.经济纵横,(9):22-25.

李长健.2005.论农民权益的经济法保护——以利益与利益机制为视角.中国法学,(3):

120-134.

李昌健, 郭沛, 李奇剑. 2007. 农业行政管理体制改革有待深化——对四川、湖北调研的思考. 农村工作通讯, (10): 25-27.

李长健, 李元. 2011. 农产品价格: 问题、原因与应对. 理论探索, (6): 62-66.

李长健, 罗洁. 2013. 基于金融发展权的农村合作金融立法初探. 经济法论丛, (1): 224-251.

李长健, 邵江婷. 2010. 基于农民权益保护的倾斜性权利配置研究——以利益和利益机制为视角. 吉首大学学报(社会科学版), (1): 120-125.

李长健, 张红展. 2013. 后危机时代金融消费者法律保护的审视及其改进. 区域金融研究, (4): 14-18.

李长健, 朱维维. 2014. 农村金融生态系统多元耦合机制构建与发展策略研究. 华中农业大学学报(哲学社会科学版), (3): 59-68.

李成贵. 1996. 中国农业政策执行中的问题. 经济学家, (1): 83-88.

李成贵. 1999. 中国农业政策: 理论框架与政策分析. 北京: 社会科学文献出版社.

李成贵. 2002. 中国大米政策分析. 中国农村经济, (9): 55-59.

李国祥. 2003. 2003 年农业农村经济形势分析与预测. 中国经贸导刊, (7): 16.

李国祥. 2008. 全球农产品价格上涨及其对中国农产品价格的影响. 农业展望, 4(7): 32-35.

李国祥. 2011. 2003 年以来中国农产品价格上涨分析. 中国农村经济, (2): 11-21.

李海平. 2008. 论我国农村金融政策支持体系的建设. 中央财经大学学报, (5): 28-32.

李汉才. 2008. 农村金融与农业保险互动关系研究及行为主体间的博弈分析. 农业经济, (9): 76-77.

李和森. 2011. 中国农村医疗保障制度研究. 北京: 经济科学出版社.

李宏. 2006. 金融管制的经济学分析. 财经研究, (1): 65-72, 83.

李焕彰, 钱忠好. 2004. 财政支农政策与中国农业增长: 因果与结构分析. 中国农村经济, (8): 38-43.

李加江. 2012. 我国农村基础设施投资对农村经济发展的作用. 经济研究导刊, (3): 47-50.

李佳路. 2010. 扶贫项目的减贫效果评估: 对 30 个国家扶贫开发重点县调查. 公共管理, (8): 125-132.

李澜, 李阳. 2009. 我国农业劳动力老龄化问题研究——基于全国第二次农业普查数据的分析. 农业经济问题, (6): 61-66, 111.

李磊, 肖光年. 2011. "菜贱伤农"与"菜贵伤民"——探讨我国鲜活农产品价格过度波动的对策. 价格理论与实践, (5): 28-29.

李冉, 陈洁. 2013a. 美国人怎么养猪. 农产品市场周刊, (3): 20-25.

李冉, 陈洁. 2013b. 美国生猪养殖业现状、特点及发展经验. 世界农业, (5): 13-17.

李瑞锋, 郭大, 辛贤. 2009. 中国农村义务教育投入: 现状及政策建议. 北京: 中国农业大学出版社.

李圣军, 孔祥智. 2013. 政府储备调控对猪肉价格的影响研究. 中国物价, (8): 70-73.

李爽. 2007. 中国乡镇行政管理体制改革探析——以发达省份欠发达地区乡镇为例. 南京农业大学硕士学位论文.

李炜光.2008.分税制的完善在于财权与事权的统一.税务研究,(4):13-15.

李先德,宗义湘.2005.中国农业支持水平衡量与评价.农业经济问题,(S1):19-26.

李先德,宗义湘,闫琰.2011.巴西农业支持水平及支持政策分析——基于OECD最新农业政策分析框架.财贸研究,(4):51-58.

李晓军,张英魁.2008.中国教育政策执行的内涵、机制与效果评估.辽宁教育研究,(6):30-33.

李小云,唐丽霞,张雪梅.2007.我国财政扶贫资金投入机制分析.农业经济问题,(10):77-82,112.

李岳云,蒋乃华,郭忠兴.2001.中国粮食波动论.北京:中国农业出版社.

李志军,刘海燕,刘继生.2010.中国农村基础设施建设投入不平衡性研究.地理科学,(6):839~846.

李芝兰,吴理财.2005."倒逼"还是反"倒逼"——农村税费改革前后中央与地方之间的互动.社会学研究,(4):44-63.

李卓民.2005.我国乡镇行政管理体制改革研究.湖南农业大学大学硕士学位论文.

梁田庚.2006.我国农业行政管理体制创新研究.福建农林大学大学硕士学位论文.

廖洪乐.2002.农户的调地意愿及影响因素分析.农业经济问题,(9):6-10.

廖洪乐.2003.农村承包地调整.中国农村观察,(1):46-54.

廖洪乐.2007.我国农村集体土地所有制的稳定与完善.管理世界,(11):63-70.

廖洪乐.2012.农户兼业及其对农地承包经营权流转的影响.管理世界,(5):62-70.

廖洪乐.2014.征地制度改革不能只改《土地管理法》.土地科学动态,(2):63-67.

廖翼,周发明.2012.我国生猪价格调控政策运行机制和效果及政策建议.农业现代化研究,(4):30-34.

林培.1997.基本农田保护的几个基本问题.中国土地科学,(1):22.

林如萱,冷彤.2007-04-13.美国大米靠政府补贴"暗算"墨西哥水稻.经济参考报.

林万龙,张莉琴.2004.农业产业化龙头企业政府财税补贴政策效率:基于农业上市公司的案例研究.中国农村经济,(10):33-40.

林毅夫.2011.加强农村基础设施建设 启动农村市场.农业经济问题,(7):2-3.

刘兵.2009.地方政府政策执行力提升路径研究——以江西省湖口县为例.广州大学大学硕士学位论文.

刘伯龙,竺乾威,何秋祥.2011.中国农村公共政策:政策执行的实证研究.上海:复旦大学出版社.

刘纯彬,桑铁柱.2010.农村金融发展与农村收入分配:理论与证据.经济研究,(12):37-46.

刘东红.2013.省直管县财政体制改革研究.首都经济贸易大学大学硕士学位论文.

刘涵.2008.财政支农支出对农业经济增长影响的实证分析.农业经济问题,(10):30-35.

刘汉成,夏亚华.2011.现阶段农产品价格波动的实证分析与政策建议.生态经济,(7):117-120.

刘虹,黄小兵,山乡.2010.我国农村基础设施建设与发展对策研究.小城镇建设,(10):

57-60.

刘鸿儒，等. 2009. 变革——中国金融体制发展六十年. 北京：中国金融出版社.

刘加林. 2012. 日本农业政策演化过程及其对我国的启示. 黄冈师范学院学报，3(4)：
132-135.

刘江. 2000. 21世纪初中国农业发展战略. 北京：中国农业出版社.

刘素荣. 2008. 浅论国际石油价格风险影响因素及预警机制的建立. 价格月刊，(3)：12-14.

刘涛. 2011. 三级供应链下农产品价格上涨的博弈分析及对策研究. 安徽农业科学，(35)：
22, 53-54, 58.

刘玺光. 2012. 对《棉花临时收储预案》的几点认识和建议. 中国棉麻流通经济，(6)：18-20.

刘一砂. 2012. 浅析巴西农业信贷政策及效果影响. 经济视角(上)，(5)：39-40.

刘颖. 2008. 国外粮食流通体制比较与启示. 世界农业，(1)：34-36.

刘英茹. 2002. 论政策执行中的沟通与协调. 行政论坛，(3)：41-42.

卢锋. 2004. 半周期改革现象(我国粮棉流通改革和食物安全研究). 北京：北京大学出版社.

卢锋，彭凯翔. 2002. 中国粮价与通货膨胀关系(1987—1999). 经济学，1(4)：821-836.

卢鸿鹏，徐小怡. 2007. 中国城乡二元金融结构的原因分析. 改革与战略，(6)：71-73.

陆福兴. 2011-05-03. 一号文件贯彻落实要有问责制. 中国妇女报.

陆娅楠. 2013-07-01. 棉花危机重创纺织业. 人民日报.

罗锋，牛宝俊. 2011. 入世以来我国农产品价格波动之原因考察. 江西财经大学学报，(5)：
78-86.

罗万纯. 2011. 中国农村政策效果评价及影响因素分析——基于村干部视角. 中国农村经济，
(1)：15-26.

罗莹，余艳锋，戴天放. 2009. 农村政策制定与执行中存在的问题及消解思路. 农村经济，
(5)：20-22.

吕杰，綦颖. 2007. 生猪市场价格周期性波动的经济学分析. 农业经济问题，(7)：89-92.

吕炜. 2003. 1998年以来财政体制与政策的宏观评价. 财贸经济，(3)：29-34.

马光霞. 2005. 中国糖业进出口格局和规模分析. 世界农业，(3)：25-27.

马桂兰. 2011. 交易链模型下农产品价格上涨原因与对策. 财会月刊，(27)：29-31.

马建蕾，韩一军，刘岩. 2011. 对棉花价格剧烈波动的分析及建议. 中国棉麻流通，(6)：
35-38.

马亚娟，郭丽珍，许玉贵. 2012. 我国生猪价格波动的特点与调控对策. 中国市场，(48)：
52-54.

马有祥. 2008. 国外农业行政管理体制研究. 北京：中国农业出版社.

孟晓静，翟桂玉，尹旭升，等. 2012. 规模高效的德国养猪业. 当代畜牧，(2)：51-52.

孟昭智，杨学成，汪冬梅，等. 2000. 河南农村土地承包30年不变政策执行情况的实证研究.
中州学刊，(6)：26-29.

米运生，戴文浪，董丽. 2013. 农村金融的新范式：金融联结——比较优势与市场微观结构.
财经研究，(5)：112-122.

米运生，董杰，陈勋. 2012. 规制失灵与农村金融市场的双重迷失：法哲学-经济学的视角. 经

济评论，（4）：5-14.

倪洪兴，农业部农业贸易促进中心.2009.农业贸易研究2004—2009.北京：中国农业出版社.

倪洪兴.2008.农业贸易政策选择应注意的六大误区.农业经济问题，（6）：27-32.

倪洪兴.2013.中国农业支持政策研究.ICTSD农业贸易及可持续发展项目第47号研究报告.

牛盾.2012.国际农业研究报告(2012).北京：中国农业出版社.

农业部蹲点调查办公室.1993.农业新政策执行情况与原因分析.经济研究参考，（7）：390-908.

农业部赴欧盟农业政策考察团.2012.欧盟农业政策调整新趋势.农村工作通讯，（19）：45-47.

农业部农村经济研究中心.2014.中国农村政策执行报告(2009—2013).北京：中国农业出版社.

农业部农业产业化办公室，农业部农村经济研究中心.2008.中国农业产业化发展报告.北京：中国农业出版社.

农业部农业产业化办公室，农业部农村经济研究中心.2012."十一五"农业产业化发展报告.北京：中国农业出版社.

农业部畜牧业司.2011.我国生猪生产和价格波动情况的分析.猪业经济，（12）：6-8.

潘苏，熊启泉.2011.国际粮价对国内粮价传递效应研究——以大米、小麦和玉米为例.国际贸易问题，（10）：3-13.

彭超.2012.美国2014年农业法案的市场化改革趋势.世界农业，（5）：77-81.

彭超，潘苏文，段志煌.2012.美国农业补贴政策改革的趋势：新农业法案的动向、诱因及其影响.农业经济问题，（11）：104-109.

綦颖，宋连喜.2006.生猪市场价格周期性波动的原因分析与缓解对策.中国畜牧杂志，（16）：4-7.

秦秀红.2012.农业产业化与农村金融创新的关联性研究.统计与决策，（10）：136-138.

仇焕广，严健标，蔡亚庆，等.2012.我国专业畜禽养殖的污染排放与治理对策分析——基于五省调查的实证研究.农业技术经济，（5）：29-35.

邱天朝.2009.关于完善农业行政管理体制的几点建议.中国经贸导刊，（19）：13-14.

荣敬本，崔之元，王拴正，等.1998.从压力型体制向民主合作型体制的转变：县乡两级政治体制改革.北京：中央编译出版社.

单飞跃，范锐敏.2009.农民发展权探源——从制约农民发展的问题引入.上海财经大学学报，（10）：136-138.

山下一仁.2001.わかりやすい中山間地域等直接支払制度の解説.东京：大成出版社.

沈晖，张兵.2008.中国猪肉进出口贸易格局分析.现代经济，（10）：1-8.

沈坤荣，张觌.2007.中国农村公共支出及绩效分析——基于农民收入增长和城乡收入差距的经验研究.农业经济导刊，（5）：30-40.

沈荣华.2008.纵向行政体制改革的思考.中国行政管理，（9）：14-17.

施莱贝克尔 J T.1981.美国农业史(1607—1972年)——我们是怎样兴旺起来的.高田等译.北京：农业出版社.

十七届三中全会.2008.中共中央关于推进农村改革发展若干重大问题的决定.北京：人民出版社.

石佑启，杨治坤．2010．论我国行政组织结构的优化．湖北民族学院学报（哲学社会科学版），28(1)：99-106.

税尚楠．2008．世界农产品价格波动的新态势：动因和趋势探讨．农业经济问题，(6)：14-19.

司伟．2005．全球化背景下的中国糖业：价格、成本与技术效率．中国农业大学博士学位论文．

宋洪远．1998．中国农业政策与涉农部门行为．北京：中国财政经济出版社．

宋洪远．1999．农业政策推行中的涉农部门行为问题//农业部农村经济研究中心．中国农村研究(1990—1998)．北京：中国财政经济出版社．

宋洪远．2002．"九五"时期农业和农村政策回顾与评价．北京：中国农业出版社．

宋洪远．2006．"十五"时期农业和农村政策回顾与评价．北京：中国农业出版社．

宋洪远．2008a．加强农村制度建设　推进农村改革发展．教学与研究，(12)：1-6.

宋洪远．2008b．中国农村改革三十年．北京：中国农业出版社．

宋洪远．2010．"十一五"时期农业和农村政策回顾与评价．北京：中国农业出版社．

宋洪远．2012．中国农村形势政策读本．北京：中国农业出版社．

宋洪远，等．2000．改革以来中国农业和农村经济政策的演变．北京：中国经济出版社．

宋洪远，等．2002．"九五"时期的农业和农村政策．北京：中国农业出版社．

宋洪远，等．2006．"十五"时期农业和农村政策回顾与评价．北京：中国农业出版社．

宋洪远，等．2010．"十一五"时期农业和农村政策回顾与评价．北京：中国农业出版社．

宋莉莉，马晓春，王秀东．2010．近期食用农产品价格持续上涨原因探析．农业经济，(11)：73-75.

苏明．2002．我国财政支持农业的政策取向．财政研究，(9)：23-27.

孙慧钧．2008．从CPI看我国物价上涨的成因和走势．价格理论与实践，(4)：27-28.

孙士鑫．2011．构建新农村公共文化服务体系的基本理论分析．当代经济，(13)：146-147.

孙增翠．2011．税费改革后中国乡镇政府职能转变的困境和对策．曲阜师范大学博士学位论文．

谭秋成．2008．农村政策为什么在执行中容易走样．中国农村观察，(7)：2-17, 80.

谭向勇，柯炳繁．1998．美国玉米加工业发展状况．农业技术经济，(5)：14-17.

谭砚文．2009．美国2008新农业法案中的棉花补贴政策及其启示．农业经济问题，30(4)：103-109.

谭砚文，关建波．2013．宏观经济因素、消费需求、市场信息与棉花市场价格波动．农业技术经济，(8)：12-22.

谭砚文，温思美，孙良媛．2006．棉花储备在市场风险管理中的作用及中国的棉花储备问题．中国农业技术经济，(1)：24-29.

谭莹．2011．我国猪肉供给的驱动因素及补贴政策分析．农业经济问题，(9)：52-57.

唐园结，孙林．2012．黄金十年——党的十六大以来强农惠农富农政策轨迹．北京：中国农业出版社．

陶群山．2010．欧盟共同农业政策的演变及启示．重庆社会科学，(4)：26-30.

田春雷．2012．金融资源公平配置与金融监管法律制度的完善．法学杂志，(4)：147-151.

田瑞华．2008．政府内部行政沟通存在的障碍及有效性分析．公共管理，(2)：37-39.

田秀娟，侯建林，董竹敏．2010．农民对新型合作医疗制度的综合评价．中国农村经济，(5)：

86-96.

田银香 . 2010. 地方政府在新农村建设中的公共关系失位问题研究——以山西省朔州市为例 . 长春工业大学硕士学位论文 .

田志宏, 王凯园, 王伟 . 2000. 关税配额的经济理论与政策分析 . 中国农业大学学报, (4)：15-19.

涂圣伟, 蓝海涛 . 2013. 我国重要农产品价格波动、价格调控及其政策效果 . 改革, (12)：41-51.

万小妹, 罗安军 . 2007. 不稳定粮食价格的成因及影响分析 . 国际经贸探索, (1)：41-46.

汪三贵 . 2007. 中国的农村扶贫：回顾与展望 . 农业展望, (1)：6-8.

汪三贵 . 2008. 在发展中战胜贫困——对中国 30 年大规模减贫经验的总结与评价 . 管理世界, (11)：78-88.

汪三贵, 张伟宾 . 2012. 农村扶贫政策与居民收入分配//中国发展研究基金会 . 转折期的中国收入分配：中国收入分配相关政策的影响评估 . 北京：中国发展出版社 .

汪小亚 . 2009. 农村金融体制改革研究 . 北京：中国金融出版社 .

王德文 . 2002. 美国新农业法案的内容、特点及其影响 . 世界农业, (9)：4-7.

王芳, 陈俊安 . 2009. 中国养猪业价格波动的传导机制分析 . 中国农村经济, (7)：31-41.

王桂玲 . 2008. 城乡一体化进程中的政府行政管理体制创新 . 山东大学硕士学位论文 .

王国红 . 2004. 政策执行中的政策规避研究 . 中共中央党校博士学位论文 .

王含春, 周明德, 李文兴 . 2008. 政府规制俘获产生的原因及对策 . 管理现代化, (2)：42-44.

王华玲 . 2012. 金融管制悖论与中小企业融资困境分析 . 学术问题研究, (1)：12-16.

王杰敏 . 2005. 农村政策执行的制约因素及对策探讨 . 北京航空航天大学学报（社会科学版）, (6)：36-40.

王璐媛 . 2007. 我国农村改革政策执行的制约因素分析 . 河北企业, (11)：36-37.

王欧, 等 . 2014. 基于农户微观观察的"三农"政策执行评估与满意度评价 . 北京：中国农业出版社 .

王欧, 宋洪远 . 2005. 建立农业生态补偿机制的探讨 . 农业经济问题, (6)：23-28.

王欧, 杨进 . 2014. 农业补贴对中国农户粮食生产的影响 . 中国农村经济, (5)：20-28.

王然 . 2007. 美国与巴西农业发展对我国的启示 . 农村经济, (11)：127-129.

王世群, 何秀荣, 王成军 . 2012. 美国食品与营养援助政策及其对中国的启示 . 世界农业, (1)：50-54.

王曙光 . 2007. 经济转型中的金融制度演进 . 北京：北京大学出版社 .

王小映 . 2003. 全面保护农民的土地财产权益 . 中国农村经济, (10)：9-16.

王新美 . 2009. 财政与行政管理层级关系的探究——透视浙江省"省管县"财政管理体制 . 浙江大学硕士学位论文 .

王秀清, Weldegebriel H T, Rayner A J. 2007. 纵向关联市场间的价格传递 . 经济学（季刊）, (3)：85-98.

王学忠 . 2009. 美国、日本农业技术推广体系立法的经验与借鉴 . 科技与法律, (2)：18-21.

王雅芬, 马红霞 . 1991. 90 年代美国农业政策的改革及其影响 . 湖湘论坛, (1)：19-21.

王彦炯.2010.我国猪肉价格波动及调控政策研究.中国农业科学院硕士学位论文.

王颖,陆磊.2012.普惠制金融体系与金融稳定.金融发展研究,(1):4-10.

王永春.2004.世贸组织框架下我国农业行政管理体系改革研究.中国农业科学院博士学位论文.

王展祥.2011.欧盟共同农业政策的债券计划及启示.经济纵横,(5):102-105.

王忠,叶良均.2011."金砖四国"农业支持水平比较研究.安徽农业大学学报(社会科学版),(2):15-19.

魏锴,杨礼胜,张昭.2013.对我国农业技术引进问题的政策思考——兼论农业技术进步的路径选择.农业经济问题,(4):35-41.

魏来,陈宏,张洁.2009.产业链价格波及效应的不对称传递.系统工程理论与实践,(7):1-7.

温皓杰,张领先,傅泽田.2008.欧盟农业国内支持水平及政策.世界农业,(5):22-24.

吴丽娟.2006.论行政沟通对政策执行的影响.湖南财经高等专科学校学报,(4):36-38.

吴刘杰.2008.论当前我国分税制财政管理体制面临的主要问题及应对策略.经济研究导刊,(5):27-28.

吴明.2012.中央政府重大民生政策的执行保障研究.南京航空航天大学硕士学位论文.

希尔 M,修普 P.2012.执行公共政策.黄建荣,等译.北京:商务印书馆.

肖海峰,李瑞峰,王姣.2005.农民对粮食直接补贴政策的评价与期望——基于河南、辽宁农户问卷调查的分析.中国农村经济,(3):18-23.

肖顺武.2006.论耕地保护法律制度之完善——基于粮食安全视角的解析.西南政法大学学报,(4):59-64.

小田切德美.2000.中山間地域の現局面と新たな政策課題—新基本法? 直接支払政策導入下において—.农林业问题,(137):137.

谢来位.2010a.惠农政策"自上而下"执行的问题及对策研究.经济体制改革,(2):74-75.

谢来位.2010b.惠农政策执行效力提升路径研究.云南行政学院学报,(6):100-105.

谢平.2013.新世纪以来农村金融改革研究.北京:中国金融出版社.

谢炜.2009.中国公共政策执行中的利益关系研究.上海:学林出版社.

新华社.2008-10-20.《中共中央关于推进农村改革发展若干重大问题的决定》诞生记.http://news.xinhuanet.com/newscenter/2008-10/20/content_10223211.htm.

新华社.2010-02-03.承载亿万农民新期待——2010 年中央一号文件诞生记.http://news.xinhuanet.com/politics/2010-02/03/content_12924690_3.htm.

辛贤,谭向勇.2000.农产品价格的放大效应研究.中国农村观察,(1):52-57.

辛翔飞,王济民.2011.粮食补贴政策研究综述.农业经济,(9):3-5.

熊桓.2010.农村金融体系变迁与农村金融制度创新路径研究.西南财经大学硕士学位论文.

徐更生.1996.美国新农业法:取消价格和收入补贴.比较与借鉴,(5):122-126.

徐更生.2007.美国农业政策.北京:经济管理出版社.

许继芳.2003.地方利益对地方执行中央政策的影响及对策.苏州大学硕士学位论文.

徐毅.2012.欧盟共同农业政策改革与绩效研究.武汉大学博士学位论文.

许丹丹.2013.中国农村金融可持续发展问题研究.吉林大学博士学位论文.

徐钝.2010.行政沟通改革的三重路径.辽宁行政学院学报,(4):5-6.

闫金喜,齐杰.2004.当前我区农牧业税减免政策执行中遇到的困难和问题.内蒙古统计,(5):7-8.

严岩.2006.欧盟新农业政策对中国的启示.上海农村经济,(5):38-41.

杨军.2012.农村金融供需矛盾探析.农业经济,(7):98-99.

杨军,程申,杨博琼,等.2013.日韩粮食消费结构变化特征及对我国未来农产品需求的启示.中国软科学,(1):24-31.

杨军,黄季焜,仇焕广.2011.国外农产品价格变化对国内价格的影响.中国金融,(22):62-63.

杨军,黄季焜.2011.国外农产品价格变化对国内价格的影响.中国金融,(22):62-63.

杨丽.2011.影响国内农产品价格波动的因素及其趋势分析.现代财经:天津财经学院学报,(5):41-47.

阳璐琼.2013.改革开放以来我国惠农政策执行困扰及其对策分析.湖南行政学院学报,(1):15-19.

杨燕,刘渝琳.2006.中国粮食进口贸易中"大国效应"的扭曲及实证分析.对外经济贸易大学学报,(4):27-31.

叶剑平,蒋妍,丰雷.2006.中国农村土地流转市场的调查研究.中国农村观察,(4):48-55.

尹建华,单外平,徐立成.2011.家电下乡的政策效应评估与分析——基于农户政策感知的实证调查.农村经济,(3):42-46.

于爱芝,郑少华.2013.我国猪肉产业链价格的非对称传递研究.农业技术经济,(9):35-41.

于立安.2012.21世纪欧盟共同农业政策发展研究.昆明:云南大学硕士学位论文.

余瑞先.2006.欧盟解决三农问题的若干举措.科学社会主义,(1):108-111.

俞晓波.2011.从层级制到扁平化的行政管理体制变革——以上海浦东模式为例//中国行政管理学会2011年年会暨"加强行政管理研究,推动政府体制改革"研讨会论文集.

禹元.2013.农村可再生能源开发利用现状及存在的问题与应对措施.北京农业,(9):278.

元成斌,薛建良.2012.发达国家粮食政策及对我国的借鉴.农业经济,(3):11-13.

苑鹏.2009.农民专业合作社的财政扶持政策研究.经济研究参考,(41):3-11.

岳德荣,王曙明,郭中校,等.2008.巴西农业生产与科研推广体系.农业科技管理,(10):5-7.

臧俊梅,王万茂,李边疆.2007.我国基本农田保护制度的政策评价与完善研究.中国人口·资源与环境,17(2):105-110.

翟雪玲,何秀荣.2003.日本的农业支持水平与结构.调研世界,(6):23-25.

张海宁.2007.农业产业化龙头企业政府财税补贴政策效率研究.南京农业大学硕士学位论文.

张红宇.2003.中国农业管理体制:问题与前景——相关的国际经验与启示.管理世界,(7):90-109.

张红宇,陈良彪.2004.巴西农民收入支持政策及启示.世界农业,(10):10.

张红宇,赵长保.2008.中国农业政策的基本框架.北京:中国财政经济出版社.

张健华.2013.中国通货膨胀走势和应对策略研究.北京:科学出版社.

张金梅.2012.陕西省惠农政策执行绩效评价及对策研究——基于农户满意度视角.西北农林科技大学硕士学位论文.

张静贞.2012.美国新农业法案对国际粮价的可能影响//美国新农业法案及其对中国农业的影响国际研讨会论文集.

张俊.2007.城市土地增值收益分配问题研究.北京:地质出版社.

张骏生.2006.公共政策的有效执行.北京:清华大学出版社.

张莉维.2013.浅谈棉花临时收储政策.经济师,(8):39-40.

张利庠,张喜才.2011.我国农业产业链中价格波动的传导与调控机制研究.经济理论与经济管理,(1):104-112.

张梅,刘国民.2012.基于现代农业视角的农业行政管理体制创新研究.北京:中国农业出版社.

张森根,高铦.1986.拉丁美洲经济.北京:人民出版社.

张颖,李岩.2007.农业管理体制改革问题探讨.山西财经,(4):42-46.

张照新,陈金强.2007.我国粮食补贴政策框架、问题及政策建议.农业经济问题,(7):11-16.

张智先.2009.国家粮油收储政策回顾与分析.粮食与油脂,(8):32-34.

赵慧娥.2004.世界大米贸易变化趋势及主要贸易国的政策分析.世界农业,(12):4-7.

赵芝俊.2004.开放条件下利用国际贸易促进我国粮食安全的必要性、可能性和贸易战略研究.内部报告.

郑风田.2011.巴西农业为什么创造了奇迹.农村工作通讯,(4):62-63.

郑有贵.2009.目标与路径:中国共产党"三农"理论与实践60年.长沙:湖南人民出版社.

郑有贵,李成贵.2008.一号文件与中国农村改革.合肥:安徽人民出版社.

中华人民共和国工业和信息化部.2013-02-07.2012年我国纺织工业运行形势分析.http://www.miit.gov.cn/n11293472/n11293832/n11294132/n12858432/n12858658/15179356.html.

中国人民银行课题组.2011.我国农产品价格上涨机制研究.经济学动态,(3):4-11.

中国人民银行农村金融服务研究小组.2008.中国农村金融服务报告2008.北京:中国金融出版社.

中国人民银行农村金融服务研究小组.2011.中国农村金融服务报告2010.北京:中国金融出版社.

钟甫宁.2009.农业政策学.北京:中国农业出版社.

钟甫宁,顾和军,纪月清.2008.农民角色分化与农业补贴政策的收入分配效应.管理世界,(5):65-76.

钟太洋,黄贤金,陈逸.2012.基本农田保护政策的耕地保护效果评价.中国人口·资源与环境,(1):90-95.

周发明,廖翼.2012.我国生猪价格波动及其调控政策评价:一个文献综述.湖南社会科学,(1):156-160.

周飞舟.2006.分税制十年:制度及其影响.中国社会科学,(6):100-115.

周红岩,唐羽,夏番.2008.价格异动凸显农产品市场调控机制缺陷——对稳定农产品价格的深层思考.金融与经济,(12):53-56.

周建国 . 2009. 农民发展权的法律保护探讨 . 安徽农业科学，（9）：62-65.

周世秀 . 2001. 巴西历史与现代化研究 . 石家庄：河北人民出版社 .

朱建华，洪必刚 . 2010a. 农村金融支持农业产业化经营研究——湖南实证 . 区域金融研究，（3）：67-71.

朱建华，洪必纲 . 2010b. 试论农业产业化与农村金融改革的良性互动 . 财经问题研究，（7）：122-125.

朱文清 . 2009. 美国休耕保护项目问题研究 . 林业经济，（12）：80-83.

朱焰，余万林 . 2013. 关于农业保险政策创新的思考 . 科技信息，（23）：185-186.

宗义湘，李先德 . 2005. 农业支持水平测算技术评析 . 农业现代化研究，（26）：162-165，1691.

宗义湘，李先德 . 2006. 中国"三农"政策对农业支持水平的评估 . 中国软科学，（7）：33-41.

宗义湘，闫琰，李先德 . 2011. 巴西农业支持水平及支持政策分析——基于 OECD 最新农业政策分析框架 . 财贸研究，（2）：51-58.

邹彩芬，许家林 . 2006. 政府财税补贴政策对农业上市公司绩效影响实证分析 . 产业经济研究，（3）：53-59.

邹洋 . 2011. 美国政府直接支付对农业生产和出口的影响 . 农业技术经济，（7）：113-118.

Allison G T. 1971. Essence of Decision. Boston：Little Brown.

Apergis N，Rezitis A N. 2006. Agricultural price volatitiy spillover effects：the case of greece. European Review of Agricultural Economics，30(3)：389-406.

Baek J，Koo W W. 2010. Analyzing factors affecting US food price inflation. Canadian Journal of Agricultural Economics/Revue Canadienne D'Agroeconomie，58(3)：303-320.

Barry K G，Ashok K M. 2005. Another look at decoupling：additional evidence on the production effects of direct payments. American Journal of Agricultural Economics，87(5)：1200-1210.

Benjamin C，Roux Y L，Phimister E. 2006. Direct payments versus interest rate subsidies to new farmers：a simulation analysis of alternative farm set-up polices in france. Land Use Policy，23：311-322.

Cantore N，Kennan J，Page S. 2011. CAP Reform and Development：Introduction，Reform Options and Suggestions for Further Research. London：Overseas Development Institute.

Chite R M. 2012. Previewing the next farm bill. Congressional Research Service Report for Congress，R42357.

Clark J M. 1934. Strategic Factors in Business Cycles. New York：National Bureau of Economic Research，Inc.

Conceicao P，Mendoza R U. 2009. Anatomy of the global food crisis. Third World Quarterly，30(6)：1159-1182.

Coyle W. 2008. The future of biofuels：a global perspective. Amber Waves，27(1)：22-29.

Gohin A. 2006. Assessing CAP reform：sensitivity of modeling decoupled policies. Journal of Agricultural Economics，57：415-440.

Hansen A H. 1932. The Business cycle and its relation to agriculture. Journal of Farm Economics，14(1)：59-67.

Heimlich R E. 2008. 美国以自然资源保护为宗旨的土地休耕经验．杜群译. 林业经济，(5)：5.

Hua P. 1998. On primary commodity prices：the impact of macroeconomic/ monetary shocks. Journal of Policy Modeling，20(6)：767-790.

Huang J，Rozelle S，Hu R，et al. 2002. China's rice economy and policy：supply，demand，and trade in the 21st century. Developments in the Asian Rice Economy.

Jongwanich J，Park D. 2011. Intlation in developing Asia：pass-through from global food and oil price shocks. Asian-Pacific Economic Literature，25(1)：79-92

Kaldor N A. 1934. Classificatory note on the determinateness of equilibrium. The Review of Economic Studies，1(2)：122-136.

Labys W C. 2006. Modeling and Forecasting Primary Commodify Prices. London：Ashgate.

Lobell D B，Schlenker W，Costa-Roberts J. 2011. Climate trends and global crop production since 1980. Science，(333)：616-620.

McGuirk A，Mundlak Y. 2009. Incentives and constraints in the transformation of punjab agriculture. Research Report 87 of International Food Policy Research Institute.

Mitra S，Boussard J M. 2008. A nonlinear cobweb model of agricultural commodity price fluctuations. Department of Economics，Fordham University.

Moore H L. 1914. Economic Cycles：Their Law and Cause. New York：The Macmillan Company.

Moore H L. 1917. Forecasting the Yield and the Price of Cotton. New York：The Macmillan Company.

OECD. 2009-05-22. OECD rural policy review：China. http：// www. sourceoecd. org/ regionaldevelopment/9789264059566.

OECD. 2011. Agricultural Policy Monitoring and Evaluation 2011：OECD Countries and Emerging Economies. Paris：OECD.

OECD. 2013. Agricultural Policy Monitoring and Evaluation 2013：OECD Countries and Emerging Economies. Paris：OECD.

Oloyede J A. 2008. Informal financial sector，savings mobilization and rural development in Nigeria：further evidence from Ekiti State of Nigeria. African Economic and Business Review，(1)：35-47.

Orden D，Fackler P L. 1989. Identifying monetary impacts on agricultural prices in VAR models. American Journal of Agricultural Economics，71(2)：495-502.

Paul. 2011. Falling interest rates explain rising commodity prices.

Paulson N D，Schnitkey G D. 2012. Policy concerns of midwestern grain producers for the 2012 farm bill. American Journal of Agricultural Economics，(2)：515-521.

Pindyck R S，Rotemberg J J. 1990. The excess co-movement of commodity prices. Economic

Journal，100(403)：1173-1189.

Pressman J，Wildavsky A. 1973. Implementation：How Great Expectations in Washington are Dashed in Oakland. Berkekey：University of California Press.

Ridier A，Jacquet F. 2002. Decoupling direct payments and the dynamics of decisions under price risk in cattle farms. Journal of Agricultural Economics，53(3)：549-565.

Shields D A，Schnepf R. 2012. Summary of selected farm safety net proposals. Congressional Research Service Memo.

Stigler G J. 1971. The theory of economics regulation. The Bell Journal of Economics and Management Science，2(2)：3-21.

Tokgöz S. 2009. The impact of energy markets on the EU agricultural sector. Ames，IA USA. Center for Agricultural and Rural Development，Iowa State University.

Trostle R. 2008. Global agricultural supply and demand：factors contributing to the recent increase in food commodity prices. USDA.

von Braun J，Torero M，Schweikhardt D. 2009. Exploring the price spike. The Magazine of Food Farm & Resources Issues，24(1)：16-21.

Yang J，Haigh M S，Leatham D J. 2001. Agricultural liberalization policy and commodity price volatility：a GARCH application. Applied Economics Letters，8(9)：593-598.

Young E. 2008. The 2002 farm bill：provisions and economic implications. Economic Research Service，USDA.